요안 아모스 코메니우스의

대 교 수 학

정 일 웅 역

나눔사

요한 아모스 코메니우스의
대 교 수 학

옮긴이 · 정일웅
펴낸이 · 이충석
꾸민이 · 성상건

초판 1쇄 발행 · 2002년 10월 25일
초판 3쇄 발행 · 2007년 3월 25일
수정판2쇄 발행 · 2021년 3월 5일

펴낸곳 · **나눔사**
주소 · ㉾03354 서울특별시 은평구 불광로 13가길
22-13(불광동)
전화 · 02)359-3429 팩스 · 02)355-3429
등록번호 · 2-489호(1988년 2월 16일)
이메일 · nanumsa@hanmail.net

ISBN 978-89-7027-166-8

값 20,000원

잘못된 책은 바꾸어 드립니다.

역자의 변

　17세기 보헤미아-모라비아의 유명한 교육신학자 요한 아모스 코메니우스(J. A. Comenius)는 1628~1630년 「보헤미아의 교수학」이란 책을 체코어로 출판하였다. 그 책은 처음에 총 30장으로 구성되었으나, 후에 코메니우스가 대학교육과 관련된 3가지 주제를 더 첨부하여, 총 33장으로 구성된 내용을 「대교수학」(Didactica magna)이란 이름으로 암스테르담(1657)에서 새로이 출판하였다. 그러나 이것은 라틴어로 번역되어 '대교수학 전집'(Opera didactica omnia)이란 3권의 책, 첫 권에 포함되었다.

　그 당시에 코메니우스는 「보헤미아교수학」과 「어머니학교의 소식」이란 책들을 통하여 이미 교육자로 널리 알려져 있었으며, 1638년에 소개되기 시작한 그의 범지혜(Pansophia)사상과 함께 벌써 유럽 전역에서 교육자로 명성을 얻고 있었다. 특히 대교수학은 그간 잃어버렸던 코메니우스의 7권으로 구성된 '인간사 개선에 대한 보편적 제언'의 미완성 원고가 취체브스키(D. Tschichevskij)에 의하여 1935년 독일 할레(Halle)에서 발견되었고, 그 안에 포함된 네 번째 책, 「범교육학」(Pampaedia)이 알려지기까지 코메니우스의 교육사상을 대변해 주던 대표적인 작품이었다. 그리고 대교수학은 약 4세기 동안 독일과 영국을 비롯하여 유럽 등 여러 나라의 언어로 출판을 거듭하였고, 오늘날은 전 세계의 언어로 번역되어 알려진 유명한 책이기도 하다.

이러한 책이 마침내 우리말로 다시 번역·출판되어 역자는 기쁨을 금할 수가 없다. 물론 '대 교수학'은 영어번역판이 우리말로 옮겨져 1987년 이래로 한국에 알려져 있었다. 그럼에도 불구하고 역자가 또 다른 번역서를 내어놓게 된 것은 이 책이 너무도 유명한 데 있기도 하지만, 기존 영어판 번역에서 놓친 내용(19장 55항)을 비롯하여 상이한 번역 부분의 확인(25장 12항)과 오래전의 영어번역판을 사용하게 된 것을 알게 되면서(M. A. Kea- tinge, 1896), 새로운 번역의 필요성을 느끼게 되었다. 그리고 여기 역자가 시도한 독일어판은 존경받는 교육학자 플리트너(A. Fli- tner, 1954)교수에 의하여 최근에 번역된 것으로, 그가 학문적인 책임감으로 코메니우스의 교육적 의도와 의미를 더 분명하게 라틴어 원본에서 번역해 준 점이 주목되었다. 특히 플리트너는 개념과 의미의 출처를 밝히기 위하여 철저하게 각주를 첨부한 것이 더욱 신뢰감을 주었다. 한 가지 독자들의 양해를 바라는 것은 플리트너가 달아 놓은 각주를 모두 우리말로 옮기지 못한 점이다. 이 작업은 다음 기회로 미루기로 한다.

독자의 이해를 위하여 '대 교수학'을 더 소개한다면, 코메니우스는 이 책에서 학교의 공교육과정이 성장 세대들에게 왜, 무엇을 어떻게 교육해야 할 것인지? 교육의 목적, 교육내용, 교육방법 등의 기본원리를 명쾌하게 설명해 준 점이다. 그리고 이 책의 첫 페이지에 밝혀 놓은 대로, '대 교수학'(大敎授學)이란 '인간을 교육하기 위한 완전한 가르침의 기술을 뜻 한다'고 한 점이다. 이러한 가르침의 완전한 기술은 학생들로 하여금 빠르고, 즐겁게, 그리고 철저한 학습이 성취되도록 도우려는 것이었다. 이러한 코메니우스의 '대 교수학'은 17세기 유럽에서 '학교교육개혁'에 크게 공헌하게 되었으며, 세기를 거듭할수록 유럽 여러 나라의 교사들이 읽는 교수방법의 필독서가 되기도 하였다. 오늘날도 전 세계적으로 이 책이 잘 알려져, 기독교학교교육에 참여한 교사뿐 아니라, 교회교육에 참여한 목사와 유치원 교사들의 필독서가 되기도 하였다.

코메니우스의 교육관의 핵심은 창조주(神)의 총체적인 계시에 의존되어 있으며, 창조주가 펼쳐 놓은 세 권의 책인, 자연, 정신, 성경을 통전적인 배움을 통하여 인간성의 핵심 성향인 지성, 덕성, 경건성의 기본자질이 조화롭게 형성하도록 돕는 것이었다. 이러한 교육관은 현대 산업사회의 요구인 경쟁(기술)력 기르기에만 집중하고 있는 기존 학교들의 공교육이 인간성 교육의 위기를 맞이하고 있는 상황에서 인간교육의 참된 방향과 방법을 제시해 주는 새로운 도전이 아닐 수 없다. 근년에 새롭게 시도되고 있는 '기독교대안학교운동'등에 여전히 교육적 의미와 의의를 제공한다는 점에서 이 책은 교육의 표준적 진리와 가치를 지닌 것이라 할 것이다.

이러한 이해를 전제하여 이 책을 대하면, 오늘날 한국사회에서의 학교교육과, 기독교학교, 또는 대안학교교육과 교회의 신앙교육이 직면하고 있는 문제들이 과연 무엇인지를 감지하게 될 것이며, 또한 그 문제 해결의 지혜를 찾는 일에 큰 도움이 될 것으로 확신한다. 그 때문에 이 책은 인간교육, 특히 성장세대의 인간교육에 참여하고 있는 다양한 학교들의 일반교사들에게 일독을 권하며, 또한 기독교학교의 교사들과 교회학교(주일학교)의 교사들, 신학생과 목회자들, 유치원과 어린이집 등의 교사들이 읽어서 큰 도움을 얻을 수 있을 것으로 확신한다.

끝으로 이 책을 새롭게 출판되도록 맡아주신 나눔 출판사 성상건

사장님과 교정 작업에 큰 수고를 아끼지 아니하신 조남봉 선생님, 그리고 김석주 목사님께 깊은 감사를 드린다. 그 덕택으로 이 책은 다시 출판의 빛을 보게 된 듯하다. 아무쪼록 이 책을 대하는 모든 이들에게 우리 주 하나님의 지혜의 영이 함께 하기를 기원한다.

2015년 4월

한국코메니우스연구소

역자 드림

머 리 말

　‘대교수학’의 번역이 처음 출간되었을 때, 코메니우스를 교육학의 대가로서 다시 받아들여야 하는지, 그리고 독일에서 코메니우스의 연구와 비평적인 해석이 되살아나게 될 것인지에 대해서는 매우 불확실했었다. 그런데 그러한 일이 지금 기대 이상으로 일어나게 되었다. 여러 곳에서 사람들은 교사와 교육자들의 전문교육을 위하여 원칙적이며, 명백한 교육학의 저자로서 코메니우스를 다시 주목하게 되었던 것이다. 학문적으로도 우리는 그의 것들을 다시 수용하게 되었다. 국제적인 연구의 연결도 새롭게 제기되었다. 그것에 대한 좋은 증거로서 모든 장애가 극복된 이후에 라틴어와 독일어로 된 「범교육학」(Pampaedia)이 출판되었고, 코메니우스의 범지혜적인 필생의 작품이 세상에 알려지게 되었다.

　지난 여러 해 동안에 많은 코메니우스 - 문헌이 각주에서 여러 가지 보충해야 할 것과 변화들이 필요하게 되었다. 그럼에도 불구하고 본문(Text)은 몇 개의 작은 수정도 하지 않은 채 남아있게 되었다. 범교육학의 출판자와 그의 교수학의 번역 가운데서 한스 아르벡(H. Ahrbeck)은 각자 상이한 용어를 선택하였다. 그러나 그 개념들이 나에게서 분명해졌기 때문에 그것들을 그대로 넘겨받을 수는 없었다. 왜냐하면 한편으로 하나의 전문용어는 그 자체의 의미에 일치하여, 신중하고 균형 있게 이루어져야 하기 때문이다. 그러니까 여러 개의 다른 표현들로 변형될 수 없다는 것이다. 또 다른 한편으로 원본에 대한 연구는 새 것과 옛 것의 출판이 서로 서로 사용되어질 수 있어야하기 때문이다. 필요하다고 여겨진 곳에는 번역의 전문용어 문제들에 대한 각주를 달아서 주의를 상기시켜 놓았다.

만약 19세기의 교사들이 라틴어화 된 언어를 사용하지 않는다면, 우아하고, 유창하게 읽을 수 있는 코메니우스의 라틴어를 번역하는 것은 쉽지 않은 일이다. 이 번역은 가능한 한 분명하고 저자가 뜻하는 의미대로 이해할 수 있는 텍스트를 만들려고 했으며, 동시에 확실한 전문용어는 원본에 상응하도록 유지하려고 했다. 특별히 그것은 교육학의 전문용어와 서론에서 괄호 속에 삽입한 라틴어 단어를 통하여 확정된, 이해의 의미 영역에서 관계를 갖는 낱말들에 적용되는 것들이다. 물론 코메니우스는 문체를 위해 개념들을 가볍게 부분적으로 바꿀 수 있을 것이다. 또한 그러한 위치에서나, 또는 확대, 혹은 새로운 의미의 경우 라틴어 원어를 괄호 안에 첨부하였다. 이것을 통해 독자들은 특별한 해석 없이도, 예를 들면 '예술'(Küenste)이란 말은, 옛날의 'artes'(역자 주 : 중세의 7가지 학예)를 의미하는 것임을 쉽게 알 수 있을 것이다. 그럼에도 불구하고 그것들은 고전적인 7개의 수, 즉 '교양'(Bildung)이란 말이 라틴어의 '형성'(formatio)이란 말에 상응한다는 것, 즉 그것은 정신의 성숙 과정을 뜻하는 것이지, 교육받은 상태를 의미하는 것은 아니다. '학식 있는 교양'(gelehrte Bildung)이란 말이 대개 '교육'(eruditio)을 대신한다. 말하자면 높은 학식(학문, 예술, 그리고 언어)의 세 가지 영역의 섭렵을 전제한 것이다. 더 나아가 코메니우스는 이러한 의미에서 아리스토텔레스와 중세기의 대립, 즉 '질료와 형식'(materia-forma)을 새롭게 하는 등, 이러한 방식으로 저자와 그 시대의 전문용어를 이해해야 하며, 개별 연구를 위하여 필요한 전환이 여기 전기 원본에서 용이하게 이루어져야 한다. 크고, 한 눈에 보기 힘든 대형 판으로 출간된 첫 번째 판의 참조 사항과 부제들의 난 외의 각주들은 여기서 – 일종의 목차로서 – 각 장의 시작을 나타내는 (제목으로) 자유롭게 번역되었고, 이에 상응하는 번호들이 매겨졌다. 현재 이 판은 특별히 훌트그렌(F. C. Hultgren)과 리욘(C. Th. Lion)의 것들과 브리너(Bruener)를 비판한 노박(Novak)과 헨드리히(J. Hendrich)의 편집 판을 이용하였다. 수많은 성경의 인용들은 – 코메니우스가 1613년의 크라리체(Kralizer) 성경판과 라틴어 불가타 성경에 따라 교대로 인용하고 있는데, – 취리히(Zuericher) 성경을 의존하고 있다. 그것은 분명히 식별할 수 있는 잘못 붙인 번호가 암시해 주고 있다. 체코어 원전을 사용할 때 바울 루비첵크(Paul Roubiczek)가 나를 도와주었으며, 번역 작업에서는 나의 아내가 큰 도움을 주었다. 참고 사항과 보충을 해준 드미트리히 취체브스키(Dmitrij Tschizewskij)와 헤어베르트 쉐네바움(Herbert Schoenebaum)과 클라우스 샬러(Klaus Schaller)에게 감사를 드린다.

안드레아스 플리트너(Andreas Flitner)

차 례

대교수학은

◆

모든 사람들에게 모든 것을 가르치는 완전한 기술,

또는

모든 기독교 국가의 모든 공동체와 도시와 마을에
학교를 세우고, 그곳에서 어떤 사람도 예외 없이, 아이들이
빠르고, 즐겁고, 철저하게,

모든 지식을 배우고, 순결한 덕성과 신앙훈련을 받게 하여,
이러한 방식으로 젊은 시절에 현세와 내세의 삶에 필요한
모든 것을 교육받도록 하기 위한 확실하고 탁월한 방법이다.
그것은 우리가 사물의 본성 가운데 스스로 보여 진 **토대**와
기계적인 기술들에서 모범들의 비교를 통하여
명백하게 설명된 **진리,**
해와 달과 날과 시간에 따라 확정된 **질서**와
결과적으로 모든 것을 쉽고,
확실하게 목표에 도달하게 하는 **길**이 어디에 있으며,
그 목적이 무엇인지를 제시하려는 것이다.

우리 대교수학이 지향해야 하는 처음이요 마지막 목표는,

교사들이 적게 가르쳤음에도 불구하고
학생들은 더 많이 배우는 수업방식을 검토하고, 탐색하는
것이어야 한다. 즉 학교에서는 소음과 학습의 싫증과
무익한 수고가 덜어지며,
배움에 있어서 더 많은 자유와 즐거움과
진정한 발전이 이루어지며,
기독교 내에서는 어두움과 혼잡과 다툼이 적어지며,
그 대신 더 많은 빛과 질서와 평화와
안식이 지배하도록 하는 방식이다.

"하나님은 우리에게 은혜를 베푸사 복을 주시고,
그의 얼굴 빛을 우리에게 비추사, 주의 도를 땅 위에,
주의 구원을 모든 나라에게 알리소서"(시 67:1-2).

독자에게 드리는 인사말

1 교수학은 가르침의 기술을 뜻합니다. 최근에 유능한 사람들이 학교의 어려운 상황을 안타깝게 여기고 이러한 가르침의 기술을 연구하려고 많은 노력을 기울였으나, 그들의 용기와 성과와는 달리 무의미한 헛수고를 하게 된 것으로 압니다.

2 어떤 이들은 언어를 보다 쉽게 가르칠 수 있는 통합지침서의 틀을 작성하고자 시도하였고, 다른 이들은 학문 혹은 기술을 더 빠르고 간편한 방식으로 가르치려고 노력하였습니다. 그리고 또 다른 사람들은 또 다른 방식으로 시도하였습니다. 그러나 거의 모든 것이 서로 연결되지 않는, 피상적이고, 후천적으로 얻게 되는 경험에서 출발하였습니다.

3 우리는 하나의 '대교수학'을 기대하는 마음으로 시도했습니다. 말하자면 그것은 모든 사람들에게 모든 것을 가르치려는 완전한 기술을 뜻합니다. 더욱이 그것은 지속적으로 좋은 결과에 이르도록 신실하게 가르치는 것을 뜻합니다. 교사에게나 학생에게 불평과 불만 없이 쉽게 가르치며, 오히려 양쪽, 즉 가르치

는 쪽과 배우는 쪽 모두가 더 많은 즐거움을 갖도록 가르치는 기술입니다. 나아가서 허식적이거나 피상적인 것이 아니라, 참된 지성과 참된 덕성, 그리고 가장 심오한 경건성(기독교의 신앙)에 인도되도록 철저히 가르치는 것을 말합니다. 마지막으로 우리는 모든 것을 선험적(先驗的)으로 증명하길 원합니다. 즉 살아 있는 샘으로부터 흘려보냄으로 결코 마르지 않는 시냇물 줄기처럼 고유하고 불변적인 사물의 본성으로부터 명백하게 밝혀내기를 원합니다. 우리가 이것을 다시금 하나의 강으로 모이게 하여, 보편적인 학교를 세우도록 보편타당한 기법(대교수학)의 기초를 확립하려는 것입니다.

4 이와 같이 이 대교수학은 진실로 위대하고 긴급하며 바람직한 일이라고 기대되었습니다. 그러나 이것을 현실적으로 가능하다고 생각하기 보다는 한낱 헛된 꿈이라고 보게 될지도 모른다는 사실을 나는 잘 알고 있습니다. 그럼에도 불구하고 나의 제안의 참된 성격을 파악함에 이를 때까지 당신의 판단하기를 보류하도록 합시다. 그리고 그것을 알고 난 후에는 당신이 자유롭게 판단할 수 있을 뿐만 아니라, 널리 공표하는 일이 자유롭게 될 것입니다. 왜냐하면 나는 사람들을 설득시켜서 누군가를 유혹하고, 충분히 검토하지 않은 일에 찬성하기를 원하지도 않으며, 더구나 강권할 수도 없기 때문입니다. 오히려 각 관찰자가 자신들이 가장 잘 정리한 생각들을 가지고 논쟁해야 하며, 결코 어떤 불확실한 뜬소문으로 현혹하게 해서는 안 된다는 사실을 논쟁하는 자들에게 진심으로 요청하며, 경고하며, 간청하는 바입니다.

여기서 제일 중요한 일은 모든 사람의 단합된 노력으로 그 수단에

5 대한 판단을 신중하게 하여야 하는 것입니다. 왜냐하면 전 인류의 구원이 여기에 달려있고, 따라서 모든 사람이 좋은 성과를 바라기 때문입니다.

아이들을 가르치고, 지식으로 교육하는 일보다 우리 국가에 더 크고 더 위대한 봉사가 무엇이겠습니까? 키케로(Cicero)는 현재 도덕적 상황이 매우 타락되었기 때문에 모든 사람이 단합하여 굴레를 씌우고 질서 있는 상태가 유지되도록 제어해야 한다고 말했습니다.[1] 그리고 필립 멜랑히톤(Melanchthon)은 아이를 올바르게 교육하려면, 트로야(Troja)를 정복하려는 것보다도 더 많이 힘써야 하는 일이라고 하였습니다.[2] 이와 관련하여 나찌안즈의 그레고아 (Gregor von Nazianz)가 한 말이 더욱 돋보입니다. 즉 모든 생명 체들 중에서 가장 변화무쌍하며, 복잡한 인간을 다루는 일은 모든 기술 중의 기술이라는 것입니다.[3]

6 모든 기술 중에 이러한 기술을 설명하는 것은 매우 어려운 일이며, 뛰어난 판단능력을 요하는 일입니다. 더욱이 그것은 한 사람의 것뿐만 아니라 많은 사람들의 능력이 필요한 것이기에 더욱 그렇습니다. 왜냐하면 어떤 문제의 어떤 부분도 놓치지 않고 모두 관찰하기 위해서는 혼자서는 그렇게 예리하게 통찰하지 못하기 때문입니다.

그러므로 나는 인류의 구원과 관련하여 이 모든 것을 보게 될 모

---

1) Cicero, De divinatione Lib. II, c. 2 chap.4
2) Melanchthon an Camerarius, 19. Sep. 1544, Corpus Reformatorium (Ph. Mel. Op. omnia, Halle usw. 1834ff.) V, 481
3) Oracio sec. apolog. 16, Migne: Patrol. graeca 35, 425

7 든 이들에게 다음의 것들을 정당하게 요구하고 간청합니다. 첫째, 어떤 사람이 그렇게 어려운 과제의 해결을 시도할 뿐 아니라 확실하게 약속하는 것을 -그것은 이루어야 할 높은 목표 때문인데- 경솔한 일로 여기지 않기를 바랍니다. 둘째, 첫 시도에서 도달하고자 하는 결과가 없을 때, 그리고 노력한 것이 우리가 소원하는 대로 성공하지 못한다 하더라도 곧 바로 실망하지 않기를 바랍니다. 왜냐하면 어떤 문제에 있어서도 씨앗은 먼저 발아 되어야 하며, 그런 후에 점차 자라나며, 성장하는 것이기 때문입니다. 우리의 제안이 불완전하고, 우리가 목적하는 목표에 많이 미달된다 할지라도, 연구하는 것 자체가 스스로 더 높은 단계로 도달하게 되며, 사람들이 목표에 더 가까이 다가가도록 하게 될 것입니다. 끝으로 가장 중요한 일을 판단하기에 합당한 주의력과 열심과 예리함을 가지고 편견 없이 판단해 줄 것을 독자들에게 요청합니다. 나는 먼저 간략하게 나의 계획의 동기를 밝히게 될 것입니다. 그런 후에 그 계획에서 가장 중요한 새로운 발명을 소개하는 요점들을 열거하겠습니다. 그러한 연후에야 나의 새로운 제안을 자신 있게 독자들의 공정한 비판과 후속 연구를 위해 정확하게 검토하도록 내어 맡기게 될 것입니다.

8 가르침과 배움의 이러한 기술, 더욱이 지금 우리가 끌어올리기 원하는 정도의 완전함이 있는 기술은 이전 세기에는 별로 알려지지 않았던 것입니다. 그 때문에 학문계와 교육계는 너무나 많은 수고와 고통, 의심과 망상, 그리고 실수와 오류들로 괴로움을 더하였던 것입니다. 다만 보통 이상의 능력과 재능을 가진 자만이 철저한 학문적 도야에 이를 수 있었습니다.

그러나 최근에 하나님은 새로운 시대가 시작되게 하셨으며, 독일

9 의 몇몇 탁월한 사람들에게 그 임무를 부여하셨습니다. 그들은 지금까지의 잘못된 학교교육 방법에 진저리가 나서 언어교육의 보다 쉽고 간편한 방법을 생각해 내기 시작하였습니다. 이런 사람들은 계속해서 나타났으며, 어떤 사람은 적은 성과로, 그리고 다른 사람은 더 많은 성과를 나타내기도 하였습니다. 이것은 그들이 발표한 교수 방법에 관한 책들과 논문들에서 볼 수 있는 바와 같습니다.

10 나는 여기서 라트케(Ratke)[4], 루빈(Lubin)[5], 헬비히(Helwig)[6], 리터(Ritter)[7], 보딘(Bodin)[8], 글라움

4) Die Pädagogik des brühmten zeitgenössischen Reformers W. Ratkes(1571~1635) war Comenius wohl bekannt aus den Berichten von Ratkes Mitarbeitern Ch. Hewig und Joachim Jungius: Kurzer Bericht von der didactica oder Lehrkunst Wolfgang Ritichii, Gießen 1614, und: Artickel auf welchen füh rnemlich die Ratichianische Lehr Kunst beruhet, Leipzig 1616; beides abgedruckt bei P. Stötzner, Ratichianische Schriften, Leipzig 1892~93.
5) Gemeint ist die pädagogische Abhandlung des Rostocker Poetik-und Theologie-Professors Elihardus Lubinus(1565~1621) in seiner Ausgabe des NT : Novi Jesu Christi Testamenti Graeco-Latino -Germanicae editionis pars prima ⋯ Cum praeliminari ⋯ epistola, in qua consilium de Latina lingua compendiose a pueris addicenda exponitur, 1617(2. Aufl. Rostock 1626) auf die Comenius auch sonst eingeht(Op. did. omnia II, 71ff.).
6) Der Gießener Prof. Christoph Helwig(1581~1617) hat aus der Zusammenarbeit mit Ratke (s. Anm. 4) auch eine eigene Didaktik entwickelt, die postum erschien (Christophori Hevici ⋯ libri didaktici grammaticae universalis Latinae, Graecae, Hebraicae, Chaldaicae, una cum generalis Didacticae delineatione et speciali ad colloquia familiaria applicatione, Gießen 1619). Vgl. Herman Siebeck: Christoph Helwig als Didaktiker, Festschrift Univers. Gießen 1907, Bd.II, 293ff.
7) Stephanus Ritter: Nova Didactica, das ist wohlmeinender und in der Vernunft wohlbegründeter Unterricht, durch das Mittel und Weise die Jugend die lateinische Sprach mit viel weniger als sonsten anzuwendeten Müh und Zeit fassen und begreifen möge, 1621.

(Glaum)9), 포겔(Vogel)10), 볼프스티른(Wolfstirn)11), 그리고 모든
사람들보다 앞에 둘만한 요한 발렌틴 안드레(J. V. Andreae)12) 같
은 사람을 말하려고 하는 것입니다. 그는 그의 탁월한 글에서 교회
와 국가의 병폐들뿐만 아니라 병들어 있는 학교의 문제들을 지적
했으며, 또한 그 질병들의 치유법까지도 알고 있었던 사람이었습니
다. 야누스 케키리우스 프라이(J. C. Frey)13)가 1629년에 파리에

8) Elias Bodinus: Bericht von der Natur-und vernunftmäßigen Didactica
   oder Lehrkunst: Nebenst hellen und sonnenklaren Beweiß, wie
   heutigen Tages der studierenden Jugend die rechten fundamenta
   verruckt und entzogen werden, Hamburg 1621.
9) Der Rechtsgelehrte Philipp Glaum dozierte 1616-21 in Gießen und
   erregte mit seiner Schnellmethode zur Erlernung der Sprachen und
   der Rechtsgelehrsam- keit(Methodus Glaumiana) großes Aufsehen;
   verf.: Disputatio Castellana de methodo docendi artem quamvis intra
   octiduum, Gießen 1621. Vgl. Fr. Wilh. Strieder: Grudl. zu einer Hess.
   Gelehrten-u.Schriftstellergeschichte, 1781ff., IV. 421ff.
10) Der Göttinger Gelehrte Ezechiel Vogel veröffentlichte 1628:
    Ephemerides totius linguae latinae unius anni spatio duabus
    singulorum dierum profestorum horis juxta praemissam didacticam
    ex vero fundamento facili methodo docendae et discendae, 2. Aufl.
    Leipzig 1631; vgl. Op.did.omnia II, 81.
11) Jacob Wolffstirn(Schorndorf) ver ffentlichte 1619: Schola privata, hoc
    est nova et compendiosissima ratio informandae pueritiae a primis
    litterarum(Iinguae Latinae et Germanicae) elementis usque ad
    perpectam gramatici sermonis cognitionem., Bremen 1619, 2. Aufl.
    1641.
12) Von den Schriften des württembergtischen Theologen und
    Hoffpredigers Joh. Val. Andreae(1586~1654) ist für die Pädagogik
    wichtig der Theophilus sive Consilium de Christiana religione
    sanctius colenda, vita temperantius instituenda et literatura
    rationabiliua docenda, Stuttgart 1649(benutzt i.d.Ausg. Leipzig, 1706)
    daraus bes. der dritte Dialog(S.80ff.); Comenius besaß das Werk in
    Abschrift beriets seit 1622. Auch die Utophie "Christianolpolis"
    (Reipublicae Christianopolitianae descriptio, Stra burg 1619) enthält
    reformpädagogische Vorschläge (bes.Kap.52ff.).Vgl. auch die
    Autobiographie hrg.v.F.H.Reinwald, Berlin 1849).
13) "volvere saxum coepit": humanistische Wendung, die sowohl auf die
    Träger der religiösen wie auf die der literarischen Bewegung des

서 그의 탁월한 교수학인 '고상한 학문과 예술을 향한 새롭고 쉬운 길'과 '언어학과 수사학'14)을 발표했을 때, 이러한 [개혁]운동이 프랑스에서도 일어났습니다.

11 나는 이러한 저자들의 것을 연구하려고 모든 기회를 이용하였습니다. 그리고 이 일을 통하여 큰 기쁨을 느꼈지만, 이러한 기쁨이 나의 조국의 몰락과 독일 전체에서 일어난 험악한 정황에서 받는 나의 고통을 얼마나 완화시켰는가에 대해서는 아직 말할 수 없습니다. 왜냐하면 나는 지금 하나님의 섭리가 어떤 의도 없이 옛것이 몰락되는 시대에 새로운 이념에 일치하는 새로운 학교들을 세우는 일이 헛되지 않기를 간절히 소망했기 때문입니다. 하나의 새로운 건물을 건축하려는 자는 먼저 땅을 고르게 해야 하며, 더 이전의 것이나, 별 쓸모가 없는 붕괴의 위험이 있는 것들은 모두 없애야 하기 때문입니다.

12 이러한 생각들이 내 안에서 가장 즐거운 감정이 섞인 기쁜 희망을 불러 일으켰습니다. 그러나 그것들은 곧 다시 흔들리기 시작했습니다. 왜냐하면 나는 이러한 중요한 제도들이 실제로 근본에서부터 새로운 것으로 발전되리라고는 생각지 못했기 때문입니다.

16.Jh. häufig angewandt wurde. Das reformatorische Pathos des Comenius ist dem jener Bewegungen des vorausgehenden Jahrhunderts ähnlich.

14) Janus Caecilius Frey(badischer, sp ter in Paris lebender Philosoph, titul. Leibnizt der Katharina v. Medici,gest. 1631) verf.: Viad Divas scientias artesque, Linguarum notitiam, sermones extemporaneos nova et expeditissima, Paris 1628, abgedr.i. d. Opera, Paris 1645 u. mehrfach. Vgl. H.Kurz: J. C. Frey, Album d. litter. Vereins Bern 1858.

13 　나는 몇 가지 점에 대하여 교훈을 얻기를 원했습니다. 그래서 나는 이런 저런 나의 생각을 드러내려고 앞서 언급한 여러 사람들에게 편지를 보냈습니다. 그러나 그것은 아무런 성과를 얻지 못했습니다. 왜냐하면 어떤 이는 자신의 생각을 소심하게 감추었기 때문이며, 어떤 이들에게는 내가 보낸 편지들이 전달되지도 않았으며, 어떤 이는 대답도 하지 않은 채 편지를 되돌려 보내왔기 때문입니다.15)

14 　그런데 그들 중 오직 한 사람, 고맙게도 나에게 답장을 보내온 사람은 안드레(J. V. Andrae)라는 훌륭한 분이었습니다. 그는 내 생각에 찬사를 보냈으며, 그것을 용기 있게 발전시키도록 나를 격려해 주었던 것입니다.16) 이에 고무된 나는 열정적인 노력으로 공공의 번영을 위하여 교수법의 근본에 관하여 연구하며, 점점 더 그 일에 몰두하기 시작하였습니다.

15 　이와 같이 나는 다른 이들이 제시해 놓은 것들을 편견 없이 깊이 생각하고, 배움의 기술(터툴리안에 따르면 그것은 가르침으로 표현될 수 있는 것인데)17)의 근거와 원리, 방법 및 목적들을 새로이 연구하기 시작하였습니다.

---

15) Ratke hat Comenius nicht geantwortet(s.Patera S.12 u.14f.). überhaupt seine Wissenschaft geheimgehalten und seine Mitarbeiter durch Unterschrift zur Geheimhaltung verpflichtet.
16) Die Bedeutung der "Traditio lampadis" erklärt Comenius am Anfang der gleichnamigen Schrift, in der er seinerseits eine Reihe von Männern auffordert, seinn Werk fortzusetzen (Op. did. omnia IV, 105).
17) Tertullianus: De anima liber, 24: 터툴리안은 가르침의 기술을 Discentia 로 표현하였다.

16 내가 소망했던 바와 같이 지금까지 이루어졌던 것보다 더 철저히 생명력을 가진 것으로 바꾸는 이 연구는 바로 거기서 성장되었습니다. 먼저 모국어를 사용하는 내 조국의 사람들이 사용하도록 저술하였고,[18] 그 후에 존경하는 몇 분들의 충고에 따라 그것이 가능한 한 모두에게 유익이 되도록 라틴어로 번역하였습니다.

17 "이웃 사랑이 우리에게 명령한다"라고 루비누스 (Lubinus)는 그의 교수학에서 말하고 있습니다.[19] 그는 하나님께서 모든 사람이 사용하도록 의도하신 것을 인색하게 아껴서는 안 되며, 오히려 모든 세계 앞에 더 많이 확산되도록 해야 한다고 말한 것입니다. 그것은 소위 선의 본질적인 것을 말한 것으로, 그것이 모두에게 나누어지게 해야 하며, 그리고 더 많은 사람에 의해서 공유될수록 모든 사람에게 더 큰 유익이 된다는 것입니다.

18 만일 어떤 사람이 이웃의 고통에 도움이 필요하다는 것을 알면서도 도움을 베풀지 않는다면, 그것은 인간성의 문제입니다. 특별히 우리의 경우에서처럼 개인의 문제가 아니라 많은 사람에게 해당되는 일이며, 도시와 지역과 국가와 전 인류에 관련된 일이라면 더더욱 그러합니다.

19 누군가 신학자는 자신의 직업이 학교제도를 개혁하는 일과는 하등의 관계가 없다고 믿고 있을지도 모릅니다.

---

18) Das Ms. der tschechischen Urfassung der Didaktik wurde 1841 aufgefunden und liegt jetzt im Prager Nationalmuseum. Kritische Edition von J. V. Novak im Bd. IV. der Brünner Ausgabe(1913).
19) In seiner NT Ausgabe(s. Anm. 5) S. 16c.

나 자신도 과거에는 철저하게 그런 생각을 갖고 있었음을 그에게 말해줄 수 있습니다. 그러나 하나님의 계시가 나에게 일러주는 것은 하나님께 순종하고, 공공의 번영을 위하여 노력하는 것보다 그 어떤 해답이 나에게는 없다는 것입니다.

20 나의 기독인 형제들이여, 여러분들에게 더 깊은 신뢰를 가지고 말씀드리려는 마음을 양해하시기 바랍니다. 더 가까이에서 나를 알고 있는 친구들은 내가 지성이 연약하며, 학식이 미미한 사람임을 알고 있습니다. 그럼에도 불구하고 그들은 내가 우리 시대의 문제들에 대하여 매우 안타까워하며 가능한 한 그 문제들을 해결하려고 모든 것이 은혜로우신 하나님이 주신 선물인 나의 발견에 의해서든, 다른 이의 발견한 것을 사용해서든, 개선해 보려고 열심히 노력하고 있는 비운의 한 사람임을 알고 있습니다.

21 그러므로 만일 어떤 내용이든지 올바른 것이 발견된다면, 그것은 나에게 속한 것이 아니라 아이들의 입으로부터 찬양을 받으시는 하나님께 속한 것입니다.[20] 그분은 구하는 자에게 주시며, 두드리는 자에게 열어주시며, 찾는 자가 발견하도록 도와주시기 때문에(눅 11:10), 우리가 그의 선한 은혜의 선물을 기쁨으로 다른 사람에게 계속 전해주어야 하는 이유는 신실하며, 진실로, 자애롭게 들어내시는 바로 그분에게 속한 것이기 때문입니다. 그리스도는 내 마음이 너무 단순하기 때문에 내가 가르치든지 가르침을 받든지, 훈계를 하든지 훈계를 받든지, 교사 중에 교사이거나, 학생 중에 학생이 되거나 아무런 차이가 없다는 것을 알고

---

20) 시 8:3.

계십니다.

22 이와 같이 하나님이 나에게 관찰하도록 허락하시는 것은 공동의 재산이기에 나는 공공의 유익을 위하여 내어놓는 것입니다.

23 만일 누구든지 더 좋은 것을 발견한다면, 그는 나의 본을 따라서 내놓으십시오. 그의 재능을 수건에 쌓아 묻어 두지 않아야 하며, 종들이 장사하고 각자의 재능을 은행에 맡겨 두고 변리를 꾸리고 하는 것처럼 이익을 남겨야 할 것입니다. 그리고 결코 주님이 갚아야 할 빚이라고 말하지 않도록 해야 합니다(눅 19:13 이하).

모든 시대에서처럼 오늘날도 위대한 것을 원하는 것은 고귀한 일입니다. 그러나 사람들은 주님 안에서 시작한 것이 헛되지 않도록 해야 합니다.

서언

낙원에 있는 인간의 비교(1~3), 죄 타락(4/5), 하나님의 은혜는 교회 안에서 새로운 낙원을 이룬다(6/7). 새로운 멸망(8~12), 교회의 회복에 대한 희망(13/14), 아이들에게도 이러한 회복이 창조와 함께 시작되어야 한다(15~19). 하나님은 스스로 성경 안에서 그것을 증거하신다(20~25). 오늘날 청소년의 멸망(26), 교육에 대한 몰이해와 몰락(27~29), 교육자들과 공직, 그리고 영적 직무에 있는 자들을 향한 호소(30~35), 미래의 보상에 대한 약속(36).

인간과 사물을 정돈하고 보호하는 모든 사람들, 즉 국가의 지도자들, 교회의 목자들, 학교의 책임자들, 아이들의 부모와 교사들에게, 성령 안에서 우리 주 예수 그리스도의 아버지 하나님의 평화와 은혜가 함께 하소서!

1 하나님이 처음에 흙으로 인간을 만드셨을 때, 동편에 위치한 기쁨의 동산에 그를 두어 살게 하셨다. 그는 동산을 돌보고 가꾸어야 했으며(창 2:15), 스스로 그의 하나님을 위하여 그곳이 하나의 기쁨의 동산이 되도록 힘써야 했다.

2 그 동산은 세상에서 가장 즐거운 곳이었으며, 인간은 피조물 가운데 가장 정교하게 만들어진 존재였던 것이다. 태양이 떠오르는 맞은편에 낙원이 놓여 있었다. 그리고 인간은 처음부터 하나님의 형상을 따라 만들어졌다. 하나님의 낙원에는 가장 아름답게 보이고, 가장 달콤한 열매를 맺는 모든 나무들이 곳곳에 흩어져 자라고 있었다. 마치 세상의 모든 물질, 모든 형상, 다양한 모양

들이 하나님의 모든 재능과 지혜를 나타내기 위해서 인간 안에 하나의 걸작품으로 결합된 것 같았다. 낙원에는 선과 악을 분별하는 지식의 나무가 있었다. 그리고 인간 안에는 선하고 악한 것이 무엇인지를 분별하고, 의지를 선택하는 정신이 놓여 있었다. 낙원에는 생명의 나무가 있는 반면, 인간 안에는 불멸의 나무가 있다. 즉 그것은 지혜의 영원한 뿌리가 인간 안에 선물로 주어진, 말하자면 하나님의 지혜이다(예수 시락서 1:14). 낙원을 적셔주는 한 강이 동산에서 흘러나왔다. 그 강은 네 지류로 나뉘었다(창 2:10). 즉 성령의 여러 가지 은혜의 선물이 인간의 마음에 부어졌으며, 공급된다. 그의 몸에서 다시금 생명수의 강물이 흐르게 되었다(요 7:38). 모든 방향으로 나뉘어 흘렀던 강물처럼 하나님의 지혜가 인간을 통하여 여러 가지 길로 퍼져나갔다. 교회를 통하여 다양한 하나님의 지혜는 하늘의 권세와 능력을 알려준다는 것을 사도가 말할 때, 그는 그것을 증거 한다(엡 3:10).

3 만일 인간이 원래 세워진 그곳에 머물러 있을 때, 각 사람들은 진실로 하나님을 위한 기쁨의 낙원이 되는 것이다. 하나님께 자신을 드리는 자들의 공동체인 교회 역시 성경에서 종종 낙원으로, 동산으로, 또는 하나님의 포도원으로 비교되었다.

4 그러나 우리에게는 불행이로다! 우리가 살고 있었던 그 육체적인 기쁨의 낙원을 잃어버렸다. 그 낙원과 함께 우리가 머물렀던 정신적인 기쁨의 낙원을 또한 잃어버렸다. 우리는 황무지의 땅으로 쫓겨났으며, 우리는 스스로 텅 빈 역겨운 광야와 황무지가 되었다. 왜냐하면 우리는 낙원에서 하나님의 배려와 육체와 영혼에 베푸신 은혜에 대하여 감사하지 않았기 때문이다. 이와

같이 그것들을 우리에게서 마땅히 거두어 가셨으며, 몸과 영혼이 고난에 처하게 되었다.

5 우리는 오만(傲慢)의 벌로 저주받은 티루스(Tyrus)의 왕이 말하는 소리를 선지자들에게서 들어보자. "네가 옛적에 하나님의 동산 에덴 있어서 각종 보석 곧 홍보석과 황보석과 금강석과 황옥과 홍마노와 창옥과 청보석과 남보석과 홍옥과 황금으로 단장하였었다. 네가 지음을 받던 날에 너를 위하여 소고와 비파가 준비되었도다. 너는 기름 부음을 받고 지키는 케루빔(역자주: 성경에 나오는 동물의 발과 날개를 가진 천사)이었다. 그 때문에 나는 너를 보호자로 그리고 모든 피조물의 주인으로 기름 부었다. 그리고 너를 우두머리로 세웠다. 너는 하나님의 성산에 있었으며, 불타는 돌들 사이에 왕래하였도다. 네가 지음을 받던 날로부터 네 모든 길에 완전하더니 마침내 불의가 드러났도다. 네 무역이 많으므로 네 가운데에 강포가 가득하여 네가 범죄하였도다. 너 지키는 그룹아, 그러므로 내가 너를 더럽게 여겨 하나님의 산에서 쫓아내었고, 불타는 돌들 사이에서 멸하였도다. 네가 아름다우므로 마음이 교만하였으며, 네가 영화로우므로 네 지혜를 더럽혔음이여 내가 너를 땅에 던져 왕들 앞에 두어 그들의 구경거리가 되게 하였도다"(겔 28:13 이하). 그는 그의 거룩한 진노 가운데서 우리를 바닥에 던졌고, 흩어버렸다. 우리는 에덴동산 같았지만, 이제는 황량한 광야가 되어버렸다.

6 우리의 자비로우신 하나님께 영원토록 찬양과 찬미와 영광이 있을지라. 그는 우리를 얼마간 떠나있었다. 그러나 영원한 고독 속에 내버려두지 아니하셨다. 왜냐하면 하나님은 우리에게 하늘과

28

땅과 모든 만물을 지으신 그의 지혜를 보내주셨기 때문이며, 버렸던 낙원과 인류를 그의 자비로서 새것으로 품고 있었기 때문이다. 우리 마음의 말라 죽어버린 나무들을 그는 먼저 도끼와 톱과 그의 율법의 칼로써 잘라내었으며, 껍질을 벗겨내었다. 그런 후에 하늘의 낙원의 새로운 싹들이 접붙여졌으며, 그것들이 자라며, 촉진될 수 있도록, 그의 고유한 피로써 적시고, 생명수를 담은 그릇과 같은 것으로 그의 성령의 다양한 선물로 계속해서 부어주셨다. 그는 일꾼들, 즉 이러한 새로운 하나님의 동산을 충성스럽게 받아들여야 하는 그의 영적인 동산의 관리자들을 보내셨다. 왜냐하면 하나님은 이사야와 동시에 다른 이에게 말씀하셨기 때문이다. "내가 내 말을 네 입에 두고 내 손 그늘로 너를 덮었나니 이는 내가 하늘을 펴며 땅의 기초를 정하며, 시온에게 이르기를 너는 내 백성이라 말하기 위함이니라"(사 51:16).

7 이와 같이 하나님의 심장의 기쁨인 교회의 동산이 새로운 푸른 싹을 내고 있다. 이사야는 그것을 이렇게 말한다. "나 여호와가 시온의 모든 황폐한 곳을 위로하여 그 사막을 에덴 같게, 그 광야를 여호와의 동산 같게 하였나니 그 가운데에 기뻐함과 즐거워함과 감사함과 창화하는 소리가 있으리라"(사 51:3). 솔로몬에 의해서도 다음과 같이 밝혀진다. "내 누이, 내 신부는 잠근 동산이요, 덮은 우물이요, 봉한 샘이로구나 네게서 나는 것은 석류나무와 각종 아름다운 과수와 고벨화와 나도풀과 나도와 번홍화와 창포와 계수와 각종 유향목과 몰약과 침향과 모든 귀한 향품이요"(아 4:12-14). 그것에 대하여 교회는 신부로 응답한다. "너는 동산의 샘이요, 생수의 우물이요, 레바논에서부터 흐르는 시내로구나 북풍아 일어나라 남풍아 오라 나의 동산에 불어서 향기를 날리라 나의

사랑하는 자가 그 동산에 들어가서 그 아름다운 열매를 먹기 원하노라"(아 4:15-16).

8 하나님의 이러한 새로운 낙원의 동산이 지금 실제로 소원하는 대로 번성할 것인가? 모든 씨앗들이 아름답게 싹을 트고 나올 것인가? 모든 새로 심겨진 어린 나무들이 나도와 번홍화와 창포와 계수와 각종 유향목과 모든 귀한 향품을 열매 맺을 것인가?21) 우리는 하나님이 그의 교회에 주시는 말씀을 들어보자. "내가 너를 순전한 참 종자 곧 귀한 포도나무로 심었거늘 내게 대하여 이방 포도나무의 악한 가지가 됨은 어찌 됨이냐"(렘 2:21) 하나님은 이렇게 이 새로운 낙원의 동산조차도 타락하고 있는 데 대하여 탄식하며 말씀하신다.

9 그와 같은 탄식들은 성경에 가득하다. 인류나 교회의 역사를 스스로 주목했던 사람들의 눈에 혼란은 더 큰 소리로 들려진다. 모든 사람들 중에 가장 지혜로운 자이며, 해 아래에서의 모든 사건과 그의 고유한 생각과 말과 행동들을 주의 깊게 검토했던 솔로몬은 다음과 같이 탄식을 드러내었다. "내가 해 아래에서 행하는 모든 일을 보았노라 보라 모두 다 헛되어 바람을 잡으려는 것이로다 구부러진 것도 곧게 할 수 없고 모자란 것도 셀 수 없도다"(전 1:14-15). "지혜가 많으면 번뇌도 많으니 지식을 더하는 자는 근심을 더하느니라"(전 1:18).

10 자기의 질병을 알지 못하는 자는 자신을 치료할 수 없다.

---

21) 비교, 아 4:14.

그리고 고통을 느끼지 못하는 자는 탄식하지 못한다. 자기의 위험을 보지 못하는 자는 그가 심연 위를 떠돌 때이거나, 가장 경사진 비탈에 서 있을지라도, 뒤로 돌아서지 못하게 된다. 이와 같이 교회와 인류를 쇠약하게 만드는 혼란스러운 문제들을 지각하지 못하는 자는 그 사실을 알지 못한다는 것은 당연한 일이다. 누가 자신이나 다른 사람들에게 오점이 있는 것을 보는가? 누가 어떻게 자신과 다른 사람들의 상처와 종양들이 점점 더 곪아지기 시작하는지를 아는가? 악취가 누구에게서 코로 들어오게 되는가? 자신과 다른 누가 가장 위험한 심연과 벼랑 가운데 서 있는가? 곳곳에 숨겨놓은 함정 사이를 배회하며, 더욱이 영원한 멸망으로 빠져가는 것과 한 사람 한 사람 함정 속에 걸려들고 있는 것을 보는 자는 경악하며 두려워하지 않을 수 없으며, 놀람과 고통 때문에 죽어가지 않을 수 없다.

11 도대체, 우리들이나 우리가 염려하는 것 중의 어떤 부분이 온전한 상태에 있는가? 아무 것도 온전한 것이 없다. 모든 것이 뒤집혀졌고, 황량한 혼돈 가운데 놓여 있을 뿐이다. 우리의 지적 능력은 천사와 동등하게 만드는 데도 불구하고, 인간이 알아야 할 일들에 관해서 동물들보다 더 많이 알고 있다고 확신할 수 없다. 우리는 영원을 위해 운명 지워진 인간이 영원을 위한 준비로서 구비해야 하는 신중함 대신에, 대부분의 사람들이 영생의 질문에서 뿐 아니라, 현세적이며 사라져가는 일들과, 죽어가는 인간 운명에 관해서도 무관심이 삶을 지배하게 된다. 우리는 모든 선의 절정이신 자를 알고 영화롭게 하고, 그를 기뻐하는 하늘의 지혜가 없다. 대신에 우리는 하나님 안에 살고, 움직이며, 존재하면서도[22] 그의 거룩한 이름을 다만 주술같이 부르는 어리석음에 빠져 있을 뿐이

다. 사랑과 성실 대신에 우리 가운데 미움과 적대감과 전쟁과 살인
이 지배하고 있다. 공의(公義) 대신에 억압과 불의와 모욕과 도둑
질과 강도질이 범람한다. 순결 대신에 더러운 것과 오물이 생각과
말과 행동을 지배한다. 간결함과 진리와 사랑 대신에 기만과 착각
과 악한 술수가, 겸손 대신에 자랑과 상대적인 경멸이 지배한다.

12 "너에게 화로다, 불행스럽고 타락된 세대여! 여호와께서
하늘에서 인생을 굽어 살피사 지각이 있어 하나님을 찾는 자가 있
는가 보려 하신즉, 다 치우쳐 함께 더러운 자가 되고 선을 행하는
자가 없으니 하나도 없도다"(시 14:2-3). 지도자로서 진력하는 자
들은 유혹을 받아 잘못된 길을 간다. 빛을 전달해야 하는 자들은
스스로 어두움을 전할 뿐이다. 선한 것과 진실한 것을 찾는 곳에서
그것은 훼손되었고, 마비되었으며, 분리되었다. 그것은 실제로 존
재했어야 했던 것의 대부분 그림자이며, 희미한 모상(模像)이었다.
그것을 보지 못하는 자는 그가 어둠 가운데서 위태롭게 더듬거리
며 걸어가는 것을 알게 된다는 것이다. 그럼에도 불구하고 알려지
는 것들은 그들이 그들의 이웃의 일들을 전승된 견해의 안경을 통
하여 관찰하는 것이 아니라 분명한 진리의 빛 속에서 관찰할 때
이러한 통찰에 이르게 되는 것이다.

13 그럼에도 불구하고 이중의 위로가 우리에게 남아 있다. 첫
째, 하나님은 그의 택하신 자들을 위하여 완전한 것이 되돌아오게
될 영원한 낙원을 준비하는 것이며, 더욱이 그것은 우리가 잃어버
린 그 첫 번째의 것보다 더 풍성하고 완전한 것이다. 그리스도는

---

22) 행 17:28.

현세적인 삶에서 분리될 때, 이 낙원으로 들어갔다(눅 23:43). "그가 낙원으로 이끌려 가서 말로 표현할 수 없는 말을 들었으니 사람이 가히 이르지 못할 말이로다"(고후 12:4). 사도 요한은 그 자신의 눈으로 그 영광스러움을 바라볼 수 있었다(계 21:10).[23]

14 또 하나의 위안은, 앞서 언급한 하나님의 약속들이 보여주는 것처럼, 여기 이 땅에서는 하나님이 계속적으로 교회의 낙원을 새롭게 하시며, 광야를 하나의 기쁨의 동산으로 변화시켜 가신다는 것이다. 우리는 여러 경우에서 그것이 이미 더 장엄하게 이루어졌다는 것을 보아왔다. 즉 아담의 타락 이후에, 노아의 홍수 사건 이후에, 이스라엘의 가나안 땅으로의 이주 이후에, 다윗과 솔로몬의 통치하에서, 바벨론 포로에서 돌아와 예루살렘 성전의 건축 이후에, 그리스도의 승천과 이방인들에게 복음의 전파 이후에, 콘스탄틴 황제의 통치하에서, 또한 그 외에 여러 가지 사건들에서이다. 아마도 지금 우리에게 잔혹한 전쟁의 참혹한 일에 대하여, 많은 나라들의 황폐화에 대하여 자비의 아버지께서 은혜로운 눈으로 바라보기를 원한다면, 우리는 그에게 감사함으로 나아가야 하며, 모든 것을 알고 그의 방식으로 조종하시는 하나님이 우리에게 보이게 될 그의 길과 그의 방식으로 우리의 일을 돕도록 서둘러야 한다.

15 그것은 성경이 우리에게 가르치는 가장 중요한 부분에 속한 것이다. 그것은 타락한 인간들을 소생시키기 위해서는 성장기의 아이들을 올바르게 가르치는 것보다 더 효과적인 방법이 없다는 것이다. 예를 들면, 인간적 실수의 모든 미로를 헤치고 다녔으며,

---

23) 원본은 계 2:7을 언급하고 있다.

악이 더 이상 지속되지 못하도록 불합리한 것들을 개선하지 못한 것을 후회하며 탄식했던 솔로몬은 마침내 청소년기의 아이들에게 젊은 날에 그의 창조주를 기억하고 그를 경외하며, 그의 계명을 지킬 것을 호소한다. 왜냐하면 그것이 인류의 최선의 과제이기 때문이라는 것이다(전 12:13). 다른 곳에서도 솔로몬은 말하기를 "마땅히 행할 길을 아이에게 가르치라 그리하면 늙어도 그것을 떠나지 아니하리라"(잠 22:6)고 하였다. 그것에 대하여 다윗도 말하기를 "너희 자녀들아 와서 내 말을 들으라 내가 여호와를 경외하는 법을 너희에게 가르치리로다"(시 34:11).[24] 그러나 하늘의 다윗이시며, 참된 솔로몬이신 하나님의 영원한 아들이 우리를 새롭게 하기 위해서 하늘에서 보내심을 받아 활짝 편 손가락으로 우리를 가르치신다. 그는 "어린 아이들이 내게 오는 것을 용납하고 금하지 말라. 하나님의 나라가 이런 자의 것이니라"고 하셨다(막 10:14). 그리고 예수님은 또한 우리에게 "너희가 돌이켜 어린 아이들과 같이 되라. 그렇지 않으면 하늘나라에 올 수 없다"라고도 말씀하셨다(마 18:3).

16 지금 이러한 말씀은 무엇을 의미하는가? 우리의 모든 것의 주인이시오, 선생이신 예수님이 전파하는 모든 것을 잘 듣고 이해해야 한다. 그는 오직 아이들만이 하나님의 나라에 합당한 자라고 하셨다. 그렇다. 아이들이야말로 이 나라의 상속자들임을 밝혀 주고 있다. 그리고 그는 아이와 같이 된 자들만이 그 나라의 유산에 상속자로 참여하게 된다고 말씀한다. 오, 사랑하는 아이들이여, 여러분들이 이러한 하늘의 특권을 알게 되기를 바란다! 하나님 아

---

24) 원전은 시 34:12임.

버지의 땅에 대한 장식품과 권리에서 우리 세대에 아직도 남아 있는 것이 너희들의 것임을 보라. 그리스도는 너희들의 것이다. 거룩한 영이 너희들의 것이며, 하나님의 은혜가 너희들의 것이며, 다가오는 시간의 유산이 너희들의 것이다. 즉 이 모든 것이 너희들의 것이다. 분명하게 너희들의 것이다. 오직 너희들을 위하여 준비하거나 너희와 같이 될 자들을 위한 것이다. 이와 같이 우리 어른들만 인간이고, 너희들은 우리를 흉내 내는 자이며 아직도 어리석은 자요, 우리는 성숙한 자이지만 너희는 아직도 어린애라고 생각하는 우리 성인들은 너희들에게 배우기 위해 학교로 보내졌구나! 이제 너희들이 우리를 가르치는 교사이어야 한다. 너희들의 행동이 우리에게 모범(模範)과 본(本)이 되어야 하겠구나!

17 왜 하나님이 이렇게까지 어린 아이들을 높이 세우시고 그렇게 찬양하시는지, 이 점에 대해서 고려해 보기를 원하는 자는, 아이들이야말로 어른들 보다 더 단순하기 때문에 하나님께서 은총 속에 인간의 비참한 운명에게 허락하시는 치유의 수단을 더 쉽게 받아들일 더 좋은 자질이 주어졌다는 것 외에 다른 근거를 발견하지 못할 것이다. 그럼에도 불구하고 아담의 타락에서 인류의 멸망이 시작되었지만, 두 번째 아담이신 그리스도가 인간 세대를 새로운 생명의 나무에서 일체를 이루었다. 그러므로 아무도 스스로 믿지 않음으로 제외되는 일 외에(막16:16) - 아이들에게는 아직 생겨날 수 없는 것인데 - 구원에서 제외되지는 않았다. 거기서 죄와 불신과 함께 새로움에서 아직 더렵혀지지 않은 아이들은 이러한 영접된 하나님의 은혜를 보존하고, 세상에서 자신을 보호하기를 아는 만큼 하나님나라의 범세계적인 유산을 받을 자들로 밝혀져 있는 것이다. 그러므로 아이들은 아직도 일상의 습관들에 젖어있지

않기 때문에 모든 다른 성인들보다 분명 더 쉽게 가르칠 수 있게 될 것이다.

18 이러한 이유에서 그리스도는 우리 어른들에게 회개하고 아이들처럼 되기를 명하시는 것이다. 즉, 우리가 잘못된 교육에서 만들어지고, 이 세상의 악한 것들에서 배웠던 것을 다시 잊어버리고, 단순함과 온유함과 겸손과 순결과 순종 등 우리의 처음 상태로 되돌아가는 것이다. 물론 자신의 습관을 고치는 것보다 더 어려운 것은 없다. 왜냐하면 습관은 제2의 본성이며, 본성은 어떤 방법으로도 떨쳐버릴 수 없기 때문이다.[25] 잘못 가르침을 받은 사람을 다시 올바른 길로 인도하는 것보다 더 어려운 것은 없다. 왜냐하면 높거나 낮게, 바르거나 엉킨 가지들을 가진 나무가 다 자란 후에는, 한 번 형성된 모습은 오랜 세월 그대로 머물러 있게 되며, 더 이상 변형되지 않기 때문이다. 목재로 둘러친 차바퀴의 테가 그 형태로 굳어졌다면, 그것이 구부러진 후에는 다시 바로 펼 수 없으며 억지로 펴려고 하면 부서지게 된다. 하나님은 잘못된 행동에 습관화된 사람에 관하여도 그렇게 말씀하신다. "구스인이 그 피부를, 표범이 그의 반점을 변하게 할 수 있느냐, 할 수 있을진대 악에 익숙한 너희도 선을 행할 수 있으리라"(렘 13:23).

19 타락한 인류를 구원할 하나의 치유 방법이 있다면, 그것은 하나의 동산을 새롭게 하려고 새로운 관목을 심고, 그것들이 잘 자라도록 싹들을 신중히 돌보아야 하듯이, 어린이들을 조심스럽게 교육하는 방법으로 하지 않으면 안 된다. 왜냐하면 오래 된 나무들을

---

25) Horaz, Epist I, 10,24: Naturam expellas furca, tamen usque reccuret
   …

심어 결실을 얻을 가능성은 크지 않기 때문이다. 사소한 생각들과
이 세상의 습관들로 더렵혀지지 않고, 빠지지 않은 순결한 영혼은
하나님의 목적에 가장 적합한 것이다.

20 하나님은 이스라엘의 멸망을 탄식하시며, 선지자들을 통하
여 그것을 스스로 보여주고 있다. "그들이 이르기를 그가 누구에게
지식을 가르치며 누구에게 도를 전하여 깨닫게 하려는가 젖 떨어
져 품을 떠난 자들에게 하려는가"(사 28:9).

21 우리 주님은 예루살렘으로 향하는 길에서 그에게 한 마리
의 나귀 새끼를 데려오라고 명하실 때 분명히 그와 같은 것을 비
유적으로 행하시기를 원하셨다. 복음서 저자는 주님이 아직 사람이
타지 아니한 한 마리의 나귀 새끼를 요구하였다고 덧붙인다(눅
19:30). 그러면 그것이 아무런 의도 없이 이루어진 일이며, 전해진
것이라고 생각하는가? 결코 그렇지 않다! 그리스도의 말씀과 행동
에는 큰 것이든 작은 것이든지 간에, 성경의 일점일획에 있어서까
지 오묘한 진리를 우리에게 가르치려는 것이 들어 있기 때문이다.
그 때문에 그리스도가 노인과 아이들을 그에게로 부를 때, 그들을
하늘의 예루살렘으로 이끈다는 것은 분명한 일이다. 그럼에도 불구
하고 세상이 아직도 억압하지 않았던 젊은 세대들, 그들이 세상을
무거운 인생의 짐으로 파괴하고 부패하게 했던 자들이 되기 전에
먼저 그리스도의 멍에에 자신을 길들이는 상태에 있는 자들이 되
도록 부르고 이끌어 주는 것은 더 확실하다. 그 때문에 그리스도가
우리의 성장 세대를 인도한다는 것은 정당하고 옳은 일이다. 그리
스도는 그들이 주님의 온유한 멍에와 짐을 짊어지는 것을 기뻐하
신다(마 11:30).

22 성장 세대를 신중하게 교육한다는 것은 그들의 감성이 세상의 타락으로부터 보존되게 하는 것과 그들 안에 있는 덕성의 씨앗이 끊임없는 순수한 모범과 훈계를 통하여 싹이 잘 자라나도록 자극이 되게 돌보는 것을 뜻한다. 계속해서 그들의 감성이 하나님과 인간과 자연의 참된 지식으로 가득 차게 하는 것인데, 그들이 하나님의 빛 가운데서 빛을 보게 되며,[26] 모든 것 위에 계신 빛의 아버지인 하나님을 더 사랑하고 존중하게 되어야 한다.

23 만약 그것이 이루어진다면, 시편 말씀의 진리가 스스로 사물에서 입증될 것이다. "하나님은 주의 대적으로 말미암아 어린 아이들과 젖먹이의 입으로 권능을 세우심이여 이는 원수들과 보복자들을 잠잠하게 하려 하심이니이다"(시 8:2)[27]. 이로서 그의 저주에 대하여 복수하기를 원하는 것과 하나님의 어린 나무들, 즉 자라나는 세대들에게 거짓의 흉계로써 해를 끼치며, 지옥의 독으로써(모든 불신앙의 본보기들과 악한 충동으로써) 뿌리를 오염시키는 사탄의 멸망을 두고 한 말이다. 그러므로 그것들이 완전히 말라죽게 하며, 시들거나 어쨌든 쇠약해서 힘을 잃고 무익하게 되도록 하는 것이다.

24 이와 같이 하나님은 아이들에게 그들을 보호할 천사를 주실 뿐 아니라(마 18:10) 그들의 부모를 교사로 세우시고, 아이들을 주의 훈계와 교양으로 가르치도록 그들에게 명하셨다(엡 6:4). 그리고 하나님은 모든 다른 것들을 아이들이 일상의 악한 모범을 통하여 유혹 받으며 멸망하지 않도록 진지하게 가르치신다. 그럼에도

---

26) 시 36:9.
27) 원문에는 시 8:3임.

불구하고 그렇게 하는 자들에게 영원한 저주의 형벌을 선고하신다
(마 18:6 이하).

25 그러나 세상의 부패가 이렇게 속히 번지고 있는 이때에
우리는 청소년을 교육하는 일을 어떻게 행할 수 있을 것인가? 족
장시대에 그 일들은 더 쉬웠다. 즉 이 경건한 사람들은 세상으로부
터 구별되게 살았던 것이다. 그들은 가족들의 가장이었을 뿐 아니
라 동시에 제사장이요, 전문가요, 교사들이었다. 그들의 아이들은
잘못된 사람들과의 교제에서 격리되었고, 그들은 스스로 덕성의 모
범을 보여주었던 것이다. 그들은 그 아이들을 위로와 함께 가벼운
훈계로 지도했다. 필요할 경우에 엄격한 훈계로써 그들의 인생길을
이끌어 주었던 것이다. 하나님은 아브라함이 그와 같이 행동했던
것을 친히 증거 하신다. "내가 그로 그 자식과 권속에게 명하여 여
호와의 도를 지켜 의(義)와 공도(公道)를 행하게 하려고 그를 택하
였나니 이는 나 여호와가 아브라함에게 대하여 말한 일을 이루려
함이니라"(창 18:19).

26 그러나 오늘날 우리는 악한 자 속에 선한 자가 혼합되어
함께 살아간다. 악한 자의 수는 선한 자의 수보다 무한히 많다. 이
런 악한 자의 악행이 너무 강력하게 성장 세대에게 인상 박히기
때문에, 덕성을 악에 대항하는 수 있는 수단을 가르치더라도 전혀
아무런 성과가 없거나, 있다고 하더라도 매우 적다.

27 만일 이러한 덕성을 거의 가르치지 않을 때, 그 결과는 어
떠할까! 그러나 아이들에게 무엇인가 올바른 것을 많이 가르칠 자
격이 있는 부모들이 그리 많지 않다. 왜냐하면 한편으로 그들이 그

러한 선한 일을 스스로 학습한 일이 전혀 없기 때문이기도 하고, 또 그들의 마음이 다른 일들로 가득 차 있었기 때문에 덕성훈련을 소홀히 했다.

28 또한 교사들 중에서도 아이들에게 선한 것을 올바른 방식으로 가르칠 수 있는 사람이 많지 않다. 그럴만한 자격이 있는 한 명의 교사가 있다면, 영주는 그를 데려와서 그의 자녀들을 전적으로 가르치도록 함으로써 사회 전체의 유익이 되지 못하게 한다.

29 그 결과 나머지 아이들은 거의 돌봄이 없이 자라게 된다. 마치 심고 물을 주거나 보호하고 바르게 가꿔지지 않는 야생의 나무들과 같은 것이다. 그러므로 거칠고 훈련받지 않은 무례한 태도나 습관들은 세상과 마을이나 도시와 모든 가정과 모든 사람들에 만연하게 된다. 즉 사람들의 육체와 영혼은 온통 혼란으로 가득 차게 될 것이다. 만일 오늘날 디오게네스와 소크라테스, 세네카, 또는 솔로몬이 우리 가운데 나타난다면, 세상이 그들이 살던 시대와 아무 것도 달라진 것이 없다는 것을 발견하게 될 것이다. 하나님이 하늘에서 우리에게 말씀하기를 원하셨다 해도 이전에 말씀하신 것과 아무 것도 달리 말씀하지 않으실 것이다. "다 치우쳤으며 함께 더러운 자가 되고 선을 행하는 자가 없으니 하나도 없도다(시 14:3).

30 '인간은 어디서 나오는 것인지', 그것에 대하여 항상 충고하며, 자라나는 성장 세대에게 가능한 한 좋은 도움이 되도록 해야 할 것이 무엇인지에 대해 깊이 생각하거나, 하나님께 간구와 탄식과 눈물로 겸손히 조언을 청하는 자는 더 이상 침묵하고 있어서는

안 되며, 충고하고 생각하고 기도하기를 바란다. 맹인에게 잘못된 길을 가게 하는 자는 저주가 있을 것이라고 하나님께서 말씀하셨다(신 27:18). 맹인을 그의 잘못된 길에서 돌이킬 수 있는 자가 그 일을 행하지 않는다면 이와 같이 저주가 임하는 것이다. "누구든지 나를 믿는 이 작은 자 중 하나를 실족하게 하면 화가 있도다"(마 18:6-7)고 그리스도가 말씀하셨다. 이와 같이 악을 제거할 수 있음에도 불구하고 이를 행하지 않는 자에게 화가 있을 것이라. 하나님은 한 마리의 소나 나귀가 들판이나 숲을 통과할 때 길을 잘못 가거나 무거운 짐으로 쓰러지는 것을 보고도 외면하는 것을 원치 않으시고, 비록 그들이 누구의 짐승인지 알지 못할지라도, 비록 그들이 적의 것이라 할지라도 그들에게 서둘러 도움을 베풀기를 원하는 것이다(출 23:4-5; 신 22:1). 우리가 비이성적인 동물도 아닌 이성적인 존재로서, 더욱이 한두 명도 아닌 전 세계의 인간이 오류 가운데 놓여 있는 것을 볼 때, 그것에 대하여 아무 생각 없이 지나치고, 아무 도움의 손을 내밀지 않는다면 과연 하나님을 기쁘시게 하는 것인가? 결코 그럴 수 없다!

31 "여호와의 일을 게을리 하는 자는 저주를 받을 것이요 자기 칼을 금하여 피를 흘리지 아니하는 자도 저주를 받을 것이로다"(렘 48:10). 우리가 혼란스러운 바벨론의 역겨운 죄를 편안한 마음으로 묵인하고 있다면, 그 책임을 면할 수 있을 것인가? 허리띠에 칼을 찬 자나 칼집에 꽂아둔 칼이 어디에 있는지 아는 자가 그의 칼을 뽑아야 한다는 것이다. 바벨론을 쳐부수는 일에 함께 도우라. 그러면 여호와께서 너를 복되게 하실 것이다.

32 너희 정부 당국자들이여, 하나님의 최고의 일꾼들이여, 주

님의 이 명령을 행하라. 하나님이 너희의 허리에 채워준 그 칼로
써, 그 정의의 칼로써 세상을 뒤덮고 있는 하나님을 모욕하는 세상
의 그 무질서들을 바로잡아라.

33 너희 영적 지도자들이여, 예수 그리스도의 신실한 일꾼들
이여, 너희가 이러한 일을 행하라. 너희에게 주어진[28) 좌우에 날
선 말씀의 칼로써 악을 멸하라. 왜냐하면 악을 뽑아내고, 허물고,
멸망시키고, 파괴하도록 너희를 불렀기 때문이다. 즉 참된 것을 세
우고, 선한 것을 심도록 하나님이 너희를 부른 것이다(렘 1:10; 시
101; 롬 13:4). 너희는 어린 시절에 인간 안에 있는 악을 보다 더
잘 직시할 수 있다는 것과 오랫동안 번성하는 나무들은 어린 잔가
지일 때 묘목을 심고 잘 길렀던 것을 보았다. 그리고 하나님의 산
돌인 어린아이들이 어려서 일찍이 다듬어지고, 갈고 닦아지며, 하
늘나라의 건축물로 다듬어질 때, 가장 좋은 재목으로 시온(Zion)이
바벨론의 자리에 건설될 수 있다는 것을 너희는 보았다. 이와 같이
우리가 질서 있고, 번영하는 교회와 국가와 가정의 본체를 원한다
면, 특히 그것들이 참되고 살아 있는 인간성을 교육하는 작업장으
로, 교회의 인재를 육성하는 장으로, 국가와 가정의 본체가 되도록
우리의 학교를 질서와 번영으로 이끌어 올 수 있어야만 한다. 우리
는 다른 방법으로는 우리의 목표에 이르지 못할 것이다.

34 그런데 이것을 지금 어떤 방식으로 착수하며, 바라던 성과
를 실현시키도록 주님께서 저의 영혼을 부르셨다는 것을 주목하기
를 바란다. 하나님이 보는 눈과 듣는 귀와 판단하는 이해력을 누구

---

28) 비교, 계 2:12.

에게 주었는가를 보고, 이 일의 본질이 무엇인가를 주의 깊게 보고 듣고 깨닫게 되기를 바란다.

35 이전까지 볼 수 없었던 빛이 누군가에게 비추어진다면, 그는 하나님께 영광을 돌려드리고, 우리들의 성장 세대에게 비취는 새로운 거룩성을 부러워하지 않기를 바란다. 그러나 만일 당신이 이 빛 가운데서 어떤 결함을 발견한다면, 그것은 아주 작은 것이라 하더라도 그것을 제거하고 그것을 청결하게 하거나 그것이 제거되도록 돌보기를 바란다. "많은 눈이 한 눈보다 더 잘 본다"는 격언이 있기 때문이다.

36 이와 같이 우리는 하나님의 일을 합심해서 실현해 나가기 위해서 서로 돕기를 원한다. 주님의 일을 나태하게 하고, 피하여 도망하는 모든 자들을 우리는 저주할 것이다. 그렇게 함으로써 우리는 세상의 가장 귀한 재산인 자라나는 세대를 가장 잘 육성하게 될 것이다. "많은 사람을 옳은 데로 돌아오게 한 자는 별과 같이 영원토록 빛나리라"(단 12:3). 하나님이여, 우리에게 자비를 베푸시며, 우리로 하여금 주님의 빛 안에서 그 빛을 보게 하소서.[29] 아멘.

---

29) 시 36:9.

가르침의 기술의 유용성에 관하여
교수학의 올바른 근거에 관심이 있어야 한다.

교수기술이 올바른 기초 위에 세워질 때 그 혜택을 받는 사람들은 다음과 같다.

[1] 부 모
부모들은 자기 아이들에게 무엇을 얼마만큼 기대할 것인지를 지금까지 대부분 알지 못하였다. 그들은 가정교사를 고용하고, 잘 가르치도록 간청하며, 좋은 선물과 다른 것들을 통하여 보상하기도 하였다. 그럼에도 불구하고 그들의 노력은 대부분 헛되고, 아무런 유익을 초래하지 못하였다. 이제 정확한 학습의 방법이 착오 없이 확실하게 발전된다면, 하나님의 도움으로 소망했던 결과가 따르지 않을 수 없을 것이다.

[2] 교 사
대부분의 교사들은 수업의 기술에 대하여 아무것도 알지 못했다. 그러므로 의무를 다하기를 원했지만 지쳐 있다. 그리고 수고와 열심으로 그들은 이 방법 저 방법으로 바꾸어 가면서 찾았지만, 결과는 시간과 힘을 허비하는 것뿐이었다.

[3] 학 생
이 교수법으로 학생들은 수고와 권태, 불평과 매 맞는 일 없이 높은 수준의 학문을 놀이와 유머를 통하여 학습하게 될 것이다.

[4] 학 교
이 교수법이 확립될 때, 학교들은 현저하게 활기를 띨 뿐만 아니라, 무한히 확대될 수 있을 것이다. 학교는 즐거운 곳, 기쁨과 매력이 가득한 장(場)이 될 수 있을 것이다. 학생 각자는 이러한 온전한 방법으로써 – 높고 낮은 등급은 있겠지만 – 학식을 가진 자가 되도록 할 수 있기 때문에, 학교에서는 훌륭한 교사들의 부족은 결코 없으며, 학습이 더 이상 잘 되지 않는 일은 없을 것이다.

[5] 사회(국가)

키케로(Cicero)가 언급한 인용 가운데서 증거하고 있는 것처럼[30] 사회가 혜택을 받는다. 스토베우스의 보도에 따르면, 피타고라스학파에 속한 디오게네스도 다음과 같이 말하고 있다. "국가 전체의 근본 바탕이 무엇인가? 그것은 자라나는 세대를 교육하는 일이다. 잘 가꾸어지지 않은 포도나무는 결코 좋은 열매를 맺지 못한다."[31]

[6] 교 회

학교들의 올바른 조직만이 교회들에게 잘 훈련된 교사들을 공급하고 이러한 교사들은 적합한 청취자들을 만들어내는 데 영향을 줄 수 있기 때문이다.

[7] 하 늘

결과적으로 하늘나라는 학교들이 주의 깊고 포괄적인 정신 형성의 장소로 바뀌도록 관심을 가진다. 하나님의 나팔 소리로도 깨울 수 없었던 사람들이 하나님의 찬란한 빛으로 보다 더 쉽게 어둠에서 해방되게 하기 위함이다. 더욱이 복음은 모든 곳에서 전파

---

30) Cicero: De divin. II, 2, 4(vgl.o.Gruβa. d.Leser §5).
31) Joh. Stobaios: Anthologion(Florilegium) MT Abs.95:

되고, 우리는 세상 끝 날까지 전파되기를 바란다. 그럼에도 불구하고 그것은 축제 때처럼 지금 세상 속에서 시장에서나, 숙박업소에서나 혹은 그 밖에 소음에 뒤섞인 백성의 무리 가운데에 방치되어 있다. 즉 최선의 것을 말하려는 자에게 사람들이 귀를 기울이거나 주의를 기울이지 않는다. 각자는 다른 사람들과 대화하고 있는 것처럼, 바로 곁에 앉아 있는 자와 잡담 중에서 상대방을 설득하려고 몰두할 것이다. 말씀의 봉사자들은 그의 직무를 아주 열심히 수행할 것이다. 그들은 말을 잘하고, 웅변적으로 권면하고, 간청할 수도 있을 것이다. 그러함에도 불구하고 인류의 더 많은 부분은 아직도 복음을 듣지 못하게 될 것이다. 많은 사람들이 특별한 계기가 아니면 거룩한 모임에 오게 되지 않을 것이기 때문이다. 온다고 해도 어떤 사람은 눈과 귀를 닫아버린 채 오거나, 대부분 엉뚱한 질문을 하게 된다. 그리고 자신들의 일로 분주해서 여기에서 지금 어떤 일이 진행되고 있는지에 대하여 거의 관심을 갖지 않을 것이다. 그리고 만일 그들이 이러한 성경의 교훈적 의미를 경청하고 파악하였다고 해도, 그들이 마땅히 얻어야 할 만큼 감명을 받고 감동되지는 않았을 것이다. 너희의 악한 정신과 습관들을 약화시키고, 몰아내도록 하라. 그리고 그들이 태만에 빠지지 않도록 너희의 정신을 강화하라. 그들은 결국 맹목적인 습관에 묶여진 채로 죄에 결박되어 있다. 그러므로 하나님 외에는 아무도 그들을 멸망에서 구원할 수 없다. 교부들 중에 한 사람이 말하기를 한 죄인이 돌아오고, 회개한다면 그것은 기적일 것이라고 하였다. 그러나 하나님이 방법을 제시해 주시는 데도 불구하고 시도해보지도 않고, 사람들은 기적만을 기다리는 것은 하나님을 시험하는 일인 것이다.[32] 그리고 만일 그들이 이러한 거룩한 경종들이 무엇에 영향을 미쳐지기를

---

32) 마 12:39; 눅 11:29.

바라는지를 주목하고 파악한다면, 그들이 해야 했던 것처럼 그렇게 감명을 받고 감동되지는 않았을 것이다. 너희의 악한 정신과 습관들을 약화시키고, 몰아내도록 하라. 그리고 그들이 태만에 휩싸일 수 없도록 너희의 정신을 강화하라. 그들은 이와 같이 습관적인 맹목성에 묶여진 채로 결박된 것처럼 죄 가운데 걸려 있다. 그리고 하나님 외에는 아무도 그들을 멸망에서 구원할 수 없다. 그러므로 조상들 중에 한 사람이 말하기를 한 죄인이 돌아오고, 회개한다면 그것은 기적일 것이라고 하였다. 하나님이 수단을 제공함에도 불구하고 기적을 요구한다면, 그것은 하나님을 시험하는 일이 될 것이다.[33] 그리고 그것이 바로 여기에서 대두된 경우와 같은 것이다. 그러므로 우리는 그리스도 안에 있는 아이들이 뜨겁게 마음의 활기를 얻고, 하늘나라에 대한 사랑으로 불 붙여질 수 있는 방법에 대하여 깊이 연구하는 것을 우리의 의무로 여기자. 만일 우리가 그것을 성취한다면, 우리는 하늘나라가 옛날과 같이 크게 확장되었는지를[34] 보게 될 것이다. 그리고 아무도 그러한 거룩한 사업에서 그의 생각과 소원과 그의 능력과 수단들을 아끼지 말아야 한다. 그러한 소원을 주신 분이 이를 완성시켜 주실 것이다. 그것을 우리 모두는 하나님의 자비를 기도 가운데서 간구해야 하며, 희망 가운데서 기다려야 한다. 왜냐하면 인간의 구원과 가장 높으신 분의 영광이 여기에 달려 있기 때문이다.

요한 발렌틴 안드레아:

성과를 의심하는 것은 불명예스러운 일이며, 다른 사람의 충고를 무시하는 것은 부당한 일이다.[35]

---

33) 마 12:39; 눅 11:29.
34) 마 11:12절 인용: 역자 주, 천국을 얻기 위한 노력을 강조함

> ## 제1장 인간은 피조물 가운데 완전하고 탁월한 최고의 존재이다

> "너 자신을 알라" –하늘의 말씀(1/2); 인간 본성의 위대함(3)은 모든 인간에게 인식되어야 한다(4).

1 피타쿠스(Pittacus)가 옛날에 "너 자신을 알라"는 유명한 말을 했을 때, 현자들은 이 말을 하늘에서 내려온 것으로 보고 갈채를 보냈고, 그들은 이 말을 사람들에게 알리기 위하여,[36] 큰 무리들이 항상 모여드는 델피(Delphi)에 있는 아폴로 신전에 그 말을 황금문자로 새겨 놓게 하였다. 후대에 이것은 지혜롭고, 경건한 말로 받아들여지긴 했지만 원래는 꾸며진 말이다. 그러나 그것은 저 옛 사람들보다 우리에게 더 분명하게 이해되듯이, 고차원의 의미에서 진리와 상응한다.

2 왜냐하면 성경에서 울려퍼지는 하늘의 음성은 '너 자신을 아느냐'라는 말보다는 다른 것을 우리에게 말하고 있기 때문이다. 즉 그것은 '영원과 지혜와 복의 근원인 나 하나님과 나의 피조물, 나의 형상, 나의 기쁨인 너 인간을 아느냐'라고 말하는 것이기 때문이다.

35) J. V. Andreae: Theophilus(Ausg. Leipzig 1706) S.16.
36) Pittakos ist einer der sieben Weisen Athens. Der Spruch und seien Geschichte sind aufs. erklärt bei Erasmus: Adagia, Chil. I, cent. VI, 95(Op. omn. ed. J. Clericus Bd. II, Leiden 1703, S.258).

3 왜냐하면 나는 네가 영원에 참여하도록 선택했고, 하늘과 땅과 거기에 속한 모든 것을 네가 사용하도록 준비했기 때문이다. 다른 피조물에게는 각기 부분적으로 주었지만, 너에게만은 그 모든 것을 주었다. 즉 그것들은 본체와 생명, 감관과 이성이다. 나는 너를 내가 만든 피조물에 대한 통치자로 삼았고, 소와 양과 들짐승과 공중의 새들과 바다의 물고기, 이 모든 것을 네 발 아래 두었다. 이처럼 나는 너에게 영화와 존귀로 관을 씌워주었다(시 8:5-8). 그리고 나는 너에게 아무것도 부족하지 않도록, 나 자신을 주었고, 나의 본성을 너의 본성과 본질적인 관계로37) 영원히 하나 되게 했다. 볼 수 있거나 혹은 볼 수 없는 다른 어떤 피조물에게도 그러한 것은 주어지지 않았다. 도대체 하늘과 땅에 있는 피조물 중 무엇이 하나님께서 자신의 육체로 계시하시고, 천사들에게 보이셨다는 것을 자랑할 수 있겠는가(딤전 3:16). 단지 천사들이 보고자 했던 하나님을 보고 놀라게 하기 위해서가 아니라(딤전 1:12), 그들이 육체로 계시된 하나님, 즉 하나님의 아들이면서 인간의 아들인 그 분을 섬기도록 하기 위해서였다(히 1:6, 요 1:51, 마 4:11). 그러므로 너는 내 창조의 마지막 돌이며, 내 사역의 경이로운 결정체임38)을 알라. 너는 내 사역 중에 신의 대리자이며 나의 영광의 왕관이다.

4 이 모든 것이 성전의 문이나, 책의 제목이나 인간의 입과 귀와 눈에 씌어져 있지 않고, 너희 마음에 새겨져 있으면 좋을 텐데! 항상 인간교육의 직무에 전념하는 사람이라면 누구나 무조건

---

37) Nexu hipostaico, Vereinigung der göttlichen und menschlichen Person in Christus.
38) Nämlich als Mikrokosmos, Analogen der Gesamtschöpfung.

모든 사람들이 이 존엄성과 자신의 훌륭함을 잊지 않고 살도록 하기 위해 노력해야 하고, 모든 사람은 자신의 힘을 이러한 고귀한 목표에 이르도록 하는 데 사용해야 할 것이다.

제2장 인간의 궁극적 목표는 내세의 삶에 있다

> 최상의 피조물은 가장 최상의 분에게서 결정되었다(1/2). 창조 이야기 가운데 있는 그것에 대한 증거들(3), 우리를 조성하심에서(4), 우리의 행동 전체와 고난 가운데서(5), 더욱이 고조되는 것들에서, 그러나 이곳의 것이 최종 목표가 아니라는 것(6/7), 죽음조차도 우리의 바람을 끝내지 못한다(8). 왜냐하면 인간들은 영원을 위해 결정되었기 때문이다(9). 인간이 거주하게 될 세 곳은 모태와 땅과 하늘이다(10/11). 이스라엘 백성과 비교하라(12).

1 이처럼 뛰어난 피조물이 다른 모든 피조물보다 더 높은 목적을 추구하도록 결정되었다는 것을 이성(理性)이 우리에게 말한다. 더욱이 이는 하나님의 완전한 영광과 구원에 영원히 참여하기 위해 완전함과 영광과 구원의 절정이신 하나님과 하나 되는 것이다.

2 만일 이것이 충분히 성경에 근거하고 있는 것이고, 모든 것이 그러한 상태에 있음을 우리가 믿는다면, 우리의 운명이 현세를 넘어서 있다는 것에 관하여 하나님이 다양한 방법으로 어떻게 우리에게서 그것이 교육되도록 하는지를 간략하게 다루는 것이 결코 헛수고는 아닐 것이다.

3 먼저 창조의 행위에서 하나님은 사람을 다른 모든 피조물에게 하신 것처럼 단순히 "있으라"고 명령하신 것이 아니라, 미리

진지하게 숙고한 후에, 말하자면 자신의 손으로 그의 육체를 빚으셨고, 자신의 영으로부터 자신의 영혼(anima)을 사람에게 불어넣으셨다.

4 우리의 성품은 이 현세의 삶만으로는 우리의 목적을 전부 성취시켜 주지 못한다는 것을 보여준다. 왜냐하면 우리의 현세적인 삶에는 식물적 삶, 동물적 삶, 그리고 지성적 혹은 영적인 삶의 세 가지가 있기 때문이다. 식물적 삶은 신체적 기능에 온전히 한정된다. 동물적 삶은 감관들의 활동과 운동을 통해 주변 환경을 향해서 자신을 확장시킨다. 지성적 혹은 영적인 삶은 천사들의 경우에서 알 수 있듯이, 다른 두 삶으로부터 떨어져 존재할 수 있다. 분명 지성적이고 영적인 가장 높은 삶의 수준은 우리에게 있어 식물적·동물적 삶에 의해서 희미해지고 약화되기는 하지만, 나중에 그러한 삶이 더 높은 곳에 이르게 될 때가 오리라는 것은 필연적인 것이다.

5 우리가 현세적인 삶에서 행하고, 고난 받는 모든 것은 세상에서 우리의 최종적인 목표에 이른 것이 아니라, 우리와 우리의 전(全) 자아와 관련된 모든 것이 다른 목표를 향해 달려가고 있음을 보여준다. 왜냐하면 우리가 존재하고, 행하고, 생각하고, 말하고, 계획하고, 획득하고, 소유하는 모든 것은 우리에게 단계적 변화가 이루어지게 하고 있기 때문이다. 우리는 점점 더 발전하고, 끊임없이 보다 높은 단계에 오르려고 애쓰지만, 가장 높은 단계에는 아직 도달하지 못한다. 말하자면 인간은 영원 전부터 존재하지 않았던 것처럼, 처음에는 아무것도 아니다. 그는 어머니의 태(胎) 중에서 비로소 아버지의 핏방울로부터 자신의 근원(根源)을 얻는다. 그렇다면 인간은 처음에 무엇인가? 형체도 없는 자연 그대로의 덩어리

와 같다. 그 후 작은 신체의 형태를 가지게 되지만, 감각기관도 없고 움직임도 없다. 나중에 그는 움직이기 시작하고 본성의 힘을 통해 자신을 세상에 알린다. 점차적으로 눈과 귀, 그리고 나머지 감각기관들이 열린다. 시간이 지남에 따라 그가 보고, 듣고, 느끼는 것을 인식할 때 느낌들이 생겨난다. 나중에 지적인 이해력이 형성되고, 사물들의 특징을 분별한다. 결국 조정자의 직무인 의지(意志)가 어떤 대상에 대해서는 욕망을 느끼게 하고, 다른 것에는 혐오를 보이기 시작한다.

6 그러나 이런 단계의 내면에는 분명한 발전이 보인다. 그 때문에 마치 아침 일출의 빛이 밤의 어둠을 뚫고 빛을 비추는 것처럼, 사물에 대한 이해가 점점 더 깨어나기 시작한다. 그리고 삶이 지속되는 동안, 무감각하지 않은 사람은 항상 새로운 것에 직면하게 되고, 죽을 때까지 새로운 빛을 받아들이게 된다. 이와 같이 인간의 행동은 처음에는 약하고, 힘이 없고, 서투르고, 매우 혼란스럽다. 그러나 점차적으로 육체의 힘에 비례하여 정신력이 성숙해질 때, (우리가 무감각에 빠지지 않고 생기 있게 살아간다면) 우리는 계속해서 무언가를 행하고, 결심하고, 착수해야 한다. 그리고 고귀한 사람들의 마음속에는 이 모든 기능이 점점 더 높이 발전해 가지만 목표에 이르지는 못한다. 왜냐하면 이러한 삶에서 성취에 대한 욕망과 수고는 끝이 없기 때문이다.

7 어디로 마음의 방향을 돌리든지, 그는 경험을 통해 이 사실이 증명되는 것을 볼 것이다. 누군가가 재물과 부를 극단적으로 사랑한다면, 만약 그가 모든 세상을 소유한다 하더라도 자신의 배고픔을 채울 수 없다는 것을 알게 될 것이다. 누군가가 명예욕에 사

로잡힌다면, 모든 세상 사람들이 그를 숭배한다고 하더라도 그의 마음은 편안할 수 없을 것이다. 알렉산더의 경우에서 분명히 그랬다. 누군가 자신의 쾌락에 몰두하는 사람이라면, 즐거움의 감정이 모든 그의 감각에 강물처럼 흐른다 하더라도 모든 것이 이전처럼 그에게 일상적이게 될 것이고, 그의 욕망은 항상 새로운 것을 추구할 것이다. 그리고 누군가가 지혜를 연구하는 데 몰두한다면, 그는 끝을 찾지 못할 것이다. 왜냐하면 알고자 하면 할수록 그는 얼마나 많은 것이 그에게 지식이 부족한지를 알게 될 것이기 때문이다. 결국 솔로몬이 다음과 같이 말한 것은 옳다. 즉 "눈은 보아도 족함이 없고 귀는 들어도 가득 차지 아니하도다"(전 1:8).

8 우리가 죽어가는 사람을 볼 때, 죽음조차도 우리의 문제를 끝내지 못함을 안다. 말하자면 세상에서 선한 삶을 살았던 사람들은 그들이 보다 더 나은 삶으로 들어가는 것을 기뻐한다. 그러나 세상의 삶에 완전히 집착해 있는 사람과 이러한 집착에서 떠나 어디론가 다른 곳으로 가야함을 아는 사람은 두려워 떨기 시작하고, 할 수만 있다면 하나님과 더불어 화해하려고 한다. 그리고 몸이 고통에 의해 부서지고, 지치고, 감각이 무뎌지고, 삶이 쇠퇴한다고 하더라도 정신은 어느 때보다 더 생기 있게 그 기능을 발휘하며, 자기 자신과 가족과 유산과 공적인 일들에 대하여 경건하고 진지하게 돌아보는 모습을 지닌다. 이처럼 경건하고 지혜로운 사람이 죽는 것을 보는 사람은 흙으로 된 구조물이 사라지는 것을 보는 것과 같다. 그리고 그렇게 죽어가는 사람이 말하는 것을 듣는 자는 천사의 소리를 듣는 것으로 생각하고, 자신의 오두막이 무너지기 직전에 거주자가 탈출하는 것뿐이라는 것을 인정하지 않을 수 없다. 이교도들조차도 벌써 그것을 알고 있었다.

그 때문에 페스투스(Festus)[39]에 의하면 로마인들은 '죽음'을 '계속적인 진행'이라고 불렀다. 그리고 그리스인들에게서 '떠나간다'라는 뜻을 지닌 '오이케스타이($οιχεσθαι$)'는 종종 '생명을 잃다', '죽다'라는 의미로 사용되었다. 이는 분명히 사람들이 죽음을 통해 다른 영역으로 건너간다는 사실을 알고 있었기 때문이다.

9 그러나 살아 계신 하나님의 아들이신 예수 그리스도, 즉 우리 안에 파괴된 하나님의 형상을 다시 회복하기 위하여 하늘로부터 보내심을 받은 그가 직접 모범을 보이셨기 때문에, 그것은 그리스도인들에게 보다 분명하게 드러났다. 그는 사람들 가운데서 수태되고, 태어나시고, 두루 다니신 후에 죽으시고, 부활하시고, 죽음이 더 이상 지배할 수 없는 하늘로 가셨다. 그는 우리의 '앞서 가신 자'이시고(히 6:20), '형제 중에서 맏아들'(롬 8:29)과 '교회의 머리'이시며(엡 1:22), '하나님의 형상에 따라 새롭게 지음 받기로 결정된 모든 사람의 원형상(原形像)'(롬 8:29)이시다. 이와 같이 그가 이 세상에 머무르기 위해서가 아니라, 삶의 여정을 끝낸 후에 영원한 집으로 건너가기 위해 세상에 머무르지 않으셨던 것처럼, 그의 제자인 우리 또한 이 세상에 머물러서는 안 되며 다른 세상으로 넘어가기 위해 걸어가야 할 것이다.

10 세 가지 삶과 세 종류의 거주지는 이처럼 우리 각자에게 미리 결정되어 있다. 그것은 모태와 땅과 하늘에서이다. 우리는 출생을 통해 모태에서 땅에 이르고, 죽음과 부활을 통해 땅에서 하늘에 이른다. 그리고 하늘에서 우리는 영원토록 머문다. 첫 번

---

39) S. P. Festus: De verborum significatu, "abitio" (Ausg. v. W. M. Lindsay, Leipzig 1913, S.21).

째 단계에서 우리는 움직임과 느낌을 시작하는 단순한 삶을 발견한다. 두 번째 단계에서는 생명과 운동과 감각을 얻고, 인식하기 시작한다. 세 번째 단계에서 우리는 모든 것의 완전한 풍성함을 발견하게 된다.

11 첫 단계는 둘째 단계를 위한 준비 과정이고, 둘째 단계는 셋째 단계를 위한 준비 과정이다. 그러나 셋째 단계는 다른 목적 없이 자기 자신 안에서 영원히 안식하는 곳이다. 첫 단계에서 둘째 단계로, 그리고 둘째 단계에서 셋째 단계로의 변화는 답답하고 고통스럽게 느껴진다. 그래서 이 두 과정에서 덮개와 외피는 제거되어야 한다. 즉 첫 과정에서는 모태의 덮개가, 두 번째 과정에서는 육체 그 자체의 덮개가 제거되어야 한다.[40] 마치 병아리가 껍질을 깨고 부화하는 것과 같다. 첫 번째와 두 번째 거처(居處)는 각기 다음 삶의 요청에 따라 육체가 형성되고, 영원한 삶을 위한 필요에 따라 이성적 영혼이 만들어지는 작업장과도 같다. 그러나 세 번째 거처는 이전의 두 단계의 완성과 결실이 실현되는 것이다.

12 여기에서 다음과 같이 이스라엘 민족과 비교할 수 있다. 이스라엘 민족은 이집트에서 형성되었다. 그들은 이집트에서 산을 지나고 홍해를 건너 광야에 이르게 되었으며, 거기에 성막을 짓고 율법을 배우고 많은 적들과 싸웠다. 하지만 결국 그들은 요단을 건너서 젖과 꿀이 흐르는 가나안 땅을 상속받았다.

---

40) Ein Hinweis von H. Ahrweck hat mich veranlaßt, die Überstzung dieser Stelle gegenüber der 1.Aufl. zu berichtigen.

제3장 현세의 삶은 다만 영생에 대한 준비이다

이에 관한 우리 자신에게 있어서의 증거(1/2), 가시적인 세상에서의 증거(3), 성경에서의 증거(4), 경험상의 증거(5), 결론(6)

1 현세적인 삶은 다른 목적을 향해 있기 때문에, 실제로 하나의 삶이 아니라 오히려 참되고 영원히 지속되는 삶을 위한 서곡으로 불려 질 수 있다. 이것은 첫째로 우리 자신이 증거가 되며, 둘째로 세상이, 셋째로는 성경이 분명하게 증명해 준다.

2 우리 자신을 관찰해 보면, 우리 안에 있는 모든 것이 단계적으로 진척되어, 그때그때마다 앞서가는 것이 뒤따라가는 것의 길을 준비한다는 것을 보게 된다. 예를 들어 우리의 삶은 처음에 모태에서 정지된 모습으로 형성된다. 그러나 무엇을 위해서인가? 자기 자신을 위해서인가? 그것은 아니다. 그곳에서 태아가 영혼의 거처로 사용될 수 있는 그릇과 도구로 만들어지고, 우리가 현세에서의 삶을 위해 편리하게 사용될 수 있도록 만들어진다는 것이 중요하다. 이것이 완료되자마자 우리는 빛 속으로 터져 나온다. 왜냐하면 어둠 속에서는 우리가 더 이상 아무것도 발달할 수 없기 때문이다. 같은 방식으로 이러한 빛 가운데서의 삶은 영원한 삶을 위한 준비에 지나지 않는다. 왜냐하면 의심할 여지없이 영혼은 육체의 활동을 통해 미래의 삶에 필요한 것을 얻기 때문이다. 이것이 완성되고 나면 우리는 여기서부터 계속 나아갈 것

이다. 왜냐하면 우리는 더 이상 이 세상과 아무런 관계가 없기 때문이다. 한편, 많은 사람들이 준비되지 않은 채로 갑자기 죽게 되는 즉, 몰락하는 운명이 되고, 유산(流産)의 경우 탄생은 생명이 되지 못하고 죽음이 된다. 이러한 경우는 모두 하나님께서 허용하기는 하시지만, 인간의 죄가 원인이 되어 있다.

3 그러나 보이는 세계 자체를 눈여겨볼 때, 세계는 인간 역사의 지속적인 발전과 육성 그리고 정신적인 훈련을 위해 사용되도록 창조되었다는 사실을 분명히 증명해 준다. 왜냐하면 하나님의 마음에 들었기 때문에 천사를 창조하셨던 것처럼, 모든 인간이 아니라 한 남자와 한 여자를 같은 순간에 창조하시고, 출산을 통해 수를 증가시킬 수 있는 복을 그들에게 주셨기 때문이다. 따라서 이런 점진적인 증가를 위해 인간에게 시간이 주어진 것은 필연적이었다. 하나님은 그들에게 수 천 년의 시간을 주셨다. 그러나 이 시간이 혼돈하고 공허하고 감춰져 있지 않도록 하려고, 하나님은 하늘을 펼치셨고 그곳에 해와 달과 별들을 주셨고, 이것들의 운행에 따라 시와 일과 달과 년을 측정하게 하셨다.

더욱이 인간은 살기 위한 장소와 호흡하고 움직일 수 있는 공간과 성장하게 하는 영양분과 차려입을 옷들이 필요한 육체적 피조물이 되어야 했기 때문에 하나님은 세상 아래에 굳건한 기초로서 땅을 두셨고, 공기로 두르셨고, 물이 흐르게 하셨으며, 많은 종류의 식물들과 동물들이 발생하게 하셨는데, 이것들은 필요한 욕망을 충족시키기 위해서 일뿐만 아니라 기쁨과 즐거움을 위한 것이다.

그리고 하나님은 인간을 자신의 형상대로 창조하시고 그에게 판단력을 주셨기 때문에, 이 판단력에도 영양분이 부족하지 않게 하셨다. 따라서 하나님은 이런 가시적인 세상이 인간에게 있어 하나님의 무한한 힘과 지혜와 선함을 밝게 비추는 거울이 되도록 그의 피조물들이 다양한 방식으로 변화하면서 퍼지게 하셨다. 거울을 볼 때, 인간은 창조자를 경외하게 되고, 그를 인정하고, 그를 사랑하게 될 것이다. 왜냐하면 불가시적이고 영원한 심연(深淵) 속에 감추어진 불변성과 아름다움 그리고 달콤함은 도처에서 가시적인 사물을 통해 분출되고, 거기서 만져지고, 보여지고, 맛볼 수 있게 되기 때문이다. 따라서 이러한 세상은 양육과 연습과 훈련의 장소, 우리 인간을 위한 학교 이외의 다른 것이 아니다. 우리가 이 학교를 떠나 영원한 학교로 상승하는 것처럼 어디로 상승할 것인가에 관한 문제가 있다. 이미 이성이 이와 같은 사실을 증명하지만, 많은 하나님의 말씀이 보다 분명하게 증명해 준다.

4 하나님은 친히 호세아의 책에서 하늘은 땅을 위해서, 땅이 곡식과 포도주와 기름을 내게 하기 위해서 존재하며, 또 이 모든 것은 인간을 위해서 존재한다(호 2:21-22)는 사실을 증거 해 준다. 이처럼 모든 것이 인간을 위해 존재하며, 시간조차도 인간을 위해 있는 것이다. 왜냐하면 세상은 선택된 사람의 수가 찰 때까지(계 6:11) 지속되도록 허락되었기 때문이다. 이것이 성취되면 하늘과 땅은 사라질 것이며, 이 장소는 더 이상 존재하지 않을 것이다(계 20:11). 왜냐하면 정의가 거하는 새로운 하늘과 새로운 땅이 생성될 것이기 때문이다(계 21:1; 벧후 3:13). 결론적으로 성경은 이런 삶을 말씀으로 명명했는데, 그 말씀은 이러한 현세적인 삶이 다른 삶을 준비하는 것 외 다른 것이 아님을 밝혀주고 있다. 왜냐하면 성경은 인생을 길, 방랑, 문, 기다림이라고 하였으며, 그리고 우리를 순례자, 방랑자, 다른 영원한 나라를 바라보는 자로 말하고 있기 때문이다(창 47:9; 시 39:12; 욥 7; 눅 12:35 이하).

5 이 모든 것을 우리는 사실 그 자체에서, 그리고 모든 사람이 볼 수 있는 상황에서 알게 된다. 비록 우리가 영원을 위해 예정되었다고 하더라도 태어났던 사람들은 누구나 나타난 것처럼 다시 사라진다. 그러나 우리는 영원에 이르러야 하기 때문에 현세적인 삶은 영원한 곳으로 넘어가는 하나의 과도기로서 필수적인 것이다. 그리스도께서 말씀하신다. "너희도 준비하고 있으라 생각하지 않은 때에 인자가 오리라"(마 24:44). 또한 어린 나이에 불러 가시는 것도(우리가 성경에서 알 수 있듯이) 같은 이유에서이다. 그것은 하나님께서 에녹처럼 그들이 내세를 위해서 준비되었다고 보셨기 때문이다(창 5:24, 지혜서 4:14). 다른 한편, 하나님은 왜 악한 자들에 대하여 인내하심을 보이시는가? 하나님은 어느 누구도 준비되지 않은 채 갑자기 멸망당하기를 원치 않으시며, 그가 회개하기를 원하시기 때문이다(벧후 3:9). 그러나 하나님의 인내를 끝까지 배반한다면 하나님은 그를 멸하실 것이다.

6 우리가 모태에 머무는 것은 분명히 육체적인 삶을 준비하기 위한 것이고, 또한 지금 우리가 육체 안에 머무르게 되는 것은 현재의 삶에서 벗어나 영원히 지속될 삶을 위한 준비임에 틀림없다. 모태로부터 건강한 몸을 가지고 나오는 사람은 행복하지만, 현세에서부터 계속해서 순수하고 청결한 영혼을 가지고 나아가는 사람은 천 배나 더 행복한 자들이다!

제4장 **영원에 대한 준비의 세 단계:**
자신과 다른 모든 것들을 알고, 다스리며, 하나님께로 향하게 하는 일이다.

> 인간의 지속적인 목적들(1/2). 인간은 이성적 존재이어야 한다(3). 모든 피조물에 대한 주인이요(4), 하나님의 형상이다(5). 그러므로 인간은 학식 있는 지성과, 도덕성, 경건성을 필요로 한다(6). 다른 모든 재능들은 부가적인 것이다(7). 비유를 통한 설명과 결론(8/9).

1 그러므로 인간의 궁극적 목적은 하나님과 더불어 영원한 행복을 누리는 것임이 분명하다. 그러나 사라져 가는 현세적인 삶에 해당하는 다른 목적들은 이러한 영원한 목적에 종속된 것들이다. 이것은 인간을 창조하실 때 하신 다음과 같은 하나님의 말씀 안에 나타난다. "인간을 우리의 형상을 따라, 우리의 모양대로 만들자. 그들로 바다의 물고기와 하늘의 새와 가축과 땅에 기는 모든 것을 다스리게 하자"(창 1:26).

2 그 말씀에서 인간은 피조물 가운데서 ❶ 이성을 소유하고, ❷ 다른 피조물을 다스리고, ❸ 창조자와 같은 형상과 기쁨이 되는 피조물로 세움 받았다는 것을 유추할 수 있다. 이 세 가지 목적은 서로 연관되어 있으므로 분리될 수 없다. 이것들은 현재의 삶과 미래 삶의 기초를 이룬다.

3 '이성적인 피조물'이라고 하는 것은 모든 사물을 조사하고, 이름을 붙이고, 깊이 생각하는 일에 전념하는 것을 의미한다. 즉

세상에 존재하는 모든 것을 인식하고, 이름을 붙이고, 이해하는 능력이 있다는 것을 의미한다(창 2:19). 솔로몬이 말한 것처럼 세상이 어떻게 만들어졌는지, 그 요소들의 작용이 무엇인지를 이해할 능력이 있다는 것을 의미한다. 시간의 시작과 끝과 중간, 태양 주기의 변화, 그리고 계절의 변화, 한 해의 순환, 별의 위치, 생명의 성질 그리고 야생동물의 본능, 정신력, 인간의 생각, 식물의 차이, 그리고 뿌리의 힘, 숨겨져 있거나 보이는 모든 것, 이러한 구성 요소의 작용을 이해할 수 있는 능력이 있다는 것이다(지혜서 7:17 이하). 사물에 대한 지식과 말하는 기술 역시 여기에 속한다. 이는 큰 것이든 작은 것이든 어떤 것이라도 우리가 모르고 있지 않도록 하기 위해서이다(집회서 5:15 또는 5:18). 그러므로 인간이 모든 것의 근원을 안다면 실제로 '이성적 존재로서의 인간'이라는 이름을 유지할 수 있을 것이다.

4 '모든 피조물의 통치자'란 모든 것을 자신의 본래 목적에 맞게 사용하고 유익을 얻기 위해 질서 가운데 이르도록 한다는 것을 의미한다. 그는 자기 위에는 찬양 받으실 창조주가, 자기 옆에는 함께 종으로 섬기는 천사가, 자기 아래 깊은 곳에는 다른 모든 것이 놓여 있다는 것을 인식하면서, 피조물 가운데서 언제나 왕답게 즉 성실하고 거룩하게 다스리게 된다. 이와 같이 우리에게 걸맞은 위엄이 지속된다는 것이다.

인간은 다른 피조물에게, 심지어 자신의 육체적 속성에게조차 예속되어서는 않는다. 모든 것을 자유롭게 자신의 일을 위해 사용하고 사람들이 어디에서, 언제, 어떻게 그리고 얼마만큼 모든 것을 현명하게 사용해야 하는지를 안다. 즉 어디에서, 언제, 어떻게, 그리고 얼마만큼 육체에 종속되게 하는지, 어디에서, 언제, 어떻게,

그리고 얼마만큼 이웃 사람의 뜻에 따라야 하는지를 안다. 한 마디로 자기 자신의 외적, 내적인 움직임과 행동뿐 아니라 타인의 움직임과 행동을 지혜롭게 통제할 줄 알아야 한다.

5 '하나님과 같은 형상'이란 결국 인간의 원형이신 하나님의 완전함을 따른다는 것을 의미한다. 하나님은 친히 다음과 같이 말씀하신다. "너희는 거룩하라 나 여호와 너희 하나님이 거룩함이니라"(레 19:2).

6 여기에서부터 인간의 선천적인 욕구가 생겨난다. 이 욕구는 그가 ❶ 모든 것을 알고, ❷ 그것들과 자기 자신을 통제하고, ❸ 자기 자신과 모든 것을 모든 것의 근원이신 하나님에게 되돌아가도록 하는 것이다. 이 세 가지 욕구를 우리는 일반적으로 다음과 같이 잘 알려진 말로 표현할 수 있다.
❶ 학식 있는 교양(eruditio)
❷ 덕행 혹은 도덕(mores)
❸ 경건함 혹은 신앙심(religio) 등이다.

'전문적인 교육' 아래에서는 모든 사물과 기술과 언어를, '도덕' 아래에서는 외적인 예의범절뿐만 아니라 모든 내적·외적 태도를, '신앙심'은 인간정신이 지존하신 하나님에게 애착하며 자기 자신을 하나님께 완전히 의탁하는 내적인 경외심(敬畏心)라고 생각한다.

7 이 세 가지 욕구에 인간의 모든 위엄(威嚴)이 포함되어 있다. 이 욕구만이 현재와 미래의 삶의 기초가 된다. 만약 다른 모든 것 즉 건강, 힘, 아름다움, 부유함, 위엄, 우정, 행운 그리고 장수

가 하나님께서 부여하신다 해도, 이것은 부가물(附加物)로서 삶을 외적으로 꾸미는 것에 지나지 않는다. 만일 인간이 스스로 이것을 탐욕스럽게 바라고 쫓아가는데 몰두하고 보다 고귀한 선(善)을 경시하게 되어, 그 안에 자신을 파묻어버린다면, 그 모든 것은 불필요한 허영과 해로운 장애물에 지나지 않을 것이다.

8 나는 이것을 실례를 들어 밝혀 보고 싶다. 해시계이든지 동력장치가 있는 시계든지, **시계**는 시간을 측정하기 위한 정교한 도구이다. 이 도구의 본질과 특성은 모든 부분의 합목적적(合目的的)인 조화에 있다. 이에 부가된 케이스, 조각물, 그림들 그리고 도금은 단지 첨가물일 뿐이다. 이것들은 아름다움을 더해주기는 하지만 유용한 것은 아니다. 어떤 사람이 쓸모 있는 것을 소유하기보다는 아름다운 도구를 더 갖고 싶어 한다면 사람들은 그의 순진함을 비웃을 것이다. 왜냐하면 그는 그 도구가 어떤 목적에 사용되도록 결정된 것인지를 주의하지 않았기 때문이다.

마찬가지로 말(馬)의 가치는 그의 힘과 용기와 민첩함과 말을 모는 기수의 눈짓에 순종하는 태도에 있다. 물결 모양을 하거나 땋아진 꼬리 혹은 빗겨져 똑바로 세워진 갈기, 도금된 재갈과 수놓아진 안장 혹은 어떤 가슴의 장식 등, 좋은 장식품을 가졌다 할지라도 말의 훌륭함을 이러한 것들에 의해서 평가하는 사람은 어리석다고 아니할 수 없다.

우리들의 건전한 건강 상태는 음식을 잘 소화할 수 있는 건강한 내적 체질에 달려 있다고 볼 수 있다. 좋은 침대에서 편하게 자고, 우아하게 옷을 입고, 맛있는 것을 과식하는 것은 건강에 도움이 되기보다는 오히려 해칠 수도 있다. 그러므로 유익한 일이 아니라 즐거움을 주는 일에 더 노력하는 것은 어리석은 사람이다. 인간의 본질이 아니라 외부 장식에 더욱 신경을 쓰는 사람은 **훨씬** 더 어리석은 자이다. 그러므로 지혜서에서는 인생을 소꿉장난과 이익을 가져다주는 대 목장으로 여기는 사람을 어리석고 불경건한 사람이라고 말하고 있다. 즉 그들은 하나님의 칭찬과 축복을 받지 못한다고 하였다(지혜서 15:12, 19).

9 우리가 현세의 삶에서 **학식 있는 교양과 덕행과 경건**을 위해 얼마나 노력하느냐에 따라, 우리가 우리의 궁극적 목적에 더 가까이 가게 될 것이라는 것을 이제 확정하자. 이 세 가지의 일들은 우리 자신의 삶의 중요한 본분임이 틀림없다. 다른 모든 것들은 단지 부차적인 것이며 장애물이고 거짓 환상일 뿐이다.

제5장   인간 본성의 핵심인 세 가지 성향: 지성, 덕성, 경건성

우리는 우리 자신의 부패에서 본래의 선한 본성으로(1), 섭리의 도움을 받아 되돌아가야 한다(2). 지성, 덕성, 경건성(신앙)이 우리 안에 있다(3). Ⅰ. 지식(앎)은 하나님의 형상인 우리 인간에게 주어졌다(4), 창조의 모사자(模寫者)로서(5). 우리의 감각을 통해서(6). 그리고 우리의 지식욕을 통해 주어졌다(7). 인도함을 받지 않고도 인간은 많은 지식(앎)을 스스로 얻을 수 있다(8). 정신에 대하여 비교해 보라(9~12). Ⅱ. 인간 안에 있는 덕성의 근거: 조화는(13), 어디서나 인간을 기쁘게 하며(14), 인간은 스스로 자신의 육체 안에서(15), 마찬가지로 자신의 영혼 안에서도 발견한다(16). 죄가 억제된 조화는 다시 세워질 수 있다(17). Ⅲ. 인간 안에 있는 종교성의 근거: 하나님의 동형상(同形像)(18), 그에게 하나님을 경외하는 본성(19), 그리고 숭고한 선(善)에 대한 그의 노력(20), 이것은 원죄를 통해서도 없어지지 않는다(21). 우리의 멸망에 대항하여(22), 거듭남이 있으며(23), 하나님의 은총은(24), '우리가 지혜롭고, 정직하고 거룩하게 되도록 돕는다'(25).

1 우리의 **본성**으로는 원죄 이후로 모든 사람을 사로잡고 있는 부패성을 이해하지 못한다. 실제로 우리 자신에게서 나올 수 있는, 그 어떤 선한 것을 생각할 능력이 없기 때문에 우리는 '본성에서 진노의 자녀'[41],라고 불러진다. 오히려 우리는 이런 본성에서 우리가 근원으로 되돌려야만 하는 그 첫, 근원적인 상태를 이해할 수 있다. 이런 의미에서 비베스(Ludovicus Vives)는, "그리스도인이란 자신의 본성으로 되돌려진 사람, 즉 악마가 그를 데려갔었지만 다시금 출발점으로 되돌려진 사람과 무엇이 다르겠는가?"[42]라고

---

41) 엡 2:3.

말했던 것이다. 세네카(Seneca)가 기술한 것도 동일한 의미로 이 해될 수 있을 것이다. "지혜는 본성으로 회복되어가는 것과, (처음 지음 받은 인간이 짊어져야 했던 인류의 잘못)[43] 보편적인 실수가 우리를 내쫓았던 곳으로 되돌려지게 되는 거기에 있다", 더욱이 "인간은 선하지 않지만 자신의 근원을 기억하고 하나님을 닮으려 고 노력할 때 선해진다. 모든 사람은 정당하게 그가 내려온 곳으로 부터 다시 거기로 오르려고 노력한다."[44]

2 '본성'이란 개념에서 우리는 모든 사물 속에서 역사하시는 하나님의 섭리와 사람들 안에 있는 모든 것에 영향을 미치며, 모든 창조물을 자신의 목적대로 인도하시는 하나님의 선하심의 끊임없 는 흐름을 보다 잘 이해할 수 있다. 왜냐하면 하나님의 지혜는 목 적과 목적에 알맞은 수단 없이는 어떤 것도 헛되이 행해지지 않기 때문이다. 이와 같이 존재하는 모든 것은 꼭 필요한 목적을 위해서 존재한다. 그리고 그의 목적이 성취될 수 있도록 필요한 도움을 주 는 수단과 도구들을 갖추게 된다. 즉 어떤 것도 그의 의지에 반하 여 그 목표에 마지못해 끌려가지 않도록, 그 어떤 노력과 함께 본 성의 추진력에 의해서 신속하고 즐겁게 행동하게 된다. 그러므로 인간은 고통과 죽음이 다가오는 것을 제지하려고 한다.

이와 같이 인간이 태어나면서부터 그런 자질을 갖게 된다는 것 은 분명한 일이다(이러한 것이 인간에게 예정되었음을 우리는 앞에 서 이미 보았다). 즉 사물에 대한 인식과 도덕의 조화와 더욱이 모

42) Lib.Primo de Concordia et discordia, Opera, Basel 1555, vol.II, 764.
43) In Klammern: Zusatz von Comenius.
44) Epist. 92 § 29-30 (Cpmenius zählt nach anderer Ausgabe: 93) Ausg. v. O. Hense, Leipzig 1914, S.398; Ausg. v. A. Beltram, Rom 1931, II, 48.

든 것 위에 계신 하나님을 사랑하게 되는 것이다. 인간 속에는 나무가 땅에 뿌리를 내리고 있듯이 이런 세 가지 본성의 뿌리가 굳게 자리 잡고 있다.

3 예수 시락의 말씀, 즉 지혜는 인간에게 영원한 토대를 놓아주었다(예수 시락서 1:14)는 말을 분명하고 올바르게 이해하기 위해서라도, 우리는 도대체 어떤 지혜와 덕성과 신앙의 토대가 우리에게 놓여 있는지를 관찰하고자 한다. 그리하여 우리는 인간에게 그 어떤 놀라운 지혜의 도구가 있다는 것을 알게 될 것이다.

4 [Ⅰ] 모든 인간이 태어나면서부터 사물에 대한 지식을 획득할 수 있는 능력을 가지고 있다는 것은 분명하다. 이것은 먼저 인간이 하나님의 형상(imago)으로 지음 받았다는 사실에서 비롯된다. 그러나 그 모사(模寫)된 형상은 정확하다면, 필연적으로 원형의 모습을 가진다. 그렇지 않으면 그것은 결코 모사가 아닐 것이다. 그러므로 만약 하나님의 특성 가운데서 특별히 전지(全知)가 인간 속에서 드러난다면, 필연적으로 인간에게서 전지의 빛이 반사되어 비춰질 것이다. 그렇지 않고 어떻게 다른 것이 가능하겠는가? 인간은 하나님의 작품의 중심에 서 있으며 명석한 정신을 소유하고 있다. 그 빛나는 정신은 둥근 거울로 만들어진 공에 비유될 수 있는데, 이 공은 방 안에 걸려 있고, 모든 사물의 모습을 거울로 된 공의 표면에 나타낸다. 왜냐하면 우리의 정신은 가까이에 있는 것뿐만 아니라 공간적으로나 시간적으로 멀리 떨어져 있는 것까지도 포착하기 때문이다. 그것은 숨겨진 것을 찾아내고 감춰진 것은 드러내며, 불가사의한 것의 연구에 몰두하기 때문이다. 이처럼 정신은 끊임없고 한계가 없다. 인간에게 수천 년 동안의 삶이 있고, 그

안에서 항상 어떤 것을 배우고 하나씩 이해해 갈 수 있다고 하더라도 인간은 여전히 또 다른 지식의 대상을 계속 발견하게 될 것이다.

인간의 정신은 이런 마르지 않는 이해력을 가지고 있다. 인간은 이해에 있어서 끝이 없는 심연과 비슷하다. 우리의 육체는 매우 협소한 한계 안에 있다. 음성은 좀 더 넓은 한계 안에 울려 퍼진다. 시각은 하늘의 궁창에 의해서만 제한된다. 그러나 정신은 하늘에 의해서도 하늘 밖에 있는 어떤 곳에 의해서 제한되지 않는다. 정신은 가장 높은 하늘 위까지 올라가고 가장 깊은 심연 아래까지도 내려간다. 그리고 수천 배나 더 거리가 멀어도 정신은 믿기 어려운 속도로 뚫고 나갈 수 있다. 그런데도 우리의 정신이 모든 것의 출구를 찾고 모든 것을 파악할 수 있다는 것을 부인할 것인가?

5 철학자들에 의하면, 인간을 하나의 소우주(小宇宙)또는 우주의 축소판이라고 불렀다. 왜냐하면 이 우주는 멀리 그리고 넓은 대우주(大宇宙) 안에 넓게 펼쳐 있는 모든 것을 작은 것 안에 포함하고 있는 하나의 소우주이기 때문이다. 이러한 사실은 다른 곳에서도 증명되었다.[45] 그 때문에 이 세상에 들어오는 인간의 정신은 식물의 씨나 열매와 비교될 수 있다. 이러한 점에서 비록 식물이나 나무의 형상이 실제로는 현존하지 않는다고 하더라도 식물이나 나무는 이미 씨앗 속에 내재되어 있는 것이다. 식물의 씨앗이 땅 속에 심겨져 좋은 뿌리와 새싹을 내고, 그 후에 본성의 힘에 의해 작은 가지와 큰 가지를 내면 잎들로 무성해지고 꽃과 열매가 열린

---

45) Vgl. Physicae synopsis XI, 21, ed. J. Reber S. 308f.

다는 사실은 분명하다. 그러므로 인간에게는 외부로부터 어떤 것도 가져올 필요가 없다. 단지 자기 안에 내재되어 있는 것만을 선별하고 확장시켜 하나하나의 요소들이 드러나는 것이다. 피타고라스 (Pythagoras)는 인간의 본성 안에는 모든 것을 스스로 알 수 있는 능력이 있기 때문에 일곱 살 먹은 아이라도 현명하다면, 모든 철학적 질문에 분명하게 대답할 수 있다고 말하곤 했다. 왜냐하면 이성의 빛은 모든 사물에 대한 충분한 형상과 규범이기 때문이다. 그러나 이성은 원죄를 범한 직후 어두워지고 은폐되었고 스스로 해방될 수 없게 되었을 뿐이다. 그리고 이성을 자유롭게 해야 할 사람들이 오히려 더 큰 혼란을 야기했을 뿐이다.

6 이를 위해 우리 안에 내재하는 이성적인 영혼에 도구가 주어졌는데, 그것은 정보원이나 스파이와 비슷한 것이다. 그것은 시각, 청각, 후각, 미각, 그리고 촉각 등이다. 이것들의 도움으로 이성은 외부에 있는 모든 것을 식별한다. 그리고 어떤 피조물도 이성에서 숨겨져 있을 수는 없다. 왜냐하면 눈에 보이는 세계 안에는 보고, 듣고, 냄새 맡고, 맛보고, 만져볼 수 없는 것은 하나도 없다. 이러한 방법으로 본질과 성질을 인식할 수 없는 아무것도 없기 때문이다. 결과적으로 감각과 이성을 부여받은 인간은 세상의 모든 것을 파악할 수 있다.

7 인간에게는 인내하면서 일을 떠맡을 뿐만 아니라, 지식욕과 일을 열망하는 능력이 심겨져 있다.[46] 이것은 아주 어릴 때 이미 나타나며 평생 우리를 따라다닌다. 도대체 누가 새로운 것을 항상

---

46) Aristoteles: Metaphysik I, Anfang (Berliner Akademieausgabe ed. Bekker 980).

듣고, 보고, 실행하기를 열망하지 않겠는가? 누가 매일 어떤 새로운 곳에 가서 누군가와 무엇인가 이야기하고, 어떤 것에 대해 듣거나 새로운 것을 경험하는 것을 즐거워하지 않겠는가? 사실은 이렇다. 즉 눈, 귀, 촉각 그리고 이해력은 항상 영양분을 찾고 현재 이상으로 넘어가려고 한다. 생기 넘치는 인간의 본성에는 나태와 게으름보다 더 참을 수 없는 것은 없기 때문이다. 그리고 무식한 사람이 지식인을 존경하는 것만 보아도 인간은 본능적인 욕망의 자극을 느낀다는 사실에 대한 충분한 증거가 될 것이다. 그럼에도 불구하고 그들은 희망이 없기 때문에 탄식하고 그들보다 앞서 있는 사람들을 그저 바라볼 뿐이다.

8 독학자들의 예는 인간이 자연의 지도하에 모든 것에 대한 지식을 통달할 수 있다는 사실을 분명히 보여준다. 즉 베른하르트(Bernhard)가 말한 것처럼[47] 단지 자기 자신이나 혹은 숲 속에서 거닐고 명상하면서 참나무나 너도밤나무를 선생으로 삼은 많은 사람들이, 가정교사를 통해 지겨운 수업을 받은 다른 사람들보다 더욱 더 발전을 이루는 경우가 있다. 이것은 모든 것이 실제로 인간 안에 내재한다는 사실을 보여주는 것이 아닌가? 불을 켜는 등, 심지, 기름, 성냥과 같은 모든 기구들이 이미 구비되어 있는 것이다. 인간은 단지 불꽃을 튀게 하여 심지에 불을 붙일 수만 있다면, 그는 (모든 것이 치수와 숫자와 무게에 따라 정돈된)[48] 커다란 세계에서처럼 하나님의 지혜의 놀라운 보물을 알게 될 것이다. 이는 얼마나 멋진 광경인가!

그러나 이제 이 내부의 불꽃은 그에게 붙여지지 않고 오히려 밖

47) Bernhard Epist. 106 § 2 (Migne, Patrol. lat. vol. 182, 242).
48) Weisheit II, 20.

에서 이상한 의견들의 등불이 여기저기 옮겨 다니기 때문에 이전과 다른 어떤 것도 생겨나지 않는다. 그것은 마치 희미한 지하 감옥에 앉아 있는 죄수를 위해서 횃불을 손에 들고 감옥 주변을 빙빙 돌고 있는 것과 같다. 그러면 몇 줄기의 광선은 갈라진 틈새로 스며들기는 할 것이다. 그러나 완전한 빛이 비쳐 들어오지는 않는다. 세네카가 말한 것처럼 "모든 기술에 대한 씨가 우리 안에 있으며, 하나님은 스승으로서 이러한 지적인 재능을 숨겨진 곳에서 드러내신다"[49]는 것이다.

9 우리의 정신에 비유될 수 있는 사물들도 동일한 교훈을 가르쳐 준다. 성경이 자주 우리의 마음으로 비유하는[50] 땅은 모든 종류의 씨앗들을 받아들이지 않는가? 같은 정원에 풀들과 꽃들과 모든 종류의 향료 식물들이 심겨질 수는 없는가? 만약 정원사에게 현명함과 근면함이 부족하지 않다면 반드시 심겨질 수 있는 것이다. 그리고 그 종류가 다양하면 할수록 그 광경은 눈에 더욱 즐겁고, 그 향기는 코에 더욱 달콤하고, 그 상쾌함은 마음에 더욱 힘을 줄 것이다. 아리스토텔레스는 인간의 정신은 아무것도 씌어져 있지 않지만 모든 것을 쓸 수 있는 하얀 백지에 비유했다.[51] 숙련된 저술가가 하얀 백지 위에 글을 쓰거나 화가가 자신이 원하는 것을 그 위에 그릴 수 있는 것처럼, 가르치는 기술에 정통한 사람은 쉽게 인간의 정신에 모든 것을 새겨 넣을 수 있다. 만약 이것이 성공하지 못한다면, 분명히 그것은 모든 경우에 있어 매끄럽지 못한 백지에게 책임이 있는 것이 아니라 저술가나 화가의 무능력

---

49) De benificiis IV 6, 6 (ed. F. Prechac, Paris 1926).
50) Z. B. 눅 8:5; 마 13:3.
51) Aristoteles: Περι ψυχης III, 4 (Bekker 430 a).

에 책임이 있다. 이런 차이는 있다. 백지 위에서는 가장자리까지만 선을 그을 수 있지만, 인간의 정신에서는 계속해서 쓸 수 있고, 만들 수 있고 어떤 제약을 받지 않는다. 왜냐하면 이미 말한 것처럼 인간 정신은 제한이 없기 때문이다.

10 우리 생각의 작업장인 두뇌(頭腦)를 봉인의 날인을 받거나 반죽되어 작은 형상을 만드는 재료인 밀랍(蜜蠟)에 비유될 수 있다. 말하자면 밀랍으로 모든 형상을 자유자재로 취하고 인간이 원하는 대로 형상을 만들고 변형시키듯이, 두뇌 역시 세상에 존재하는 모든 사물의 형상들을 자기 자신 안에 수용할 수 있게 된다. 이러한 실례는 동시에 우리의 생각이란 무엇인지, 지식이란 무엇인가를 훌륭하게 보여준다. 나의 시각 혹은 청각, 나의 후각과 미각 혹은 촉각과 관련된 모든 것은 도장과도 같은데, 이 도장의 도움으로 사물의 모사(模寫)는 두뇌에 새겨지게 된다. 그리고 대상이 눈과 귀와 코와 혹은 손으로부터 다시 멀리 떨어진 후에도 이 모사가 내 앞에 여전히 남아있다는 것이다. 나의 주의력이 산만해져서 인상이 약하게 형성된 경우가 아니라면, 그 형상은 남아있지 않을 수 없다. 예를 들어 내가 어떤 사람을 만나 말을 한다면, 또는 내가 여행 중에 산과 강, 들과 숲, 도시 비슷한 것을 보았다면, 또는 내가 어떤 작가의 책에서 어떤 것을 주의 깊게 읽었다면, 이 모든 것이 머리에 새겨지게 된다. 그리고 그것들의 회상을 쉽게 기억해 낼 것이다. 그러면 정말로 그 일이 지금 눈앞에서 일어나는 것처럼 귀에 울리고, 냄새가 나는 것처럼 느껴지게 될 것이다. 그리고 비록 우리의 두뇌가 어떤 인상을 다른 것보다 더 분명하게 받아들이거나, 보다 명료하게 현실에서 구현하고, 지속적으로 형상화한다고 할지는 모르지만, 두뇌는 그 하나하나를 어떤 방식으로든 받아들이

고 그것을 구현하고 형상화하는 역할을 한다.

11 여기에서 하나님이 놀라운 지혜를 우리에게 보여주고 있지 않는가? 왜냐하면 하나님은 우리에게 수천 가지의 많은 형상을 받아들이기에 충분한 대용량의 두뇌를 만들어주셨기 때문이다. 왜냐하면 우리 중 각자는(특별히 학자 가운데 어떤 사람은) 수년 동안 보고, 듣고, 냄새 맡고, 읽고, 경험이나 생각을 통해 모은 것과 상황에 따라 기억할 수 있는 모든 것을 자신의 두뇌 속에 분명하게 간직한다. 말하자면 두뇌 안에 그가 이전에 보았고 들었거나 읽었던 형상들의 수천 배의 수천 배가 더 존재한다. 그리고 인간이 매일 보고, 듣고, 읽거나 경험한 새로운 것들을 통해서 수천 배씩 끊임없이 증대되는 데도, 그 모든 것이 두뇌 속에 잘 저장되어지는 것이다. 이 얼마나 놀랍고 측량할 수 없는 전능하신 하나님의 지혜인가! 솔로몬은 모든 강물이 바다로 흘러도 바다는 넘치지 않는다는 사실에 대해 경탄하였다(전 1:7). 우리 기억의 심연이 모든 것을 남김없이 받아들이고 그것을 다시 반사하지만 결코 넘치거나 완전히 비어 있지 않는 것에 대해 어느 누가 경탄하지 않겠는가! 그러므로 사실 우리의 이성은 세상보다 더 크다. 왜냐하면 담는 것은 담기는 것보다 필연적으로 더 크기 때문이다.

12 우리의 정신은 눈(目)이나 거울에 비유될 수 있다. 어떤 것이 눈앞에 놓여 있다면 눈은 모양과 색에 상관없이 즉시 가장 유사한 모사(模寫)를 그것으로부터 나타내 보일 것이다. 다만 우리가 어둠 속에 있거나 등을 돌리거나, 너무 먼 곳에 두거나, 인상(印象)을 방해하거나, 혼란스럽게 하지 않는 한 그렇다는 것이다. 그런 경우에는 실상(實像)이 나타날 수가 없다는 것을 사람들은 당

연하다고 해야 할 것이다. 그러므로 내가 말하는 것은 올바른 빛이 있고, 사물이 적절하게 근접해 있을 때 생기는 현상이다. 그러므로 눈은 본성상 빛을 갈망하게 되어 있으므로, 사람들이 무리하게 눈을 뜨고 사물을 보도록 강요할 필요가 없다는 것이다(만약 동시에 너무 많은 인상을 얻음으로, 혼란스럽지만 않다면). 우리의 눈은 스스로 사물을 보고 즐거워하며, 모든 사물을 볼 수 있는 충분한 능력이 있으며, 보는 일에 결코 싫증을 느끼지 않는다. 이와 마찬가지로 만약 우리의 판단력에 지나치게 짐을 지우지 않고 적절한 순서에 따라 하나씩 하나씩 제시해 준다면, 우리의 판단력은 대상을 매우 갈급해 하고, 항상 스스로 모든 정보를 관찰하고 생각하고, 붙잡아 보려고 하며, 스스로 모든 것을 이해하고 싫증을 내지 않고 파악할 것이다.

13 [Ⅱ] 인간이 본성적으로 덕성(德性)의 조화를 추구한다는 사실을 이교도들조차도 알고 있었다. 사실 이교도들은 하나님께로부터 우리에게 하늘에서 내려온 빛, 즉 우리를 영원한 생명으로 인도할 분에 대해서 아무것도 알지 못했고, 따라서 그들은 도덕의 작은 불씨를 횃불인 것처럼 주장하고 있다. 키케로는 "우리의 정신 안에는 미덕의 씨가 파묻혀져 있다. 인간이 그것들을 단지 자라게만 한다면 자연 그 자체는 우리를 행복한 삶으로 인도할 것이다"라고 말했다. (여기에서 그들은 너무 지나친 말을 했다!) 그러나 우리는 세상의 빛 속으로 출생한 그 순간부터 세상의 사악함 속에 빠진다. 그리하여 우리는 유모의 젖을 빨면서 이미 세상의 악행을 빨아들이는 것과 같다.[52] 그러나 실제로 미덕의 씨는 태어나면서

52) Tusculanarum disputationum lib. Ⅲ 1, 2.

부터 인간 안에 있다는 사실을 우리는 다음과 같은 이중적 주장을 통해 증명할 것이다. 첫째, 모든 인간은 조화를 기뻐한다. 둘째, 인간은 외적인 것에서처럼 내적인 것에서도 조화 그 자체인 것이다.

14 인간이 조화를 기뻐하고 그것을 탐욕스러우리만큼 추구한다는 것은 분명하다. 멋진 사람, 훌륭한 말, 아름다운 광경, 훌륭한 그림을 누가 기뻐하지 않겠는가! 그리고 이것은 부분과 색의 균형이 우리의 즐거움의 원천이라는 것 외에 다른 이유가 있겠는가! 이러한 눈의 즐거움은 너무나 당연한 것이다. 왜 모두가 음악에 의해 감동되는가? 소리의 합성이 달콤한 소리의 울림을 일으키기 때문이다. 그리고 잘 조리된 음식을 누가 맛이 없다 하겠는가? 적절한 조미료와 혼합으로 음식은 모두의 입을 즐겁게 한다! 왜 모두가 적절한 따뜻함 혹은 시원함과 적당한 사지(四肢)의 휴식과 움직임을 기뻐하는가? 그것은 바로 조화로운 모든 것이 본성을 기쁘게 하고 도움이 되지만 적절하지 않은 모든 것은 우리에게 맞지 않고 해롭게 되고 말 것이기 때문이다. 그럼에도 불구하고 우리는 타인이 선행을 행하는 것을 좋아한다. 왜냐하면 덕스럽지 않은 자들은 그들의 나쁜 습관을 극복할 자질이 없다고 생각하며, 비록 그들이 덕스러운 자들을 본받지 않는다 할지라도, 다른 이들의 선행들은 경탄하기 때문이다. 왜 모든 사람은 자기 자신 속에 있는 덕성을 사랑하지 않겠는가? 만일 모든 조화의 뿌리가 우리 자신 안에 있다는 사실을 인정하지 않는다면 우리는 눈이 멀었음에 틀림없다.

15 인간은 육체에서처럼 영혼에 있어서도 하나의 조화라고 할 수 있다. 왜냐하면 이 우주 자체가[53) 거대한 시계와 같이 많은 톱니바퀴와 추로 구성되었다. 우주는 매우 예술적으로 조립되어서

전체 구조에서 각 부분이 서로서로 조화를 이루고 영구적으로 진행되도록 맞물려 있기 때문이다. 인간 역시 마찬가지이다. 매우 경이롭게 예술적으로 만들어진 육체에서 먼저 심장은 동력이다. 즉 생명과 활동의 원천인데, 이러한 동력에 의해 다른 지체가 움직인다. 그러나 운동을 일으키는 추는 두뇌이다. 이 추는 신경의 도움을 받아 밧줄이 움직이는 것처럼 나머지 바퀴들(말하자면 지체들)을 당겼다 늦췄다 한다. 한편 내부와 외부의 다양한 조작은 여러 가지 운동이 서로 잘 균형 잡혀 있느냐에 달려 있다.

16 영혼의 움직임에 있어서 가장 중요한 톱니바퀴는 의지이다. 영혼을 움직이게 하고 의지를 이리 저리로 기울게 하는 추는 욕망과 감정이다. 시계의 톱니바퀴의 조정 장치는 이성이다. 이 이성은 인간이 어떤 사물을 어디에서 얼마만큼 추구하거나 피해야 하는지를 측정하고 결정한다. 영혼의 다른 운동은 중심 톱니바퀴를 따르는 보다 작은 톱니바퀴에 비유될 수 있다. 따라서 욕망과 감정이 너무 무겁지 않다면, 그리고 닻이라고 할 수 있는 이성이 올바르게 열리고 닫힌다면, 이로 인해 조화와 미덕의 일치가 나타나야 하며, 욕망과 행동의 적절한 균형이 이루어져야 한다.

17 그러므로 인간은 본질적으로 조화 이외의 다른 것이 아니다. 그리고 숙련된 기술자의 손으로 만들어진 하나의 시계 혹은 하나의 악기에 대해서, 그것이 제 음을 내지 못하고 음이 맞지 않을 때, 더 이상 쓸모없다고 곧바로 말하지 않는다(수리될 수 있기 때문이다). 이것은 인간에 대해서도 마찬가지이다. 인간이 죄로 인해

---

53) Maior mundus: der Mensch als Mikrokosmos ist der größeren Welt gegen bergestellt.

심하게 타락하고 파괴되었다고 할지라도, 하나님의 은혜와 덕성을 통해서 믿을만한 수단의 도움으로 다시 회복된다고 말해진다.

18 [Ⅲ] 신앙의 뿌리가 인간의 본성 속에 존재한다는 사실을 통해서, 인간은 하나님의 형상이라는 사실이 증명되어진다. 형상성은 말하자면 유사성을 함축한다. 동류(同類)가 동류를 기뻐한다는 것은 모든 사물의 변하지 않는 법칙이다(예수 시락서 13:13 등). 이제 인간은 그가 형상대로 지음 받은 하나님과 같은 유사성을 가졌기 때문에 인간은 최초에 그 자신이 유래한 원천을 분명하게 이해한다면, 당연히 그의 욕망은 바로 이 원천을 추구하게 된다는 것이다.

19 이 같은 이치를 이교도들에게서도 분명히 볼 수 있다. 이들은 하나님의 말씀을 통해 전혀 가르침을 받은 바가 없으며, 단지 자연의 맹목적인 본성을 통해서만 신적인 존재를 인식하고, 찬양하고, 경외한다. 따라서 그들은 신앙을 실천에 옮기는 양식에 있어서는 오류를 범한다. "모든 인간은 신들에 대한 어떤 개념을 가지고 있으며, 모든 인간이 어떤 신적 존재에게 가장 높은 지위를 부여한다"라고 아리스토텔레스는 기록하고 있다.54) 그리고 세네카는 "신들에 대한 숭배는 첫째로 신들을 믿는다는 점에 있다. 다시 말하면 그들의 위엄을 존경하고, 그들의 선함을 인정하고, 이 선함 없이는 어떤 위엄도 없으며, 세상을 조정하고 우주를 자신의 소유로 통치하고 인류를 자신의 보호 하에 둔다는 사실을 보여주는 것이다."55)라고 말했다. 이것은 사도의 말씀과 그리 다르지 않다(히

---

54) Aristoteles: Περι ουρανου I, 3 (Bekker 270 b).
55) Epist. 95, 50 (Hense 437, 9ff.).

11:6). 즉, "믿음이 없이는 하나님을 기쁘시게 하지 못하나니 하나 님께 나아가는 자는 반드시 그가 계신 것과 또한 그가 자기를 찾 는 자들에게 상주시는 이심을 믿어야 할지니라."

20 플라톤은 말하기를 "신은 가장 지고한 선이고, 모든 것을 지향한다. 즉 신은 모든 존재와 자연 위에 있다."[56] 신이 지고한 선이고 모든 것을 지향한다는 이 사실을 키케로는 확증했다. "자연 은 경건성을 가르쳐 주는 첫 번째 선생님이다."[57]라고 말했다. 락 탄츠(Laktanz)가 기술한 것처럼, 우리는 우리의 창조주에게 올바르 고 합당하게 순종해야 한다는 조건으로 태어났기 때문에 우리는 그 분만을 알아야 하고, 그 분만을 따라야 한다. 이러한 경건의 줄 에 의해서 우리는 하나님께 연결되어 있고, 의무가 있다. 종교라는 말은 바로 이 사실로부터 그 이름이 유래한 것이다.[58]

21 사실 지고한 선이신 하나님을 향한 자연적인 욕망은 인간 의 타락으로 인해 부패되었고, 자신의 힘으로는 바른 길로 돌아가 는 것이 불가능한 부조리에 빠져 있는 존재이다. 그러나 하나님이 자신의 말씀(Word)과 영(Spiritus)으로 새롭게 조명해 주시는 사람 들은 이 욕망이 안에서 다시 새롭게 변화되었다. 다윗이 하나님께 이렇게 부르짖었던 것이다. "하늘에서는 주 외에 누가 내게 있으리 요 땅에서는 주 밖에 내가 사모할 이 없나이다. 내 육체와 마음은 쇠약하나 하나님은 내 마음의 반석이시요 영원한 분깃이시라"(시 73:25-26).

---

56) Plato: Tmaios Kap. IV bringt diesen Satz nicht wörtlich, aber dem Sinne nach.
57) Cicero: De natura deorum lib. I, 42, 117.
58) Laktanz: Divinarum institutionum lib. IV, 28.

22 그러므로 우리가 부패에 대한 치료방법을 찾는 동안은, 아무도 부패로 인해 남을 비난하지 말자. 왜냐하면 하나님은 자신의 영을 통해 적절한 치료과정을 통하여 부패를 제거하실 것이기 때문이다. 느부갓네살(Nebukadnezar)왕은 인간 이성이 그에게서 거두어지고 짐승의 혼이 그의 것이 되었을 때, 그가 하늘이 자신보다 높은 존재라는(단 4:22)는 사실을 깨닫고 인간의 이성과 왕의 위엄을 다시 회복해 주시길 희망하게 되었다. 하나님의 낙원에서 뿌리가 뽑혀 쫓겨난 우리에게는 뿌리가 남아 있는 한, 하나님의 은혜의 비와 햇살을 받음으로 새롭게 움틀 수 있는(나무와도 같이) 것이 바로 우리들인 것이다. 하나님께서 인간의 타락 직후 추방과 죽음의 형벌을 선고하신 후에 새로운 은혜의 새싹을 마음속에 심어 주시고, 그의 축복 받은 씨를 약속하지 않으셨던가? 즉 하나님은 자기를 기뻐하시는 자들을 위로하기 위해 그의 아들을 보내신다고 약속하신 것이다.

23 우리가 부패함에 대해 끊임없이 불평만 하고 있으며, 회복에 관해서 아무런 노력을 하지 않는 것은 우리들의 배은망덕의 명백한 증표요 야비하고 불신앙적인 모습이다. 즉 우리가 우리 안에 있는 옛 아담이 좋아하던 부정적인 힘만을 보고, 새 아담이신 그리스도가 우리 속에 작용할 수 있는 능력을 경험하려 하지 않는 것이다. 사도 바울은 자신과 모든 구속자들의 이름으로 말한다. "내게 능력 주시는 자 안에서 내가 모든 것을 할 수 있느니라"(빌 4:13). 만약 버드나무나 가시나무나 잡목들에게 접붙임을 받은 가지가 싹이 나고 자라서 열매를 맺을 수 있다면, 가지가 자기 자신과 가장 비슷한 줄기에 접붙일 때에 싹이 나지 않을 수 있겠는가? 사도 바울이 로마서 11장 24절에서 말한 것과 비교해 보라. 하나

님께서 돌들로도 아브라함의 자녀들을 만들 수 있다면(마 3:9), 왜 그는 창조 때부터 하나님의 자녀들로 창조하시고, 그리스도를 통해 새로운 양자로 삼으시고 은혜의 성령을 통해 다시 태어난 인간을 하나님께서는 새롭게 하시고 모든 선한 일을 할 수 있도록 하지 못하시겠는가?

24 하나님께서 우리에게 아낌없이 부어주시고자 하시는 그의 은혜를 소홀히 하지 않도록 조심하자! 왜냐하면 믿음을 통해 우리가 그리스도에게 접붙여지고, 영을 통해 자녀 됨을 선사받은 우리들이, 우리와 우리의 후손들을 하나님 나라에 적합하지 않은 것으로 생각한다면 그것은 잘못이다. 그러면 어떻게 그리스도가 아이들에 대해서 하나님나라가 그들의 것임을 말씀하셨겠는가?59) 또 우리가 하늘나라에 들어가기 원한다면(마 18:3) 아이들처럼 되라고 명령하실 수 있었겠는가? 어떻게 사도 바울은 그리스도인의 자녀들이 (비록 부모 중 한 사람만이라도 신앙을 가지고 있다면) 부정하지 않으며, 거룩하다고 단언하였겠는가?(고전 7:14) 그는 실제로 무거운 죄를 짊어진 사람들에게조차 확신에 거하라고 말한다. "너희 중에 이와 같은 자들이 있더니 주 예수 그리스도의 이름과 우리 하나님의 성령 안에서 씻음과 거룩함과 의롭다 하심을 받았느니라"(고전 6:11). 그러므로 우리가 그리스도인의 자녀들은(옛 아담의 후손이 아니라 새 아담의 새롭게 태어난 자녀이며 하나님의 자녀로서, 그리스도의 형제자매) 훌륭하게 교육될 수 있으며, 그들의 마음속에 영원한 생명을 위한 씨앗을 받을 수 있는 자로 합당하다고 단언하는 것을 어느 누가 불가능하다고 할 것인가! 왜냐하

---

59) 막 10:14.

면 우리는 돌 감람나무에게서 열매를 요구하는 것이 아니라 생명 나무에 접목된 어린 가지들을 돕고자 온 것이며, 그들이 열매를 맺 도록 도와주려는 것이다.

25 그렇다면 인간에게 있어 원죄로 인한 부패함의 진행이 중 지되는 것보다 하나님의 은총에 이끌리어 지혜롭고, 의롭고, 거룩 하게 되는 것이 더 자연스런 것이다. 모든 사물은 자기 자신의 본 성으로 돌아가기를 좋아한다. 성경은 말씀을 통해 이것을 상기시킨 다. "지혜는 언제나 시들지 않고 항상 빛나서 지혜를 사랑하는 사 람들의 눈길을 끈다. 그러므로 지혜를 찾는 사람들은 그것을 발견 하게 마련이다. 지혜를 얻으려고 아침 일찍 일어나는 사람들은 쉽 게 지혜를 찾을 것이다. 지혜는 바로 네 문간에 와서 앉아 있을 것 이다"(지혜서 6:12,14). 호라쯔(Horaz)의 시는 이렇게 말한다.

그가 교육과 지식에 자신의 귀를 기꺼이 연다면,[60]
아무도 길들일 수 없을 만큼 사나운 사람은 하나도 없다.

60) Horaz: Epist. I, 1, 39f. (hg. v. H. R. Fairclough, London 1932, S.254).

제6장 인간은 먼저 인간으로 교육되어야 한다

> 본성이 체질을 만들지만, 이로부터 교육은 활동적인 인간을 만든다(1/2).
> 모든 피조물은 먼저 올바른 역할에 준비가 되어야 한다(3). 인간도 자신의
> 육체에 대해 마찬가지이다(4). 타락 전에 이미 그가 얼마나 많이 부패되었
> 는지를 알아야 한다(5). 교육 없이 자라난 인간(늑대소년)의 예들(6). 이러
> 한 교육은 우둔한 사람과 현명한 사람(7), 부자와 가난한 자(8), 고귀한 자
> 와 비천한 자(9)에게 필요하다. 간단히 말하자면 예외가 없다(10).

1 우리가 보았듯이, 지식과 덕행과 신앙의 씨앗은 태어나면서 부터 우리 속에 숨겨져 왔다. 그러나 지식과 덕행과 신앙 자체가 태어나면서부터 주어지는 것은 아니다. 그것들은 기도와 교육과 행함을 통해서 얻어진다. 그러므로 이전에 어떤 이가 인간을 '교육할 만한 생명체'라고 특징 지워 준 것은 잘못된 것이 아니었다. 왜냐하면 인간은 교육 없이 인간다워질 수 없기 때문이다.

2 지식에 대하여 자세히 관찰해 보면, 시작도 진행도 끝도 없이 단번에 완벽하게 모든 것을 아는 것은 하나님만이 하시는 일이다. 인간은, 또는 천사들이라도, 그것은 불가능하다. 왜냐하면 무한성과 영원성, 즉 신성이 그들에게 부여되지 않았기 때문이다. 인간과 천사가 예리한 정신[61]을 선물로 받았다는 영예만으로도 충분하다. 이러한 영예를 입고 그들은 하나님의 사역을

---

61) Vgl. Comenius: Physicae Synopsis Kap.11 § 11, ed. J. Reber 298f.

연구하고 지식들에 관한 하나의 보화를 수집할 수 있을 것이다. 천사들도 그들이 직관을 통해 학습한다는 것이 분명하다(벧전 1:12; 엡 3:10; 왕상 22:19; 히 1:6). 천사들의 인식은 우리들의 인식처럼 경험에 의해서 획득된다.

3 따라서 인간이 인간답게 행동하기를 배우지 않고도 인간이 되며, 교육받지 않고도 참으로 인간이 될 수 있다고 믿는 사람이 있어서는 안 된다. 이것은 모든 창조물들의 예를 보아도 분명하다. 피조물들은 인간을 섬기도록 창조되었으나 우리의 용도에 맞게 손질되지 않으면 그 목적에 이르지 못한다. 예를 들어 돌은 집과 탑과 벽과 기둥에 사용되도록 창조되었다. 그러나 만약 이것들이 우리의 손에 의해 깨지고, 잘라지고, 모아지지 않으면, 그 목적을 이룰할 수 없다. 진주와 보석들은 인간을 장식하도록 결정되었는데, 이것들은 먼저 잘라지고, 갈려지고, 닦여져야 한다. 그리고 우리 생활에 특별한 필요를 위해 창조된 금속은 채굴되고, 녹여지고, 정제되고, 여러 번 주조되고, 연마되어야 한다. 이러한 과정이 없다면 그것들은 티끌만한 가치도 없을 것이다. 식물에서 우리는 음식과 음료와 치료제를 얻는다. 그러나 이것은 우리가 약초와 곡식의 씨를 뿌리고, 땅을 갈고, 김을 매고, 타작하고, 가루로 만들고, 으깨고, 나무를 심고, 가지치기를 하고, 비료를 주고, 과일을 따고, 말려야만 가능하다. 만약 이것들이 치료제나 건축재로 사용되려면 훨씬 철저하고 유용한 방법으로 경작되어야 한다. 동물들은 그들의 삶과 운동에 있어 자급자족하는 것처럼 보인다. 그러나 인간은 그것들이 우리에게 주어졌기 때문에 동물들의 노동력을 이용하고자 할 때 먼저 훈련을 시켜야 한다. 말은 특성상 전쟁에, 소는 운송에, 나귀는 짐 싣기에, 개는 지키고 사냥하는 데, 송골매는 새 사

낭에 필요하다. 그러나 인간이 훈련을 통해 그들의 기능이 숙달되기 전까지는 그 동물들은 거의 쓸모가 없는 것이다.

4 인간은 신체적으로 노동하도록 정해져 있다. 그럼에도 불구하고 인간은 노동을 위한 원초적인 자질만을 가지고 태어났다는 것을 알 수 있다. 그러므로 단계적으로 인간은 앉고, 서고, 걷고, 만들기 위해 손을 움직이는 법을 배워야 한다. 그러니 우리 정신에게 아무 훈련 없이 저절로 완전히 발달된 상태로 존재할 것을 어떻게 요구할 수 있겠는가? 자신의 육체적 행동에 있어서처럼 존재에 있어서도 무에서부터 시작하여 점차적으로 발전해 간다는 것은 모든 피조물의 법칙이다. 왜냐하면 완전성에 있어 하나님의 완전함에 가장 가까운 천사도 모든 것을 분명하게 아는 것이 아니라 놀라운 하나님의 지혜를 인식함에 있어 단계적으로 학습해 나가기 때문이다. 우리는 이것을 이미 앞에서 분명히 했다.

5 또한, 인간타락 이전에도 에덴동산에는 인간에게 하나의 학교가 분명히 세워져 있었다. 그 학교에서 인간은 점차적으로 진보해 나갔다. 사실 첫 번째 인간이 창조되자마자 그에게 걷는 능력뿐만 아니라 언어도 이성적 사고도 부족하였다. 그리고 경험을 통해 추출해 내는 사물에 대한 인식도 전적으로 부족했다. 이것은 이브와 뱀과의 대화에서 나타난다. 이브가 좀 더 풍부한 경험이 있었더라면 그녀는 뱀이 말을 할 수 없다는 것을 알았을 것이며, 그렇기 때문에 어떤 속임수가 있었음에 틀림이 없다는 것을 알았을 것이다.
　그러므로 타락한 인간 상태에서는 경험에 의해서 배우는 것이 더 필요하다. 우리가 알아야 하는 모든 것은 학습되어져야 한다. 왜냐하면 우리는 우리의 정신은 백지(tabula rasa)처럼 비어 있는 상태이며 어떤 것을 행하거나 말하거나 이해할 수 있는 재능이 없기 때문이다. 이런 모든 기능은 가능성으로만 존재할 뿐이며, 발달시켜야 할 필요가 있는 것이다. 또한 이 모든 것은 완전한 상태에 있을 때보다 훨씬 더 어려워졌다. 왜냐하면 지금은 이 사물들이 더 불명료해졌을 뿐만 아니라 언어들이 혼동되어 있기 때문이다.62) 만약 우리가 학문을 위해 생존해 있는 사람이나, 고인이 된 작가와 함께 가르침에 대하여 논쟁하기를 원한다면, 한 가지 언어 대신 지금은 몇 개의 언어를 배워야 한다. 그렇다. 모국어 역시 훨씬 복잡해졌고, 모국어의 지식도 처음부터 가지고 태어나는 것이 아니다.

6 유아기 때 야생 동물에 의해 사로잡혀 그들 가운데서 양육된 인간들은 그 지식에 있어서 짐승 수준인 채로 머물러 있었던 것에 대한 실례들이 있다.63) 그들은 인간 사회에 되돌아오기 전까지는 그들의 말과 손과 발을 사용하는 것이 야생 동물과 구분될 수 없었다. 나는 이에 대한 몇 가지 실례를 제시할 수 있다.

1540년경 헤센 주에 있는 숲 한가운데 자리 잡은 한 마을에서 일어났다. 부모들의 부주의로 세 살 된 남자 아이가 실종되었다. 몇 년이 지난 후 농부들은 늑대들 사이에서 이상한 동물이 함께 달리는 것을 발견했다. 그것은 얼굴이 늑대들과 달랐고, 발이 네 개였으나 얼굴은 사람과 비슷했다. 이 소문이 퍼졌을 때, 그 지역의 시장은 어떤 방법으로든지 생포해 오도록 명령을 내렸다. 실제

---

62) Anspielung auf 창 11:9.
63) Zahlreiche Berichte über derartige Funde sowie genaue Aufzeichnungen über einen solchen Vorfall in neuester Zeit vor in dem von der Pädagogik zu Unrecht bisher kaum beachteten Buch von J. A. L. Singh und R. M. Zingg: Wolf children and feral man, Univertsity of Denver publications 4, New York und London 1941.

로 그 동물은 생포되었고 시장에게, 나중에는 카셀(Kassel)의 영주에게 보내졌다. 사람들이 영주의 궁전으로 그를 데려왔을 때, 그는 줄을 끊고 달아나 벤치 밑에 숨어서 무서운 눈빛을 하고 무시무시한 괴성을 질렀다. 그 영주는 그를 다른 사람들 가운데서 양육받도록 명령했다. 그 과정을 거친 후에, 그 야생 동물은 점차 유순하게 되었으며, 뒷발로 똑바로 서서 두 발로 걷고, 결국 사람이 이해할 수 있는 말을 하는 인간이 되었다. 그 후에 그는 그가 어떻게 늑대들에게 붙잡혀갔고, 양육되었는가, 또 그들과 먹이 사냥을 나갔던 일 등에 관해서 생각해 낼 수 있을 만큼 이야기했다. 드레서(M. Dresser)는 이 이야기를 그의 저서 「고대 및 현대의 교육」이란 책에 기록하였다. 까메라리우스(Camerarius)도 같은 이야기를 그의 「시간」이란 글에서[64] 언급하였다. 또한 비슷한 이야기들이 더 있다. 구라르티우스(Gulartius)는 그의 책 「우리 시대의 기적」에서 1564년 프랑스에서 사냥을 하다 12마리의 늑대를 잡은 몇몇 귀족들이 사냥 그물에서 약 일곱 살 정도의 어린이를 발견하였는데, 그 아이는 나체였고, 갈색 피부와 곱슬머리를 하고 있었다고 기록하였다. 그의 손톱은 독수리의 발톱과 비슷했다. 그는 말은 하지 않고 단지 불분명하게 울부짖을 뿐이었다. 사람들은 그를 성으로 데려왔고, 그가 너무나 포악하게 행동했기 때문에 겨우 족쇄를 채웠다. 며칠 동안 굶주림에 지친 후에야 그는 점점 유순하게 되었고 7개월 후에는 말하기 시작했다. 그는 전시물이 되어 도시들을 돌아다녔고, 그 주인들은 적지 않은 돈을 벌었다. 마침내 한 가난한 여인이 그를 자신의 아들이라고 주장했다.[65] 플라톤이 다음과 같이 기

---

64) Die Stelle bei Dresser habe ich nicht gefunden; Ph Camerarius: Oper. horarum subcisivarum cent. I, 75, Frankfurt 1602.

65) Simon Goulart: Thr'esor d'histoires admirables, Paris 1600/10 und mehrfach; unter "Enfans nourris parmi les loups". Comenius har

술한 것은 정말 옳은 말이다. "만약 올바른 교육을 받는다면, 인간은 가장 유순하고 신적인 생물이다. 그러나 어떠한 교육도 받지 못하거나 잘못된 교육을 받는다면 그는 땅이 만들어낸 것 가운데서66) 가장 난폭한 존재가 될 것이다."

7 교육이 모든 사람을 위해 필요하다는 사실에 관한 이야기는 많다. 우리가 인간들이 서로 다른 능력을 타고난다는 사실을 고려할 때 더욱더 분명해진다. 우둔한 사람들은 타고난 우둔함을 고치기 위해 교육을 필요로 한다. 그러나 현명한 사람들이 교육을 더 필요로 한다. 왜냐하면 명석한 정신은 만약 그가 유용한 일에 전념하지 않을 때 쓸모없고, 이상하고 위험한 일들에 정신 팔리기 때문이다. 밭이 비옥하면 할수록 가시나무와 엉겅퀴의 싹이 더 잘 자라 많은 열매를 맺는 것처럼 현명한 이성 역시 지혜와 덕으로 씨 뿌려지지 않으면 이상한 생각으로 가득 차게 될 것이다. 그리고 만약 돌아가고 있는67) 맷돌에 밀가루의 원료인 밀을 공급하지 않는다면 맷돌은 시끄럽고 귀에 거슬리는 소리를 내며 그 돌들을 짓눌러서 쓸데없이 먼지를 만들어내고 맷돌을 손상시키거나 조각조각 부서지게 할 것이다. 그러므로 적극적인 마음이 진지한 일들로 채워지지 않는다면 그 자체를 완전히 공허하고 음란하고 독이 있는 생각에 사로잡히게 하여 그 자신의 파멸의 원인이 되는 것이다.

8 지혜 없는 부자는 밀기울을 먹여 살이 찐 돼지가 아니고 무엇이겠는가? 이해력이 없는 가난한 사람은 짐을 지도록 선고받은

seinen Bericht, wenn auch über einen Mittelsmann, wohl aus Goulart geschöpft.
66) Plato: Gesetze VI(Kap.12), 766 a.
67) molendino gemäß Hultgren, aber se ipsum wie im Origin.

나귀가 아니고 무엇이겠는가? 아무것도 배우지 못한 멋진 사람은 깃털로 장식된 앵무새나 혹은 옛날에 사람들이 말했던 것처럼 금으로 만든 칼집에 꽂힌 납으로 만든 칼이 아니고 무엇이겠는가?[68]

9 이전에 다른 사람들에게 명령할 권한이 있었던 사람들, 즉 왕들, 군주들, 관리들, 목사와 교사가 지혜로 충만해야 한다는 것은 길 안내자에게 눈이, 통역자에게 언어가, 트럼펫에게 소리가 또는 칼에 대하여는 예리함이 필수적인 것과 같다. 마찬가지로 신하 역시, 그들이 지혜로운 주인에게 현명한 방법으로 복종하고, 강요함이나 나귀와 같은 순종이 아니라 자발적이고 질서를 사랑하는 마음으로 순종하기 위해서 교육받아야 한다. 왜냐하면 이성적인 존재는 욕설이나, 감금이나, 구타가 아니라 이성을 통해 인도되어야 하기 때문이다. 이렇게 하지 않는다면 피조물 안에 자신의 형상을 두신 하나님에 대한 모독이며, 불안과 폭력이 인간관계를 지배할 것이다. 아니, 그것들은 이미 지배하고 있다.

10 그러므로 인간으로 태어난 모든 사람은 그들이 인간이기 때문에, 그리고 야수나 난폭한 짐승이나 잘 다듬어지지 않은 건축자재가 아니기 때문에 가르침을 필요로 한다는 사실을 알게 되었다. 어떤 사람이 다른 사람보다 더 많은 훈련을 받는다면 더 탁월해진다는 것은 당연한 이치다. 본 장을 지혜서의 말씀으로 마치고자 한다. "지혜와 가르침을 멸시하는 자들은 화를 입을 것이다. 그들의 희망은(즉 자신의 목적을 달성하기 위한 희망) 공허하고 그들의 노력은 헛되며 그들이 하는 일은 무익하다"(지혜서 3:11).

---

68) Diogenese Laertius: De vitis philosophorum VI, § 65(hrsg. v. R. D. Hicks, London 1925, S.66).

제7장 인간의 교육은 어린 나이에 가장 잘 이뤄질 수 있다
그 때문에 일찍 교육을 받아야 한다

> 인간은 식물처럼(1), 그가 언제나 죽음에 대하여(2), 동시에 삶에 대하여 준비되도록(3) 일찍부터 이끌어지고, 교육되어야 한다. 본성적으로 부드러운 것은 모양을 만들어 내기가 쉽다(4). 그것은 인간에게서도 마찬가지이다(5). 그러나 인간은 특별히 긴 발전의 시기가 주어져 있다(6). 유아기 때 배운 것이 확실하다(7). 적절한 시기의 교육을 게을리 한 것에 대한 위험들(8). 결론(9).

1 지금까지 말한 것으로 미루어 인간과 나무의 조건들이 비슷하다는 것을 알 수 있다. 과실수, 즉 사과나무, 배나무, 무화과나무, 혹은 포도나무는 자신의 그루터기에서 저절로 자라나지만, 야생에서는 야생의 볼품없는 열매밖에 맺을 수 없다. 이 나무가 맛이 좋고 달콤한 열매를 맺으려고 한다면 숙련된 정원사에 의해 심겨지고, 물이 주어지고, 전지작업을 해야 한다. 인간 역시 자기 스스로 인간의 모습으로 자라난다. 이와 마찬가지로 모든 동물 역시 스스로 자기 자신의 모습을 나타낸다. 그러나 인간에게 지혜와 미덕과 경건의 가지가 접목되지 않는다면 이성적이고 지혜롭고 덕이 있고 경건한 존재로 발전하지는 못할 것이다. 식물이 아직 어린 나무일 때에 이런 일(관리)이 이루어져야 하는 것과 같이 인간도 마찬가지이다.

2 인간의 경우 이러한 원리에 대한 여섯 가지 이유가 있다.

먼저 현재 삶에 대한 불확실성이다. 우리는 현재의 생명을 떠나야 한다는 사실을 알지만, 언제, 어디로 떠날지는 모른다. 그러나 누구든지 준비되지 않은 채, 죽을 수 있다는 사실은 위험하며 크게 두려워할 일이다. 왜냐하면 그것은 돌이킬 수 없기 때문이다. 그래서 우리에게 시간이 주어져 있는 동안에 하나님의 자비를 발견해야 한다. 그렇지 않으면 영원히 잃어버리기 때문이다. 인간의 신체는 모태에서 만들어지기 때문에 거기서 사지가 만들어지지 못한 사람은 평생 동안 팔 다리 없이 불구로 살아야 한다. 마찬가지로 지금 육체 가운데 사는 우리의 영혼은 하나님에 대한 인식과 하나님과의 교제를 위해 교육되어야 한다. 그러한 것을 세상에서 얻지 못한 사람은 죽은 후에 이것을 위한 더 이상의 시간과 기회를 얻을 수 없기 때문이다. 이것은 매우 중요한 일이므로 어떤 다른 일보다 더 시급하게 준비할 필요가 있으며, 이로 인하여 어느 한 사람도 멸망당하지 않도록 하여야 할 것이다.

3 그러나 위협적인 죽음이 멀리 있고 장수가 보장되었다 할지라도 교육은 어릴 때 시작되어야 한다.[69] 왜냐하면 삶은 배우는 데 시간을 보내기 보다는 행동하는 데 더 많은 시간을 사용해야 하기 때문이다. 그러므로 우리는 가능한 한 일찍 인생의 활동을 준비하여야 한다. 비록 어떤 사람이 평생 동안 배우는 데 시간을 소모하고자 할지라도 창조주가 우리의 탐구 열정에 맡겨두신 일의 양은 끝이 없기 때문이다. 만일 그가 자기 일생을 학문에 헌신하기를 원한다면, 창조주께서 마련하신 신성한 지혜의 보물을 깨닫게 되는 데서 그의 소명을 발견해야 할 것이다. 그러므로 인간의 감각

---

69) Gedr.: nature statt mature (Hultgrens Korrektur naturae ist nicht sinngemäß).

은 관찰을 위해 일찍부터 세상을 향하여 열려지도록 해야 한다. 왜 냐하면 인간은 평생 동안 감각을 통해 많은 것을 배워 알고, 연구 하고, 추구하여야 하기 때문이다.

4 어릴 때는 쉽게 교육되고 유연해질 수 있지만, 굳어진 후에 는 순종하기를 거부한다는 사실은 모든 성장하는 것들의 특성이다. 밀랍이 그 어떤 모양으로 만들어지기 전 부드러울 때는 형태가 쉽 게 갖춰지고 모양을 만들 수 있지만, 딱딱해지면 쉽게 부서진다. 어린 나무는 심겨지고, 옮겨지고, 가지치기가 되고, 이리저리 구부 려질 수 있지만 큰 나무는 결코 그렇지 않다. 목질섬유로 된 현을 구부리려는 사람은 푸르고 신선한 것을 골라야 한다. 오래되고, 건 조하고, 울퉁불퉁한 것은 휘어지지 않는다. 새로 나온 달걀은 어미 품에 품음으로써 곧바로 따뜻해지고 거기서 병아리가 부화된다. 오 래된 달걀에서 그것을 바라는 것은 헛된 일이다. 사육사가 말에게, 농부가 소에게, 사냥꾼이 개와 송골매를 훈련시키기 원하거나, 곰 주인이 곰을 춤추게 하기를 원하거나, 노부인이 까치와 갈 까마귀 나 앵무새에게 사람의 소리를 흉내 내기를 원한다면 그것들을 어 렸을 때부터 훈련시켜야 한다. 나이가 많을 때 시작한다면 그들의 노력은 헛수고가 될 것이다.

5 이 모든 것은 사람에게도 마찬가지인 것이 분명하다. 우리 가 앞에서 밀랍과 비교했던 인간의 두뇌는 감각기관을 통해 받아 들인 형상들을 기록하는데, 어릴 때는 매우 부드럽고 연하여 그가 만나는 모든 형상들을 받아들일 능력이 있다. 그러나 우리가 경험 으로 알 수 있듯이 두뇌가 나중에는 점차적으로 건조하고 딱딱해 져서 사물들이 두뇌에 박히고 새겨지기가 어렵다. 그러므로 키케로

(Cicero)는 다음과 같이 말했다. "어린이들은 수많은 일들을 빠르게 이해한다."70) 손과 나머지 신체 부위들 역시 어릴 때, 근육이 유연할 때, 기술적이며 수공적인 일을 훈련받아야 한다. 만일 누군가 훌륭한 작가, 화가, 재단사, 기술자 혹은 음악가가 되고자 한다면 그는 어릴 때부터 상상력이 풍성하고 손가락이 잘 움직일 때 그 기술을 배워야 한다. 그렇지 않으면 그는 아무것도 배울 수가 없을 것이다. 마찬가지로 사람의 마음에 신앙의 뿌리가 내려지게 하려면 역시 어릴 때 신앙심을 불어넣어야 한다. 훌륭한 덕성에 이르기를 원한다면 그는 어릴 때 다듬어져야 한다. 누군가 지혜를 연구함에 있어 큰 진보를 이루고자 한다면 그의 감각은 어릴 때 모든 것에 열려져야 하고, 지식욕은 불타오르고, 생각은 민첩하고, 기억력이 좋은 어릴 때에 시작해야만 한다. 세네카71)가 말하기를 "노인이 되어서 초보를 학습한다는 것은 모욕을 받고 웃음거리가 되는 일이다. 젊은이는 훈련과 준비를 해야 하고 노년에는 그것을 사용해야 한다"고 했다.

6 인간이 인간답게 형성되기 위해서 하나님은 그에게 유년기를 하락하셨다. 이 시기에 인간은 교육 이외에 다른 어떤 일에도 적합하지 않다. 말, 소, 코끼리와 다른 큰 생물들은 첫해나 둘째 해에 완전히 자라난다. 인간만이 거의 20년 혹은 30년이 걸린다. 이것을 우연이나 우발적인 원인이라고 믿는 사람이 있다면 그는 자기의 어리석음을 무심코 드러내는 것이다. 하나님은 다른 피조물들에게 그들 각각의 시간을 할당해주실 때 피조물의 주인인 인간에게만 우연히 기간이 지나가도록 허락하셨는가? 아니면 자연 자

70) Cicero: Cato maior de senectute C. 21 § 78.
71) Seneca: Epist. 36, 4 (Beltram I, 133).

신이 오랜 시간에 걸쳐 인간을 교육하는 것이 보다 쉽기 때문에 그렇게 하는 것이 아닐까? 그러나 자연은 노력하지도 않고 몇 달 안에 커다란 수많은 신체를 생산해 낸단 말인가! 우리의 창조주가 특정한 목적으로 우리에게 복을 주시기를 원하고, 훈련에 있어 보다 많은 훈련기간을 충분히 길게 하기 위해 이 기간을 정하셨다는 것 이외에 다른 결론은 없다. 그리하여 어린 시절 동안에는 세상일에는 능란하지 못하게 하셨다. 이는 우리가 나머지 인생을 위해 그리고 영원을 위해 더욱 더 적합하게 준비하기 위함이다.

7 인간이 어린 시절에 흡수한 것이 더 확실하고 오래 지속된다. 이것은 다음과 같은 실례를 통해 드러난다. 그릇은 새 것일 때 스며들게 한 향기를 깨질 때까지[72] 보존한다. 나무는 어릴 때 그 가지를 사면에 뻗은 그대로 수백 년 동안, 그것이 잘려질 때까지 보존한다. 양털은 처음에 물들여진 색깔을 간직하기 때문에 사람이 그것을 변색시킬 수 없다. 수레바퀴가 한번 단단해지면 그것이 수천 조각으로 부서질지언정 다시 곧게 펴질 수 없다. 인간 역시 첫 번째 심겨진 인상(印象)을 고수하기 때문에 그것을 재형성하는 것은 기적과도 같은 것이다. 따라서 이 인상들이 어린 시절부터 참된 지혜의 규범에 일치되어야 한다는 충고를 받는다.

8 마지막으로 인간은 요람에서부터 건강한 생활 규범으로 무장하지 않는다면 매우 위험하다. 왜냐하면 외부의 감각들이 기능을 수행하기 시작하게 되면, 인간 정신은 더 이상 평안할 수 없으며, 만일 유익한 일에 전념하지 않는다면 쓸모없거나 심지어 해로운

---

72) Horaz: Epist. I, 2, 69(Fairclough 266).

일(우리의 부패한 시기 중 가장 악한 경우를 만난다면)에 몰두하게 될 것이다. 우리가 이미 앞에서 서술한 것처럼 이것을 나중에 다시 고쳐 배우고자 하는 것은 불가능하거나 어려운 일일 것이다. 인간이 첫 번째 죄의 원천을 막기 위한 진지한 노력을 하지 않는 한 우리의 세계는 국가 당국도 성직자도 제어할 수 없는 극악무도함으로 가득 찰 것이다.

9 그러므로 인간의 행복은 모든 사람들의 마음에 있다. 그리고 정부 당국자나 교회의 지도자들이 인류의 복지를 소중히 여긴다면 그들은 때가 늦기 전에 하늘나라의 어린 나무들을 심어야 하며, 전지하고 물을 주어야 할 것이다. 즉, 어린이들의 지식과 도덕과 신앙이 풍성한 발전을 하도록 신중하게 형성시켜 주어야 한다.

제8장 아이들는 학교에서 함께 교육되어야 한다

> 어린 아이의 양육은 실제로 부모들에게 적합하다(1). 학교 교사는 부모들을 돕는다(2). 학교의 기원과 발전(3). 학교는 모든 곳에 세워져야 한다(4). 왜냐하면 수업은 특별한 지식을 요구하기 때문이다(5). 이때 부모는 이를 위해 시간을 낼 필요가 없다(6). 수업의 공동성은 큰 장점을 제공한다(7). 자연과(8) 예술에 있어(9) 유사한 작업 참여에 관한 실례들.

1 낙원의 어린 나무인 기독교인 아이들은 야생 상태로 자라게 해서는 안 되며, 돌봄(cura)이 필요하다는 사실이 입증되었으므로 이제 이들이 누구에게 돌보도록 맡겨져 있는지 살펴보아야 한다. 대체로 이들은 자연적으로 부모에게 맡겨져 있다. 이제 부모들은 자신들이 책임져야 하는 생명들인 아이들이 이성적이고, 고귀하고, 경건한 삶을 살도록 해 주어야 한다. 아브라함이 이것을 지켰다는 사실을 하나님은 말씀으로 증거한다. "내가 그로 그 자식과 권속에게 명하여 여호와의 도를 지켜 의와 공도(公道)를 행하게 하려고 그를 택하였나니"(창 18:19). 하나님께서는 그가 명령할 때 모든 부모들에게 동일한 것을 요구하신다. "네 자녀에게 부지런히 가르치며 집에 앉았을 때에든지 길을 갈 때에든지 누워 있을 때에든지 일어날 때에든지 이 말씀을 강론할 것이며"(신 6:7), 그리고 그는 사도들을 통해서도 말씀하신다. "또 아비들아 너희 자녀를 노엽게 하지 말고 오직 주의 교훈과 훈계로 양육하라"(엡 6:4).

2 그런데 인간의 수와 직업이 증가하면서, 자기 자녀들의 교육에 헌신할 만큼 지적이고, 능력 있으며, 충분한 시간을 투자할 수 있는 부모가 드물게 되었기 때문에, 학식과 진실한 덕성이 있는 사람들을 선택하여 공동의 교육을 위해서 자녀를 맡기는 학교의 설립이 필요하게 되었다.73) 그러한 어린 아이의 교육자는 교사, 선생, 학교 선생 혹은 교수로 불렸고, 이러한 공동교육을 위한 장소는 학교, 학습소, 학당, 학부, 김나지움, 대학 등의 이름이 주어졌다.

3 첫 번째 학교는 요세푸스(Josephus)의 보고에 의하면,74) 셈족의 홍수 직후에 시작되었으며 '히브리학교'(Hebrä)라고 불려졌다. 갈대아 지방, 특별히 바빌론에는 예술과 더불어 특히 천문학이 발달한 학교들이 많았다는 사실은 잘 알려져 있고, 갈대아인들의 지혜는 이후 느부갓네살(Nebukadnezars)시대에 다니엘과 그 친구들에게도 교육되었다(단 1:4). 모세가 수업을 받았던(행 7:22) 이집트에서도 마찬가지였다. 이스라엘에서는 학교가 철저하게 하나님의 명령에 따라 세워졌으며 '회당'(synagoge)이라 불렸고 그곳에서는 레위인들이 율법을 가르쳤다. 그리스도 때까지 이 회당은 지속되었고, 그리스도와 사도들의 설교를 통해 유명해졌다. 학교를 세우는 관습을 그리스인들은 이집트인들로부터, 로마인들은 그리스인들로부터 배웠다. 그리고 학교를 세우는 이 훌륭한 관습은 로마 사람들에 의해 전 제국으로 확산되었고, 특히 경건한 군주와 주교들의 보호를 통해 기독교가 전파될 때 확산되었다. 역사서들은 칼 대제에

---

73) Vgl. M. Luther WA 15, 34 (Clemen 2, 448).
74) Flavius Josephus: Antiquitatum judaicarum lib. I, 106 (hg. v. B. Niesse, Berlin 1887, S. 24f.).

대해 그가 이교도를 정복하자마자 주교와 교사를 배치하여 교회와 학교를 세웠다는 사실을 증명한다. 다른 황제, 왕, 군주, 지도자들이 이러한 점에 있어 그를 따랐으며 학교는 증가되어 셀 수 없을 정도가 되었다.

4 이런 거룩한 관습은 보존되어야 할 뿐 아니라 더욱더 확장되어 인간이 질서 있게 함께 사는 모든 곳에, 모든 도시와 모든 지역과 모든 마을에 어린이의 공동 교육 장소로서 학교가 세워져야 한다는 사실은 모든 기독교계의 관심이다. 왜냐하면 이러한 사실이 다음과 같은 것들을 요구하기 때문이다.

5 첫째로, 올바른 사물의 질서이다. 한 가족의 아버지는 가정 살림에 필요한 것들을 조달할 때 자신이 모두 다하지 않고 대신에 다양한 수공업의 전문가들을 이용한다. 교육 분야에도 동일하지 않겠는가? 밀가루가 필요하면 그는 제분업자에게, 고기가 필요하면 정육점 주인에게, 술이 필요하면 술집 주인에게, 옷이 필요하면 재단사에게, 구두가 필요하면 제화공에게, 건물과 보습과 못이 필요하면 건축가와 벽돌공과 대장장이 혹은 열쇠 제조공에게 간다. 우리는 성인들의 신앙을 가르치기 위해 교회를, 논쟁 중인 당파의 소송과 시민회의와 정보를 위해서는 재판소와 시의회가 있다. 같은 이유로 아이들을 위하여 학교가 있으면 왜 안 되는가? 농부들 역시 자신의 돼지와 소에게 직접 먹이를 주지 않고 모든 가축에게 똑같이 먹이를 주는 목동을 고용한다. 그러는 동안 그들 자신은 가축 사육에 신경 쓰지 않고 다른 일에 열중할 수 있는 것이다. 왜냐하면 한 사람이 다른 여러 가지 일로 마음을 쓰는 것 대신에 한 가지 일에만 집중하는 것은 노동의 절약이 되며 이러한 방법으로

한 사람이 많은 사람에게 도움이 될 수 있으며, 많은 사람이 한 사람 한 사람에게 도움이 될 수 있을 것이다.

6 둘째로 주변 상황의 필요에 의해서이다. 부모들 자신이 아이들을 가르칠 능력이 없거나, 또 이를 위해 시간을 내기도 힘들다. 따라서 전체 지역사회가 유일하도록 어린이 교육에만 직업적으로 헌신하는 사람들이 있어야 한다.

7 비록 자기 자녀들을 교육시킬 여력이 있는 부모들이 있다고 할지라도 어린아이가 큰 학급에서 함께 교육을 받는 것이 더 좋다. 왜냐하면 다른 사람들을 통해 자극을 받을 수 있고 다른 사람을 모범으로 삼을 때 더 좋은 결과와 더 많은 즐거움을 얻을 수 있기 때문이다. 다른 사람이 하는 것을 행하고, 다른 사람이 가는 곳으로 가고, 앞에 간 사람을 따라가고, 뒤에 있는 사람을 앞서 가는 것은 매우 자연스러운 것이다. 앞질러야 할 경쟁자나 따라갈 선두 말(馬)이 있을 때, 말은 최선을 다해 달린다.[75] 특히 어린이들은 규칙보다는 모범을 통해 더욱 쉽게 감화 받고 지도될 수 있다. 어린이들이 어떤 것을 하라는 지시만으로는 인상에 남을 만큼 잘 하지 못한다. 그러나 다른 애들이 하고 있는 일을 보여주면 아이들은 자발적으로 그것을 따르게 된다.

8 다시 말하지만, 자연이 항상 우리에게 보여주는 사례에 의하면, 다량으로 생산해야 하는 것은 한 장소에 모여서 생산되어야 한다는 것이다. 그래서 나무들은 숲에서, 풀들은 들에서, 물고기는 물에서, 금속들은 땅 속에서 대량으로 생산된다. 그리고 대체로 숲

---

75) Ovid, Ars amatoria III, 595f.

은 나무와 삼목과 참나무를 풍성하게 자라게 한다. 그러나 다른 종류의 나무는 그곳에서 똑같이 자라지 못한다. 그리고 어떤 땅에 금이 있으면 그곳에서 다른 금속은 그다지 많은 양을 찾아볼 수 없다. 이와 같은 진리는 우리 신체에서 더욱 분명하게 볼 수 있다. 신체의 각 부위는 육체가 섭취한 것들로부터 필요한 영양분을 얻어야 한다. 그러나 그의 몫이 각 신체 부위에 정화되지 않은 원료 상태로 공급되어 거기서 소화되고 사용되는 것이 아니다. 음식을 모든 신체의 필요에 따라 흡수하고, 가공하고, 소화하여 마침내 준비된 영양분을 신체 각 부위에 전달하는 정해진 특별한 신체 부위가 있다. 위는 소화액을, 간은 피를, 심장은 삶의 활기를, 뇌는 정신력을 형성한다. 전자는 후자를 준비하고 후자들을 어렵지 않게 사방으로 분배하고 이런 방식으로 모든 신체는 생명을 잘 유지하게 된다. 그러므로 작업장이 기술을, 교회가 신앙을, 법이 정의를 유지하고 관리하는 것처럼, 학교는 지혜의 빛을 발하게 하고, 정화하고, 증대시켜서 인간 사회의 모든 부분에 확산시키지 않겠는가?

9 끝으로 우리가 기술의 영역을 살펴보면, 기술이 합당하게 사용되는 곳은 동일하다. 숲과 수풀을 거닐다가 어느 곳에서 재배하기에 좋은 싹을 발견한 수목 재배자는 그 묘목을 뽑아다가 과수원으로 옮겨 거기서 다수의 다른 나무와 함께 가꿀 것이다. 또한 요리를 위해 물고기를 양식하는 사람은 물고기를 위한 웅덩이를 파고 그곳에서 물고기 수천 마리를 함께 증식시킨다. 이런 경우 정원이 크면 클수록 나무들은 보다 잘 재배되고, 양식장이 크면 클수록 물고기는 더 풍부해진다. 그러므로 물고기를 위해 양식장이, 나무들을 위해 정원이 만들어진 것처럼 아이들을 위해 학교가 세워져야 한다.

제9장 남녀 모든 아이들은 학교에 맡겨져야 한다

학교는 모든 아이들을 받아들여야 한다(1). 왜냐하면 그들은 하나님의 형상을 닮아가도록 해야 하기 때문이다(2). 그리고 모두는 자신의 미래 직업을 준비해야 하며(3), 나태한 자와 약한 아이들에게는 역시 도움이 필요하다(4). 연약한 세대도 학문들에 접근할 수 있어야 한다(5). 비록 주의가 필요하다고 할지라도(6), 이를 반대하는 것에 대한 논박(7/8).

1 부유하고 뛰어난 아이들뿐만 아니라, 모든 아이들이 똑같이 남자들이나 여자들이나, 또 귀족이나 평민이나, 부자이거나 가난한 아이들이나, 모든 도시, 지역, 마을 그리고 부락에 사는 아이들이 다같이 학교에 보내져야 한다. 그것은 다음의 장들에서 분명하게 설명 될 것이다.

2 첫째로, 인간으로 태어난 모두는 사람으로 존재하기 위한 목적으로 탄생되었다. 즉 그것은 이성적인 피조물, 다른 피조물의 주인, 그리고 그들의 창조주의 형상을 닮은 인간이 되는 것을 뜻한다. 그러므로 모든 인간은 현재의 삶을 유익하게 하고 미래의 삶을 적절하게 준비할 수 있도록 학식과 도덕과 신앙으로 올바르게 인도받도록 도와야 한다. 인간의 외모는 중요하지 않다는 사실을[76] 하나님은 자주 말씀하셨다. 그렇기 때문에 만일 우리가 지성의 문화에 어떤 사람은 허용하고 다른 사람을 제외시킨다면, 우리와 동

---

76) Vgl. 신 1:17; 롬 2:11; 벧전 1:17.

일한 본성을 가지고 있는 사람들에게 상해를 끼칠 뿐만 아니라, 자신의 형상대로 지으시고 모든 사람들로부터 인정되고 사랑받고 찬양받고자 하시는 하나님께 부당하게 대항하는 일이 된다. 그리고 하나님에 대한 열정을 가지면 가질수록 하나님을 아는 지식의 빛은 더욱 밝게 될 것이다. 왜냐하면 우리는 하나님에 대해 아는 만큼 그를 깊이 사랑할 수 있기 때문이다.77)

3 우리는 하나님의 섭리가 각 사람들에게 어떻게 사용될지 알지 못한다. 하나님께서 때때로 가장 가난하고, 가장 비천하고, 가장 두드러지지 않은 사람을 자기 영광의 가장 중요한 도구로 사용하신다는 사실은 분명하다. 이와 같이 우리는 모든 땅을 밝게 비추고, 따뜻하게 하고, 생기 넘치게 하는 하늘의 태양처럼, 푸르고,78) 꽃을 피우고, 열매를 맺을 수 있도록 하며, 실제로 모든 것이 푸르고, 살아 있고, 꽃을 피우며, 열매를 맺게 하자.

4 많은 인간이 본성상 게으르고 우둔한 것처럼 보인다는 사실은 모순되지 않는다. 이러한 사실은 정신의 돌봄을 더욱 더 많이 권하고 요구한다. 왜냐하면 어떤 사람이 본성상 게으르고 약할수록 가능한 한 자신의 어리석음과 우둔함으로부터 벗어나기 위해 보다 많은 도움을 필요로 하기 때문이다. 양육을 통해 개선되지 못할 만큼 지능이 약한 사람은 없다. 체에 물을 계속 붓는다고 비록 물이 차지는 않지만 물이 깨끗해지는 것처럼, 어리석고 우둔한 사람은 비록 곧바로 학문이 성숙되지는 않을지라도 그의 행동은 점점 도덕적으로 되어 국가 지도자와 성직자에게 순종하는 것을 알게 된

---

77) Augustin: De spiritu et littera (Migne, Patr. lat. 44, 199ff.).
78) Bei Hultgren fehlt: virere.

다. 더욱이 지능의 발달이 느리게 타고난 사람일지라도 나중에 학문적 교육을 받고 재능 있는 사람들을 앞서는 경우도 많다. 그러므로 "끊임없는 노력은 모든 것을 이긴다."[79]는 시인의 말은 옳다. 많은 사람들이 어렸을 때 신체적으로 튼튼하지만 나중에 병들고 쇠약해진다. 이와 반대로 병든 신체를 가진 소년이지만 나중에 건강하고 튼튼하게 성장할 수 있다. 정신적인 자질도 이와 동일하게 진행된다. 몇몇 사람들은 조숙하지만 빠르게 시들고 무감각해진다. 반면에 다른 사람들은 처음에는 서투르지만 나중에 원기 왕성해지고 진보한다. 우리는 정원에 이른 열매를 맺는 나무도 필요하지만 중간 또는 늦은 시기에 열매를 맺는 나무도 있어야 한다. 왜냐하면 예수 시락서에서 말하듯이,[80] 모든 나무는 제 시기에 열매 맺는 것이 가장 훌륭하고 비록 처음에는 늦을지라도 쓸모없지 않다는 것을 보여주기 때문이다. 그러므로 학문의 정원에 정신적 자질이 빨리 성숙하고 생기 있는 자들만 받아들여야 하겠는가? 아니다. 하나님께서 감각과 정신을 주신 사람들은 누구도 제외되어서는 안 된다.

5 여성을 지혜의 학습으로부터(라틴어로 전달하든 모국어로 전달하든 간에) 제외시켜야 할 하등의 이유가 없다는 것이다. 특별히 이 사실을 언급하고자 한다. 왜냐하면 그들도 똑같이 하나님의 형상이고 똑같이 은혜와 미래의 왕국에 참여하고 남성과 동등하게 (또는 남성보다 더 우수한 경우도 적지 않다) 생기 있고 지혜를 받아들이는 정신을 타고났기 때문이다. 지존자에게 이르는 길이 그들에게도 열려있다. 왜냐하면 하나님은 스스로 백성들을 통치하고 왕

---

79) Vergil, Georg. I, 145f.
80) Jes. Sir. 39, 40.

들과 제후들에게 유익한 충고를 주는 일과, 의술과 기타 일을 배우게 하셨으며, 그리고 인류의 다른 유익한 목적에 선지자의 직무를 행함과 제사장과 감독들을 경고하는 일에도 그들을 자주 동원하셨기 때문이다. 왜 우리는 그들에게 ABC 알파벳은 배우도록 허용하면서 책을 보지 못하게 한단 말인가? 여성의 경솔한 행동을 염려해서인가? 그러나 그들의 사고를 바른 지식으로 인도할수록 마음의 공허에서 생겨나는 경솔한 행동을 할 수 있는 여지는 없어지게 될 것이다.

6 그러나 아무 책이나 분별없이 아이들에게 읽게 해서는 안 된다. 물론 여자 아이들에게도 마찬가지다. 사람들이 이것을 이제까지 좀 더 주의를 기울이지 않았다는 것은 참으로 유감스러운 일이다. 오히려 사람들은 한결같이 하나님과 그의 사역에 대한 참된 지식과 참된 미덕과 참된 신앙을 배울 수 있는 책들을 아이들에게 주어야 한다.

7 "여자가 가르치는 것을 … 허락지 아니하노니"(딤전 2:12)라는 사도의 말씀이나, "너와 부부인 여자는 말을 잘하고, 단순한 문제를 복잡한 언어로 표현하거나 어떤 역사도 알고 싶어 해서도 안 된다."[81]는 유베날(Juvenal)의 여섯 번째 풍자시의 말이나, "나는 여자로서 많이 아는 학식 있는 여자를 싫어하고, 내 집에 결코 들이고 싶지 않다. 왜냐하면 비너스는 학자들에게 교활함을 주기 때문이다."[82]라고 유리피데스가 힙폴리트에게 말하는 것으로 아무

---

81) Juvenal, Satirae VI, 448/50.
82) Euripides: Hippolytos V. 640ff. (eruditam statt wie bei Hultgren eruditum).

도 나에게 이의를 제기하지 않기를 바란다.

　이러한 의견들은 우리의 제안하는 것과 대립되지 않는다. 왜냐하면 여자들이 호기심이 아니라 겸손함과 구원을 위해 그런 수업을 받아야 한다는 것을 조언하기 때문이다. 특별히 가정의 올바른 질서를 위해서든, 자신과 남편과 아이들과 모든 가족의 행복을 보살피기 위해서든, 그들이 알고 다루기 적합한 영역에 대해서는 수업을 받아야 한다.

　8 어떤 이가 "수공업자와 농부와 짐꾼과 심지어 여성까지 학식 있는 자들이 된다면 그것은 어떤 결과가 생길 것인가"라고 말한다면, 다음과 같이 대답할 수 있다. 모든 아이들이 이와 같이 적절하게 조직된 보편교육을 받을 수 있다면, 미래에 그들 중 아무도 더 이상 자신의 생각과 소망과 노력과 행동을 위한 올바른 지식이 결핍되지 않게 될 것이다. 각자는 자신의 삶의 욕망과 행동이 어디를 향해야 할지를 알게 될 것이다. 즉 그가 어떤 한계 내에 머무르며 어떻게 자신의 위치를 주장해야 하는지를 아는 것이다. 모든 사람들은 또한 수고하고 노력함으로써 즐겁게 하나님의 행위와 사역에로 그들의 생각을 설정하고, 성경과 다른 좋은 책들을 자주 읽음으로써 그의 인간성을 위협하는 위험스러운 나태함에 빠지지 않을 것이다. 그들이 그렇게 함으로써 거기서 더 큰 유혹에 빠져드는 것으로부터 벗어나게 될 것이다. 간단히 말하면, 그들은 모든 곳에서 하나님을 발견하고, 찬양하고, 인정하고, 이러한 방법으로 이 힘든 삶을 보다 즐겁게 보내고 영원한 삶을 대망하고, 소망하며, 고대하는 법을 배운다. 그러한 교회의 상태야말로 사람들이 이 땅위에서 소유할 수 있는 낙원을 만들어가는 것이 아니겠는가?

제10장 학교에서의 수업은 모든 것을 포함해야 한다

학교에서 모든 것을 가르쳐야 하고, 배우게 해야 한다(1). 인간이 존귀한 자가 되도록 하기 위하여(2). 가르침의 주된 영역(3): 지혜, 도덕, 신앙, 이 세 가지는 분리되어서는 안 된다(4). 사물의 질서로부터 이에 대한 증명(5), 우리의 영혼의 상태로부터(6/7), 삶의 목적으로부터(8) 하나님, 이웃, 우리 자신들을 섬기기 위해(9) 그리고 우리에게 기쁨을 주기 위해(10/11), 이 기쁨은 세계로부터(12), 우리 자신으로부터(13), 하나님으로부터(14) 온다. 물론 예수 그리스도의 모범이 증명한다(15/16). 이 세 가지 일은 서로 분리되는 것이 아니라(17) 공동으로 가르쳐도 좋다(18).

1 이제 우리는 학교에서 모든 것이 가르쳐져야 한다는 사실을 보여주어야 한다. 하지만 그것은 우리가 모든 사람에게 모든 학문 분야와 지식(정확하고 깊은 지식)을 요구한다고 생각하지는 말아야 한다. 그것은 자체로서도 유익하지 않을 뿐 아니라, 인생의 짧음 때문에 어느 누구도 완전히 달성할 수 없다. 그러나 각 학문이 아주 광범위하고 섬세하게 사방으로 퍼져나가 있기 때문에(물리학, 산술학, 지리학, 천문학, 또한 농업, 산림업 등이 다 그렇듯이) 가장 우수한 지능을 가졌다 하더라도 조사와 실험을 통해 그 한 분야를 철저히 통달하기 위해서는 평생을 전념하여야 할 것이다. 그러므로 피타고라스는 산술에 전념했고,[83] 아르키메데스(Archimedes)는 역학에, 아그리콜라(Agricola)는 광산 일에 전념

---

[83] 여기서 그의 수학적인 노력들만이 아니라 조화와 수로서 세계 전체의 확대를 염두에 둔 것이다.

했고,84) 완전한 키케로(Cicero)의 사람이 되려는 목표를 가졌던
롱고리우스(Longolius)는 수사학85)에 전념했다. 그러므로 사람이
세상에 보냄을 받은 것은 구경꾼으로서 뿐만 아니라, 행위자가 되
어가기 위함이며, 그러므로 우리는 이 세상과 미래에서 만나게 되
는 가장 중요한 모든 일들에 관한 그 원칙과 그 이유와 그 목적을
분명하게 가르침을 받아야만 한다는 것이다. 다시 말하면, 인생을
살아가는 동안 부딪치게 되는 일에 대해서 무지로 인해 건전한 판
단을 내리지 못하는 사람이 없어야 할 것이며, 모든 것을 적절하게
사용하지 못하는 사람이 없도록 하기 위하여 강하고 단호한 조치
를 취해야 한다.

2 그러므로 우리는 전 생애를 통하여, 학교에서나 혹은 학교
의 도움으로나 다음과 같은 것을 얻으려고 노력을 집중해야 한다.
❶ 과학과 기술을 통해 정신 상태가 고양되고, ❷ 언어가 완전하게
되고, ❸ 더 완성된 정직한 도덕성이 형성되고, ❹ 하나님을 진실
하게 경외하게 해야 한다.

3 학교가 인간성86)을 생산하는 공장이라고 말한 사람은 지혜
롭게 말한 것이다. 왜냐하면 학교는 인간을 참으로 인간이 되도록
하기 때문이다. 그것은 앞에서 언급한 것들을 참조하면, ❶ 이성적

---

84) Der Mineraloge G. Agricola(1494-1555), Verf. v. d. Bermannus sive
   de remetallica libri XII, Basel 1530(krit. Ed. Berlin 1928).
85) Chr. Longolius(ca. 1488-1522), französischer Humanist, führte einen
   berühm ten Streit mit Erasmus, ob man Ciceros Sprache genau
   immitieren müsse oder den Zeiten entsprechend abwandeln dürfe. L.
   wurde von Erasmus persifliert in dem Dialog "Ciceronianus". Vgl.
   Allen: Erasmi Epistolae, bes. 914 u. 935.
86) In den ODO III, 3/4 schriebt Comenius dieses Wort einem Propheten
   zu, ohne Genaueres Anzugeben.

피조물, ❷ 다른 피조물과 자기 자신을 다스리는 피조물, ❸ 창조
주의 기쁨을 위하여 존재하는 피조물이다. 만일 학교가 인간들로
하여금 정신에서 현명하게, 행동함에 있어서 예의바르게, 마음에서
경건하게 되도록 길러낼 수 있다면 그렇다는 것이다.

　4　이 세 가지 원칙들이 모든 학교에서 모든 아이들의 마음에
심겨져야 한다. 그것은 사람들이 ❶ 우리를 둘러싸고 있는 환경으
로부터, ❷ 우리들 자신으로부터, ❸ 하나님이시며 인간이신 우리
의 완전함의 가장 완전한 모범이신 그리스도 안에서 시작하여 스
스로 증명해 보여야 한다.

　5　그것들이 우리에게 관련되어 있는 한, 그 일들은 세 그룹으
로 나누어질 수 있을 것이다. 첫째, 몇 가지는 하늘과 땅과 그 안
에 있는 것처럼 우리들이 관찰할 수 있는 대상들이다. 둘째, 우리
가 모방할 수 있는 대상, 즉 모든 것 속에 가득 차 있는 놀라운
질서이며, 인간이 그의 행동 속에 모방하는 것이다. 셋째, 우리가
즐거워할 수 있는 대상, 즉 하나님의 은혜와 그의 다양하고 영원한
축복처럼 우리에게 생기를 불어넣게 하는 것이다. 인간이 이러한
자연의 질서와 접촉하게 될 때 그는 인간의 신분에 합당하게 행동
할 준비가 되어야 한다. 그렇게 하기 위해서 이 놀라운 자연의 무
대에 인간의 관찰을 기다리며 펼쳐져 있는 사물들을 인식하는 것
을 학습하며, 그에게 부여된 일을 행하도록 교육 받아야 하며, 마
지막으로 자비로운 창조주가 인간을 그의 집에 온 손님으로 대우
하시고, 풍성하게 그에게 베푸시는 모든 것을 즐길 수 있도록 훈련
받아야 할 것이다.

6 우리 스스로를 고찰해볼 때, 우리는 지성과 덕성과 경건성이 모든 사람에게 똑같은 방식으로 요청된다는 것을 보게 된다. 즉, 영혼의 본질적인 존재를 바라보거나, 또는 우리를 지으신 목적과 이 세상에 보내신 목적을 볼 때, 그렇게 생각되는 것이다.

7 영혼의 본질은 태초 이전부터 계시는 삼위일체 하나님을 연상시키는 세 가지 힘들, 즉 지성과 의지와 기억으로 구성된다. 지성(intelligere)의 영역은 사물간의 차이를 가장 작은 부분까지 구분한다. 의지(voluntas)는 사물들을 선택하도록 하는데, 이른바 유용한 것을 선택하고 해로운 것의 버림을 뜻한다. 마지막으로 기억(memoria)은 지성과 의지가 관여한 모든 것을 미래에 사용하기 위해서 저장하고, 또한 영혼에게 그것이 하나님께 의존하는 존재라는 것과 의무에 대하여 상기시켜 준다. 그런 면에서 기억은 양심(conscientia)이라고 불려진다.

이러한 체계는 그 일을 올바르게 잘하기 위해서는 지성을 조명해 주고, 의지를 방향 잡아주는 것과 양심을 자극해주는 것들로 구비되어야 한다. 이로써 지성은 더 예리하고 통찰력이 있게 되며, 의지는 오류 없이 선택하고, 양심은 열심을 다하여 모든 것을 하나님 뜻에 맞도록 하게 할 것이다. 이 능력들, 즉 지성과 의지 그리고 양심이 서로 분리될 수 없듯이 영혼의 세 가지 자랑인 지식과 덕성, 그리고 경건성은 서로 나누어질 수 없는 것이다.

8 우리가 왜 이 세상에 존재하게 되는가를 숙고해 보면 세 가지의 목적이 두 유형으로 나타나게 된다. 그 하나는 우리가 하나님과 피조물과 우리 자신을 섬기기 위해서이고, 또 다른 하나는 우리가 하나님과 그의 피조물과 우리 자신으로부터 나오는 기쁨을 향

유하기 위함이다.

9 우리가 하나님과 이웃과 우리 자신을 섬기려고 한다면, 하나님과 관련하여 경건을, 이웃과 관련하여 덕성을, 우리들 자신과 관련하여 지성을 소유해야 한다. 그럼에도 불구하고 이 모든 것들이 서로 깊게 연관되어 있다. 한 인간은 자기 자신을 위해 지혜로워야만 할 뿐만 아니라 도덕적이고 경건해야 한다. 마찬가지로 이웃의 섬김에는 도덕성뿐만 아니라 지혜와 신앙이 필요하다. 하나님께 영광을 돌리기 위해서도 신앙뿐만 아니라 지혜와 도덕성이 구비되어야 하는 것이다.

10 자, 이제 하나님이 인간을 창조하실 때 결정한 기쁨을 살펴보자. 세상의 다른 모든 것을 다 창조하시고 하나님은 인간을 세상에 만들어 놓으셨다. 그를 위해 하나님은 기쁨의 낙원을 만드셨고, 끝으로 하나님은 인간을 그의 영원한 행복의 반려자로 삼으실 준비를 해 놓으셨다.

11 '기쁨'이라는 단어는 육체적 기쁨을 뜻하는 것이 아니라 - 물론 이 기쁨이 건강과 음식, 그리고 수면에 의존할 수 있고, 또한 중용의 덕에 기인할 수 있다할지라도 - 영혼의 기쁨을 말한다. 이것은 우리를 둘러싸고 있는 사물들에서 또는 우리들 자신에서 또는 하나님에게서 유래한다.

12 사물 자체에서 생겨나는 기쁨은 현자가 느끼는 것처럼 명상 속에서 경험하는 기쁨이다. 왜냐하면 그가 어디로 가든지, 무엇을 관찰하든지 간에, 그는 어디에서든지 넘쳐나는 매력을 발견하기

때문에 가끔 자기 자신에게서 빠져나와서 그것들 속에 자기가 몰입되어 가는 것이다. 지혜서가 말하고 있는 것이 바로 이것이다. "지혜와의 교제는 쓰라림을 모르고, 지혜와 같이 살 때 슬픔이 없으며, 오직 기쁨과 환희가 있을 뿐이다"(지혜서 8:16). 한 이교(異敎) 철학자도 말하고 있다. "삶에 있어서 지혜를 찾아내는 것보다 더 달콤한 것은 없다."[87]

13 자기 자신에 대한 기쁨이라는 것은 사람이 덕에 헌신할 때, 또 정의의 질서가 요구하는 어떤 명령에도 즉시 응하는 자기 자신이 정직한 성품을 볼 때 마음속에 느끼는 달콤한 즐거움을 말한다. 이 기쁨은 전단계의 기쁨보다 훨씬 더 큰 것이다. 이 기쁨은 "선한 양심은 영원한 환희의 축제이다"[88]라는 속담이 있다.

14 하나님에 대한 기쁨은 하나님이 그에게 영원히 은혜로우시며, 아버지 되심과 온전한 호의에서 마음이 하나님에 대한 사랑으로 완전히 녹아지는 것을 인간이 느낄 때, 그것은 이 세상에서 가장 고귀한 즐거움의 상태이다. 그리고 그것은 인간이 하나님의 자비 속으로 들어가는 것, 그곳에서 안식하는 것, 영원한 생명의 맛을 즐기는 것 외에 다른 어떤 것을 행하고 소원해야 하는지 더 이상 알지 못할 때이다. 그것은 모든 것을 뛰어 넘어 더 이상 소원하지도 않고 생각되지도 않는, 모든 이성보다도 더 높은 하나님의 평화이다(빌 4:7). 교육, 도덕, 경건의 이 세 가지 일은 고차원적인 기쁨의 강들이 흘러나오는 원천인 것이다.

---

87) Dem Sinne nach vielleicht Anspielung auf Sokrates Worte in Platos Apologie 36f.
88) 잠 15:15.

15 결과적으로 하나님은 육신으로 자기를 나타내심으로써 모든 이들에게 자신의 모습과 완전함을 보이시기 위하여 이러한 세 가지 일들이 만물 가운데서, 그리고 각자에게서 찾아지도록 그의 모범을 통하여 우리를 가르치셨다. 복음서 저자가 증거하고 있는 것처럼, "예수는 그 지혜와 키가 자라가며 하나님과 사람에게 더욱 사랑스러워 가시더라"(눅 2:52). 우리는 이 말씀 속에서 우리의 선한 고유한 속성들의 세 가지를 볼 수 있다. 지혜란 사물을 있는 그대로 인식하는 것이다. 사람에게 사랑스러워지게 하는 것은 성품의 온유함이다. 그리고 하나님의 은혜를 얻게 해 주는 것은 주를 경외하는 것, 즉 내적이고 진지하고 깊은 경건을 통해서이다. 우리가 완전성의 절대적인 원형상(原形象)을 구체화하고, 우리가 닮아가야 할 예수 그리스도에 대하여 무엇을 인지해야 하는지를 우리 자신들 속에서 실현해 보자.

16 그러므로 그리스도께서는 "내게 배우라"(마 11:29)고 말씀하셨다. 이러한 그리스도께서 가장 학식 있는 교사로, 거룩한 선지자로, 가장 권세 있는 왕으로 인류에게 주어졌기 때문에, 그리스도인들은 그리스도의 모범을 따라 인간으로 교육되고 형상화되어야 한다. 즉 그 인간들은 지성을 통해 계발하고, 양심을 통해 성화되고, 행위에서(각 사람이 그 자신의 직업에서) 능력을 가지게 되어 그리스도의 형상을 닮은 자들이 되는 것이다. 학교들이 우리들을 가능한 한 그리스도와 닮도록 교육할 때 비로소 우리의 학교는 진실로 기독교적인 곳이 될 것이다.

17 그러므로 이 세 가지 요인을 매우 견고한 사슬로 묶어서 서로 결합시키지 않는다면 분열이 생길 것이며, 해로운 결과를 가

져오게 될 것이다. 또한 덕성과 경건으로 인도되지 않는 학식은 얼마나 비참한 것인가! 도대체 도덕성이 없는 학식 있는 교양이란 무엇이란 말인가? "지식에서 앞서고 동시에 도덕성에서 뒤지는 사람은 앞서기보다는 뒤떨어지게 되는 것이다"라고 옛 속담이 말한다.[89] 솔로몬이 아름답지만 어리석은 여인에 관해 말한 것은 박식하지만 깨끗한 도덕을 가지지 못한 사람에게도 적용된다. 사람에게 있어서 덕성이 없는 학식은 "마치 돼지 코에 금 고리 같다"(잠 11:22). 마치 보석이 납에 물리지 않고 황금에 물리는 것은, 그렇게 배합함으로 두 가지가 더욱 아름답게 되는 것처럼 지식은 부덕과 결합되는 것이 아니라 서로가 더 아름다움을 증진시키기 위해 덕성과 더불어 하나가 되는 것이다. 이 양자에 참된 경건성이 더해지는 곳에서 완전함이 성취되는 것이다. 하나님을 경외하는 것이 지혜의 근본인 것처럼 그것은 모든 지혜의 정상이며 왕관이다. 왜냐하면 지혜의 극치는 하나님을 경외하는 것이기 때문이다(잠 1:7; 예수 시락서 1:14 이하).

18 그러므로 사람의 전 생애는 어린 시절의 교육에 달려있기 때문에 어린 시절부터 모든 사람의 마음속에 인생에서 일어날 수 있는 상황에 대하여 준비되어 있지 않는다면 평생의 기회를 잃어버리게 될 것이다. 마치 모태에서 장래 인간이 될 수 있는 형상, 즉 사지의 전체 모습이 형성되는 것과 같이, 비록 모든 사람이 수공업자, 육상선수, 작가 또는 연설가가 되는 것이 아니라 하더라도, 각자에게 모든 것(손, 발, 언어 기관 등)이 주어지는 것처럼, 비록 그 후의 생활에서 어떤 사람에게는 이것이, 다른 사람에게는

---

89) Ferner 잠 9:10; 욥 28:28; 시 111:10.

저것이 더 유용하게 사용된다 하더라도, 학교에서는 인간과 관계되는 모든 것이 교육되어야 한다.

제11장 목적에 온전히 부합하는 학교는 지금까지 존재하지 않았다

언제 학교가 그의 목적에 부합되겠는가(1)? 지금까지 이를 위해 노력해왔지만, 과연 이에 도달했는가(2)? 루터의 주장(3). 지금까지의 상황(4): 학교는 더 세워지지 않았다(5). 모든 신분을 위한 학교는 존재하지 않았다(6). 학교는 놀이 기관이 아니라 강제력을 행사하는 기관이었다(7). 학교는 그어느 곳에서도 모든 것을 가르치지도 않았고, 가장 중요한 것도 역시 가르치지 않았다(8). 학교는 폭력으로 가르쳤다(9). 사물의 지식보다는 낱말의 전문 지식만을 목표했다(10). 예를 들면 지루하고 혼잡스런 라틴어 학습(11), 루비누스(Lubinus)와 성적표(12), 저자 자신(13)의 증명서 등이다. 새로운 방법들이 전개되어야 한다(14).

1 만일 내가 제11장 제목을 무례하게 표현하였다면 내가 너무 주제넘게 보일지도 모른다. 그러나 나는 그 일에 나 자신을 증인으로 세우고 독자로 하여금 판단하도록 하고자 한다. 이때 나 자신은 단지 변호사 입장에 서기를 원한다. 그 기능을 다하는 학교는 참으로 사람을 만들어내는 장소로, 배우는 사람들의 정신이 지혜의 빛으로 조명되므로, 드러난 모든 것과 감춰진 모든 것을 쉽게 비추어 볼 수 있는 곳이다(지혜서 7:21). 그곳은 감정과 욕망이 덕행과 조화를 이루며, 마음들이 거룩한 사랑으로 가득 넘치게 되는 학교인 것이다. 그러므로 이러한 참된 지혜의 감화를 받도록 하기 위하여 기독교 학교에 맡겨진 모든 학생들은 이 지상에서 천상의 삶을 맛보도록 교육 받게 될 것이다. 한마디로 말하면 모든 사람들이 모든 것을 철저하게 배우게 되는 학교라는 것이다.

2 그러나 어떤 학교가 지금까지 완전함의 단계에 이르도록 힘써 왔던가? 어떤 학교가 이런 단계에 도달했었는지에 대해서도 완전히 침묵하고 있지 않는가? 나는 플라톤의 이데아와 같이 아무 곳에도 존재하지도 않고, 현세적 삶에서 전혀 바랄 수 없는 그런 완전함을 추구하고 있는 것처럼 그렇게 보여지고 싶지는 않다. 그래서 나는 다른 논증들을 통해서 그런 학교가 있어야 하지만, 아직 하나도 없다는 것을 지적하려고 한다.

3 루터 박사는 1525년 지역 도시들에 보내는 학교 설립에 대한 그의 권고의 글에서 두 가지 희망사항을 말했다. 첫째로, 모든 도시와 마을에 남녀 아이들 모두가 교육받을 수 있는 학교가 세워져야 한다는 것이었다(그것이 어떻게 이루어져야 하는지, 우리는 9장에서 다루었다). 당연히 농사일과 수공업에 종사하는 자들도 매일 학교에서 두 시간 정도의 수업, 즉 학문과 도덕, 그리고 종교에 대한 수업을 받아야만 한다. 둘째로, 보다 더 쉬운 교수법으로 교육을 해야 한다는 것이다. 학습에 싫증을 내는 대신에, 오히려 흥미롭게 그들의 마음을 끌어당길 수 있는 더 쉬운 방법을 찾아 가르쳐져야 한다는 것이다. 그렇게 함으로 아이들이 온종일 쏘는 놀이를 하며, 공놀이 하고, 달리기 하고, 뛰어놀 때처럼 공부에서도 큰 기쁨을 가지게 될 것이다. 이것이 루터 박사의 견해이다.[90]

4 이것은 참으로 현명하고 위대한 한 사람의 자격 있는 충고이다! 그럼에도 불구하고 그의 제안은 지금까지 소원으로만 머물렀

90) M. Luther: An die Burgermeister und Radherrn allerley Stedte ynn Deutschlen landen, 1524. WA XV, S. 44-47 (Clemen II, 456ff.).

다는 것을 누가 알지 못하는가? 도대체 이러한 보편적인 학교들이
어디에 있으며, 이러한 매력적인 교수법이 어디에 있는가?

■5■ 모든 정황에서 우리는 그 반대적인 모습을 볼 뿐이다. 작은
지역들과 마을에서는 아직도 학교가 그 어디에도 설립되지 못한
상태에 있다.

■6■ 단지 학교가 있는 곳은 작은 마을이 아니라, 몇 사람들을
위한, 즉 부유한 사람들이 사는 곳뿐이었다. 학교는 매우 많은 비
용이 들기 때문에 가난한 자들의 경우, 간혹 후견인의 은혜로 입학
하는 경우가 있었다. 그들 가운데는 탁월한 지적인 재능을 가진 자
들이 있을 수 있었다. 이와 같이 아이들이 교육 받지 못하고 버려
지므로 교회와 국가에 큰 손실이 될 것이다.

■7■ 더욱이 아이들을 가르치는 방법이 너무 엄격하였기 때문에,
학교는 아이들에게 공포의 장소요, 지능의 도살장으로 여겨졌다.
많은 수의 학생들이 전문지식과 학교에 완전히 혐오감을 느끼고
수공업이나 다른 직업으로 떠나게 되었다.

■8■ 한편 학교에 남은 학생들은 (부모들이나 또는 후견인들의
강요 때문이거나, 어떤 전문지식으로 허락될 수 있는 하나의 신분
(학위)에 대한 욕구 때문이거나, 또는 인문학에 이끌리고 그들의
성품에 따라 자발적으로 나왔거나 간에) 진실 되고 포괄적인 교육
이 아닌 터무니없고 초라한 교육을 받았던 것이다. 특히 경건성과
도덕성은 교육에서 가장 중요한 요소인데도 불구하고 학교에서는
다른 어느 것보다 소홀히 여겨왔던 것이다. 모든 학교에서 (심지어

인류문화의 가장 큰 발전을 구현하는 대학에서 조차도) 이런 과목은 부수적 위치를 차지하였으며, 그리하여 대부분의 경우에 유순한 양들 대신에 격렬한 들 나귀와 난폭한 노새들을 길러내고 있는 것이다. 학교에서는 도덕성에 대한 자질 대신에 겉치레의 허식적 도덕을 길러주고 있으며, 비싸고 빼어난 의복, 그리고 세상의 허영에 길들여진 눈, 손, 발을 만들 뿐이었다. 오랫동안 언어와 기술의 공부를 통해서 갈고 닦은 사람들 중 몇 명이나 그들이 세상 사람들에게 절제, 정숙, 겸손, 인간성, 위엄, 인내, 자제의 모범이 되어야 한다는 것을 깨달았을까?

이렇게 된 이유는 학교에서 올바른 삶에 대한 문제가 전혀 다루어지지 않았기 때문이다. 거의 대부분의 학교의 해이해진 훈육과 모든 학교의 타락된 도덕 상태를 보면 알 수 있으며, 또한 경건한 사람들의 끊임없는 호소와 탄식과 눈물에 의해서도 그것을 알 수 있다. 아직도 누군가 학교들이 처해 있는 상태를 변호할 수 있는 사람이 하나라도 있는가? 우리 조상에게서 물려받은 이 유전병이 모든 학교에 스며들었으며, 생명나무에서 쫓겨나서 우리는 우리의 욕망을 지식의 나무에로 과도하게 향하도록 하고 있다. 우리의 학교들도 역시, 이 탐욕스러운 욕망에 가득 차서 지금까지 지적 발전만을 추구해 왔던 것이다.

9 그러나 이것조차도 어떤 방법으로 얼마만큼 성공적으로 성취해 왔는가? 사실상 성취된 유일한 결과는 일 년에 파악할 수 있는 것을 5년, 10년, 더 오랫동안 지연되도록 마음을 붙들어 매놓고 있다. 지능 속에 아주 부드럽게 스며들게 해야 하는 것들을 정신에다 강제적으로 집어넣었다. 아니 오히려 찍어 넣었으며, 밟아 넣었던 것이다. 사람들에게 분명하고 확실하게 깨닫게 할 수 있는

것을 가지고 모호하게, 혼란스럽고 얽혀져서 마치 까다로운 수수께끼처럼 되어버렸다.

10 여기에서는 더 이상 다루지 않고 지나가겠지만, 아이들의 지성은 사물들이라고 하는 실재하는 사실로 양육되지 못하고, 말의 빈 껍질과 공허하고 앵무새의 지절거림과 같은 폐물 같은 생각들로 가득 채워졌다.

11 예를 들어 라틴어만의 학습만 보아도 참으로 큰일 날 일이다! 얼마나 그것이 복잡하고 까다롭고 지루한 공부인가! 군대를 따라다니는 비전투요원이나 수행원들은 취사장이나 기타 비천한 일에 종사하면서도 모국어가 아닌 낯선 외국어를 더 쉽게 배운다. 즉 학교의 학생들이 많은 시간을 들여서 열심히 라틴어를 배우는 것보다 더 쉽게 두세 가지의 외국어를 배우게 된다. 그 결과는 어떻게 비교할 수 있겠는가? 후자의 사람들은 수개월 후면 벌써 그 언어를 구사하게 되는데, 전자의 사람들은 15년 또는 20년이 지나도 라틴어로 조금밖에 의사를 표현할 수 없고, 다만 문법과 사전에 의존하여 주저주저 더듬거리면서 말하게 된다. 그와 같은 수치스러운 시간과 노동의 낭비는 분명히 잘못된 교수법에서 나온다고 할 수밖에 없는 것이다.

12 이에 대하여 유명한 신학박사이며 로스톡(Rostock)대학의 교수인 아일하르트 루비누스(Eilhard Lubinus)가 다음과 같이 비판하는 것은 정당하다.[91] "학교에서 어린이들을 가르치는 통상적

---

91) Im o. zit. Werk(Gruβ a. d. Leser, Anm. 5), S. 7/8b.(Anfang leicht verändert).

인 교수법에 대하여 생각해 볼 때, 그것은 마치 교사나 학생들이 엄청난 수고와 끝없는 지겨움과 큰 어려움과 많은 시간의 낭비 없이는 라틴어 지식에 이르지 못하도록 누군가 고의적으로 고안한 방법인 것처럼 여겨진다." 좀 더 나아가 다시 쓰기를, "이 문제에 대해서 여러 번 숙고한 결과, 이러한 전체적인 제도가 악하고 시기심이 가득한 인류의 적인 로마의 수호신 게니우스(Genius)에 의해 학교에 도입되었다는 결론에 도달하게 된다." 루비누스(Lubinus)의 말을 인용했는데, 그는 내가 나의 논증을 위해서 인용할 수 있는 많은 권위자들 중 한 사람에 불과하다.

13 무엇 때문에 우리는 아직도 증거를 찾으려 하는가? 학교와 대학을 나왔지만 참된 학문에 대한 개념조차도 거의 모르는 사람들이 많이 있다. 그들이 모두 증인이 아닌가! 나도 참된 학문에 거의 접촉해 보지도 못하고, 어린 시절과 청소년 시절 스콜라적인 속임수에 의해 망쳐지고 파괴된 가련하고 불쌍한 수천의 사람들 중의 한 사람이었다. 내가 사리를 분별하게 된 이후 나의 낭비된 과거에 대한 기억들이 나의 가슴에서 한숨을, 나의 눈에서 눈물을, 나의 심장에서 슬픔을 얼마나 자주 생각나게 했던가? 얼마나 자주 그 아픔이 나로 하여금 소리치게 했던가. "주피터야, 나의 잃어버린 과거를 되돌려다오!"[92] 라고 말이다.

14 하지만 이는 쓸데없는 소원이다. 사라져버린 날들은 다시 돌아오지 않는다. 이미 지나가 버린 시간은 우리로 하여금 다시 젊어지게 할 수 없고, 생을 다시 시작하게 할 수 없고, 더 나은 준비

---

92) Vergil. Aen. VIII, 560.

를 하게 할 수 없다. 거기에는 나아갈 통로가 없다. 다만 한 가지, 우리가 우리의 자라나는 세대를 돕는 방법밖에 없다. 우리의 교사들이 우리를 잘못된 오류로 이끌어갔었다면, 이제 우리는 이 오류를 피할 수 있는 방법을 제시해야 한다. 그것은 우리의 잘못을 헤아리고 굽어 있는 것을 바르게 할 수 있는 분의 지도하에, 그리고 그 이름 안에서 이루어질 것이다(전 1:15).

제12장 학교는 개혁될 수 있다

이러한 개선은 아직도 가능한가(1)? 학교의 새로운 모습을 위한 저자의 여섯 가지 대안(2). 사람들이 개선책을 발견하기 위해 어떻게 행하도록 돌보아야 할 것인가(3~7)? 완전한 방법의 발견은 비판에 의하여 이루어져야 한다(8). 그러한 비판은 성과(9)와 과학적 증명을 통하여 검증되어야 한다(10~12). 가능한 이의에 대한 반박(13~17), 재능의 상이한 여섯 가지의 종류(18~25)들은 모두 동일한 기술과 방법에 의해 다루어질 수 있다(26). 이에 대한 증명(27~30), 상이한 재능의 학생들을 혼합함에 있어서의 바른 태도(31).

1 오래된 병을 고친다는 것은 어렵고, 힘들며, 때로는 거의 불가능해 보인다. 그러나 치료를 약속할 수 있는 방법이 발견된다면 그 환자는 그것을 무시할 수 있을까? 그것이 가능한 빨리 사용될 수 있도록 갈망하지 않을까? 특히 의사의 사려 없는 추측에 의해서가 아니라 깊은 연구에 의해서 얻어진 성과라고 한다면 더욱 그렇다. 우리가 이 일을 앞에 두고, 먼저 우리가 실제로 무엇을 약속하는가와 그 다음에 어떠한 원칙 하에서 우리가 일을 시작해야 하는지를 분명히 하지 않으면 안 될 시점에 도달하였다.

2 우리는 다음과 같은 학교를 설립하기를 약속한다. ❶ 모든 아이들이 - 하나님이 지성을 부여해 주기를 거부한 사람들을 제외하고 - 거기서 교육을 받을 것이다. ❷ 사람들이 지혜롭고 선하며

거룩하게 될 수 있도록 모든 교과에 의해 교육한다. ❸ 이러한 교육과정이 삶의 준비이므로 성인이 되기 전에 끝마치도록 해야 한다. ❹ 이러한 교육 과정은 채찍과 엄격함이 없이, 강요하지 않고, 아주 쉽게, 또한 가장 자연스러운 방법으로 이루어질 것이다. 그러한 방법은 살아있는 신체가 사지를 서로 잡아당기거나 늘리지 않아도 성장하는 것과 같다. 왜냐하면 몸은 이치에 맞는 영양, 돌봄, 훈련을 받는다면 스스로 점차적으로 잘 자라기 때문이다. 마찬가지로 인간의 정신도 동일한 방법으로 성숙하게 돌보고 훈련을 받는다면 지성과 덕성, 그리고 경건성에 있어서도 스스로 성숙하게 된다. ❺ 번쩍거리는 피상적인 학식이 아니라 참되고 순수한 학문으로 교육될 것이다. 이성을 갖춘 동물로서 인간은 타인의 이성에 의해서가 아니라 자기 자신의 이성에 의해 인도되어야 한다. 인간은 사물에 대한 타인의 견해들을 책에서 읽고 이해하며 각인시키고 다시 반복하는 것이 아니라, 그 자신이 사물의 근본까지 파고 들어가서 그것의 근원적 의미를 파악하고 학습한 것을 사용하는 습관을 지니게 될 것이다. 덕성과 경건성에 관한 철저한 적용에서도 마찬가지다. ❻ 이러한 교육과정은 어렵지 않고 매우 쉽게 이루어질 수 있다. 이른바 날마다 네 시간만 공동 수업이 주어지고, 더욱이 한 교사가 백 명의 학생을 동일한 시간에 가르치더라도, 지금 한 명의 학생을 돌보는 수고보다도 십분의 일 정도의 수고밖에 들이지 않는 학교를 세우는 것이다.

3 하지만 어느 누가 그것을 보기 전에 믿을 것인가? 인간은 놀라운 어떤 일이 발견되기 전에는 그것이 가능할 것이라고 전혀 생각하지 못하면서도, 그것이 실제로 이루어진 후에야 왜 그 전에는 그것을 알지 못했을까 하고 놀라는 것이 인간의 잘 알려진 습

성이다. 아르키메데스(Archimedes)가 히에론(Hieron) 왕에게 수백 명의 사람들도 움직일 수 없는 아주 큰 배를 한 손으로 바다에서 움직일 수 있다고 약속하였을 때, 그는 자신을 비웃는 자에게 그 사실을 보여주었다. 사람들은 그것을 바라보고 놀라워했다[93].

4 서양에서 새로운 섬을 찾고자 했던 콜럼부스는 그 당시 어떤 왕들에게서도 그의 생각에 귀를 기울여 주는 사람을 만나지 못했다. 그들 중 카스티리엔(Kastilien)[94]사람들(역자 주 : 스페 인의 중북부 사람들)을 제외하고는 아무도 그러한 시도에 조그마한 관심도 기울이지 않았다. 자신의 배의 동료들조차도 의심에 빠지곤 하였다. 역사가 기술하는 바에 의하면 그들은 목적을 이루지 못하 고, 콜럼부스를 바다에 빠뜨려 죽이고 귀향했을지도 모른다. 하지 만 이 엄청난 새로운 세계는 발견되었다. 그리고 그런 신대륙이 어 떻게 오랫동안 알려지지 않은 채로 남아 있을 수 있었는지에 대해 놀랐다. 잘 알려진 콜럼부스의 익살이 이 점을 잘 말해주고 있다. 그는 한때 이탈리아 사람들이 차지한 굉장한 발견의 영광을 부러 워했던 스페인 사람들이 콜럼부스를 조롱하는 말로 공격하며, 그 다른 편의 지구 절반을 발견한 것은 아주 우연한 일이고 어떤 기 술도 아니며 다른 어느 누구라도 발견할 수 있는 일이었을 것이라 는 말을 들어야만 했다. 그때 그는 사람들에게 하나의 수수께끼를 냈다. 이른바 둥근 계란을 어떤 도움도 없이 똑바로 서 있도록 세 울 수 있는지에 대한 것이었다. 모두가 실패한 후에 그는 계란을

---

93) 알키메데스가 움직였던 히에론의 배에 관하여 프루타크가 이야기해 준다 (Marcellus K. 14) 그리고 Athenaios (Deipnosophistae V.).
94) Ferdinad von Kastilien. Comenius schöpft wahrscheinlich aus dem beliebten Buch von G. Benzonie: Historia del Mondo Nuovo(Venedig 1565 und oft).

가볍게 그의 접시에 놓고, 그 끝을 조금 깨뜨려 똑바로 세웠다. 그 때 그들은 웃으면서 외치기를 그것은 우리도 할 수 있다고 말했다. 그때 콜럼부스는 "여러분들도 그것을 할 수 있습니다"라고 말하면서, "왜냐하면 여러분들이 지금 그것이 어떻게 가능한가를 보았기 때문입니다. 하지만 왜 아무도 그것을 나보다 먼저 할 수 없었을까요?"라고 반문했다.

5 만일 인쇄술의 발명자, 요한 파우스투스(Johannes Faustus)[95]가 그 인쇄술을 확산시켰더라면 위와 같은 일이 일어났을 것이다. 그는 인쇄술의 도움으로 가장 빨리 필사하는 사람 10명이 일 년에 걸쳐 모사할 수 있었던 것보다 겨우 8일 내에 더 많은 책들을 만들 수 있는 방법을 소유하고 있는 셈이다. 이러한 책들은 매우 정교하게 마지막 소문자 아이(i)점에 이르기까지 원본과 똑같은 모양으로 제작될 수 있다. 한 번만 완전하게 교정된다면 그것들은 모두 실수 없이 동일하게 복사될 것이다. 그러나 누가 그를 믿었는가? 그것은 마치 수수께끼처럼 또는 쓸데없고 쓸모없는 자랑이라고 누구라도 생각하지 않았을 것인가? 그러나 오늘날 어린아이라도 모두 이것이 진실 된 말이라고 알고 있는 것이다.

6 화약 발명자인 베르트홀트 슈바르츠(Berthold Schwarz)[96]는 궁사들에게 다음과 같이 말했다. "여러분의 활과 쇠뇌와 투석기들은 아무런 쓸모가 없게 된다. 내가 여러분에게 하나의 기구를 제

---

95) Comenius betrachtet Joh. Fust(verschieden Schreibweisen), der sich mit Gutenberg verband, als den Erfinder. Die Familientradition der Fust behauptet, G habe von Fust gelernt.
96) Die Erfindung des Pulvers durch den Mönch Berthold Schwartz ist historisch nicht verbürgt.

공할 텐데, 그것은 팔을 당기지 않고도 단지 불의 힘으로 철이나 돌을 던질 뿐만 아니라 멀리 날아가 여러분의 기구보다 더 강력하게 목표물로 향하고 꿰뚫어 버릴 것이다." 그때 그 말에 대하여 어느 누가 그 사람을 비웃지 않을 것인가? 모든 새로운 것을 이상하고 못 믿을 것으로 여기는 습성이 너무 강하다고밖에 할 수 없는 것이다.

7 미국 인디언들은 한 사람이 직접 말하거나, 심부름꾼을 보냄이 없이 단 한 장의 종이를 보내는 것으로 그의 생각을 전달할 수 있는지에 대해 어떻게 상상할 수 없었다. 그러나 우리는 가장 둔한 사람이라도 그것을 이해한다. 이런 일이 도처에 모든 경우에 일어난다. 이와 같이 한때 가장 어렵게 보였던 것이 이제 후세의 조롱거리가 될 것이다.

8 우리의 새로운 기획에 대하여 이와 같은 일이 쉽게 일어나는 것을 쉽게 예견할 수 있다. 사실상 우리는 벌써 그것을 경험하였다. 어떤 사람들은 학교와 교과서와 현재 사용하고 있는 교수법의 불완전함을 찾아내고, 유별나고 터무니없는 어떤 것을 약속하는 사람이 있다는 데 대하여 분개하고 있을 것이 틀림없다.

9 나의 교수법의 효능은 앞으로 나타날 성과가 증명해 주도록 하는 것이 편할 것이다(하나님께서 그렇게 해 주실 것을 믿는다). 여기서 우리는 평범한 백성을 위해서가 아니라 지성인들을 위해 쓰고 있다. 모든 청소년들이 학문과 도덕과 그리고 경건성을 가르침 받을 수 있다는 가능성을 보여준다. 그리고 그것은 그들이 통상적인 방법에 의하여 학생들은 물론 교사들도 계속 경험하는 어려

움과 불쾌함이 없는 방식이다.

10 이것은 유일한, 그러나 완전하고 충분한 논증의 토대가 되어야 한다. 즉 각각의 피조물은 그의 본성에 맞는 방향으로 쉽게 인도될 뿐만 아니라, 매우 격렬하게 목표를 향해 돌진해 가며, 만일 장애물이 있어 못 가게 될 경우에는 고통을 느낀다는 것이다.

11 특별한 힘을 사용하지 않아도 새는 날기에 적합하고, 물고기는 헤엄치기에 적합하며, 야생동물은 달리기에 적절하다. 그들은 이러한 일들에 사용되어야 하는 지체가 충분히 강하다는 것을 느끼자마자 스스로 그것을 행하게 된다. 우리는 물이 아래로 흐르는데 아무런 충격을 가할 필요가 없다. 불은 재료와 공기만 있으면 계속 타는 것이다. 둥근 돌은 계곡으로 구르고, 네모난 돌은 가만히 그 자리에 머물기 마련이다. 눈과 거울은 밝기만 하면 대상들을 반영하고, 씨앗은 습기와 온기가 있으면 발아한다. 사실상 이 모든 것들은 자연으로부터 주어진 기능을 스스로 실현시키려고 노력한다. 이때 아무리 작은 도움일지라도 도움을 받았을 때 더욱 완전해진다.

12 우리가 이미 5장에서 살펴보았듯이 지성과 덕성 그리고 경건성의 씨앗은 본성적으로 모든 인간에게 주어져 있기 때문에 그 씨는 가벼운 자극이나 약간의 현명한 지도만 있으면 되는 것이다.

13 "하지만 모든 나무토막으로 신의 사자인 메르쿠(Merkur)[97)]

---

97) Sprichtwort, s. Erasmus: Adag. chil. II, cent IV, 45(Opera ed.J. Clericus, Leiden 1703/06, Bd. II, Sp. 537). 역자 주 : Merkur는 로마의 신

를 조각할 수는 없다"라고 말해졌다. "만일 완전히 타락하지 않았다면 어떤 사람도 다 하나의 인격으로 만들어질 수 있다"라고 나는 대답한다.

14 그러나 우리의 내적 힘은 최초의 타락 이래로 약해졌다고 말할 사람들이 있을 것이다. 힘이 약화되었다는 것은 맞지만 없어진 것은 아니라고 나는 대답한다. 만일 우리의 체력이 소진되었다면 우리는 걷기, 달리기, 훈련과 특별한 행위를 통해 활력(活力)을 회복시킬 수 있다. 물론 최초에 창조된 인간은 지음을 받은 즉시 걷고, 말하고, 생각할 수 있었다. 반면에 우리는 그것들을 사용하도록 배웠을 때에야 비로소 걷고, 말하고, 생각할 수 있었다. 그렇다고 해서 이런 일들은 혼란한 상태로 밖에는 학습할 수 없다고 보아서는 안 된다. 우리가 아주 특별한 어려움 없이 신체의 기능들, 즉 먹고, 마시고, 걷고, 춤추고, 수공업을 배울 수 있다면, 왜 우리는 마음의 가능들을, 적절한 교육이 주어지는 경우에 신체의 기능과 마찬가지로, 쉽게 수행하게 될 수 없겠는가? 다시 말하면, 한 사람의 말 조련사가 불과 몇 달 내에 말을 타고, 달리고, 뛰고, 곡예를 하며, 회초리의 손짓에 따라 방향 전환을 하도록 가르친다. 곡마단원은 곰이 춤을 추고, 토끼가 드럼을 치고, 개가 얼굴에 주름살을 짓고, 투견을 하고, 물건을 알아맞히는 일을 가르칠 수 있다. 나약한 노파도 앵무새, 까치, 까마귀에게 사람의 목소리를 짧은 시간에 흉내 내도록 가르친다. 하물며 인간의 경우에, 자연이 허락하고 이끄는 일이라고는 말하지 않겠지만 재촉하고 격려하는 것을 쉽게 학습하지 않겠는가? 동물 조련사들은 이 문제를 심각하

화에 나오는 상업의 신을 상징하는 모습이다.

게 논의하려는 자들을 조롱할 것이다.

15 그러나 학습해야 할 과제가 어려운 경우에는 모든 사람이 다 이해 할 수는 없다고 반론하는 사람들이 있다. 그 어려운 것이란 무엇인가? 사람이 그것(대상, 객체)을 빛이 잘 비추는 곳에 내놓아도 거울에 의해 반사되지 못할 만큼의 어두운 색깔의 대상(객체)이 자연 가운데 있겠는가? 그림을 그리는 기술을 배운 사람이 그림으로 표현할 수 없는 그 어떤 것이 있겠는가? 만일 정원사가 어디에 언제 어떻게 각각의 씨앗들이 뿌리내려야 한다는 것을 이해하고 있다면, 땅에 뿌리내리지 않고 온기에 의해 싹트게 할 수 없는 씨앗이나 뿌리가 있겠는가? 더욱이 사다리들이 올바르게 놓여 있고, 계단이 바위에 부딪쳐 추락할 위험이 없도록 난간이 잘 준비되었다면, 발을 가지고 있는 사람이라면 오르지 못할 만큼 높은 바위나 탑은 이 세상에 존재하지 않을 것이다. 지혜의 절정에 올라가는 자가 많지 않다는 것은 사실이다. 많은 사람이 기쁨으로 학문의 길을 열심히 시작하지만, 소수의 사람들만 학문의 높은 경지에 이른다면, 그리고 확실한 목표에 도달하는 사람들이 수고스럽고 힘없이 숨차고 비틀거리며 자주 넘어지고 쓰러지고 난 후에야 그곳에 도달할 수 있다면, 인간이 그 어떤 것도 도달할 수 없다는 것을 증명하는 것이 아니라, 계단들이 잘 놓이지 않고 불충분하거나, 위험하거나 고장 난 상태에 있다는 것이며, 다시 말하면 방법이 잘못되어 있다는 것이다. 올바르게 배치되고 충분한 수의 견고하고 안전한 계단이 있다면 어떤 사람이라도 그가 원하는 어떤 높이까지도 도달될 수 있을 것이다.

16 그럼에도 불구하고 아무 지식도 얻을 수 없을 만큼 둔한

사람들이 있을 수 있다. 그에 대한 나의 대답은, 어떻든 상(像)들을 포착할 수 없을 만큼 깨끗하지 않은 거울은 거의 없다는 것이다. 아무리 거칠다 해도 전혀 쓸 수 없는 석판은 없다. 만일 거울이 지저분하고 더럽다면, 그 거울은 먼저 깨끗이 청소되어야 한다. 칠판이 거칠다면 칠판은 반반하게 닦여져야 한다. 그 후에야 그것들은 잘 사용될 수 있을 것이다. 동일한 방법으로 교사들이 충분한 수고를 하면, 사람들은 연마될 것이며, 마침내 모든 사람이 모든 것을 이해하기 될 것이다. 그러한 원리가 흔들림이 없기 때문에 나 또한 흔들림이 없이 주장하는 것이다. 물론 몇몇은 더 느리게 지식을 깨닫게 되는 경우가 있을 것이다. 재능을 가진 자들은 그들의 노력으로 하나의 대상에서 다른 대상들로 점점 더 깊이 사물에로 들어가서 여러 가지 방법으로 새로운 유용한 관찰들을 수집하게 될 것이다. 또 마치 비틀어진 나무가 목수에게 아무런 쓸모가 없듯이 특정한 문화를 받아들일 수 없는, 거의 쓸모가 없는 사람들이 존재할 수도 있다. 그런 경우에서라도 보통 능력의 사람이라면 하나님의 은혜로 항상 충족함이 있다는 우리의 주장은 틀리지 않을 것이다. 사람들은 출생 때부터 신체의 결함을 가진 그런 사람들이 있는 것처럼 드물게 정신적으로 연약한 자를 만나게 된다. 맹인, 귀머거리, 절름발이 그리고 질병은 우리 인간에게 있어서 가끔 선천적이지만 우리들의 잘못으로 인해 얻어진 것이기도 하다. 마찬가지로 특별히 이해력이 연약한 자들도 있을 것이다.

17 결국 학습하는 능력이 아니라 흥미가 부족하다는 사실에 사람들은 이의를 제기하게 될 것이다. 그들의 의지에 반하여 그러한 것을 강요하는 것은 부질없을 뿐 아니라 무익하다는 것이다. 어느 한 철학자로부터의 설명으로 대답하고자 한다. 그는 두 학생을

가졌는데 하나는 게을렀고 다른 하나는 부지런하였다. 결국 둘은 다 쫓겨나게 되는데, 왜냐하면 한 사람은 부지런했지만 능력이 없었고, 다른 사람은 능력이 있는데도 배우려하지 않았기 때문이다.[98] 만일 학습에 대한 기피증을 불러일으킨 원인이 교사들에게 있었다면 어떻게 할 것인가? 어쨌든 아리스토텔레스는 지식을 갈망하는 욕구는 인간에게 있어서 선천적인 것이라고 말했다.[99] 동일한 것을 우리는 5장과 앞서 언급한 11장에서 보았었다.[100] 하지만 종종 부모의 과보호가 아이들의 자발적 노력을 파괴하고, 종종 나쁜 친구들이 그들을 유해한 길로 유혹하며, 종종 그들은 사회와 가정생활의 다양한 업무와 그것들을 둘러싸고 있는 외적 환경들이 아이들을 참다운 성향에서 떠나게 하는 것이다. 그리하여 미지의 것을 탐색하지 않으며,[101] 생각을 쉽게 할 수 없게 한다. (마치 어떤 한 가지 맛에 길들여진 혀가 다른 것의 맛을 올바르게 판단하지 못하는 것처럼, 마음도 한 가지 주제를 전념하게 되면 다른 것에 주의를 기울이지 않게 되는 것이다.) 이러한 경우에는 무엇보다도 먼저 외적인 고정관념이 깨뜨려져야 하고, 본성이 그 고유한 생명령을 회복해야 한다.

그러나 청소년의 교육을 담당하는 사람들 중에 누가 그들이 먼저 이러한 교육을 받을 준비가 되어 있어야 한다는 것을 생각하는 사람은 몇 명이나 있을 것인가? 선반공은 선반을 돌리기 전에 먼저 그의 도끼의 형태를 어느 정도 갖추고, 대장장이는 철을 두드리기 전에 쇠를 풀무불에 달군다. 수건을 만드는 사람은 그가 털실을

---

98) Die Erzählung entnimmt Comenius wohl dem Florilegium magnum hg. von. Jos. Lang, Abschn. 'Disciplus', Frankfurt 1621, S. 865.
99) Aristoteles, Metaphys. I, Anfang(Bekker 980a).
100) S. o. Kap. V, 7 und Kap. XI.
101) Vgl. Ovid, Ars amat. III, 397; ignoti nulla cupido.

돌리고 팽팽하게 만들고 짜기 전에 그것을 깨끗하게 만들고 털실을 빗어낸다. 구두 만드는 기술자는 꿰매기 전에 가죽을 늘리고 반반하게 만든다. 어떤 교사가 학생을 그의 지도를 통하여 지식을 전해주기 전에, 그들이 수업을 받을 수 있도록 만들어 주어 다방면에 걸친 교육을 위한 준비를 해야 할 필요가 있다고 생각하는 사람이 과연 있을까? 교사들은 거의 변함없이 학생들을 보는 대로 취하여, 어떤 형태로 만들기 위해서 돌리고, 망치질하고, 빗기고, 훈련시켜서, 어떤 완성되고 연마된 작품이 되어 나오기를 기대한다. 그 결과가 바로 기대와는 다르게 나오면(진실로 그것이 어떻게 성공되어야 할까!), 그는 참지 못하고 화를 내며 분을 내게 될 것이다. 그리고 그런 교육을 거절하고 피하는 사람이 있다는 것을 이상하게 생각한다. 그러나 그들이 그러한 교육을 참을 수 있다는 사실이 더욱 놀랍다.

18 여기에 재능의 차이에 대하여 약간 언급하고 지나가는 것이 좋을 것 같다. 어떤 이들은 명석한 사람들이 있는가 하면, 다른 이들은 둔한 사람들이 있다. 어떤 이들은 연약하고 부드럽고, 다른 이들은 완고하고 반항적이다. 어떤 사람들은 스스로 학문을 지향하고, 다른 이들은 수공업의 기술 배우기를 더 갈망한다. 이와 같이 한 쌍씩 세 종류의 서로 대조되는 재능으로부터 6가지의 다른 형을 얻을 수 있다.

19 첫 번째 형에는 명석한 지능을 가지고 있으면서 열심이고 순종하는 사람들이 있다. 그들은 다른 모든 사람들보다 공부하기에 적성이 맞다. 그들에게 단지 지식의 영양분이 공급될 필요가 있으며, 그렇게 되면 그들은 하나의 식물처럼 스스로 잘 자

란다. 단지 주의할 것은 그들이 제철이 이르기 전에 꽃피우고 열매 맺지 않도록 그렇게 급히 서두르지 않는 것이 필요하다.

20 제2의 형은 영리하지만 느리게 배우고 또한 열성이 부족하다. 그들은 자극을 주어 독촉해야만 한다.

21 세 번째 사람들은 예리한 지성에 관하여 호기심이 많기는 하지만, 그들은 거칠고 유연하지 못하다. 그들은 일반적으로 학교에서 미움을 받고 희망이 없는 것처럼 보인다. 하지만 그들이 올바른 교육을 받기만 한다면 종종 위대한 사람들이 되기도 한다. 역사는 아테네의 영웅인 테미스토클레스(Themistokles)에게서 하나의 예를 우리에게 보여준다. 그는 어렸을 때 매우 거칠었다. 그래서 그의 선생님은 말하기를 "아이야, 너는 평범한 부분이 없구나. 너는 국가를 크게 이롭게 하는 사람이 되든지 아니면 매우 큰 악한 일을 행하게 될 것이다."[102] 후에 몇몇 사람들이 그의 행동에서 나타난 변화에 대해 놀랐을 때, 그는 사람이 적당하게 훈련하기만 하면[103] 길들이기 쉽지 않은 망아지가 가장 좋은 말이 된다고 말하곤 하였다. 알렉산더 대왕의 말이었던 부케팔루스(Bucephalus)에게도 동일하게 적용된다. 어떤 기수도 그의 말등에서 오래 견딜 수 없었기 때문에 그의 부왕인 필립이 그 말은 쓸모가 없다고 포기하려고 할 때, 알렉산더는 "그렇게 훌륭한 말을 사람들이 못 쓰게 만들고 있군요. 저들은 기술이 없어서 그 말을 다룰 수가 없습니다"라고 말했다. 그는 즉시 그 말을 놀라운 기술로 채찍 없

102) Plutarch: Themistokles, Kap. 2; Erasmus: Apophthegmata V, Themistokles 17(Clericus IV, 244).
103) Erasmus ebd. Them. 18(Clericus IV, 244).

이 다루었다. 그리고 뿐 아니라 그 후에도 항상 그를 잘 따르는 말로 길들였다는 것이다. 그리고 이 세상에서 그렇게 고귀하고 위엄을 갖춘 영웅적인 말을 발견할 수 없었다. 플루타크(Plutarch)가 이러한 이야기를 전수하면서 덧붙이기를, "좋은 자질을 가진 많은 사람들이 그들이 만난 교사 때문에 버려지고 있다. 그런 교사들은 자유인을 다스리거나 지도하는 능력이 없기 때문에 그들을 준마로 다루지 못하고 당나귀로 취급하는 것이다."104)

22 네 번째는 순종하고 학습 의욕이 있음에도 불구하고 느리고 이해하는 데 어려움을 가진 자들이 있다. 그들은 앞서 간 자의 뒤는 따라갈 수 있다. 그러나 그들이 그렇게 되기 위해 교사가 그들의 약한 본성을 도와주어야 하고, 그들에게 과도하게 짐을 지워서는 안 되며, 강하게 어떤 것을 요구해서도 안 되고, 오히려 그들이 용기를 잃지 않도록 관용과 인내로 도우며 일으켜 세워주어야 한다. 그러한 자들이 나중에 목표에 이르게 되면 늦게 맺는 과일들처럼 더 견고하다. 또한 납덩이에 각인하기는 힘들지만 오래 가듯이, 이러한 자들은 한 번 배운 것을 쉽게 잊어버리지 않으며, 또한 재능이 탁월한 사람보다 더 안정된 인격을 지닌 자들이다. 그러므로 그들이 학교로부터 멀어지게 해서는 안 된다.

23 다섯 번째는 약한 재능을 부여받고 부주의하고 게으름을 피우는 그런 자들이다. 그들이 고집불통이 아니면 개선되어질 수 있다. 다만 대단한 지도 기술과 인내심을 요구한다.

---

104) Plutarch: Alexander Kap. 6. Der Zusatz stammt jedoch nicht aus Plutarch, sondern aus Langs Florilegium(s. Anm. 6), Abschn. Educatio.

24 마지막으로 약한 재능을 부여받은 자들이 있다. 그들은 괴팍스럽고 천성적으로 나쁜 의도를 가진 자들이다. - 그들이 잘 되기란 매우 힘들다. 그렇지만 자연에서는 언제나 모든 악에 대해 하나의 해독제[105]가 발견되고, 자연적으로는 열매 맺지 못하는 나무들이 바른 이식을 통해 열매를 맺게 된다는 사실이 분명하기 때문에, 우리는 여기서 의심해서는 안 되며, 다만 어떤 경우든 고질병적인 것에 대해 싸워야 하고 그것을 몰아내도록 힘써야 한다. 그것이 가능하지 않다면 비로소 우리는 뒤틀리고 비뚤어진 나무를 버려도 된다. 그 나무로부터 하나의 메르쿠어(Merkur)(역자 주 : 로마 신화에 나오는 상업의 신을 상징)를 만들고자 하는 것은 쓸데없는 희망일는지도 모른다.[106] 사람들은 불모지를 경작해서도 안 되고, 손대서도 안 된다고 카토(Cato)는 말했다.[107] 이러한 퇴색한 정신 상태는 천 명의 사람들에서도 거의 발견되지 않는 일이다. 이것도 하나님의 자비하심의 분명한 증거라고 할 수 있겠다.

25 이상에서 논한 바의 요지는 다음과 같은 플루타크의 말과 일치한다. "어린이들이 어떤 기질로 태어나는가 하는 것은 우리의 손에 달려있지 않다. 단지 그들이 바른 교육을 통해 선한 인간이 될 수 있는데, 이것이 우리의 손에 달려있다."[108] '우리의 손에'라고 그는 말했다! 정원사는 나무를 이식할 때마다 그의 기술을 사용해서 나약한 묘목을 훌륭한 나무로 자라가게 하는 것이다.

---

105) Die Lehre von den antidota spielt in der mittelaltelischen Philosophie und Medizien eine bedeutende Rolle. Über das Antidotarium vgl. St. d'Irsay: Historie des Universites I, Paris 1933, S. 104ff.
106) S. o. Anm. 5.
107) Cato, de agri cultura c. 5, 6.
108) (Plutarch): De educatione puerorum, Kap. IV.

26 다음의 네 가지 이유에서 다양한 성품을 가진 모든 청소년들이 똑같은 방법으로 교육될 수 있다.

27 첫째로 모든 인간은 지혜와 덕성과 거룩성(신앙)의 동일한 목표로 인도되어야 한다.

28 둘째로 그들의 성품이 서로 매우 다르다고 하더라도 그들은 동일한 본성을 지니고 있으며 동일한 감각기관과 이성을 부여받았다.

29 셋째로 성격의 차이는 자연적인 조화의 어떤 요인의 과다와 부족에 의해 생겨나는 것에 지나지 않으며, 마치 육체의 병이 체내의 수분이나 건조함, 열기와 냉기의 고르지 못한 상태에 불과한 것과 같다. 예를 들어 지능의 예민함, 두뇌에서 생기(生氣)의 정교함과 민첩한 데서 온다. 그것이 감각기관을 빠른 속도로 통과하면서 외부의 사물을 빠르게 인식하는 것이 아니면 무엇이겠는가. 만일 이러한 운동성이 이성을 통해서도 조절되지 않는다면, 지능을 소산시키고 그 결과 두뇌가 무기력해지고 둔해진다. 그러므로 우리는 조숙한 천재가 일찍 죽는 것을 보았다.

다른 한편으로는 지능의 낮음은 두뇌 속에 있는 사고기능이 굳어지고 불투명한 것 외에 그 무엇이란 말인가? 그것은 계속적인 움직임으로써 원활해지고 해결될 것이다. 나는 계속해서 묻는다. 무례함과 완강함은 생기가 너무 과한 고집스러움이 아니고 무엇이겠는가? 그것은 훈련을 통해 풀어주어야 한다. 끝으로 게으름은 생기가 너무 부족하기 때문에 강화할 필요가 있는 상태이다. 육체를 위해서는 약이 가장 치료가 빠르다. 그 약은 세련된 것에 세련된 것이 대치되는 것이 아니라(왜냐하면 투쟁은 물론 더 격렬해질 것이기 때문이다), 대립을 완화시키게 된다. 그래서 한 면에서 무언가 부족하고 다른 면에서 너무 많게 된다. 이와 마찬가지로 인간적인 정신의 실수에 대해 호의적인 치료제는 재능의 결핍과 넘치는 것이 균형을 이루게 되고 모든 것을 조화롭게 유도하는 교수법에 달려있다. 그러므로 우리의 방법은 지적 요인들이 극단적이지 않은 지능(가장 흔히 있는 기능)을 위하여 고안된 것이며, 그렇기 때문에 활동적인 지능을 제어하는 고삐도 갖추었으며(성숙하기 전에 소모되지 않도록), 느린 지능을 독촉하는 박차와 자극도 구비하고 있는 것이다.

30 넷째로 타고난 본성의 모든 과다와 부족은 그것이 오래되지 않은 것이라면 중화시킬 수 있다. 전쟁 수행에 있어서 노(老)병사들 아래에 신병들과, 강한 자들 아래에 약한 자들이, 활동력을 가진 자들 밑에 둔한 자들이 서로 혼합되어 동일한 깃발 아래에서 싸워야 한다. 그 전투에서 정돈된 전열을 유지하며, 동일한 명령에 복종하게 된다. 그러나 승리하게 될 때, 각자의 능력이 미치는 한 적을 추격하여 마음껏 전리품을 취할 것이다. 이와 같이 민첩한 자들 밑에서 느림보들과 영민한 자들 밑에 약한 자들, 유순한 자들 밑에 완강한 자들이 함께 혼합된다는 것은 학문의 전쟁 수행에서도 마찬가지로 이루어져야 한다. 같은 명령에 따라, 그리고 동일한 모범들을 통해 그들이 방향 조정을 필요로 할 때 오랫동안 조종되어질 수 있을 것이다. 그들이 학교를 떠나게 되면 각자는 그가 원하고 할 수 있는 것만큼[109] 그의 배움의 길을 계속 추구하게 될

---

109) Bei Hultgren fehlt der Satz: Emissi scholis prosequartur quisque requum studiorum cursum, qua alacritate potest.

것이다.

　　31 여러 다른 형의 지능을 가진 학생들을 섞는다는 것은 단지 수업을 함께 받게 한다는 것이 아니라 모든 학생에게 필요한 도움을 받게 하는 것을 뜻한다. 만일 성품이 좋은 사람을 발견하면 그에게 더 못한 사람들을 주목하고 통솔하도록 맡길 수 있을 것이다. 모든 것이 이성의 규정에 따라 이루어지는 것을 교사가 주의한다면 이러한 방법으로 양쪽은 적절히 보살핌을 받게 된다. 하지만 이제 본론으로 들어갈 시간이다.

제13장 학교개혁의 근본토대로서 모든 것의 올바른 질서

질서는 모든 사물의 영혼이다(1). 창조 가운데 있는 예들(2~4), 인간의 육체와 정신(5/6), 인간의 설비와 발명(7~13). 역시 한 시계의 비밀은 질서 가운데 있다(14). 시계 공장과 같은 학교 유형에 대한 희망(15/16).

---

1 세계 전체의 세부적인 부분까지 지탱하고 있는 원리들이 무엇인가를 관찰해 본다면 우리는 질서 외에 아무 것도 없다는 것을 발견하게 된다. 질서는 이전의 것과 이후의 것, 위의 것과 아래의 것, 큰 것과 작은 것, 유사한 것과 상이한 것들 사이에서 장소, 시간, 양, 무게에 따라서 각각 그 기능을 다하고 있는 것이다. 그렇기 때문에 어떤 사람은 그 질서를 진실 되고 적절한 사물의 정신이라고 말했다. 왜냐하면 질서 있는 모든 것의 상태가 그의 질서를 유지할 때, 그 상태는 오랫동안 해를 받지 않은 채로 유지되기 때문이다. 만일 질서가 무너지면 그것은 느슨해지고, 흔들리고, 쓰러지고, 붕괴되는 것이다. 이런 일은 자연과 기술의 모든 사례에서 명백히 볼 수 있다.

2 무엇이 세계를 현재의 상태로서[110] 유지하게 하고, 그러한 굉장한 안정성을 부여하는가? 각 피조물이 자연의 규칙에 따라 의

---

110) Erklärung Nova'ks i. d. ersten Krit. Ausgabe der Didaktik als Wortspiel(2. mundum sei Adj.) erweist sich aus dem Vergleich mit dem tschech. Text als unrichtig.

도적으로 그의 한계 내에 머무르는 것이다. 사소한 부분까지도 질서를 조심스럽게 지킴으로서 전체 질서가 유지하게 된다.

3 무엇이 시간의 흐름을 해(年)와 달(月)그리고 날(日)들이 그렇게 정확하고 계속적으로 구분되어 질서 있고 분란 없이 전개하는 것인가? 오직 어김없는 천체의 질서를 통해서만 그럴 수 있는 것이다.

4 벌, 개미, 거미들이 그렇게도 정교한 일을 수행하며, 인간의 정신이 그들을 놀라워하지만 모방할 수 없는 이유는 무엇인가? 그들의 일, 질서와 수 그리고 양을 조화롭게 결합시키는 천부적인 재능을 주의해 보는 것 외에 아무 것도 없다.

5 인간의 육체는 마음대로 할 수 있는 활동기관이 많지 않는데도 불구하고, 무엇이 셀 수 없이 많은 기능을 수행할 수 있도록 인간의 육체를 그렇게 놀라운 기관으로 만드는가? 다시 말해서 많지 않은 수족(手足)으로 그 정교함이 더 이상 바랄 것이 없을 정도로 놀라운 일을 해낼 수 있는 것인가? 그것은 사지(四肢)들과 그 모든 구성 부분의 조화로운 질서가 그 일을 이루는 것이다.

6 육체 안에 존재하는 정신이 어떻게 전 육체를 통제하며 그의 여러 행위들을 동시에 이끌어 갈 수 있단 말인가? 모든 사지가 항상 서로 조화 있게 연결되고 마음에서 나오는 어떤 미세한 지식에라도 즉시 반응하는 것은 질서 때문이리라.

7 한 인간이, 즉 한 왕이나 황제가 전 국민을 다스릴 수 있는 이유는 무엇인가? 이는 국민 개개인이 각각 다른 의지를 가지고 있음에도 불구하고 모두가 한 사람을 섬겨 복종하며, 또한 그의 사업이 잘 되면 국민 각자의 일도 번영하게 되는 것이다. 법칙들과 복종을 통해서 모든 사물들이 이렇게 통제되고, 서로 연결되는 것은 질서 때문이다. 국민들 중 어떤 사람은 최고 통치자의 바로 아래에서 복종하고, 다른 사람은 다시금 그 사람에게 복종하여, 그렇게 계속하여 마지막 맨 밑의 소작인에 이르기까지 연결되는 것이다. 그렇게 하나의 사슬과 같이 한 사지는 다른 것과 연결되는데 그 결과로 첫 번째 것이 움직이면 모든 것이 움직이고, 첫째 사지가 쉬면 모든 사지는 쉬게 된다.

8 히에론(Hieron) 왕은 수백 명의 남자들이 움직이지 못했던 무거운 짐을 어떻게 혼자의 힘으로 움직일 수 있었을까?111) 여러 도르래와 바람 그리고 밧줄로 만들어진 힘을 증가되도록 정교하게 고안된 기계 덕분이었다.

9 성벽을 허물고 탑을 부수며 군대를 전몰시키는 대포들의 무서운 조작은 능동적인 것과 수동적인 것이 밀접하게 연결되도록 적합하게 맞추어 놓은데 기인한다. 다시 말하면 초석과 유황(찬 것과 뜨거운 것)의 바른 혼합, 대포의 바른 조작과 화약과 폭발물의 숙련된 장치와, 마지막으로 목표물들에 바르게 겨냥하는 일 등이다. 그 중에 한 조건이라도 바르지 못하면 전체가 바로 작동되지 않는다.

---

111) Vgl. oben Kap. XII, 3(Anm. 1).

■10■ 책들을 빠르고 예쁘게 파본 없이 제작되게 하는 인쇄술의 원리는 무엇인가? 질서의 방법에 의해서라는 것이 명백하다. 철활자의 꼴 만들기, 주조, 연마, 정돈하기, 활자상자 속에 넣어 줄을 맞추어 배열하는 한편, 종이를 준비하고, 물로 축이고, 펴서 인쇄기 밑에 놓는다.

■11■ 수공업의 영역에서 예를 들어보면, 나무와 철로 만들어진 마차가 앞에서 달려가는 말들을 그렇게 빨리 따라가고 사람과 수화물의 수송에 그렇게 편리하게 사용된다는 사실이 어떻게 가능한가? 그것은 나무와 철에서 바퀴, 축, 손잡이, 멍에 등의 기술적 결합 원칙에 기인한다. 그것들 중에 하나가 부러지면 그 마차는 쓸모가 없게 된다.

■12■ 인간이 나무에 오를 수 있고, 광란의 파도가 이는 바다로 나아가 지구의 반대지점까지 갔다가 안전히 돌아올 수 있는 것이 어떻게 가능한가? 그것은 배의 선체, 기둥, 돛, 노, 키, 닻과 나침반 등이 정확하게 구성되어 있기 때문이다. 여기서 하나가 잘못되면 위험에 빠지고 배는 파선하거나 가라앉는다.

■13■ 시간을 재는 도구인 시계는 잘 정비되고 잘 고안된 쇠 조각의 배치가 조화롭고 고르게 움직이면서, 분, 시간, 일, 월, 또한 년도까지도 표시한다. 시계는 눈으로 볼 수 있을 뿐만 아니라, 또 어둠에서도 귀를 통하여 들을 수 있어서 멀리서도 알 수 있게 한다. 이러한 기계가 사람을 정확한 시각에 잠에서 깨어나게 하고 무엇인가를 곧 볼 수 있도록 불을 점등하기도 한다. 그것이 어떻게 달의 사분기와 혹성의 위치와 일식, 월식을 표시할 수도 있는

가? 시계가 발명되기 이전에는 그런 일들이 나무가 걷고 돌이 말할 수 있다는 것만큼이나 불가능하게 보이지 않았던가? 하지만 지금 우리는 우리의 눈이 이러한 것이 존재한다는 것에 대한 증인들이다.

14 그러한 일이 가능하게 하는 숨겨진 힘은 무엇인가? 여기서 모든 것을 다스리는 질서 외에 다른 것은 아무 것도 없다. 다시 말하면 함께 작용하는 모든 부품들의 올바른 배치의 힘이다. 즉 모든 관계된 부품을 그 수, 크기, 중요성에 따라서 배치하며, 각 부품이 그 자신의 적절한 기능을 수행할 뿐만 아니라 다른 부품의 작용과 조화롭게 작용하여 소망되는 결과를 산출하는 방식으로 배치한 데서 그런 힘이 얻어지는 것이다. 그것은 다시 말해서, 각 부품의 크기가 나머지 부품의 크기에 맞도록 정밀하게 조정되어야 하며, 힘을 여러 부품에 균형 있게 분배하도록 조절하는 일반 법칙이 지켜져야 한다는 것이다. 그런 경우에 모든 과정은 하나의 정신에 의해 지배되는 살아있는 육체에서보다도 더 정밀해야 한다. 만일 어떤 부품이 위치를 벗어나거나, 산산이 쪼개지고, 겹쳐지고, 축 늘어지고, 휘어진다면, 비록 그것이 비록 작은 톱니바퀴이건, 가장 작은 축 또는 가장 세밀한 부품일지라도, 전체 기계가 멈추든지 또는 그의 궤도에서 이탈하게 된다. 이와 같이 모든 것은 단지 질서(순서)에 의존한다는 사실이 명백하게 드러난다.

15 가르침의 기술은 시간과 교재, 그리고 교수법의 능숙한 배열을 요구한다. 우리가 올바른 교수법을 발견하는데 성공할 수 있다면, 아무리 많은 수의 학생이라도 우리가 원하는 만큼의 학생을 쉽게 가르칠 수 있게 될 것이며, 이것은 마치 인쇄기의 도움으로써

날마다 수천 장의 종이를 인쇄하는 것보다 더 쉽다. 또는 아르키메데스의 기계112)의 도움으로 집들, 탑들, 다른 짐들을 움직이는 것이나, 하나의 배로 대양을 가로질러서 새로운 세계로 가는 것과 같다. 또한 전체 학습과정도 아무 마찰 없이, 추에 의해 힘이 공급되는 시계의 움직임과 같이 쉽고 적합하게 운행될 것이다. 교육도 나의 계획에 따라 수행되는 것을 바라보는 것은 그런 자동기계를 바라보는 것과 같이 유쾌할 것이며, 그 과정은 정교히 만들어진 그런 기계장치들 같이 틀림없이 이루어질 것이다.

16 우리의 학교를 가장 숙련된 기술로 조직하고 가장 정밀한 도구로 정교하게 만들어진 시계에 정확히 상응하는 학교의 한 유형을 하나님의 이름으로 설립하도록 시도하자.

---

112) Vgl. oben Kap. XII, 3 und XIII, 8.

제14장 모든 어려움을 극복하는 학교의 바른 질서는 자연에서 취해져야 한다

기술의 기초들은 자연에서 찾는다(1). 상이한 인간의 행위들과 발명에 관한 자연에서의 예들(2~6). 교수학의 기술도 또한 자연을 따라야 한다(7). 이에 대한 다섯 가지의 이의들(8)과 이에 대한 논박(9~14). 결과의 개요 (15)

1 우리는 하나님의 이름으로 교수방법과 학습방법들이 굳건한 반석과 같이 확고하게 세워질 수 있는 기초(基礎)를 찾아주기를 원한다. 우리는 이 기초를 자연에서 찾는 것이 좋을 것이다. 왜냐하면 우리는 자연의 결함에 대한 치료제를 자연 자체 속에서 찾을 수 있으며, 기술은 자연의 모방을 통해서만 어떤 것을 할 수 있다는 것은 부인할 수 없는 진리이기 때문이다.113)

2 예를 살펴보면 그것은 분명하다. 물고기가 물속에서 헤엄치는 것을 본다면 그것은 매우 자연스러운 것이다. 만일 그것을 모방하려고 한다면, 사람들은 필연적으로 비슷한 도구와 움직임을 이용해야 한다. 이른바 지느러미 대신에 팔을, 꼬리 대신에 발을 움직여져야 한다. 물론 배들이 이러한 모형에 따라 형상화될 수 있다. 발 갈퀴 대신에 여기서는 노, 또는 돛을 사용하고, 꼬리 대신에 키를 사용하는 것이다. 만일 당신이 새가 공중에서 나는 것을 본다면

---

113) Aristoteles, Metaphysik IV, 3 (Bekker 1005 b).

그것은 자연의 비행 방법이다. 되달루스(Daedalus)가 그것을 모방하고자 했을 때 그는 (그의 무게를 감당할 만한) 날개를 달았으며 그것들을 움직이게 했던 것이다.

3 동물에 있어서 소리를 내는 기관은 거친 관(管)이며, 갑상연골 사슬에서 연결되었고, 폐쇄적인 꼭지를 가진 것처럼 위로 후두와 함께, 아래로는 공기를 제공하는 주머니와 같은 폐와 결합되었다. 이것을 모형으로 피리와 백파이프, 그리고 다른 관악기들이 만들어졌다.

4 구름 속에서 우뢰를 일으키고 불과 돌을 튀기며 유황과 결합되어 점화되는 것은 초석(硝石) 이라는 것을 사람들은 발견했다. 그것을 모방하여 유황과 초석으로부터 화약을 만들었다. 그것이 점화되어 총에서 발사되면 천둥과 번개같이 폭발한다.

5 사람들은 물이 동일한 수준의 높이로 수면의 균형을 유지한다는 사실을 발견하게 되었다. 물이 서로 멀리 떨어져 있을 경우에도, 연결하는 두 그릇에서 동일한 현상이 일어난다는 것이다. 사람들은 두 용기 사이가 서로 통해 있다면 용기의 밑면이 크거나 작거나 상관없이 똑같은 수면의 높이를 유지한다는 사실을 알게 되었다. 연결된 두 용기 사이에 여러 가지의 배관통로를 만들었다. 그리고 이 배관통로를 통해 물은 임의의 깊이를 통해 각 높이에로 솟아오르고, 다른 면에서도 마찬가지로 물은 내려 누르게 된다는 것을 알았다. 이러한 기술은 역시 자연에 도움을 입게 된 것이다. 물의 작용의 실험은 인위적이었으나, 그 작용이 의존하는 법칙은 자연에서 오는 것이기 때문이다.

6 사람들은 천체를 관찰하여 알게 된 것은, 그것이 끊임없이 회전하며 별들의 여러 가지 궤도가 세계를 위해 계절의 적합한 변화에 영향을 끼친다는 사실이었다. 이것을 모방하여 천구(天球)의 매일의 회전을 보여주고, 시간을 측정하는 기구를 발명하게 되었다. 그것은 작은 톱니바퀴로 연결되었는데, 더욱이 그것은 하나가 다른 것을 움직일 뿐만 아니라 그 움직임은 끝없이 계속되는 것이었다. 그렇기 때문에 사람들은 이러한 기구를 우주 자체가 그런 것처럼 움직이는 부분과 움직이지 않는 부분으로 구성되어야만 했다. 우주에서 움직이지 않고 서 있는 지구에 해당되는 것이 고정되어 있는 태좌(台座), 지주대(支柱臺)와, 둥근 바퀴들이 설정되었으며, 움직이는 천계(天界)에 해당하는 자리에 여러 가지 바퀴들이 설정되었다. 바퀴에 명령을 하고 회전하고 다른 것을 움직이게 하는 것은 불가능했기 때문에(창조주가 하늘의 별들에게 스스로 움직이면서 다른 별들을 움직이는 힘을 부여하셨지만), 사람들은 움직임의 힘을 자연에서 빌려와야만 했다. 예를 들면 중력의 운동력이나 원심력의 운동력이다. 그래서 추와 스프링이 사용되었다. 추를 중심 톱니바퀴의 가운데에 매달고 그것이 늘어져 팽팽해짐으로 심봉(心奉)과, 그것이 속해 있는 톱니바퀴와 다른 톱니바퀴가 돌게 하는 것이다. 또는 하나의 긴 강철의 띠가 심봉을 둘러 강하게 말려지고, 그것이 풀어져 퍼지려는 힘이 심봉과 톱니바퀴를 돌게 하는 것이다. 하지만 회전의 속도가 너무 빠르지 않게 하고 하늘의 회전같이 느리게 하기 위하여 다른 톱니바퀴들을 첨가하였다. 두 개의 바퀴들에 의해 이리 저리로 움직여지는 가장 바깥쪽의 것은 빛이 오고 가는 것, 즉 낮과 밤사이의 변화의 기능에 해당한다. 정확한 시간이나 15분을 알리는 신호를 내는 부분에 필요에 따라 제동장치가 첨가되며, 그것이 적시에 걸리기도 하며, 풀리기도 하게 하였

다. 동일한 방법으로 자연을 그의 달들로 나누는 방법으로 천체의 움직임을 통하여 겨울, 봄, 여름, 가을이 적시에 왔다가 또 떠나가게 하는 것처럼 작용한다.

7 모든 것으로부터 모든 것을 가르치고 배우는 기술의 지배적인 원리이어야 하는 질서는 자연 외에 그 어떤 다른 것으로부터 얻어져서도 안 되고 될 수도 없다. 이러한 질서가 확고하게 설정되면 교수기술의 과정은 자연의 과정과 같이 쉽고 자발적으로 진행되어야 한다. 키케로가 매우 적절하게 지적했다. "우리가 안내자로서 자연을 따른다면 우리는 결코 미로에 빠지지 않을 것이다. 그리고 자연의 관리 하에서 사람은 길을 잃을 수 없다."[114] 우리가 그것을 자연에서 여러 가지를 관찰했던 것처럼, 자연의 조작을 조심스럽게 살펴서 모방하기를 권유하는 바이다.

8 사람들은 우리가 깨달았던 커다란 희망에 히포크라테스(Hippokrates)의 짧은 명구를 언급할 수 있다. "인생은 짧고 학문의 길은 멀다. 기회는 붙잡기 힘들고, 경험은 미혹적이며, 판단은 어렵다."[115] 거기에는 왜 소수의 사람만 학문의 정상에 오르는지에 대한 다섯 가지의 이유들이 포함되어 있다. 첫째로 우리가 아직 중도에서 생 자체를 준비하기 전에 죽음을 맞이하는 생의 짧음이다. 둘째로 우리가 이해해야 할 사물들은 너무 많기 때문에 그 모든 것을 우리의 지식의 한계 속에 몰아넣으려는 것은 심히 힘든

---

114) Vgl. Cicero, De officiis, I, 28, 100.
115) Hippokrates, Aphorismen(Dgl. Anfang des Lehrbriefs in Wilhelm Meisters Lehrjahren. Goethe ist vielleicht durch Comenius und dieses Zitat zur Suche nach weiteren Hippokratesworten angeregt worden. Vgl. W. Flitner im Goethekalender 1943).

일이다. 셋째로 훌륭한 기술들을 배우거나, 혹은 그런 기회가 주어
진다고 하더라도 속히 떠나가 버린다. (왜냐하면 정신의 교양을 위
해 적합한 청소년의 시절을 노는 데 허비해 버리고, 그리고 진지한
일보다 무가치한 일들을 위해 시간을 더 들였기 때문이다. 비록 좋
은 기회를 얻더라도 사람들이 그것을 머리에서 이해하기 전에[116]
그것은 사라지게 된다.) 넷째로 표면적인 것에 머무르게 하고 핵심
으로는 들어가지 않는 우리의 정신의 약함과 판단의 불명료성이다.
다섯째로 어떤 사람이 오랜 관찰과 반복된 실험을 통해 사물의 본
성을 찾으려고 한다하더라도 그것은 매우 힘들고 신뢰할 만하지
못하며 불명확하다. (예를 들면, 가장 정확한 관찰에 있어서 가장
조심스러운 관찰자일지라도 틀리는 일이 있는 법이며, 하나라도 잘
못이 생기면 전체 관찰은 무가치한 것이 되는 것이다.)

9 이러한 모든 것이 사실이라면 우리는 어떻게 보편적이고 확
실하고 쉬우며 신뢰할 만한 학습의 길을 감히 약속할 수 있을까?
이러한 모든 것이 사실이라는 것을 경험이 말해 준다. 그러나 또한
경험에 의해서 적합한 치료방법이 있다는 것을 알게 된다.(이성을
제외하고) 이러한 모든 것이 모든 사물들을 섭리하시는 하나님에
의해 정해진 것이며, 그는 절대적인 지혜로 우주를 우리의 유익을
위해 배치하신 분이다. 그러나 우리가 우리의 현재의 부패된 상태
에서는 생명을 더 이상 바르게 사용하는 것을 알지 못하기 때문에
하나님은 우리에게 짧은 인생을 주셨다. 우리가 태어날 때 이미 죽
음을 향해 가고 있는 우리가 인생의 끝이 시작함과 동시에 놓여

---

116) Dionisius Cato(Dicta Catonis ad filium suum, ed. E. Bährens in
    Poeta lat. min. III, Leipzig 1881, S. 225), Dist. II, 26: Rem tibi quam
    nosces aptam, dimittere noli; fronte capilata, post haec occasio
    calva. Vgl. auch Orbis pictus: Prudentia.

있는데도 불구하고117) 허무한 일에 몰두하다 죽는다면, 우리가 백년 또는 천 년을 산다고 한다면 무슨 일이 발생할 것인가? 그러므로 하나님께서 더 나은 생을 준비하기 위해 충분하다고 생각하시는 시간만을 우리에게 허용하시기를 원하셨던 것이다. 우리가 그것을 잘 이용하기 위해서 어떻게 사용할 줄을 알기만 한다면 우리의 인생은 충분히 긴 것이다.

10 이와 마찬가지로 사물의 다양성은 우리의 유익을 위해서 하나님께서 정하신 것이며, 우리의 마음을 사용하게 하고, 훈련하고 교육하는 자료가 부족하지 않게 하기 위한 것이다.

11 하나님은 우리에게 기회가 주어질 때 그것을 붙잡도록 기억하고 노력하도록 쉽게 옹기에 담아 두지 않고118) 기회들이 나타나는 즉시 붙잡지 않으면 사라지도록 하셨다.

12 경험이 미혹적인 것은 우리의 주의력을 자극하여 우리가 사물들의 본질적인 핵심으로 더 깊이 들어가야겠다는 필요성을 느끼도록 하기 위함이다.

13 끝으로 판단이 힘든 것은 우리가 열심과 계속적 노력을 다하도록 독촉하기 위함이며, 더욱이 모든 것 속에 편만한 하나님의 지혜가 우리의 더 큰 기쁨으로 점점 더 드러나게 되도록 하기 때문이다. "만일 모든 것이 쉽게 이해된다면 인간은 지혜를 열

---

117) M. Manilius, Astronomicon liber IV(ed. A. E. Housman, London, 1920) §16.
118) fonte solum capillatae, s. Anm. 4.

심히 찾지 않을 것이며, 발견한다 해도 기쁨이 없을 것이다"라고 어거스틴(Augustin)은 말했다.

14 그러므로 우리는 우리를 더 열심 있고 전력을 다하게 하기 위하여 하나님께서 예지하시는 깊은 뜻을 방해하는 외적인 장애물들을 어떻게 하나님의 도움으로 비켜갈 수 있는가를 알아보아야 한다. 이것은 다음과 같은 방법이 아니고서는 불가능하다.

❶ 우리가 그 수명을 연장하여 제안된 계획을 이루기 위해 생명이 충분하도록 한다.
❷ 인생의 수명에 맞게 우리가 가르치는 교과를 간략하게 만들어야 한다.
❸ 학습하는 기회를 포착하고 그것을 이용하지 않은 채로 흘려보내는 일이 없도록 한다.
❹ 지능을 계발하여 쉽게 이해할 수 있도록 한다.
❺ 피상적인 관찰의 근거 없는 학습을 지양하고 실수가 없는 학문의 기초를 세운다.

15 모든 필요 불가결한 것이 학습될 수 있도록[119] ❶ 생명의 연장을 위해 자연의 원리에 맞게 기초를 연구하도록 하자. ❷ 지식을 더 빨리 배우도록 기술들을 간략화하기 위해,[120] ❸ 지식을 정확하게 배우도록 기회 포착을 위해,[121] ❹ 지식을 배우는 것이 더 쉽도록 지능의 계발을 위해,[122] ❺ 지식을 철저하게 습득하기 위

---

119) S. u. Kap. 15.
120) S. u. Kap. 19.
121) S. u. Kap. 16.
122) S. u. Kap. 17.

한 판단을 예리하게 하기 위해,123) 우리는 자연을 안내자로 삼고 교육의 원리를 찾아보자. 여기에 제시된 점들은 각 장에서 우리가 다루어 보기를 원하며, 마지막 장에서 기술의 간략화 방법을 우리는 취급하게 될 것이다.124)

---

123) S. u. Kap.18.
124) nämlich im 19. Kapitel.

제15장 생명의 연장을 위한 원칙

인간의 생명은 충분히 길다(1). 우리는 그것을 단축한다(2). 우리가 우리의 힘을 파괴하고(3), 또는 우리의 과제에 실제로 헌신하면서, 예들이 교훈하는 것처럼(4/5), 생명의 길이에 대한 세네카의 견해(6). 긴 수명을 위한 두 가지의 규칙들(7): ① 영혼의 집으로서 육체는 병으로부터 보호되어야 한다(8), 적당한 영양분의 섭취를 통해서(9/10), 움직임을 통해(11), 휴식을 통해(12/13). ② 노동 시간이 적당하게 배치되어야 한다(14). 한 발짝 한 발짝(15), 정확한 시간 배당으로 사람들은 나아지고(16) 박식한 위대한 보물을 모을 수 있다(17). 결론(18)

1 생명의 단축에 관하여 아리스토텔레스(Aristoteles)[125]와 히포크라테스(Hyppokrates)[126]는 인생의 짧음을 불평하면서, 거인으로 태어나지만 아주 좁은 한계를 갖는 인간의 생명에 비해, 사슴, 갈까마귀, 다른 야생 동물들에게 더 긴 수명을 허락하는 자연을 비난한다. 하지만 세네카는 이에 반하여 우리 인간이 짧은 수명을 가지는 것이 아니라 우리가 생명을 그렇게 만드는 것이라고 말한다. 그는 또다시 강조한다. "우리는 생의 연수가 모자라서 괴로운 것이 아니라 허락된 연수조차도 방탕으로 낭비한다. 우리의 생명은 충분히 길며, 우리가 가장 중요한 일을 수행하기 위하여 일생

---

[125] Comenius schreibt hier mit Seneca (De brevitatae vitae 1, 2) Aristoteles einen Ausspruch zu der wohl richtiger Theophrast zugehört (vgl. Cicero, Tuscul. III, 28 §69).

[126] Hyppokrates, Anf. der Aphorismen, s. Kap. 14, Anm. 3.

을 잘 활용한다면 우리의 시간은 충분하다."127)

2 이 말이 사실이라면 – 물론 사실인데 – 가장 중요한 일들을 실행함에 수명이 부족하다면 그것은 우리의 책임이다. 이른바 우리 자신이 생명을 낭비하기 때문이다. 한편으로는 그렇게 우리는 생명을 죽이고 그래서 생명은 자연적인 수명에 앞서 사라지게 된다. 또 한편으로는 우리가 전생애를 무가치한 일에 사용해버리기 때문이다.

3 유명한 작가였던 구아리노니우스(Hippolytus Guarinonius)는 다음과 같은 논증으로 증명하였다. 즉 가장 허약한 체질의 사람일지라도 아무런 결함이 없이 태어난다면 그는 육십 세까지 살기에는 충분한 활력을 가지고 있으며, 한편 대단히 건강한 사람은 백이십 세까지도 생명을 유지하게 되리라는 것이다. 만일 어떤 이들이 이 기간 전에 죽는다면(많은 사람들이 유아 시절, 청소년 시기, 중년에 죽는다는 것을 그 누가 알지 못할까?), 그것은 무수한 무절제와 도락(道樂)에서 또 생명의 자연적 요구를 소홀히 함으로서 그의 고유한 건강과 그들 아이들의 건강을 망치고 죽음에 내동댕이치는128) 사람들의 실수라는 것이다.

4 만일 사람이 짧은 수명을 잘 이용하는 것을 안다면, 그 짧은 수명(예를 들면, 50, 40, 30세)도 중요한 일을 하는 데 충분하다는 것을 다음의 예들이 보여준다. 많은 나이에 이르기 전에 죽었

---

127) De brevitatae vitae c. I. f. (Moral Essays ed. J. W. Basore, London 1932, II, 286ff.).

128) H. Guarinonius: Die Grewel der Verwüstung menschlichen Geschlechts, Ingolstadt 1610, Vortrab Kap. IV.

지만 중요한 일을 해냈던 모범적인 인물들이 교훈을 준다. 알렉산더 대왕은 33세에 세상을 떠났는데, 그는 학문적으로 비상한 경지에 이르렀을 뿐만 아니라 동시에 세계의 정복자가 되었다. 그러나 그의 세계 제패는 단순한 무력에 의한 것이라기보다는, 지혜로운 계획과 계획을 실천에 옮기는 신속성으로 이루어진 것이다. 미란도라(P. d. Mirandola)[129]는 알렉산더의 나이에도 이르지 않았지만, 지혜를 탐구함에 있어서 모든 인간 학문 영역에서 너무나 높은 실력을 완성했기 때문에 그 시대의 경이적인 인물로 간주되었다.

5 나는 더 이상 나열하고 싶지 않지만, 그리스도 자신, 우리의 주님, 그분은 지상에 34년을 사셨다. 그는 인간구원의 과업을 완성하셨다. 분명히 이 일을 통해서(그의 모든 행위는 신비적인 의미를 지니지만), 인간이 누리는 수명의 길이가 얼마이든지 간에 영원을 위한 준비를 시켜주기에 충분하다는 것을 증명하셨다.

6 나는 여기서 동일한 의미로 말한 세네카의 금언을 인용해야만 한다. 그가 말하기를, "나는 인간관계에서는 의로운 사람들을 많이 보았지만 하나님과의 관계에서 의로운 사람들을 별로 보지 못했습니다. 우리는 날마다 운명을 한탄합니다. 그러나 우리가 일찍 이 세상을 떠난다는 것이 무슨 문제가 됩니까? 우리는 언젠가는 떠나게 되어 있기 때문입니다. 인생이 충실하다면 그것은 긴 것입니다. 그리고 우리의 영이 우리 생명에 대해 힘을 발휘할 때 충실하게 됩니다. 또한 우리 생명이 자제력의 비밀을 학습할 때 충실한 삶이 되는 것입니다." 계속해서 "나의 루키리우스(Lucilius)여,

---

129) Der italienische Humanist und Philosoph Pico della Mirandola starb in seinem 32. Lebensjahr(1494).

나는 당신에게 맹세하노니, 하나의 보석과 같은 우리의 인생이 부피의 크기에서가 아니라 무게가 얼마나 크냐에 달렸다는 사실에 주의하기를 빕니다. 우리는 인생을 시간이 아니라 무엇을 했느냐에 따라 측정하고자 합니다." 그리고 그것에 대하여 "그에게 부여된 시간이 비록 짧았다 할지라도 그것을 잘 활용한 사람들을 칭찬하고 칭송합시다! 왜냐하면 그가 진실 된 빛을 보았기 때문이며, 범속한 무리에 속한 사람이 아니었기 때문입니다. 즉 그는 충실하게 살았고 꽃을 피웠습니다." 그리고 "완전한 인간이 가장 작은 신체 속에서도 완전할 수 있는 것처럼, 생명은 역시 가장 짧은 시간 내에도 완전할 수 있을 것입니다. 수명은 외적인 재산에 속합니다. 가장 오래 사는 인생의 길이가 어떤 것이냐고 물으십니까? 그것은 지혜에 도달한 사람의 삶입니다. 지혜에 이르는 자는 가장 먼 목표에 도달한 것이 아니라 가장 최고의 목표에 이르게 된 것입니다."[130]

7 생명의 짧음에 대한 불평에 대해서는 우리 자신과 우리의 자녀들을 위해 두 가지의 치유책이 있다. ❶ 질병과 죽음에서 육체를 보호하는 것이며, ❷ 우리의 마음이 모든 지식을 얻을 수 있는 환경에서 살도록 하는 것이다.

8 첫째로 질병과 불의의 사고로부터 육체를 보호하는 것이 우리의 책임이다. 왜냐하면 육체는 영혼의 집이며 유일한 것이기 때문이다. 영혼의 집이 파괴되면 영혼은 곧장 세상으로부터 분리되어 떠나야만 한다. 만일 육체가 잘못되어서 그 어떤 부분에 상해를 입

---

130) Seneca, Epist. 93 §1-8 (Beltram II, 51ff.).

는다면, 그 안에 손님으로 있는 영혼은 불편을 겪게 될 것이다. 우리가 하나님의 은혜로 관계를 맺은 세상의 궁전에서 가능한 오랫동안 그리고 행복하게 머물기 원한다면, 우리는 우리의 육체인 장막을 신중하게 돌보아야만 한다. 둘째로 이러한 육체는 이성을 갖춘 영혼의 집으로서 뿐만 아니라, 육체 없이는 아무 것도 들을 수 없고, 볼 수 없고, 말할 수 없고, 행할 수 없고, 생각조차도 할 수 없는 영혼의 도구로 여겨진다. 이전에 감각으로 파악할 수 없던 것을 지능으로서는 인식되지 않기 때문에 정신은 단지 감각을 통해 모든 생각의 재료를 얻게 되고, 정신이 사물들에 의해 얻어지는 상(象)들을 정신으로 관찰하여 내적인 느낌 같은 사고 행위를 수행한다. 그래서 뇌가 다치면 상상력이 손상되고, 육체의 사지가 병들면 또한 정신 자체가 병든다. 그러기에 다음과 같이 말한다. "건강한 육체에 건전한 정신을 구하라."131)

9 우리의 육체는 규칙적이고 절도 있는 생활에서 건강과 힘을 얻게 된다. 이에 관해서 의학적 견지에서 나무의 예를 들어 몇 가지 논해보고자 한다. 나무가 오랫동안 살기 위해서는 세 가지가 필요하다. ❶ 계속적인 수분의 공급, ❷ 수분의 다량 발산, ❸ 때에 따른 휴식이다. 나무는 수분을 필요로 한다. 왜냐하면 그렇지 않으면 마르고 시들어버리기 때문이다. 뿌리가 썩지 않기 위해서 그것은 적당히 있어야 한다. 이와 마찬가지로 육체는 영양분을 필요로 한다. 영양이 결핍되면 굶주리고 기갈하게 된다. 소화가 잘 되기 위해 영양분이 과잉 공급되어서도 안 된다. 영양분을 적절하게 공급할수록 소화가 더 잘 되는 것이다. 일반 사람들은 이러한 것에

131) Juvenal, Satirae X, 356.

평상시 주의를 기울이지 않는다면 음식의 과다 섭취로 인하여 체력을 감소시키고 수명을 단축시키게 된다. 왜냐하면 죽음은 질병에서 오며, 질병은 몸의 부패한 분비액에서 오며, 그런 분비액은 소화불량을 일으키며, 소화불량은 과잉섭취에서 오는데, 위장이 가득 차서 소화시킬 수 없을 때, 절반쯤 소화된 분비액을 신체의 각 부분으로 보내게 된다. 이로써 병이 생기는 것이다. "과식함으로 많은 사람이 멸망하였도다. 그러나 조심하는 자는 그 생명을 연장하리라"라고 예수 시락서(37:34, 31)는 말한다.

10 영양분은 건강 유지를 위해 양적으로 적당할 뿐 아니라 질적으로 단순하여야 한다. 정원사는 아직 유약한 나무에게 포도주나 우유를 부어서는 안 되고 그 식물에 대해 익숙한 액체, 즉 물을 제공해야 한다. 부모들은 그들의 자녀들을 보호해야 한다. 특히 공부하는 자녀에게는 사치스러운 음식으로 입맛을 버려서는 안 된다. 다니엘과 그의 친구들의 이야기를 듣지 못했는가?[132] 지식 추구에 전념하던 왕족 출신들이며, 왕의 식탁에서 진미를 먹었던 다른 모든 소년들보다 채소와 물을 먹었던 그들의 얼굴이 더 윤택하였다(단 1:11절 이하).

11 나무는 공기와 바람과 비 그리고 추위를 통해 생기를 회복할 필요가 있다. 그렇지 않으면 쉽게 생기를 상실하며 말라버린다. 동일하게 인간의 육체도 운동과 활동과 단련이 필요하며, 일상생활을 통하여 이런 것들이 공급되어야 한다.

---

132) Informatorium der Mutterschule, Kap. V, 14ff.

12 끝으로 나무는 일정한 간격을 두고 휴식을 취해야 한다. 나무가 계속적으로 싹, 꽃, 과일을 맺도록 해야 하는 것이 아니라 쉬는 동안에 내적 기능을 충실히 하여 수액을 만들어내고, 그렇게 함으로써 자체를 강화시키는 것이다. 그러기 때문에 땅에서 자라는 모든 것들과 땅 자체도 휴식을 가져야 하기 때문에 하나님은 가을에 뒤따라서 겨울이 오도록 하셨다. 그처럼 하나님은 매 7년마다 한 해의 안식년을 제정하셨다(레 25장). 이와 유사하게 하나님은 인간과 기타의 생명체에게 밤을 주셨다. 그 밤에 그들은 낮에 소비했던 에너지를 수면과 사지의 휴식을 통해서 다시 재충전한다. 정신과 육체를 소생시키기 위해서, 짧은 기간, 즉 몇 시간씩이라도 이완을 필요로 한다. 어떤 자연 파괴, 즉 긴장되고 무리한 상태가 되지 않도록 하기 위해서이다. 그러므로 레크리에이션, 오락, 재미있는 유희, 음악, 기타 기분풀이 시간으로 낮의 노동시간 사이사이에 휴식하는 것은 몸의 내적·외적 감각을 소생시키는데 도움이 된다.

13 이와 같은 세 가지 원리에 대해 주의한다면(적절한 영양분 섭취, 육체적 단련, 자연이 공급하는 휴식을 사용하는 일), 사람은 가능한 오랫동안 생명과 건강을 유지할 수 있다. 우리는 여기서 불의의 사고를 제외하였다. 사고는 우리보다 높으신 이의 섭리에 있는 것이기 때문이다. 그래서 학교의 정규적인 교육은 수업과 휴식이 적절하게 나뉘어져 있으며, 학습과 자유시간과 방학의 적절한 배치를 중요시 한다.

14 이것은 학습에 전념하는 시간을 잘 배치함으로써 성취할 수 있다. 삼십 년이란 것이 긴 것같이 느껴지지 않으며 그 한 마

디를 말로는 쉽게 표현할 수 있다. 그것은 수개월을 그리고 더 많은 날들을 그리고 셀 수 없는 시간을 포함하고 있다. 계속 앞으로 전진하는 사람은 진도가 느릴지라도 누구나 이 기간 동안에 많은 발전이 성취되는 것이다. 우리는 나무의 성장에서 그것을 볼 수 있다. 세밀하게 주시하여 보지 않으면 나무들이 자라는 것을 볼 수 없는데, 그 이유는 그것이 아주 천천히 그리고 모르는 사이에 자라기 때문이다. 매달마다 우리는 나무가 자란 것을 보게 되고, 30년 후에는 매우 뿌리 깊은 큰 나무를 보게 된다. 이와 마찬가지로 육체의 성장도 마찬가지다. 우리는 육체가 자라는 것을 눈으로 보지 못하고 다만 자란 후에 알게 된다. 정신이 동일한 방법으로 사물들에 대한 앎을 획득한다는 사실을 다음의 유명한 시구가 말해준다.

작은 것에 작은 것을 더하고, 그 작은 것에 또 작은 것을 더하라
그러면 어느덧, 큰 더미를 얻게 되리라.133)

15 성장의 힘을 아는 사람은 곧장 그것을 이해하게 된다. 즉 나무는 매년 하나의 새싹에서 하나의 가지만이 돋아나오게 하고, 30년이 지나면 수많은 크고 작은 가지들과 셀 수 없을 만큼의 잎, 꽃, 과일들이 열린다. 인간의 노력이 20년 또는 30년 동안에 어느 정도의 높이와 넓이에 도달할 수 있을까? 이에 대해 우리는 좀 더 살펴보기로 하자.

16 하루는 24시간이다. 우리가 이것을 세 부분으로 나눈다면, 8시간은 수면에 할당되고 8시간은 외적인 필요(예를 들면 건강, 영

133) Hesiod: *Εργα και ημεραι* V, 361f.

양분 공급, 착의와 탈의, 휴양, 친구들과 담화 등)에 할당된다. 나머지 8시간에는 인생의 보다 더 심각한 작업을 위해 사용할 수 있다. 그러므로 매주에 48노동의 시간(일곱째 날은 공휴일), 매년에 2,496시간이며, 10년 20년 또는 30년 동안에는 막대한 시간이 되는 것이다!

17 만일 사람이 매 시간마다 지식의 어떠한 영역의 한 지식이나, 그리고 어떤 직업상의 한 규칙이나, 아름다운 역사나, 잠언을 배운다면, 얼마나 막대한 학식의 보고를 쌓아 올리게 될지를 말하는 것은 쓸데없는 일이다.

18 그래서 세네카의 말이 옳다. "생이란 충분히 길다. 만일 우리가 그것을 이용하는 방법을 안다면, 그것이 완전히 좋은 분야에 사용된다면[134]가장 중요한 일들을 실천해 나가는 데 충분할 것이다." 인생을 최선으로 사용하는 기술을 잘 이해하는 것이 매우 중요하다. 이에 대해 우리는 이제 언급하고자 한다.

---

134) Seneca: De brevitate vitae I, §3(Basore II, 288).

제16장 성과를 거둘 수 있는 확실한 교수학습의 원칙

자연적인 것들은 자체적으로 성장한다(1). 인위적인 것들도 그렇게 자란다(2). 이식기술이 자연에 의존적인 것처럼 교수방법도 그렇게 해야만 한다(4). 그것들의 원칙은 자연과 자연에 적합한 기술의 추종에 의하여 유추적으로 발전되었다(5/6). Ⅰ. 자기 시간에 모든 것을 행하기(7), 정원사와 건축사를 통한 기본적인 것에 주의(8), 학교에서 기본적인 것에 대한 위반(9), 시정을 위한 제안들(10) - Ⅱ. 우선 재료를 준비하기(11). 기초적인 것의 적용(12), 이에 대한 위반(13~18), 시정(19) - Ⅲ. 쓸모 있는 재료를 선택하기(20), 적용(21~23), 이에 대한 위반(24), 시정(25) - Ⅳ. 하나에 이어 다른 하나 행하기(26), 적용(27-29), 이에 대한 반대(30), 시정(31/32) - Ⅴ. 내적으로부터 모든 것을 시작하기(33), 적용(34/35), 이에 대한 위반(36), 시정(37) - Ⅵ. 일반적인 것에서 특별한 것으로 넘어가기(38), 적용(39~42), 이에 대한 위반(43/44), 시정(45) - Ⅶ. 한 발짝 앞서기(46), 적용(47/48), 이에 대한 위반(49), 시정(50) - Ⅷ. 시작한 모든 것을 끝맺기(51), 적용(52~54), 이에 대한 위반(55), 시정(56) - Ⅸ. 해로운 모든 것은 피하기(57), 이러한 원칙의 적용(58~60), 학교에서 이에 대한 위반(61), 시정을 위한 제안들(62/63)

1 우리 주 예수 그리스도의 비유는 너무나 멋지다. "하나님의 나라는 사람이 씨를 땅에 뿌림과 같으니 그가 밤낮 자고 깨고 하는 중에 씨가 나서 자라되, 그 어떻게 그리 되는지를 알지 못하느니라. 땅이 스스로 열매를 맺되 처음에는 싹이요, 다음에는 이삭이요 그 다음에는 이삭 중에 충실한 곡식이라. 열매가 익으면 곧 낫을 대나니 이는 추수 때가 이르렀음이라"(막 4:26-29).

2 여기서 구세주는 모든 것 속에 작용하는 분이 하나님이시라는 것과, 인간은 신실한 마음으로 교훈의 씨를 받아들이는 것 외에 아무 것도 할 것이 없다는 것을 보여주신다. 그것들은 의식함이 없이 감추어진 씨앗 안에서 발아하고 여물어 간다. 청소년을 가르치는 이들은 씨를 바르게 그의 마음속에 뿌리고 하나님의 식물에 주의 깊게 물을 붓는 것 외에 다른 과제가 없다. 번성하고 성장하는 것은 위로부터 오게 될 것이다.

3 가꾸기 위해 확실한 기술과 경험이 필요하다는 사실을 누가 모르는가? 정원을 가꾸는 경험이 없는 정원사는 가꾸기에 대부분 실패한다. 몇몇이 운 좋게도 성공한다할지라도 그것은 그의 기술 때문이라기보다 우연에 더 기인한다. 하지만 전문가는 자기가 어디에, 언제, 어떻게, 무엇을 해야 하고, 무엇을 하게 해야 하는지 잘 알고 가꾸기 때문에 실패하는 경우가 없다. 물론 경험자에게도 실패하는 경우가 있다(왜냐하면 어떠한 실수도 발생하지 않도록 그가 모든 것을 주의할 수 있는 것은 아니기 때문이다). 우리는 여기서 신중함과 우연에 관해 말하고자 하는 것이 아니라 신중한 방법으로 우연을 제거하는 기술에 대해 논의하고 있는 것이다.

4 이제까지 교육의 방법은 너무나 불분명하였기 때문에 아무도 감히 "나는 이 아이를 그렇게 몇 년 안에 어떠어떠한 정도까지 이르게 될 것이며, 이러이러한 방법으로 이 아이를 교육할 것이다"라고 말하는 이가 없었다. 그 때문에 우리는 지적 도야의 기술이 안전하고 실수가 없는 성공을 약속하는 그러한 확고한 토대 위에 세워질 수 있는지를 살펴보아야 한다.

5 이러한 토대는 우리가 기술의 과정을 가능한 정확하게 자연의 과정의 규범에 맞춘다는 사실에 기인할 수 있기 때문에(제14장에서 이미 살펴본 것처럼), 우리는 새끼들을 부화하는 새를 예로 자연의 방법을 연구하고자 한다. 정원사, 화가, 건축사가 어떻게 성공적으로 자연의 발자취를 추종하는지 우리가 볼 때, 청소년의 교육자가 같은 방법들을 따라가야 한다는 것을 인정해야만 할 것이다.

6 만약 어떤 사람이 이러한 예들을 너무 잘 알려진 일상적인 것이라서 무익한 것으로 생각한다면, 그는 다음과 같은 사실을 고려해보는 것이 좋을 것이다. 즉 매일 일어나는 사실과 범속한 일들, 자연 속에서 또한 기술 영역에서(학교에서만은 아니다) 좋은 결과를 가져오는 사실들로부터 우리가 목표로 삼았던 덜 알려진 과정을 추출해 내기 위하여 이러한 예들을 끌어왔다는 것이다. 우리가 우리의 규정들을 위해 기초가 되는 원리를 끌어왔던 그 부분이 이와 같이 알려진다면, 우리의 결론적 추론들이 그만큼 더 분명해지게 될 것이다.

7 첫 번째 원칙: 자연은 그의 시기에 적합하게 모든 것을 행한다.

예를 들어 종(種)을 번식시키고자 하는 새는 만물이 얼어붙는 겨울에 시작하는 것이 아니며, 만물이 뜨거운 열기로 시들어버리는 여름에 시작하지도 않는다. 모든 사물들의 생명력이 태양의 쇠하는 빛줄기와 함께 쇠하면, 새끼들에게 불리한 겨울이 가까워지는 가을에 시작하는 것도 아니며, 태양이 모든 사물들에게 생명과 신선함을 다시 가져다주는 봄에 번식을 시작하는 것이다. 그리고 번식은 몇 개의 단계로 되어 있다.135) 날씨가 상당히 추우면, 새는 알을 추위에서 보호하기 위해 그의 몸에 품는다. 공기가 좀 더 따뜻하면 새는 알들을 보금자리에 낳고, 좀 더 따뜻한 계절이 되면 마침내 새는 그 새끼들이 천천히 빛과 따뜻함에 익숙하도록 껍질에서 깨어 나오게 한다.

8 정원사는 제 계절이 아닌 때에는 아무 것도 해서는 안 되는 것을 주의해야 한다. 정원사는 겨울에도(왜냐하면 수액은 뿌리에 머무르고 싹을 위해 영양분으로 올라오지 않기 때문이다), 여름에도(수액이 이미 가지로 흡수되었기 때문에),136) 가을에도(수액은 이제 다시 뿌리로 내려가기 때문에) 식목하지 않는다. 수액이 뿌리에서 올라오기 시작하고 식물의 상위 가지들이 자라기 시작하는 봄에 가꾸는 것이다. 그 후에도 우리는 나무에 대한 돌봄이 언제 이루어져야 하는지를(예를 들어 비료의 시기, 가지치기, 옮겨심기 등) 정확히 알아야 한다. 왜냐하면 나무는 가지가 뻗고 꽃피고 푸르러지고 열매를 맺는 그의 고유한 시기가 있기 때문이다.

같은 방식으로 유능한 건축가는 재목을 베고 블록을 굽고 기초를 놓고 벽을 세우고 닦아야 하는 정확한 시기를 알아야만 한다.

9 이러한 원칙에 반해 학교에서는 이중의 잘못이 있다.

❶ 지적 연습을 위한 시기가 적절하게 선택되지 않았다.

❷ 지적 연습이 적절하게 배치되지 않았으므로 단계적으로 성숙되어야 할 후기의 훈련들이 정확하게 분류되지 않았다. 너무 어린

---

135) Bei Hultgren ausgelassen: Et quidem gradatim iterum.
136) Bei Hultgren ausgelassen: nec aestate(quia sucus jam per ramos dispersus).

아이는 아직 이해력이 표면에 나오지 못하고 깊이 놓여 있기 때문에 가르쳐질 수는 없다. 성인에 이르러서 인간을 교육한다는 것은 너무 늦다. 왜냐하면 이해력과 기억력이 이미 감소되었기 때문이다. 생의 중년기에도 어렵다. 왜냐하면 정신의 힘이 많은 일들로 분산되어 있어, 집중하는 데 힘이 들기 때문이다. 인간은 생명력과 이성이 상승하기 시작하는 청소년 초기를 선택하지 않으면 안 된다. 그리하면 모든 것이 쉽게 꽃피우고 깊은 뿌리를 내릴 것이다.

10 이를 통해 우리는 결론을 내리자.

❶ 인간의 교육은 인생의 봄에 시작되어야 한다. 다시 말하면 유년 시절을 뜻한다(유년 시절은 봄과 같고, 청소년 시절은 여름과 같고, 성인은 가을과 같고, 노인은 겨울과 같다).

❷ 아침은 공부에 적합한 시간이다(왜냐하면 아침은 봄과 같고, 정오는 여름과 같고, 저녁은 가을과 같고, 밤은 겨울과 같기 때문이다).

❸ 학습하려고 하는 모든 교과내용은 학생들의 연령에 맞게 하여야 하며, 그들의 이해를 넘어선 내용은 절대로 학습시키려고 하지 말아야 한다.

11 두 번째 원칙 : 자연은 형상을 제시하기 전에 재료를 준비한다.

예를 들어 자신을 닮은 것을 남기고자 하는 새는 우선 한 방울의 피로부터 씨를 받아 수정하고, 알을 품을 수 있는 둥지를 만들고 알을 따뜻하게 함으로써 새끼의 형태가 알 껍질 속에서 형성되고, 그것들이 껍질을 깨고 나오도록 한다.

12 사려 깊은 건축사는 집을 짓기 전에 나무, 돌, 석회, 철, 기타 필요한 것을 함께 모은다. 이것은 나중에 재료의 부족으로 인하여 작업이 멈추어지거나 작품의 견고함이 저해되지 않도록 하기 위해서이다. 마찬가지로 그림을 그리고자 하는 화가는 화폭을 준비하고, 그것을 팽팽하게 펼치고, 초벌칠을 하고, 그림물감을 섞고, 붓들을 손에 잡히도록 잘 정비하고 나서, 그는 그림을 그리게 된다. 이와 같은 방식으로 나무 정원사도 그가 나무 심기를 시작하기 전에 정원이 정상인지를, 알뿌리와 접목(接木), 그리고 모든 기구들이 준비되어 있는지를 살펴보아야 한다. 이것은 작업하다가 중간에 필요한 도구를 찾지 않기 위함이며, 일이 잘못되지 않게 하기 위해서이다.

13 이러한 원칙에 대해서 학교들은 위배되어 있다.

첫째로, 학교는 사용하기에 필요한 모든 종류의 도구들, 즉 책, 칠판, 모형, 그림 등을 준비하지 않으며, 수업이 임박해서야 이것, 저것이 필요하다고 하여, 실험을 하고, 받아쓰게 하고 베껴 쓰게 하는 등등, 경험이 없고 나태한 교사가 이런 식으로 행할 때(유감스럽게 그런 교사의 수는 날마다 증가한다) 그 결과는 참담할 것이다. 그것은 의사가 약을 조제할 때마다 정원과 숲으로 달려가서 약초와 뿌리를 찾고 끓여서 액을 짜내고자 하는 것과 다를 바가 없다. 의사라면 누구나 모든 약제들을 항상 손이 닿는 곳에 준비하는 것이 그의 의무다.

14 둘째로, 학교가 가지고 있는 책들에서까지도 재료가 먼저 준비되고 형상이 이어 뒤에 온다는 자연 질서를 주시하지 않기 때문이다. 거의 어디에서나 반대적인 모습이 발견된다. 사물 자체의

지식에 앞서서 사물의 분류를 학습하는 것은, 분류될 재료가 없는
데 분류하려는 것과 같이 불가능한 일이다. 나는 네 가지의 예에서
그것을 상세히 설명해보려고 한다.

15 ❶ 학교는 자연학습보다 더 먼저 언어를 가르친다. 정신을
자연학습과 수학, 물리학 등의 공부가 시작되기 전에 몇 년 동안
웅변술에 묶어둔다. 그러나 사물은 본질적인 것이고 말은 우연적
인 것이며, 사물은 몸이고 말은 옷이며, 사물은 핵심이고 말은
껍질이며 피부이다. 그러므로 사람들은 양자를 동시에 인간의 정
신에 제공해야 한다. 우선해야 할 것은 사물이다. 왜냐하면 그것
은 언어의 대상이며 인식의 대상이기 때문이다.

16 ❷ 언어 학습에서조차 사람들은 어떤 저작가의 작품이나
잘 편집된 사전으로 시작하는 것이 아니라, 문법으로 언어 학습
을 시작할 때 언어 공부는 완전히 왜곡될 것이다. 그러나 저자들
의 작품은(또 그 나름대로 낱말 사전) 회화의 소재인 낱말들을
가르치는 것이며, 문법은 형식뿐으로 낱말의 구성, 배열, 결합의
배열만을 가르치는 것이다.

17 ❸ 인간 지식의 백과사전 편집에 있어서 학문에 관한 전
개요를 먼저 설명하고, 사물의 지식과 전문 영역은 상당한 간격
을 두어 뒤에 배치한다. 비록 후자는 스스로 사물을 가르치고 전
자는 사물의 취급 방법을 가르치는 것임에도 불구하고 그렇게 잘
못 배치하고 있다.

18 ❹ 사람들은 추상적으로 파악된 규칙을 먼저 설명하고, 후

에 그것을 예를 들어 설명해야 한다. 빛은 비추어져야 하는 대상보다 먼저 있어야 하기 때문이다.

19 그러므로 다음과 같은 가르침의 방법에 대한 근본적인 개선책이 요구되는 것이다.

❶ 교과서들과 모든 다른 교육보조재료들은 미리 준비되어 있어야 한다.

❷ 언어로 이해시키기에 앞서 사물로 교육시키어 이해에 이르게 한다.

❸ 모든 언어 교육은 문법으로가 아니라 적절한 저작가들의 작품을 통해서 가르치는 것이다.

❹ 사물들의 지식을 추상화, 체계화된 지식137)에 앞서 학습시켜야 한다.

❺ 실제의 예들을 규칙들보다 앞서 가르쳐야 한다.

20 세 번째 원칙 : 자연은 활용에 적합한 재료를 선택한다. 처음에는 먼저 합당한 소재로 적합하게 만든다.

예를 들어 새는 부화하고자 하는 어떤 다른 사물을 둥지에 놓는 것이 아니라 바로 새끼가 깨어 나올 수 있는 알을 낳는다. 작은 돌이나 다른 것이 안에 들어있으면 새는 그것이 필요 없기 때문에 내버린다. 새는 새끼가 알을 깨고 나올 수 있기까지 알 속에 포함된 재료를 오랫동안 따뜻하게 품고 돌리면서 모습을 형상화하게 한다.

---

137) Reales disciplinas praemitti organicis: wohl Anlehnung an die übliche Bezeichnung Organon für die logischen Schriften des Aristoteles ; cf. Novum Organum des F. Bacon.

21 같은 방식으로 건축가는 가능한 좋은 나무를 벌목하고 건조시키고 껍질을 벗기고 자른다. 그 후에 건축할 터를 선택하고 그곳을 고르게 하며, 새로운 기초를 세우거나 또는 옛것을 수리하여 사용한다.

22 화가에게 아마포나, 또는 색깔을 위한 초벌칠이 좋지 못하면, 그는 그것을 비비고 반듯하게 만들어, 사용하기에 적합하게 해서 가능한 개선하고자 한다.

23 마찬가지로 정원사도 그렇게 한다. 첫째로 그는 과일이 많이 열린 나무로부터 가능한 가장 생기가 있는 가지를 선택한다. 둘째로 그는 그것을 정원에 이식하여 조심스럽게 잘 심는다. 셋째로 뿌리가 확실히 내리기까지 새로운 순이 나오지 못하게 한다. 그리고 넷째로 그가 새로운 잔가지를 접붙이기 전에 작은 잔가지를 자르고, 심지어 나무줄기의 한 부분을 잘라버리기까지 한다. 어떤 수액도 발육시키고자 하는 접가지 외에 다른 어떤 곳으로 오르지 못하게 하기 위해서이다.

24 학교에서 위와 같은 원칙을 위반하고 있다. 머리가 둔하고 빨리 배우지 못하는 자들을 입학시키는 것이 잘못이 아니다(우리의 견해에 의하면 모든 청소년들이 입학되어야 한다).

❶ 이러한 어린 나루를 정원에 이식하지 않는다는 것이다. 즉 학교에 전적으로 의탁되지 않는다는 것이다. 그리하여 누구든지 사람이 되는 교육이 완성되기까지는 그 어떤 아이도 그곳을 떠나지 않도록 온전히 학교에 맡겨야 함을 뜻한다.

❷ 학교는 나무의 줄기가 뿌리를 내리기 전에 너무 빨리 학문과

도덕과 경건성이라는 접목을 접붙이려고 시도한다. 즉 자연적으로 학습하려는 경향성이 없는 학생들에게 의욕을 먼저 갖게 하기 전에 무리하게 학습시키려고 한다는 것이다.

25 그러므로 바람직하기는,
❶ 학교에 오는 모든 학생들은 끝까지 인내해야만 한다.
❷ 학생들의 정신은 다루어져야 할 모든 것들에 대해 준비되어져야 한다(그것에 대해 다음 장의 제2원칙에서 상세히 언급됨).
❸ 학생들에게(학습 때) 장애가 될 수 있는 모든 것은 제거되어야 한다. 세네카의 말은 "길을 막고 있는 장애물을 제거하지 않는다면, 교훈을 주어도 아무 소용이 없다"는 것이다.[138] 이에 대해 다음 장에서 언급한다.

26 네 번째 원칙 : 자연은 그의 행위를 무질서하게 하지 않고, 차례대로 시행한다.
예를 들면, 새끼 새가 만들어질 때 각각 다른 시기에 뼈, 혈관, 신경들이 생겨나고, 어느 시기에는 살이 채워지고, 다시 다른 시기에 피부가, 그리고 끝으로 깃털이 나오고, 이후에 날기 시작한다.

27 건축가가 기초를 놓으려면 그는 동시에 벽들을 쌓지 않으며, 더욱이 지붕을 얹지 않을 것이다. 모든 것을 제 때에 적당한 곳에서 만들어가는 것이다.

28 마찬가지로 화가는 20개, 30개의 그림을 한꺼번에 그리는

---

138) Seneca: Epist. 95, 38 (Beltram II, 92).

것이 아니라 한 번에 하나의 그림만을 그린다. 그 외에 그가 시간에 따라 다음의 것을 위해 준비를 한다거나 그 외 다른 것에 주의를 기울인다. 그가 집중하는 그림은 단 하나뿐이다.

29 같은 방식으로 정원사는 여러 개의 묘목을 모두 동시에 심는 것이 아니라 하나씩 차례로 심는다. 그래야만 혼돈을 일으키지 않으며, 자연의 작용을 해치지 않기 때문이다.

30 학교에서 학생들에게 동시에 많은 것들을 가르치려는 것은-예를 들어 라틴어 문법과 희랍어 문법과 수사학과 시 등 기타 여러 과목을 동시에 주어지는 것-학교의 착오이다. 누가 모든 것을 알 수 있겠는가! 고전 학교에서 하루건너 시간시간 학습의 재료와 연습의 교재를 거의 교체했다는 사실을 누가 알지 못할까? 그것이 아무 것도 아니라면 사람들은 무엇을 혼란이라고 불러야 하는가? 그것은 마치 제화공이 6개 또는 7개의 구두를 동시에 완성하려 하는 것과 같으며, 하나씩 차례로 손에 드는가 하면 몇 분 뒤에는 치워놓고 또 다른 것을 손에 잡는 것과 같다. 제빵사가 여러 종류의 빵을 오븐에 넣으려는 시도에서 하나를 넣은 즉시 꺼내고 또 다른 것을 넣는 식이다. 누가 그러한 미련한 짓을 할 것인가? 제화공이 하나의 구두를 만들기 전에는 다른 것에 손을 대지도 않는다. 제빵사도 첫 번째가 완성되기 전에 새로운 빵들을 오븐에 집어넣지 않는다.

31 나는 너희가 이것을 모방하도록 하여, 문법을 배우는 사람들에게 갑자기 변증법 가르치거나, 변증법을 학습하고 있는 학생에게 수사학을 시작하지 않도록 하고, 라틴어를 배우는 동안에 희

랍어는 접어둘 것을 간청한다. 동시에 많은 일에 마음이 분주할 때
에는 어떤 한 가지에도 마음을 집중할 수 없기 때문에 그것들은
서로 방해가 되는 것이다. 그의 아버지의 조언으로 항상 한 연구에
몰두해야 하며 이 시대에 그의 모든 정신력을 단지 한 곳으로만
집중했던[139] 그 위대한 스칼리거(Joseph Scaliger)는 이것을 알고
있었다. 그래서 그는 14개의 언어와 인간지능에 가능한 모든 기술
과 학문들을 습득한 것은 그렇게 하였기 때문이다. 그렇게 함으로
써 그는 결국 하나만을 배운 어떤 사람보다 더 성공적으로 모든
면에서 정통했다. 그리고 그의 발자취를 따라 그의 방법을 모방했
던 사람들도 상당한 성공을 얻게 되었다.

32 그래서 학교에서 학생들은 한 시간에 하나의 분야만을 배
우는 일에 몰두해야 한다.

33 **다섯 번째 원칙 : 자연은 그의 모든 행위를 내면에서부터
시작한다.**
예를 들어 자연은 새의 발톱, 깃 또는 피부를 만드는 것이 아니
라 우선 장(腸)을 만든다. 그리고 나서 모든 외적인 것을 만든다.

34 같은 방식으로 정원사는 접가지를 대목의 바깥 껍질에 붙
이거나, 나무의 가장 표면층에 접붙이거나 하지 않으며, 대목의 눈
을 파서 접가지를 가능한 한 깊은 곳에 접붙이는 것이다.
그렇게 하면 연결이 견고하기 때문에 수액이 다른 곳으로 갈 수

---

139) J. Scaliger(1540-1609), bühmter Philolg und Polyhistor, bes. in
Leiden tätig(Sohn d. ebenfalls bekannten J. C. Scaliger), galt lange
als Begründer der histor. Philologie.

없고 바로 그 가지로 집중하게 되어 모든 힘을 다하여 생명을 불어넣게 되는 것이다.

35 하늘의 비나 땅의 수분에 의해 영양분을 섭취하는 나무는 껍질을 통하여 영양분을 외부로부터 흡수하는 것이 아니라 내부의 구멍을 통하여 받아들여진다. 그러기에 정원사는 가지가 아니라 뿌리에 물을 준다. 생물체는 영양분을 외부의 사지들을 통해 자기 자신으로 흡수하는 것이 아니라, 소화시켜서 각 부분으로 분배하는 위를 통해서 흡수한다. 청소년의 교육자가 이와 같이 지식의 뿌리, 즉 인지능력에 힘쓴다면 생명력은 거기서 쉽게 나무줄기에 해당되는 기억력으로 넘어가게 될 것이며, 마침내 꽃과 열매에 해당하는 언어의 자유로운 구사능력과 숙련된 힘이 생겨나게 될 것이다.

36 교사들이 자기 책임 하에 있는 학생들에게 학습하는 교과내용을 자세한 설명 없이 받아쓰게만 하고, 암기하게만 하는 것은 이러한 원칙을 위반하게 되는 것이다. 비록 그들이 교과내용을 잘 설명하기 원한다 하더라도 능력이 없는 학생들도 있다. 즉 나무뿌리를 돌보는 방법이나 지식을 접목하는 방법을 알지 못하는 것이다. 그런 교사들은 마치 수목에 칼 자리를 내려고 할 때 칼을 쓰는 대신에 곤봉이나 나무망치를 사용하는 사람처럼 학생들을 망치게 된다.

37 그러기 때문에 앞으로,
❶ 먼저 사물을 인식하는 능력이 교육되어야 하고 그 다음으로 기억하고 언어와 펜을 사용하는 것이 교육되어야 한다.
❷ 교사는 이해력이 개발되는 모든 방법들을 알아야 하고, 적합한

방법으로 적용해야 한다(우리는 다음 장에서 언급하게 된다).

38 여섯 번째 원칙 : 자연은 그 형성과정에 있어서 일반적인 것으로 시작하여 특수한 것으로 끝맺는다.

자연이 예를 들어 알로부터 새를 만들어내려고 한다면 첫째로 머리나 눈이나 깃 또는 발톱을 만드는 것이 아니라 알이 따뜻하게 되면, 온기를 통해 운동이 일어나게 하고, 그 운동이 혈관 계통을 생겨나게 하며, 이로써 새끼 새의 전체 모양의 윤곽을(즉 머리, 날개, 발 등이 되는) 잡는다. 그리고 나서야 비로소 각 부분들이 점점 완전히 자라도록 작용한다.

39 건축사도 마찬가지인데 먼저 머리로 윤곽을 그리거나 종이에 건물 전체의 일반적인 상을 그리거나, 나무로 하나의 모델을 만든다. 이 모델에 따라 그는 기초를 놓고 벽을 세우고 지붕을 얹는다. 그리고 나서야 비로소 집을 완성하는 작은 부분, 즉 대문, 창문, 계단 등을 만든다. 마지막으로 그는 여기에 그림, 조각, 융단 등의 장식을 첨가시킨다.

40 초상화를 그리는 화가는 먼저 귀, 눈, 코 또는 입을 그리는 것이 아니라 대략 석탄으로 얼굴(또는 전신)을 스케치한다. 그 스케치가 만족할 만큼 비슷하게 되면 비로소 그는 붓으로 연하게 그리며, 핀셋으로 분명하게 한다. 그 후에야 그는 명암을 나타내고, 그리고 여러 가지 색을 사용하면서 여러 부분을 세밀히 완성한다.

41 조상(彫像)을 만들려고 하는 조각가는 대리석을 취하고 그것을 대략적으로 둥글게 깎고 그리고 난 후 상의 개관이 드러나

도록 더 세련되게 깎는다. 끝으로 그는 개개의 세밀한 부분을 완성하는 것이다.

42 같은 방식으로 정원사도 한 나무의 간단하고 일반적인 부분, 즉 하나의 가지를 취한다. 후에 이 가지는 싹의 수만큼의 새 가지를 뻗어나게 하는 것이다.

43 가르치려고 하는 학문에 대한 대략적이고 일반적인 개요가 먼저 설명되지 않고, 먼저 각 분야를 세밀하게 가르치는 것이 잘못이라는 사실은 분명하다. 한 분야의 지식을 다른 모든 분야와의 관계를 철저하게 인식하지 않고 부분적 지식만으로 완성시키려는 식의 교육을 아무도 받게 해서는 안 된다.

44 또한 전체적 기본 요소들을 먼저 설명해 주지 않는다면, 그 때문에 기술, 학문, 그리고 언어들은 마찬가지로 잘못 가르치게 될 것이다(내가 기억하기로는 우리는 어려서 그런 식으로 교육받았다). 우리는 처음부터 길고 까다로운 규칙들과 주석과 그 해설과 작가들 간의 비교와 그들의 까다로운 물음들로 혼란하게 되어서, 우리는 아직 변증법, 수사학, 형이상학의 연구 분야로 거의 들어서지 못했다. 사람들은 여러 변이를 가진 라틴어 문법과 여러 방언을 가진 희랍어 문법을 학습함으로 너무나 수업량이 많았던 것으로 기억한다. 우리는 참으로 비참하였고, 도대체 무엇이 중요한지를 알지 못하였다.

45 이러한 혼란은 다음과 같이 치유될 것이다.
❶ 학업에 열중하는 소년들의 정신에 그들의 교육 과정의 초기에

는 일반교육에 관한 기초를 학습하도록 한다. 그것은 그 재료가 정리되는 것을 뜻하는 것으로 모든 후기에 배우게 될 교과에서는 새로운 것을 첨부하는 것이 아니라, 다만 이미 학습한 지식을 특별한 형식으로 배열되는 것임을 뜻한다. 비록 백 년 자란 나무라 할지라도 더 이상 새로운 가지들이 생겨나는 것이 아니라, 처음에 돋아났던 가지들이 성장하는 것과 같은 이치이다.

❷ 각 언어와 학문 또는 기술은 학생들이 전체 개관만 파악되도록 처음에는 간단한 요소만 가르쳐야 한다. 완벽하게 되는 것은 규칙과 예를 통해서 변칙들을 포함한 체계적인 분류를 통하여 이루어지고, 필요하면 마지막으로 주석을 통하여 언어와 학문 또는 기술에 연결되어야 한다. 교과를 처음부터 철저하게 학습한 사람은 주석서를 그렇게 필요하지 않고 오히려 그는 스스로 주석(註釋)할 수 있게 된다.

46 일곱 번째 원칙 : 자연은 비약하지 않으며, 한 발짝씩 전진한다.

새끼 새의 교육은 단계적으로 진행되는데, 새끼가 깨어진 알에서 나오기까지 그 단계들은 비약하지도 않고 뒤섞여 잘못 교체되지도 않는다. 알에서 나오면 어미 새가 아기 새를 곧장 날도록 하여 자신의 먹이를 스스로 찾도록 하지 않고(아직 가능한 것이 아니기 때문에), 어미 새가 그에게 먹이를 주고 자기의 품안으로 그를 따뜻하게 하고, 깃털이 자라도록 도움을 준다. 새끼 새가 깃털이 자라면 어미 새가 날도록 곧장 둥우리에서 쫓아내는 것이 아니라 서서히 그것을 가르친다. 먼저 집에서 날개를 펼치고, 그런 후 둥우리 위로 솟아오르고, 몸을 움직여 집 밖에서 날 수 있도록 시도해 보기를 가르친다. 그리고 가지에서 가지로, 나무에서 나무로,

마침내 산에서 산으로 나는 법을 가르친다. 그렇게 해서 마지막에 새는 하늘로 날아오르기에 충분한 자신감을 얻게 된다. 이러한 과정들은 하나하나가 적합한 시기에 일어나는 것이 얼마나 중요한가를 알 수 있다. 시기가 적합할 뿐만 아니라 그 과정들이 단계적으로 이루어져야 하며, 그 단계의 순서는 변하지 않는 것이다.

47 집을 짓는 사람도 같은 방식으로 진행한다. 그는 첨탑이나 벽에서부터 시작하는 것이 아니라 기초부터 시작한다. 기초가 다 되면, 그는 지붕을 얹는 것이 아니라, 벽을 만든다. 달리 표현하면 모든 것이 상호 결합되고 모든 것이 하나하나 첨가되는 질서가 요구된다.

48 정원사도 그의 일에서 여러 가지 단계의 원리를 지켜야 한다. 그는 나무를 선택하고 파내고 이식하고 자르고 나누고 접가지를 접붙이고 견고하게 묶어야 한다. 이 중에서 어떤 것도 빠져서는 안 되며 다음에 해야 할 것들을 먼저 해서도 안 된다. 만일 그가 규칙에 맞게 단계적으로 진행하면 일은 거의 잘못될 수 없다.

49 그러므로 교사들은, 항상 자신과 학생들을 위해서 그들이 가르치는 교과를 단계별로 나누고 각 단계를 정한 시간 내에 끝내도록 계획하고 한 단계가 끝나면 다음 단계로 연결되도록 하지 않는다면 그것은 분명히 난폭한 행위가 될 것이다. 이른바 도달해야 하는 목적과 방법 그리고 질서를 이러한 방법으로 확실하게 하지 않는다면 쉽게 뛰어넘고 순서가 뒤바뀌며 교육은 혼잡스럽게 되는 것이다.

50 그러기 때문에 이제부터는,

❶ 학습 전체를 정확하게 학급으로 구분되어야 한다. 그리고 이전의 학습이 다음의 학습을 준비하고 길을 밝히는 것이 되도록 해야 한다.

❷ 학습시간을 주의 깊게 배분하여, 매년, 매월, 매일, 매시간에 각각 일정한 과제를 갖도록 해야 한다.

❸ 어떤 것이 뛰어넘어 순서가 잘못되지 않도록 시간과 과업의 분배가 엄격하게 유지되어야 한다.

51 **여덟 번째 원칙 : 자연은 일단 시작하면 그것이 완성될 때까지 중단하지 않는다.**

자연적으로 그의 알을 품기 시작한 새는 새끼 새가 깨고 나오기까지 그것을 중단하지 않는다. 만일 새가 몇 시간 만에 그만둔다면 알은 추워서 죽게 된다. 알을 깨고 나온 후에도 그들이 삶에서 강하여지고 깃털로 옷 입어 찬 공기를 견딜 수 있도록 따뜻하게 해 준다.

52 그림을 그리려는 화가도 일이 중단되지 않도록 최선을 다한다. 그래야 색채가 더 잘 조화되고 더 견고하게 된다.

53 같은 이유로, 집의 건축도 완성하기까지 중단하지 않고 진행하는 것이 최선이다. 그렇지 않을 경우 햇빛과 비 그리고 바람이 집 짓는 일을 망치게 된다. 나중에 증축하는 것은 더 이상 견고하지 못하게 된다. 결국 여기저기 갈라지고 견고하지 않게 된다.

54 현명한 정원사가 일단 접목에 착수하면 완성할 때까지 중단하지 않는다. 그가 도중에 중단하면 나무와 접가지의 수액이 말라 나무는 말라 죽게 된다.

55 아이들이 수개월 또는 수년 동안 학교에 보내어지다가 그후 상당기간 다른 일에 종사하게 하는 것은 매우 해롭다. 또한 교사가 학생들에게 이것저것을 가르치고 아무 것도 만족스럽게 끝내지 않는 것도 해로운 것이다. 결과적으로 교사가 매 시간마다 일정한 과제를 정해놓고 그것을 완성해야하므로, 학생들이 매시간 바람직한 목표를 향해서 확실한 전진을 이룰 수 있게 하지 못하는 교육은 큰 잘못이다. 학교에서 이러한 노력이 부족하면 모든 것은 식어지게 된다. '쇠가 뜨거울 때 쳐라'는 경구는 중요하다. 만일 쇠가 식어버리면 망치로 내리쳐도 소용이 없으며, 시간을 들여 철을 다시 불 속에 넣어야 한다. 쇠는 불에 넣어 열을 가할 때마다 철의 성분을 조금씩이라도 잃게 되기 때문이다.

56 그래서,
❶ 학교에 보내진 학생은 그가 학식과 덕성 그리고 경건한 사람이 될 때까지 배워야 한다.
❷ 학교는 소음과 방해가 없는 조용한 장소에 위치해야 한다.
❸ 계획에 의해 추진된 모든 것은 중단 없이 진행되어야 한다.
❹ 어떤 이유로도 무단결석과 중도 탈락이 학생들에게 용인되어서는 안 된다.

57 **아홉 번째 원칙 : 자연은 방해물이나 유해한 것은 조심스럽게 피한다.**

예를 들면, 새가 알을 품을 때 찬바람, 비나 우박이 둥지에 들어오지 않도록 한다. 또한 뱀이나 독수리 등, 해가 되는 것들을 쫓아 버린다.

58 같은 방식으로 건축사는 나무, 벽돌, 석회를 가능한 건조하게 간직하고, 이미 지어진 건물은 파괴되거나 쓰러지지 않도록 대비한다.

59 화가도 새로 그린 그림을 찬바람, 뜨거운 더위, 먼지에서 보호하며, 낯선 사람이 손을 대지 못하게 한다.

60 정원사는 염소와 토끼가 먹거나 뿌리를 뽑아버리지 않도록 말뚝을 박아 울타리를 치고,140) 격자 모양으로 어린 나무 주위에 친다.

61 학생들에게 어떤 교과를 시작하자마자 즉시 쟁점을 소개하는 것은 마치 정신이 어떤 새로운 것을 학습하려고 할 때 의혹의 태도를 취하는 것과 같아서 이는 현명하지 못한 일이다. 그것은 뿌리를 박기 시작한 나무를 흔드는 것과 같지 않은가? 성자 빅토르 휴고(St. Hugo Victor)가 "의심되는 점을 조사하는 것으로 시작하는 자는 절대로 지혜의 성전에 들어갈 수 없을 것이다"141)라고 말한 것은 옳다. 따라서 틀린 것을 복잡하고 혼동되게 쓴 책들

---

140) Hultgrenliest wohl mit Recht statt corbita: corbula(was auch in Comenius Lexicon januale für Korb steht).
141) Hugo von St. Victor: In Ecclesiasten Homilia XVII.(Migne, Patrol. lat. 175, 237ff.).

과 악한 친구들에게서 학생들을 보호해 주지 않을 때 바로 이런
현상이 생겨나는 것이다.

62 이와 같이 하여,

❶ 학생들은 그들의 학급에 맞는 일정한 책들을 가지도록 돌봐야
하며,

❷ 학급에 맞는 책일지라도 지성과 덕성 그리고 경건성에 이르게
하도록 편집되어야 하며,

❸ 학교와 청소년들의 주변에서 그 어떤 경박한 교제가 이루어지
지 않도록 돌보는 일이다.

63 여기에서 추천된 모든 것들이 정확하게 지켜진다면 학교
는 그들의 목적을 달성하는 데 결코 실패하지 않을 것이다.

제17장 쉬운 교수와 학습의 원리

> 학습은 확실할 뿐만 아니라 쉬워야 한다(1). 이에 대한 10가지의 원리
> (2). - Ⅰ. 자유스러운 이유에서 시작하기(3). 원리의 적용(4~7), 학교에서
> 이에 대한 위반(8), 시정(9). Ⅱ. 재료가 형상을 요구하는 재료를 준비하기
> (10~13). 어떻게 어린이들에게 있어서 학습 의욕을 깨우고 고취시킬 수
> 있는지(14), 부모를 통하여(15), 교사(16), 학교의 시설(17), 교수 대상(18),
> 방법(19)과 교육 관청(20). Ⅲ. 모든 것을 작은 것과 일반적인 것으로부터
> 발전시키기(21~24). Ⅳ. 쉬운 것에서 어려운 것으로 진행(25~28). Ⅴ. 과
> 부담 금지(20~30). Ⅵ. 성급하지 않기(31~35). Ⅶ. 의지에 반해 어떤 것
> 도 요청하지 않고 성숙하도록 기다리기(36~38). Ⅷ. 모든 보조 교재 특별
> 히 감각적인 직관을 가져오기(39~42). Ⅸ. 적용을 보여주기(43~45). Ⅹ.
> 항상 동일한 방법들을 사용하기(46~48).

1 우리는 앞에서 교육자들이 어떠한 방법으로 그의 목표에 확실하게 도달할 수 있는지를 살펴보았다. 이제는 어떻게 하면 그런 방법들을 학생들의 지적 능력에 맞게 쉽고 편안하게 사용될 수 있을 것인가에 대해 진단해 보고자 한다.

2 자연이 앞서 보여준 길들을 따라가면, 청소년들이 쉽게 배울 수 있는 방법들을 발견할 것이다.
❶ 정신이 부패하기 전에 일찍 시작한다.
❷ 정신의 준비를 충분히 시키고 난 후에 교육한다.
❸ 일반적인 것에서 특수한 것으로 수업을 진행한다.

❹ 쉬운 것에서부터 점점 어려운 것으로 진행한다.

❺ 배우는 자들에게 너무 많은 교과내용으로 부담을 주지 않도록
한다.

❻ 모든 경우에 항상 천천히 진행한다.

❼ 연령과 바른 학습단계에 상응하면서 자연스럽게 스스로 추구하
는 것 외에 아무 것도 강요하지 않는다.

❽ 모든 것을 감각적인 직관을 통해서 가르친다.

❾ 모든 학습한 내용을 현실에서 적용할 수 있도록 가르친다.

❿ 모든 것을 항상 동일한 방법에 의해 가르친다.

교육이 쉽고 즐겁게 행해지기 위해서 이러한 원칙들이 어떻게
지켜지는지 살펴보자!

3 **첫 번째 원칙 : 자연은 항상 자연스럽게 설정된 근거 위에
세워진다.**

예를 들어 새는 가장 좋은 알들을 골라서 품기 시작한다. 품기
전에 이미 그 속에 새끼가 자라기 시작했다면, 기대하는 결과는 헛
될 것이다.

4 건축가가 하나의 건물을 짓기 원하면 그는 빈터를 필요로
하며, 만일 그가 이미 건물이 있는 터 위에 세우기 원하면 우선
그것을 허물어 버려야 한다.

5 화가도 깨끗한 면에 그림을 그려야만 가장 잘 그릴 수 있
다. 하지만 그리고자 하는 면이 이미 그려져 있다거나 더럽거나 거
칠게 구겨져 있다면 우선 그는 그것을 깨끗하게 해야 하고 반듯하

게 펴야 한다.

6 누가 값비싼 향유를 보관하고자 하면 이미 무언가 들어 있는 그릇을 깨끗이 씻은 다음에 향유를 그 안에 넣어야 한다.

7 정원사는 어린 나무를 심는 것이 가장 좋다. 만약 이미 많이 자란 나무를 심는다면 우선 수액이 불필요하게 흩어지지 않도록 가지들을 자른다. 그래서 아리스토텔레스는 모든 사물들의 전제들에서 방해물의 제거를 생각하였다.[142] 왜냐하면 낡은 것을 제거하지 않고 새로운 형상을 어떤 질료에도 박아낼 수 없기 때문이다.

8 여기서 나오는 것은 ❶ 청소년들이 아직 다른 일에 그 힘을 낭비하는 습관에 빠지기 전에, 청소년의 정신이 아직 깨끗한 동안에 지혜의 공부에 몰두하도록 해야 한다. 그리고 교육을 시작하는 때가 늦을수록 마음이 다른 것에 빼앗겨 있기 때문에 이를 확고하게 붙들기가 어렵다. ❷ 한 아이가 두서넛의 교사들에게서 동시에 성공적으로 교육될 수는 없다는 것이다. 왜냐하면 모든 교사들은 각자 다른 수업 방법들을 가지고 있고, 이것은 예민한 학생들을 혼란스럽게 만들고 그들의 교육에 장애가 되기 때문이다. ❸ 아이들이나 청소년들을 교육하도록 책임진 사람이 가장 먼저 도덕을 가르치지 않는 것은 잘못된 판단에서 나오는 것이다. 왜냐하면 그들이 감정을 자제하는 것을 배우게 되면 다른 것을 더 잘 학습할 수 있기 때문이다. 말의 조련사는 그가 이런 저런 걸음을 가르치기 전에 그의 말을 먼저 쇠 재갈을 물리고 완전한 통제 하에 두어 순종

---

142) Aristoteles Physik I, Kap.8(Bekker 191 b) und Kap. 9(Bekker 192a).

이 보장되도록 한다. 그래서 세네카가 다음과 같이 말한 것은 옳다. "먼저 도덕을, 그리고 난 후 지혜를 학습하라. 도덕이 없이는 학습하기가 어렵다."[143] 또한 키케로(Cicero)는 말하기를 도덕철학은 많은 지식의 씨를 받아들이기 전에 정신을 준비시키는 일이라고 하였다.[144]

9　그러므로,

❶ 청소년은 일찍 교육을 시작해야 한다.

❷ 학생은 동일한 과목에서 한 교사에 의해서만 교육되어야 한다.

❸ 교사는 다른 어떤 것보다 올바른 질서 안에서 도덕을 가르쳐야 한다.

10 **두 번째 원칙 : 자연은 형태에 따라 요구되는 재료를 준비한다.**

알 속에 있는 새끼가 이미 충분히 자라고 더 완전하게 되기를 추구하면, 새끼는 움직이고 부리로 껍질을 깨뜨리고 나온다. 새끼가 껍질에서 자유롭게 되면, 그는 어미 새가 따뜻하게 해 주는 것을 즐거워하고 기꺼이 먹이를 쪼고 군침을 돌리며 입을 열어 먹이를 삼킨다. 하늘을 쳐다보고 날기를 준비하고 곧 날 수 있다는 것을 즐거워한다. 간단히 말해서 새는 자연적 기능을 실현하려는 강한 의욕을 가지고 있지만 전 과정을 한 단계 한 단계 발달해 간다.

11 정원사는 식물에게 필요한 수분과 생의 온기를 제공하고

---

143) Das Zitat nahm Comenius wohl aus Jos. Langs Florilegium magnum, Abs. 'Institutio'(Frankfurt 1621, Sp. 1496).
144) Cicero, Tusc. II, 5, 13.

즐겁게 잘 자라도록 돌보아야 한다.

12 아이들을 그들의 의지에 반하는 공부에로 내몰게 하는 자는 그 아이들을 잘못 돌보는 것이다. 그는 거기서 무엇을 바랄 수 있을까? 먹고 싶어서가 아니라 강요에 의해서 먹게 되면 배탈이 나거나 토하고 소화 불량과 위궤양을 일으킨다. 이에 반해 배가 고프면 사람은 탐스럽게 먹고 빨리 소화시키고 그것을 살과 피로 변화시킨다. 그래서 이소크라테스(Isokrates)는 "당신이 배우고 싶어 할 때 많은 것을 배우게 될 것"이라고 말한다.145) 또한 퀸틸리안(Quintilian)도 "학습 의욕은 의지에 달려 있으므로 강요되어서는 안 된다"고 말했다.146)

13 그래서 사람들은,
❶ 가능한 모든 방법으로 아이들에게 지식과 학습 의욕을 북돋아 주어야 한다.
❷ 교수 방법에 의해서 학습의 어려움을 가볍게 하여, 학생들이 의욕적으로 발전하는 것을 방해하지 말아야 한다.

14 아이들에게 학습 의욕은 부모, 학교, 교재, 교수 방법, 교육 관청을 통해서 고취될 수 있다.

15 부모에 의해서라 함은, 만일 부모가 자녀들 앞에서 학문과 학식 있는 사람들을 종종 칭송하고, 공부하도록 그들에게 좋은 책들과 옷이나, 그밖에 무엇인가 좋은 것들을 약속할 때, 그들이 아

---

145) (Isocrates) Orat. ad Demonicum §18.
146) Quintilian, Institutio orat. I, 3, 8.

이들에게 부지런하도록 권고할 때, 그들이 교사들의 뛰어난 교육과 학생들에 대한 교사의 친절을 치켜세울 때, – 사랑과 존경은 그들이 본받고 싶은 마음을 가장 잘 일깨우기 때문이다. – 그리고 결과적으로 부모가 이따금 교사들에게 작은 선물을 아이 편에 보내게 될 때, 아이들이 교사에게 뿐 아니라 가르침에 있어서도 쉽게 신뢰의 관계로 나타나게 될 것이다.

16 교사들이 친절하고 공손하게 할 때, 거친 언행으로 학생들을 소외시키는 것이 아니라 아버지와 같은 감정과 언행으로 그들을 가까이 오게 하며, 그들이 해야 하는 공부가 멋있고 재미있고 쉬운 것이라는 말을 해주며, 교사들이 더 열심히 하는 학생들을 칭찬하고 어린이들에게 사과, 땅콩, 사탕 등을 줄 때, 교사들이 개별적으로 또는 모두에게 그들이 배워야 할 사물의 그림을 보여줄 때, 또는 시각적이며 기하학적인 기구들과 학생들이 감탄할 수 있는 지구본과 같은 물건들을 보여줄 때, 이따금 교사들이 어린이들을 통해서 부모에게 전할 말씀을 들려 보낼 때, 간단히 말해서 교사들이 친밀하게 그들을 대할 때, 그들이 집보다 더 학교를 좋아하도록 마음을 사로잡을 수 있을 것이다.

17 학교는 안과 밖에서 볼 때 사람들에게 안락한 분위기를 제공하는 매력적인 장소여야 한다. 내부는 그림으로 장식되어 있는 밝고 깨끗한 방이어야 한다. 그림들은 유명한 인물들이거나 역사적인 사건들, 또는 지도이거나 어떤 상징물이어야 한다. 외부는 뛰어놀 수 있는 장소가 있어야 한다. 왜냐하면 사람들은 아이들에게 이런 기회를 주어야하기 때문이다(나중에 더 언급함).147) 뿐만 아니라 외부는 어린이들이 나무와 꽃 그리고 잔디를 즐길 수 있는 정

원을 가지고 있어야 한다. 그것이 구비되어 있으면 아이들은 그들
이 시장보다도 항상 새로운 어떤 것을 보고 들을 수 있는 학교로
기꺼이 가게 된다.

18 학습할 교과 내용 자체도 그것이 연령층에 맞고 분명하게
설명된다면 청소년들의 마음을 끌 것이다. 사람들은 농담으로, 또
는 너무 심각하게 하지 않는다면, 항상 기쁘게 행하면 유쾌한 것,
유용한 것과 결합될 수 있다.148)

19 교수 방법은 학습 의욕을 고취하려면, 첫째로 자연적인 방
법이어야 한다. 자연적인 것은 스스로 자발적으로 되는 것이다. 물
이 산의 경사면을 흘러내리는 것은 강요에서가 아니다. 제방이나
기타 무엇이든지 물을 가두는 것이 없어지면 곧장 물이 흐르는 것
을 보게 된다. 사람들은 새들에게 날아가라고 강요할 필요가 없다.
새장을 열어두기만 하면 된다. 우리의 눈과 귀에 아름다운 그림과
아름다운 멜로디를 보고 듣게 해주면 그것을 즐거워하라고 재촉할
필요가 없다. 이 모든 것을 재촉하기보다도 억제해야만 할 때가 많
다. 자연적 교수 방법의 요건은 다음의 규칙과 앞서 다룬 장에서
취할 수 있을 것이다.

둘째로 학생들에게 흥미를 느끼게 하려면, 교수법은 그들의 마
음을 끌기 위해서 영리하고 감미롭게 만들어져야 한다. 아무리 딱
딱하고 진지한 학습교과 내용이라도 모든 것을 학생들에게는 생소
하지 않고 매력적으로 제시되어야 한다. 예를 들어 대화나 논쟁의
형식으로, 수수께끼나 비유와 우화 형식으로 말이다. 이에 관해서

147) 대교수학, 19장 50.
148) Horaz, Epist. II, 3, 343: Omne tulit punctum, qui miscuit utile dulci.

는 나중에 더 자세히 설명할 것이다.149)

20 교육관청과 학교의 장이 공적인 학교 행사들(가령 발표회, 토론회, 공연회, 박사학위 구두 시험장의 토론회)에 참석하고, 열심히 하는 자에게 칭찬을 해주고(누구의 자녀라는 것을 고려함이 없이), 조그만 선물을 줌으로써 학생들에게 열심을 고취시킬 수 있다.

21 **세 번째 원칙 : 자연은 모든 것을 시초부터 발전시키며, 처음에 보기에는 비록 작은 것 같으나 큰 잠재력을 갖고 있다.**

예를 들면, 새가 만들어져 나올 질료는 몇 방울의 액체로서 쉽게 따스해지고 부화되기 위하여 껍질 속에 담겨 있다. 그러나 그 몇 방울의 액체는 잠재적으로 완전한 새를 포함하고 있는 것이다. 왜냐하면 그 안에 포함되어 있는 생명력에 의해 새끼 새의 몸이 형성되기 때문이다.

22 나무가 아무리 크다 할지라도, 그의 본질을 열매의 핵 안에, 또는 가지 끝에 있는 어린 싹에 잠재적으로 담고 있다. 이것을 땅에 심으면 그의 내재하는 힘에 의해 나무 전체가 자라게 된다.

23 대부분의 학교에서 이 자연법칙에 거스르는 모습을 보이고 있다. 대부분의 교사들은 씨를 뿌려야 할 때, 씨 대신에 채소를 심으며, 어린 가지를 심어야 하는데 나무를 대신 심고 있는 것이다. 즉, 기본 원칙들 대신에 잡다한 추론과 저술가들의 본문 전부

---

149)대교수학, 19장 50; mehr darüber im Informatorium d. Mutter Schul
    V, 14ff.

를 학생들에게 학습시키려고 한다. 세계가 네 가지의 원소(여러 형식으로 나타난다 할지라도)로 구성된다는 사실은 분명하다. 교육도 몇 개의 작은 원칙에 의해 행해지고 이로부터 학습 원리의 무한한 집합들이 나오게 된대[사람이 상이성의 규칙을 안다면]는 것은 분명하다. 나무와 비교해 보면 하나의 뿌리에서 수백 개의 가지와 수천 개의 잎과 꽃 그리고 열매들이 나오는 것과 같다. 오, 하나님이시여! 우리의 시대를 불쌍히 여기시고 인간의 정신의 눈을 열어주시어 사물의 관계를 바로 깨달아 그것을 다른 사람에게 보여주게 하소서! 나는 「기독교 범지학 개요」에서150) 그러한 시도를 하고자 했고, 하나님은 어느 날에 다른 사람을 통하여 더 많은 것이 밝혀지기를 원하신다.

24 여기서 세 가지 결론을 내려 볼 수 있다.
❶ 모든 기술은 간단하고 실제에 가장 도움이 되는 규칙으로 만들어져야 한다.
❷ 모든 법칙은 간단하지만 분명한 말로 표현되어야만 한다.
❸ 법칙이 어떤 영역에 적용되는지 분명하게 하기 위하여 모든 법칙은 충분히 예들을 들어 설명해야 한다.

25 네 번째 원칙 : 자연은 쉬운 것에서부터 시작하여 점점 어려운 것으로 진행한다.
예를 들면 알의 형성은 딱딱한 부분 즉 껍질에서 시작하지 않고

---

150) Über die Pansophie des Comenius s. o.(Leben und Werk des Comenius). Der Frühentwurf: Porta sapientiae reserata sive pansophiae christianae seminarum, aber auch eine Skizze des Spätwerks lagen ja schon lange vor(s. Kvacala: Korrespondence I, 60).

노른자에서부터 형성되기 시작한다. 그 후에 딱딱한 껍질로 나아간
다. 마찬가지로 날기를 배우는 새가 발로 서기를 시작하고, 그 후
날개를 부드럽게 움직이고, 퍼덕퍼덕 날개 짓을 하다가 강한 힘으
로 땅을 박차면서 공중으로 날기 시작한다.

26 이와 같은 방식으로, 목수도 먼저 나무를 넘어뜨리고, 도끼
로 분리하고, 때로는 서로 붙이고 마침내 완전한 집을 짓게 된다.

27 그러므로 학교에서 무지한 자에게 꼭 같이 무지한 자를
통해서 가르치고 있는데 이것은 다음의 경우와 같이 잘못이다.

❶ 라틴어 공부를 시작할 때 초보자에게 라틴어 문법으로 가르치
   는 것은 잘못이다. 마치 히브리어를 히브리어 문법으로, 아랍어
   를 아랍어 문법으로 가르치려는 것과 같다.

❷ 초보자들에게 라틴어를 배울 때 라틴어를 모국어로 번역한 사
   전이 주어질 때이다. 그러나 실제로 그들은 모국어를 라틴어로
   번역한 사전이 필요한 것이다. 왜냐하면 그들은 라틴어를 통해
   서 모국어를 배우려는 것이 아니라 익숙한 모국어를 통하여 라
   틴어를 배워야 하기 때문이다(제22장에서 더 자세히).

❸ 학생들에게 그들의 모국어를 알지 못하는 외국인 교사를 통하
   여 배우게 하는 경우이다. 그런 경우에는 공통의 언어가 없이
   제스처나 추측으로만 의사소통을 한다. 그래서 그들에게 바벨탑
   을 쌓는 경우와 같은 일이 일어날 뿐이다.

❹ 사람들이 동일한 문법 규칙(예를 들면 멜랑히톤이나 라무스의
   문법)[151]으로 모든 국가의 학생들(프랑스, 독일, 보헤미아, 폴란

---

151) Melanchthon und P. Ramus führt Comenius wohl deshalb an, weil
   ihre Gramatiken auch ins Tschechische übersetzt waren.

드, 헝가리 등)을 가르치는 것은 역시 합당한 방법에서 벗어나는 것이다. 왜냐하면 각국의 언어는 각각 라틴어와 각기 다른 특수한 관계에 서 있기 때문에, 그 어느 국민의 학생에게도 라틴어를 철저하게 잘 가르치기 위해서는 모국어와 라틴어와의 관계를 잘 이해하고 가르쳐야 할 것이다.

28 이러한 오류는 다음의 경우를 통하여 억제되어야 한다.

❶ 학생과 교사는 동일한 언어를 사용해야 한다.

❷ 모든 설명들이 잘 알려진 언어로 표현되어야 한다.

❸ 언어의 문법과 사전들은 새로운 것을 배우도록 잘 만들어져야 한다(모국어로 된 라틴 문법책, 라틴어로 된 희랍어 문법책)

❹ 새로운 언어의 공부는 단계적으로 진행되어야 한다. 학생은 첫째로 이해하고, 쓰고(생각할 시간이 있다), 끝으로 말하는 것(그것은 즉각적으로 행해야 함으로 가장 어렵다)을 배워야 한다.

❺ 라틴어를 모국어와 연결할 때 모국어는 이미 잘 알려진 언어이므로 앞에 두고 라틴어를 뒤에 두어야 한다.

❻ 재료가 항상 다음과 같이 배열되어야 한다. 학생의 지적 수준에 가장 가까이 있는 것을 먼저 가르치고, 그 다음에는 조금 멀리 있는 것을, 마지막으로 가장 먼 것을 가르쳐야 한다. 어린이들에게 처음으로 학습론을 제공한다면(예를 들어 논리학 또는 수사학 같은 것), 그들이 이해할 수 없는 교과, 즉 신학, 정치학, 또는 시학을 실례로 드는 것이 아니라 일상생활에서 실례를 가져와야 한다. 그렇지 않으면 그들은 규칙도 그의 사용도 이해하지 못할 것이다.

❼ 우선 어린아이는 감각이 단련되어야 하고, 그 다음으로 기억력을, 다음으로 이해력을, 마지막으로 판단력 등이 훈련되어야

한다. 이것이 바른 단계이다. 왜냐하면 모든 지식이 감각에 의한 지각에서 시작되기 때문이며, 상상력을 통하여 그것이 기억력으로 전달된다. 그리고 마침내 충분히 이해된 사실에 대한 판단이 생긴다. 이런 방법으로 우리의 지식이 확고하게 수립되는 것이다.

29 **다섯 번째 원칙 : 자연은 지나친 부담을 지지 않으며 작은 것으로 만족한다.**

예를 들어 자연은 하나의 알에서 두 마리의 새끼가 나오는 것을 요구하지 않고, 한 마리가 나오는 것으로 만족한다. 정원사는 한 그루의 나무에 여러 개의 가지들을 접목하는 것이 아니라 많아야 한 쌍을 접목하게 되며 거기서 그는 하나의 힘 있는 좋은 나뭇가지를 얻게 된다.

30 학생들에게 동시에 여러 과목 즉 문법, 변증법, 수사학, 희랍어, 시를 배우게 한다면 그것은 그들을 산만하게 하는 것이다 (이에 대해 앞장의 제4원칙을 참조).

31 **여섯 번째 원칙 : 자연은 성급하게 진행하는 것이 아니라 서서히 진행한다.**

새는 새끼가 빨리 부화되게 하기 위하여 알들을 불 속에 넣는 것이 아니라 자연의 온기로 서서히 부화시키는 것이다. 부화 후에 새는 빨리 자라도록 새끼에게 먹이를 마구 먹이지 않고 - 그러면 새끼는 질식한다. - 위가 영양분을 충분히 소화시킬 수 있도록 서서히 그리고 조심스럽게 먹이를 먹인다.

32 마찬가지로 건축가는 기초 위에 벽들과 지붕을 바로 급하게 세우지 않는다. 왜냐하면 충분히 건조하지 않고 견고하게 되지 않은 기초는 무게에 견디지 못하고 모든 건물을 무너뜨리게 된다. 그래서 큰 석조 건물은 일 년 이내에 완성될 수 없고 충분한 시간을 배정해야 한다.

33 정원사도 나무가 한 달 동안에 많이 자라거나, 일 년 만에 열매를 맺기를 기대하지 않는다. 그래서 그는 나무를 매일 손대거나, 물을 주거나, 불이나 생석회를 뿌려서 따뜻하게 하는 것이 아니라 하늘에서 내린 비와 태양이 제공하는 온기로 만족한다.

34 청소년들에게 다음과 같은 것은 고통이 된다.
❶ 개인 교수도 붙여주지 않고 매일 여섯 시간에서 여덟 시간의 수업을 받게 하는 것.
❷ 받아쓰기, 연습문제, 암기해야 하는 수업을 학생들에게 너무 많이 시킨다면 현기증이 나고 정신착란증을 일으킬 수 있다.

입이 좁은 항아리에 물을 한 방울씩 넣지 않고 강제로 부어버린다면(어린이의 정신과 비교)152) 어떻게 될 것인가? 틀림없이 물의 대부분은 항아리 밖으로 흘러버리고 서서히 붓는 것보다도 훨씬 적게 들어가게 된다. 학생들이 이해할 수 있는 만큼의 학습량이 아니라 교사가 원하는 만큼 많은 것을 학생들에게 가르치는 것은 얼마나 어리석은 일인가? 그들의 지적 능력을 인정해 주어야 하지만 과도한 부담을 주어서는 안 되고, 교사는 의사와 마찬가지로 자연

---

152) Vgl. Quintilian, Inst. orat. I, 2, 27f.

의 주인이 아니라 자연에 순응하는 자이다.

35 학습하는 것이 매우 쉽고 즐거운 일이 되려면,

❶ 공적인 수업은 가능한 적게(즉, 매일 네 시간), 같은 시간만큼 자유 수업을 하게 한다.

❷ 암기할 것은 가능한 적게 한다. 즉, 기초적인 것만 외우게 하고, 나머지는 그 일반적인 의미를 파악하게 한다.

❸ 학생들의 학습능력에 맞도록 가르친다. 학습능력은 학습과 연령이 많아짐에 따라 자연적으로 증가해 간다.

36 일곱 번째 원칙 : 자연은 내적 성숙에 의해 스스로 발생하는 것 이외에는 아무 것도 강요하지 않는다.

어린 새의 사지가 잘 형성되고 강하게 되기 전에 알에서 깨어나도록 새끼 새를 강요하지 않으며, 깃털이 나오기 전에 날도록 강요하지 않고, 혼자서 날 수 있을 때까지 새집에서 쫓아내지 않는다. 마찬가지로 나무도 뿌리로부터 흘러나온 수액이 싹을 재촉할 때에야 비로소 싹을 내는 것이다. 흡인된 수액으로부터 형성된 잎과 꽃들이 자유롭게 펼쳐질 때에 열매를 맺기 시작한다. 열매가 껍질로 감싸지기 전에 꽃은 떨어지지 않는다. 열매는 익기 전에는 떨어지지 않는다.

37 다음의 경우 아이들의 정신에 폭력이 가해진다.

❶ 아이들의 연령과 이해력이 아직 미치지 못하는 것을 학습하도록 강요하는 것은 지적기능을 폭력으로 다스리는 행위이다.

❷ 먼저 충분한 설명과 해석 그리고 시범을 보여주지 않고 암기하라고 하든가, 해보라고만 하는 것은 학생들의 지능에 폭력을 가

하는 것이다.

38 지금까지 말한 것에 의하면 다음과 같은 결론이 나온다.

❶ 학생들의 연령과 재능이 받아들일 수 있을 뿐만 아니라 스스로 요구하는 것만을 어린아이들을 위해 제공해야 하고,

❷ 이해력에 의해 정확하게 파악되는 것만을 외우도록 해야 하며, 아이들의 지력에 상응하는 것만이 기억에 의해 남을 수 있으며,

❸ 모방되어야 할 법칙과 규칙을 충분히 설명한 후에 행하도록 해야 한다.

39 **여덟 번째 원칙 : 자연은 가능한 모든 방법을 통해서 스스로 자신을 돕는다.**

예를 들면, 알은 그 자신의 고유한 생명의 열을 가지고 있다. 이 것은 자연의 아버지인 하나님의 돌봄, 즉 태양의 열과 품고 있는 새의 깃털을 통해서 도움을 받는다. 막 태어난 새끼는 필요한 경우 어미 새에 의해 따뜻하게 되고, 여러 방식으로 생의 기능을 훈련받고 강화된다. 우리는 황새에게서도 어미가 새끼를 어떻게 도와주는지를 볼 수 있다. 새끼가 날개를 펴서 날 때까지 어미는 새끼를 등에 업고 둥우리 주위를 빙빙 돈다. 이와 같이 유모는 유아들을 여러 방면으로 돕는다. 유모는 애기들에게 머리를 들게 하고, 앉게 하고, 발로 서게 하고, 걷도록 하고, 걸음걸이를 확실히 하게 하고, 앞으로 오게 하고, 힘 있게 걷도록 한다. 결국 달릴 수 있도록 민첩함이 자라게 된다. 그녀가 유아들에게 말을 가르칠 때 그들에게 낱말들을 미리 말하고 그것들이 무엇을 뜻하는지 손으로 사물을 가리켜 준다.

40 학생들에게 무엇이 문제인지를 충분히 설명하지 않고 숙제를 주고, 어떻게 문제를 푸는지를 설명해주지 않는 교사는 아주 잔인하다고 밖에 할 수 없다. 해보려고 하는 아이들의 시도에 아무런 도움을 주지 않고 땀을 흘리도록 내버려두고 그들이 조금만 잘못해도 화를 내는 교사도 마찬가지다. 그것은 아이들을 고문하는 것 외에 아무 것도 아니다. 그것은 유모가 발로 비틀비틀 불안정하게 서는 아이에게 민첩하게 걷도록 강요하고 아이가 그것을 못했을 때 때리는 것과 같다. 자연이 우리에게 가르쳐주는 것은 이것과는 다르다. 이른바 약한 자가 힘이 부족하면 인내로 참고 기다려주어야 한다는 것이다.

41 그러기에 앞으로,

❶ 학습의 준비성이 결여된 이유로 아무도 체벌되어서는 안 된다 (배우지 않는다면 그것은 교사의 책임인데 그 이유는 그가 학생들을 이해하지 못하거나 학생들로 하여금 잘 배우도록 노력하지 않았기 때문이다).

❷ 학생들이 학습해야 할 교과 내용은 학생들이 자기의 다섯 손가락을 아는 것처럼 모든 것이 확실하고 분명하게 가르쳐져야 한다.

❸ 가능한 한 감각을 사용해서 학습을 시켜야 더 쉽게 기억 속에 저장될 것이다.

42 예를 들면, 청각은 시각과 그리고 언어는 손과 연결되어야 한다. 사람은 교과를 단지 귀로만 몰입하도록 이야기만 해서는 안 되고, 그림으로 그려진, 예를 들어서 눈의 도움으로 상상력을 발달시켜야 한다. 학생들은 언어와 손으로 의사 표현하는 것을 일찍 배

워야 한다. 그리하여 이미 학습한 것이 귀, 눈, 정신, 기억에 충분히 각인되기 전에는 학습을 진행해서는 안 된다. 이런 목적을 위해 교실의 네 벽에 학습의 교과를 그린 그림을 붙여 놓는 것이 좋을 것이다. 전공 수업 때에 사용되는 명제들, 규칙들, 그림들, 도표 등도 있을 것이다. 그것들이 얼마나 쉽게 각인되게 하는지는 놀라운 일이다. 거기에 학생들이 듣거나 책에서 읽는 모든 것을 일기장과 비망록153)에 무언가 노트를 하는 것은 역시 도움이 될 것이다. 왜냐하면 상상력을 돕고, 후에 기억해 내기 쉽기 때문이다.

43 아홉 번째 원칙 : 자연은 실제 효과가 명백해지지 않는 것은 아무것도 생산하지 않는다.

새가 성장하면 날기 위해 날개를 가지고 있고, 걷기 위해 다리를 가지고 있다는 것이 명백해진다. 나무에서 생성되는 모든 것은 열매를 감싸는 껍질과 꽃까지도 다 그 목적이 있다.

44 학생에게 가르치는 것이 일상생활에서 어떻게 유용한지 보여주면, 학습이 매우 쉽게 이루어질 것이다. 이는 문법, 변증법, 산술, 지리, 물리학 등 모든 영역에서 반드시 지켜야 할 원칙이다. 이러한 것이 소홀히 되면 설명해 주는 모든 것은 낯선 세계의 괴물과 같은 것으로 나타나고, 어린이는 그 모든 것이 실제 세상에 존재하는지 관심이 별로 없기 때문에, 그들은 교사가 설명하는 것을 지식으로 안다기보다는 그냥 교사의 말을 믿어버리는 경향이 있다. 하지만 어떤 것이 학생의 관심을 끌게 될 때, 교사가 그것에

---

153) Näheres über diesen Vorschlag in der Schola pansoph. p. II, Picturae auditorii, ODO III, 38 ff. Ähnliches in Campanellas Sonnenstaat.

대한 용도를 설명해준다면 학생은 쉽게 이에 접근하고, 그는 지식
을 얻었다는 확신을 가지게 되므로 즐거운 마음으로 그것을 적용
하려고 할 것이다.

45 그러므로 적용방법을 쉽게 시범해 줄 수 있는 사물에 대
해서만 가르쳐야 할 것이다.

46 **열 번째 원칙 : 자연은 그 모든 작용에서 일관된 법칙이
있다.**

한 마리 새가 태어남과 마찬가지로 모든 새들과 모든 동물이 태
어나는 방식은 같다. 다만, 특별한 상황에서 예외는 있을 수 있다.
식물에서도 마찬가지다. 씨에서 한 포기의 풀은 싹트고 자라게 된
다. 마치 한 그루의 나무가 심어지고 자라고 꽃피는 것과 같다. 모
든 것이 그렇다. 한 그루의 나무처럼 한 잎이 만들어지면 다른 모
든 잎들도 해마다 변하지 않고 계속된다.

47 개개의 교사들이 기술들을 상이한 방법으로 가르치게 되
면, 방법상의 상이함은 청소년을 혼동시키고 배움을 힘들게 만든
다. 교사들이 각각 다른 방법으로 교육을 행할 뿐 아니라 같은 교
사라 할지라도 교수법을 변화시키는 것은 잘못이다. 예를 들면 언
어를 교육하는 방법과 변증법을 교육하는 방법에 차이가 있어서
는 안 된다. 반면에 전체와의 조화와, 사물과 낱말들과의 관계와,
연결과 관련하여 모든 것이 동일하게 학습될 수 있다.

48 그래서 사람은 다음과 같은 것들에 주의해야 한다.
❶ 학문과 기술 그리고 언어가 동일한 한 가지 방법으로 교수되어

야 한다.

❷ 동일한 질서와 방법이 동일한 학교에서 모든 교과에 적용되어 야 한다.

❸ 동일한 대상에 대해서 교재들은 가능한 판본이 같아야 한다. 그 러면 모든 것은 막힘이 없이 쉽게 잘 진행될 것이다.

제18장

견고한 가르침과 배움의 원리
(교수와 학습의 철저성의 원칙)

습관적인 교육은 피상적이다(1). 이에 대한 원인(2). 자연적인 방법이 시정될 수 있다(3). 10가지의 원리(4): I. 쓸모없는 것은 어떤 것도 시도되지 않는다(5~9). II. 쓸모 있는 것은 어느 것이나 생략하지 않는다(10~12). III. 확실한 근거 위에서 모든 것이 시행된다(13~16). IV. 근거를 깊게 놓기(17/18). V. 모든 것을 근원부터(19~23)–피상적인 교육에 관하여(24), 잘못된 방법에 의한 동기 부여(25/26), 피해(27), 시정(28)–VI. 모든 것을 분명하게 나누어라(29/30). VII. 항상 앞서 나가기(31/32), 무엇보다도 가장 어린 아이 때에 기억을 연습하고 확고히 하기(33). VIII. 모든 것을 서로 연결하기(34/35), 상관관계 해명을 통하여(36/37), IX. 내면적인 것과 표면적인 것의 올바른 관계가 항상 유지된다(38~40). X. 모든 것을 확고하게 연습하기(41~43), 질문과 각인, 그리고 가르침을 통해서(44/45). 이러한 연습의 유용성(46). 학교 밖에서 상반적인 가르침(47).

1 학교에서 철저한 교육을 받는 사람은 거의 없으며, 대부분의 사람은 겉치레 밖에는 아무 것도 남지 않는 참된 지식의 그림자만 가지고 나갈 뿐이라는 불평의 소리가 많이 들려오고 있으며, 그러한 실상을 많은 사람들이 확인하였다.

2 이러한 현상의 원인을 찾아보면, 두 가지 원인에 직면하게 된다. 한편으로 학교는 사소한 것과 무가치한 것을 학습하고, 중요한 학습에는 소홀하다는 것이다. 다른 한편으로 대부분의 지식들이 머리에 머물러 저장되지 않고, 그냥 흘러가기 때문에 학생들은 배

웠던 것을 쉽게 잊어버리는 것이다. 그리고 이러한 지식의 소멸은 너무나 일반적이기 때문에 이것을 한탄하지 않는 사람은 없다. 우리가 읽고, 듣고, 파악한 모든 것을 확실하게 기억으로 남기게 한다면, 우리는 얼마나 박식하게 될 것일까! 그렇지 않다면 우리는 계속 물을 체에 붓고 있다는 사실은 변하지 않을 것이다.

3 이러한 잘못에 대한 방지책은 있는가? 물론 우리가 다시 자연에서 배우고, 자연이 그가 창조한 존재들에게 지구력을 주기 위해서 사용하는 방법을 탐구해 본다면 치료법은 분명히 찾아낼 것이다.

나는 각 사람이 배웠던 것뿐만 아니라, 알 수 있는 것보다 더 많은 것을 발견하게 되리라는 것을 주장하였다. 그 방법에 의하면 사람이 교사에게서와 책에서 배운 모든 것을 쉽게 상기할 뿐만 아니라, 동시에 스스로 사물에 대하여 근본을 판단할 수 있는 상태에 이르게 되는 것이다.

4 그것이 가능하려면,

❶ 진실로 유용한 교과만을 교육해야 한다.

❷ 이러한 유용한 교과는 곁길로 가거나 중단되는 일이 없이 철저하게 교육되어야 한다.

❸ 모든 것에 기초교육이 행해져야 한다.

❹ 먼저 이 기초가 철저하게 세워져야 한다.

❺ 뒤에 오는 모든 것이 이 기초 위에 교육 되어야 한다.

❻ 여러 부분으로 되어 있는 교육에서는 그 부분들이 가능한 한 잘 나누어져야 한다.

❼ 뒤에 학습되는 새로운 것이 앞에서 학습된 것을 기초로 하여

교육되어야 한다.

❽ 같은 연관성과 유사점은 강조되어야 하며 계속 연결되어야 한다.

❾ 모든 학습은 학생의 이해와 기억과 재생의 능력에 조화되도록 배열한다.

❿ 지식의 학습을 끊임없는 연습을 통해서 기억 속에 고정시킨다.

　　그러한 사실을 개별적으로 더 자세히 살펴보자.

5 **첫 번째 원칙 : 자연은 쓸데없는 것은 절대로 시행하지 않는다.**

자연이 새끼 새를 교육시키기 시작하면 자연은 새에게 사용할 수 없는 비늘, 지느러미(날개), 뿔, 네 발과 기타, 어떤 다른 기관을 주는 일이 없으며, 새에게 머리, 귀, 눈, 깃털 등을 준다. 마찬가지로 나무에게 눈, 귀, 깃털, 또는 머리카락을 만들어 주는 것이 아니라 줄기, 뿌리, 잎, 가지 등을 만들어 준다.

6 논밭이나 과수원이나 정원에 과실을 열리게 하려는 사람은 잡초나 쐐기풀이나 엉겅퀴나 가시나무가 아니라 좋은 씨와 묘목으로 심어야 한다.

7 건축가가 견고한 건물을 지으려고 한다면 그는 짚, 겨, 진흙, 잡목들을 모으는 것이 아니라 석재, 벽돌, 널판지와 같이 견고한 재료들을 모을 것이다.

8 이와 같이 학교에서는,

❶ 이 세상과 내세의 삶을 위하여 유용한 것이 아니면 어떤 것도

가르쳐서는 안 된다. - 내세에서의 용도는 더욱 중요하다(히에로니무스(Hieronymus)에 따르면 사람은 하늘에서 살기에 필요한154) 지식을 지상에서 가르쳐야 한다고 하였다).

❷ 아이들에게 이 세상의 삶 때문에 가르쳐져야 하는 것이 저 영원한 내세에 필요한 것이 아닐 때는 현재적이며 지속적인 결실을 위한 것에만 한정하여 교육되게 해야 한다.

9 그러면 지금까지 왜 무가치한 학교교육이 행해져 왔는가? 사람이 안다고 해도 아무 소용이 없으며, 알지 않아도 아무 해가 되지 않는 것을 배우는 것은 무엇에 도움이 되는가? 시간이 지나감에 따라 잊어버리거나, 또는 다른 일들로 마음이 뺏겨 다 잊게 되는 그런 교육을 왜 받아야 하는가? 그러한 어리석은 일에 인생을 낭비하지 않아도, 우리의 짧은 인생을 채울 수많은 일들이 있다. 그러므로 청소년이 가치 있는 일에 몰두할 수 있도록 학교에서 학습이 이루어져야 한다. (레크리에이션의 가치와 중요성에 관해서는 적당한 장에서 언급하게 될 것이다.155))

10 두 번째 원칙 : 신체가 형성될 때, 자연은 유용한 것을 하나도 **빼놓지 않는다.**

예를 들면, 작은 새가 형성될 때 자연은 머리, 날개, 발, 부리, 피부, 눈, 기타 새의 본질에 해당되는 모든 것을 하나도 잊어버리지 않는다.

11 이와 마찬가지로 학교가 사람을 교육할 때, 모든 면, 즉

154) Hieronymus, Epist. 53 §9; Migne: Patrol. lat. 22, 549.
155) S. Kap. 19 §50.

현생의 직업을 위해서 뿐만 아니라 영원에 적합한 교육을 하지 않으면 안 된다. 사실 모든 어려운 인간 노력은 미래의 영원한 생활을 목적으로 하여 영위되어야 한다.

12 그 때문에 학교에서는 다만 지식뿐만 아니라 역시 도덕과 경건에 대하여도 가르쳐 주어야 한다. 학문적인 교육은 인간이 모든 유용한 것을 이성적으로 관찰하고 말하고 실행할 수 있도록 정신과 언어와 손을 잘 훈련시켜야 한다. 여기에서 무엇인가 간과된다면, 교육의 결핍뿐만 아니라 교육 전체의 안정성이 파괴되어 틈이 생겨난다. 왜냐하면 서로 연결되지 않으면 어떤 것도 지속될 수 없기 때문이다.

13 세 번째 원칙 : 자연은 기초나 뿌리가 없이 행동하는 일은 없다.

나무는 뿌리가 내리기 전에는 위로 자라지 않으며 만약 그렇게 한다면 나무는 시들어 죽을 것이다. 그래서 유능한 정원사는 대목에 뿌리가 내리는 것을 보기 전에 접목을 하지 않는다.

새나 동물들의 경우는 뿌리 대신에 내장이며(생명력이 여기에 자리 잡고 있기 때문에), 또한 신체 중에서 내장 부분이 나머지 부분의 기초이므로 내장이 가장 먼저 형성된다.

14 건축가는 먼저 견고한 초석을 놓지 않고는 건물을 짓는 법이 없다. 그렇지 않으면 건물 전체가 허물어지기 때문이다. 화가도 역시 그림을 그릴 면에 바탕 색깔을 연하게 칠하지 않고는 세부의 명암을 그리지 않는데, 만일 그렇게 하지 않으면 색은 쉽게 퇴색하거나 흐려지게 된다.

15 학습을 위한 기초를 놓지 않고 소홀히 하는 교사들이 있다.
❶ 학생들을 열심히 주의집중 하도록 노력하지 않으며,
❷ 수업을 시작할 때 학생들에게 가르칠 것에 대한 요지를 분명히 이해하도록 교사가 전체적 교수요목을 제시하지 않는다면, 그들이 시도하는 전 학습계획 중에서 어떤 것도 그들의 정신에 도움이 되지 못한다. 아이가 학습의 즐거움, 주의력, 지력을 기울이지도 않은 채 배운다면, 어떻게 그런 상태에서 어떤 영구적 결과를 기대할 수 있겠는가?

16 그래서 앞으로,
❶ 아이들의 마음속에 참으로 공부하기 원하는 마음을 일깨워 주어야 한다. 그리고 이것은 학습이 얼마나 가치 있고, 도움이 되며, 즐겁고, 여러 면에서 얼마나 바람직한가를 증명해 줌으로써 가능하다.
❷ 먼저 학생들의 정신에 언어와 기술에 관한 전체상(즉 언어나 기술의 집약을 가능한 한 간단하게, 그러나 모든 부분을 빠짐없이 묘사해 주는 것)이 각인되어야 한다. 이것은 학습자가 초기 학습에서 목적, 제한, 내적 구조 등을 파악할 수 있다. 골격이 전체의 기반인 것과 마찬가지로 한 교과의 전체적 묘사는 그 전 교과의 기반이기 때문이다.

17 **네 번째 원칙 : 자연은 뿌리를 깊이 내린다.**
동물에게 있어서 내장 기관은 신체의 가장 내면에 숨겨져 있다. 나무는 뿌리가 깊이 내릴수록 더욱 안전하게 서 있게 된다. 잔디 바로 밑에 나무의 뿌리가 박혀 있으면, 그것은 쉽게 넘어지게 된다.

18 그러므로 학생들의 학습의욕을 철저하게 깨우쳐 주고, 교과의 전반적 개념을 학생의 머릿속에 철저하게 각인시켜야 한다는 것이다. 그것이 완전히 이해되고 잘 뿌리박히기 전에 기술이나 언어의 복잡한 설명으로 넘어가서는 안 된다.

19 다섯 번째 원칙 : 자연은 모든 것을 단순하게 뿌리로부터 발달시킨다.

나무의 모든 것, 즉 내피, 껍질, 잎, 꽃, 열매 등은 뿌리에서 나온다. 하늘에서 비가 오고 정원사가 물을 주면, 수분은 뿌리를 통해 흡수되어 줄기와 가지와 큰 가지, 잎, 열매로 분배된다. 정원사도 다른 나무에서 가져온 접가지를 새로운 가지에 결합시켜야 하며, 이로써 그의 본체에 접붙여지고 수액을 동일한 뿌리에서 빨아들이고, 이로부터 영양분을 공급받고 자라도록 한다. 뿌리로부터 모든 것이 다 나오는데, 다른 곳에서 가지와 잎을 무성하게 자라게 하고 이에 접붙이는 것은 불필요하다. 만일 새가 깃털을 다른 새에서 취하는 것이 아니라, 자기 자신의 육체의 내부에서 돋아나게 되는 것이다.

20 사려 깊은 건축가도 모든 것이 그 기초 위에서 견고히 서서, 어떤 외부의 도움 없이 그 자체의 기둥들로 지지되도록 건축한다. 왜냐하면 건물을 기초가 없이 지어졌다면 그것은 반드시 불완전하고 쓰러질 것이기 때문이다.

21 물고기가 사는 연못이나, 분수를 만드는 사람은 물을 멀리서 끌어오거나, 또는 비를 기다리는 것이 아니라, 신선한 물의 원천을 찾아내고, 그것을 관과 수로를 통해 물 저장소로 보내게 된다.

22 결과적으로 아이가 지식을 얻도록 교육한다는 것은 저작자들에게서 끌어온 많은 낱말들과 문장들, 사상과 견해들의 혼잡물을 그들의 정신에다 집어넣는 것이 아니라, 그들 자신의 마음속에 살아있는 샘으로부터 시냇물이 흘러나오도록 해 주는 일이다. 이는 마치 나무의 싹들로부터 잎, 꽃, 열매를 맺는 것과 같이, 그리고 해마다 새싹들이 다시 생겨나고 거기서부터 새로운 어린 가지가 잎과 꽃과 열매를 맺도록 하는 것과 같다.

23 이제까지 학교들은 이러한 일을 하지 않았다. 학교는 어린 나무가 뿌리로부터 자라나는 것처럼 학생들의 정신을 가르치지 않았고, 오히려 나무가 다른 나무에서 꺾어온 가지들로 자신을 꾸미며, 또 이솝의 까마귀가 낯선 깃털로 자신을 치장하는 것만을 보여주는 것과 같다.156) 학교는 학생들 속에 감추어진 지식의 샘을 개발하려고 노력하지 않았고, 그 대신 다른 근원의 물을 그들에게 주었다. 다시 말하면, 객관적 세계를 존재하는 그대로 학생들에게 보여준 것이 아니라, 이 저자 또 저 저자가 이 문제 저 문제에 대하여 무엇이라고 썼는가, 또 어떻게 생각했는가에 대해서만 가르쳐왔다. 결과적으로 많은 일들에 대해 많은 사람들의 서로 상반된 견해를 기억하는 것을 가장 위대한 박식함의 증표로 삼았던 것이다. 대부분의 사람들은 저술가들을 통하여 깨달았던 것과 표현방식과 문장들과 견해들을 다만 베껴 쓰는 것 뿐이었으며, 그들의 지식이란 누더기를 입은 부랑자가 헝겊 조각들을 한 조각 한 조각 잇대어 기워놓은 것에 지나지 않는다. 호라츠(Horaz)는 "오, 밤 기도자들의 노예의 무리들이여"157)라고 외쳤다. 실제로 노예들은 단지

156) Aesop, Fabeln 200 und 200 b; Paedri Fab. Aes. I, 3.
157) Horaz, Epist. I, 19, 19(Fairclough 382).

자기 것이 아닌 짐들을 나르는 데 익숙해 있다.

24 내가 알고 싶은 것은 우리가 사물들의 참된 본질에 대한 지식을 찾고 있으면서, 왜 사물에 대한 여러 저자들의 견해에 의해 이리 저리 길을 잃고 미혹되어 있는가 하는 것이다. 우리의 인생길에서 타인의 길을 이리 저리 따라가는 것 외에 아무 것도 할 수 없는 것인가? 그 사람이 바른 길에서 어떻게 벗어나 방황하는 것을 세밀하게 살펴보는 것 이외에 할 일이 없는가? 오, 너희 죽을 인생들이여! 배회함이 없이 속히 목표에 매진하도록 하라! 우리가 목적이 견고하고 확실하게 서 있다면, 왜 우리는 지름길을 찾지 않는가? 왜 우리는 우리 자신의 눈보다도 타인의 눈을 더 사용하려고 하는가?

25 모든 기술적인 면에서 학교가 다른 사람의 눈으로 보고 다른 사람의 관점으로 아는 것을 실제로 가르쳤다는 것이 그 교수 방법에서 나타난다. 이러한 것은 샘의 근원을 찾고, 거기서 여러 개울을 유도하도록 가르치는 것이 아니라, 저자들로부터 유도된 개울들만을 보여주고, 이러한 개울을 쭉 따라 샘의 근원으로 되돌아가도록 명령할 뿐이다. 사전들은 결코 말하는 것을 가르치지 않고, 다만 이해하게 해 준다(적어도 크나피우스 폴로누스(Cnapius Polonus)[158]의 것은 예외지만, 어떤 것이 우리로 하여금 적합한 것인지를 이해하게 해 준다. 그럼에도 불구하고 우리가 22장에서 다루게 되는 것처럼, 거기서 무엇인가를 아쉬운 점이 있다). 즉 문

---

158) Der polinische Jesuit Rehor Knapski(1564-1638) stellte den szt. bedeutenden Thesaurus Polono-Latino-Graecus (Krakau 1621-32) zusammen. Comenius Kritik daran s. u. Kap. 22, §25.

법은 문장 만드는 방법을 가르치는 것이 아니라, 다만 문장을 분석하는 방법을 가르치는 것이다. 그리고 관용어와 숙어집은 아무렇게나 문장을 모아 놓을 뿐, 대화할 때 구(句)를 정교하게 결합하는 일과 문제의 변형을 가르치지 않는다. 물리학을 가르칠 때에도 일목요연한 도표나 실험으로 가르치는 것이 아니라, 아리스토텔레스나 다른 학자들의 저서를 읽는 것으로 가르친다. 도덕을 육성함에 있어서도 도덕을 내적인 생각들의 근원에 작용하려는 것이 아니라 외적인 개념 설명과 분류를 통하여 도덕의 피상적인 겉치레만을 가르친다. 이것은 우리가 하나님의 도움으로 기술과 언어의 교수 방법에159) 도달하게 될 때, 더 잘 나오게 될 것이다. 그리고 나의 「범지학160)개요」를 출판할 때 더욱 더 분명하게 될 수 있도록 하나님께 구하는 바이다.

26 분명히 여기에 나타난 교육의 발전에 대한 근거가 있음에도 불구하고, 고대인들이 이점에 대해 더 잘 이해하지 못하였고, 또 이러한 오류가 후대의 사람들로부터 조금도 개선되지 않았다는 사실은 참으로 이상한 일이다. 목수는 집을 허는 것을 통해서 자기 제자에게 건축기술을 가르치는가? 아니다! 그는 그에게 집을 짓는 과정에서 재료를 선택하고, 석재 하나하나를 적소에 맞추고 자르고 베고 세우고 고정하고 결합하는 모든 일을 가르친다. 집을 짓는 방법을 아는 사람에게 있어서 집을 허무는 일은 아무 것도 아니다. 이처럼 옷을 깁는 것을 아는 사람에게는 옷을 뜨는 것은 문제가 아니다. 아무도 집을 헐면서 목수 기술을, 옷의 뜯음을 통해서 봉제의 기술을 배울 수 없다.

---

159) Unten Kap. 21 und 22.
160) S. Kap. 17, Anm. 9.

27 이렇게 잘못된 교육방법이 개선되지 않고 있다는 것은 다음 사항을 통해서 분명해진다.

❶ 거의 대부분의 사람들의 학식은 단순히 사물들의 이름과 개념에 관한 단순한 지식에서 얻어지는 것이 아니다. 즉 그 단순한 지식은 전공용어와 기술의 규칙들을 말할 수 있지만, 그것이 정확히 적용하는 법을 이해한다는 것을 뜻하지 않는다.

❷ 지식적인 교육은 스스로 견지하며, 힘을 가지며, 확대하는 일반적인 지식이 아니다. 그러한 교육은 이것저것을 여기저기서 빌려다가 비논리적 원리로 결합하며, 따라서 아무런 결실도 얻지 못하는 그런 교육을 받고 있는 것이다. 여러 저자들의 여러 원리들이나 견해들을 모아놓은 지식은 사람들이 시골에서 축제날에 세우는 나무와 같이 많은 가지와 꽃, 열매, 심지어는 화환과 화관으로 장식되어 있지만, 그것들은 뿌리에서 나오는 것이 아니라, 단지 걸려 있기 때문에, 더 이상 자라지도 못하고 얼마 가지도 못한다. 그런 나무는 아무런 열매를 맺지 못하며, 잎 모양의 장식은 시들어 떨어지고 만다. 하지만 철저하게 배운 사람은 스스로 수액을 받아들이고 싱싱하게 자라고, 푸르며, 꽃 피고 열매를 맺는 자가 자신의 뿌리를 가진 나무와 같은 것이다.

28 그러므로 우리는 여기서 종합적인 결론을 끌어내 보자. 인간은 가능한 한 그들의 지혜를 책에서 배우는 대신에 하늘과 땅, 참나무, 너도밤나무 등을 통해서 얻어야 한다. 즉 다른 사람들이 사물에 대하여 관찰해 놓은 것을 학습하는 것이 아니라 사물 자체를 직접 알고 조사하도록 학습하지 않으면 안 된다는 뜻이다. 그것은 다시 사물에 대한 지식을 그 사물 자체로부터 학습하고, 그것과 다른 것을 더 중요시하지 않는다면 우리는 옛 현인들의 발자취를

따르는 것이다. 그 때문에 다음과 같은 원칙이 유효하다.

❶ 모든 지식은 사물의 불변적인 원리에서 비롯되어야 하며,

❷ 어떤 것도 단순한 권위로 가르쳐지는 것이 아니라, 오히려 모든 것이 감각과 이성에 직접 제시하여 학습되어야 한다.

❸ 어떤 교과도 분석적인 방법에 따르는 것이 아니라, 종합적인 방법에 따라 가르쳐야 한다.

29 **여섯 번째 원칙 : 자연은 사용을 많이 하는 것일수록 더 정확하게 분절로 나누어 놓는다.**

예를 들어 동물이 더 많이 움직일수록 그의 사지들은 더 많은 관절로 나누어진다. 말은 소보다 더 많이, 도마뱀은 달팽이보다 더 많이 움직이는 것을 보면 알 수 있다. 나무도 뿌리와 가지들이 여러 갈래로 분기된 나무가 더 강하고 아름다운 것이다.

30 아이들의 교육에서도 가르치는 자뿐만 아니라 배우는 자도 자기가 지금 얼마나 발전했으며, 무엇을 학습하고 있는지를 혼동 없이 알 수 있도록 모든 것이 잘 규정되고 분류되어야 한다. 그래서 학교에서 제시되는 모든 책들은 자연이 알려주는 이러한 예들을 주시하고 정밀하게 제작되어야 한다.

31 **일곱 번째 원칙 : 자연은 정체해 있지 않으며, 끊임없이 정진한다.**

자연은 새로운 것을 시작하기 위해 이전의 것을 중단하는 것이 아니라, 한 번 시작한 것은 계속해서 진행해 나가서 완성시키기에 이른다.

예를 들면, 태아가 형성될 때 먼저 생기기 시작하는 머리와 발,

심장은 중단하지 않고 계속해서 자라 완성된다. 이식된 나무는 그 전부터 자라고 있던 가지들을 버리지 않고, 끊임없이 수액과 활력을 공급해 주는데, 이것은 그것들이 해마다 새로운 가지들을 펼칠 수 있도록 하기 위한 것이다.

32 그러므로 학교에서 사람은,

❶ 뒤에 오는 학습이 먼저 오는 학습을 기초로 하고, 또한 먼저 배운 것이 뒤에 배우는 것에 의해 마음에 더 확고하게 박히도록 모든 수업을 배열해야 한다.

❷ 각 교과를 가르칠 때, 이해능력으로 철저하게 파악되게 하여, 그 내용이 기억에 오래 남도록 가르쳐져야 한다.

33 이러한 자연적인 교수방법에서는 앞서 오는 것은 뒤에 오는 것을 위하여 기초가 되어야 하기 때문에, 이 기초가 철저하게 준비되어야 하는 것이 절대적으로 필요하다. 바르게 이해하고 기억된 것만이 확고하게 정신에 각인된다. 모든 훈련은 기억에 기초한다는 퀸틸리안스(Quintilians)의 말은 옳은 것이다. 우리가 듣고 읽은 것을 잃어버리게 되면, 우리의 배움은 헛수고가 된다.[161]

가장 어린 시절에 기억력은 훈련되어야 한다. 왜냐하면 기억력은 훈련을 통해 발전하기 때문에 어린 시절에 많이 연습하도록 유의해야 한다. 왜냐하면 어린 시절에는 연습을 별로 힘들게 느끼거나 거부하지 않기 때문이다. 그렇게 함으로써 힘들어 하지 않고 기억력은 확장되고 큰 성취를 가져 온다[162]고 한 루도비쿠스 비베스(Ludovicus Vives)의 말도 참된 것이다. 그의 「지혜개요서」에서

---

161) Inst. orat. XI, 2, 1.
162) De trandendis discipl. lib. III. Opera, Basel 1555, Bd. I, S. 468.

그는 말하고 있다. "기억력을 쉬도록 해서는 안 된다. 기억력은 모든 다른 기능에 비해 볼 때, 활동을 통해 더 쉽게 작용하고 발달하는 기능이다. 매일 무엇인가를 조금씩이라도 암기하라. 왜냐하면 기억력은 사용할수록 더욱더 신실하게 보존하기 때문이다. 그러나 적게 사용할수록 기억력은 감소하게 되는 것이다."163) 이러한 말이 참이라는 사실은 자연의 예들이 가르쳐 준다. 한 그루의 나무는 더 많이 습기를 빨아들일수록 더 강하게 성장한다. 역으로 말하면 더 강하게 자라는 나무일수록 더 많은 것을 빨아들인다. 더 많이 소화하는 동물은 더 크게 자라고, 그가 클수록 더 많은 영양분을 요구하고 더 많이 활동한다. 동일한 방법으로 모든 자연적인 것은 그 자체의 증대를 통하여 성장한다. 그러므로 어린이들은 많은 것을 암기하는 노력을 하게 해야 한다(물론 지나친 압력을 적용해서는 안 되지만). 지속적인 발전을 위한 기초는 이렇게 할 때 닦여질 것이다.

34 **여덟 번째 원칙 : 자연은 모든 것을 계속적인 결합작용을 통하여 결집시킨다.**

예를 들면, 새가 형성될 때, 지체는 지체와, 뼈는 뼈와, 신경은 신경과 서로 연결된다. 나무에서도 동일하다. 뿌리에서 큰 줄기가, 큰 줄기에서 가지가, 가지에서 작은 가지가, 작은 가지에서 싹이, 싹에서 봉우리가, 봉우리에서 잎들과 꽃들 그리고 열매로 연결되어진다. 끝으로 다시 새로운 싹이 나온다. 각기 수천 개의 가지들이 동수의 작은 가지와 잎들과 꽃 그리고 열매가 되는데 그것들은 하나의 나무를 만드는 것이다. 건물이 내구성을 가지려면 기초, 벽

---

163) Vives, Introd.ad sapient. 180-83. Opera, Basel 1555, Bd. II, S.77.

들, 천장과 지붕, 간단히 말해 가장 큰 것으로부터 가장 작은 것까지 서로 잘 맞고 내적으로 잘 결합되어야 한다. 이로써 모든 부분들이 견고하게 연결되어 하나의 완전한 집이 되는 것이다.

35 여기서 얻을 수 있는 결론은,

❶ 인생의 학습은 하나의 백과사전식의 전체를 형성하도록 배열되어야 하며, 모든 부분은 공통의 근원에서 나와야 하며, 각기 자기 본래의 위치가 주어져야 한다.

❷ 교육되는 모든 것이 이성의 근거를 통하여 쉽게 의심되거나 망각되지 않도록 확고하게 되어야 한다는 것이다.

말하자면, 이성의 근거들은 사물이 기억 속에 굳게 박히고 사라지지 않도록 건물을 확고하게 엮어주는 못, 걸쇠, 죔쇠와 같은 것이다.

36 지식을 학습하는 이유를 설명해 줌으로써 근거들을 통해 모든 것을 견고하게 한다는 것은 모든 것을 원인에 관계시켜서 가르쳐 주는 것을 뜻하며, 각 사물의 본질을 확실하게 보여 줄 뿐만 아니라, 왜 그것이 달리 존재할 수 없는가에 대한 이유를 가르쳐주는 것이다. 지식이란 말하자면 하나의 사물을 그의 근원을 규명함으로써 이해하는 것을 뜻한다. 예를 들어 '전체 인구'라고 하는 것과 '총 인구'라고 하는 것 중 어느 것이 더 옳으냐고 묻는다고 가정해 보자. 교사는 그 이유가 무엇인지에 대한 설명 없이 단지 '전체 인구'라고 말하는 것이 옳다고 대답한다면, 학생은 곧 다시 그것을 잊어버리게 될 것이다. 하지만 교사가 '전체'는 접속의 의미에서 연결된 것이며, 그 때문에 사람들은 여기서처럼 전체를 집합

개념에 의해 하나의 확고하게 짜 맞춘 일에 대해 더 잘 '총체'란 말을 사용한다고 말한다면, 학생이 그것을 금방 잊어버리지는 않을 것이다. 그렇지 않다면 그는 금방 잊어버릴 것이다. 마찬가지로 왜 사람은 나에게, 너에게, 그에게 중요한 것(mea refert, tua refert, eius refert)이라고 말하는지에 대하여 문법가들이 논쟁한다. 그것은 일인칭과 이인칭에서는 탈격(사람이 생각할 수 있는 것처럼)을 사용하고, 삼인칭에서 소유격이 사용되었느냐는 물음을 뜻한다. 만일 refert는 'res fert'에서 나와(s의 생략) 여기서 연결되었으며, "mea res fert, tua res fert, eius res fert"로 말해야 한다는 것과, (또는 mea refert, tua refert, eius refert와 연결된 것), 이와 같이 mea와 tua는 탈격이 아니라, 주격이라는 것을 내가 해명하면, 나는 이것으로써 학생을 깨우치지 못하게 되지 않을까?164)

그러므로 우리는 학생들이 모든 단어의 어원, 모든 숙어와 구문의 이유, 기술들의 영역에 있는 모든 규칙의 원리를 정확히 알고 잘 다루기를 원한다. (왜냐하면 학문의 원리는 이성의 근거들이나 또는 가정을 통해서가 아니라, 먼저 사물 자체에 대한 직관적인 묘사를 통하여 강화될 수 있기 때문이다).

이렇게 하면 학생들에게 학습이 쉬워질 것이며 철저한 교육을 위한 길을 닦는데 가장 큰 도움이 될 것이다. 그들은 놀랄 만큼 학습에 눈을 뜨게 되며, 한 사물에서 다른 사물로 쉽게, 또 자연적으로 진행해 가는 습관을 기르게 될 것이다.

37 그래서 학교에서 모든 것은 원인들의 제시를 통하여 가르

---

164) Die sprachlichwissenschaftliche Richtigkeit der Beispiele braucht hier nicht erörtert zu werden; s. Hultgren S. 127.

쳐져야 한다.

38 아홉 번째 원칙 : 자연은 수량과 규모와 관련하여 뿌리와 가지 사이의 올바른 관계를 유지한다.

나무의 뿌리가 땅속에 얼마나 잘 뿌리내렸는지에 따라 땅 위의 가지도 잘 자라거나 작게 된다. 나무가 위로만 자라기를 원한다면 나무는 더 이상 똑바로 서 있을 수 없다. 왜냐하면 뿌리가 줄기를 지탱해 주지 못하기 때문이다. 밑으로 자라지 않으면 쓸모가 없게 되는데, 그 이유는 뿌리가 없는 가지는 열매를 맺을 수 없기 때문이다. 동물에게서도 외부기관은 내부기관과의 동일한 관계에서 자라게 된다. 내부기관이 정상이면 외부는 잘 성장하게 된다.

39 교육도 마찬가지다. 교육은 우선 지식의 내적 뿌리에 집중되어야 하며, 뿌리를 발달시키고 힘을 기르며 동시에 외적으로 가지와 잎으로 뻗어나가도록 유의해야 한다. 무엇인가 이해하도록 교육받는 사람은 동시에 말하도록 노력하고, 그것을 유용하게 사용하도록 교육되어야 한다. 역으로도 마찬가지다.

40 그럼으로,
❶ 모든 교과의 교육은 그것이 쓸모없는 배움이 되지 않도록 어떻게 적용되는지가 동시에 시도되어야 한다.
❷ 무엇이 학습되든지 간에 학습된 것은 다른 사람에게 전달해 주어야 하며, 어떤 지식도 사용되지 않은 채로 있어서는 안 된다.

이런 의미에서 당신이 아는 것을 다른 사람이 모르고 있다면 당신의 지식은 아무 것도 아니라는 말이 옳다.165) 그 어떤 지식의 샘도 거기서 시내가 되어 흐르지 않는다면 시작해서는 안 된다. 그것에 관한 더 많은 것은 다음의 원칙에서 다루게 될 것이다.

41 열 번째 원칙 : 자연은 끊임없이 운동함으로 자체를 유지하고 강화한다.

새는 알이 골고루 따뜻해지도록 알을 품을 뿐만 아니라, 그것들을 매일 이리 저리로 돌려놓는다(거위, 암탉, 비둘기는 우리가 보는 데서 알을 품기 때문에 이것을 우리는 쉽게 관찰할 수 있다). 새는 새끼가 강하게 될 때까지 깨어 나온 새끼의 부리와 발을 운동을 시키고, 날개의 펼침을 통해, 걷기와 날기를 시도하도록 훈련시킨다.

나무도 바람에 더 흔들릴수록 더 싱싱하게 자라고 뿌리를 땅에 더 깊게 뻗는다. 모든 식물에 있어서도 우기, 우박의 철에 천둥과 번개에서도 그의 힘을 단련시키고, 그래서 사람들이 말하듯이 폭풍과 비가 나무를 더 견고하게 자라게 한다.

42 건축가도 그의 건축물이 태양과 바람을 통해 건조되며, 더 견고하게 된다는 사실을 알고 있다. 그리고 대장장이는 강하고 날카롭게 만들기 위해 쇠를 자주 불과 물에 넣고 동일하게 열과 냉을 통해 더욱 단단하고 강한 쇠로 만든다.

43 이런 이치에서 볼 때 교육도 자주, 숙달된 반복과 연습 없이 그 어떤 견고함에 이를 수 없는 것이다. 가장 좋은 연습방법은 영양분 섭취 과정에서 자연적 운동 즉 수용, 소화, 분배라고 하는

---

165) Persius Flaccus: Satirae I, 27.

과정을 관찰함으로써 교육의 가장 적합한 진행양식을 배울 수 있다.

이른바 동물(식물에게서도 마찬가지지만)은 소화시키기 위해 영양분을 필요로 하고 자신의 지체를 위해서 뿐만 아니라, 전 유기체를 유지하기 위해 다른 지체에게도 나누어 주어 영양분을 소화시키는 것이다. 각 지체는 그것들이 다시 그 지체를 위하여 일하도록 하여 다른 지체를 섬기게 되는 것이다.

교사가 그의 수업의 가치를 크게 증가시키려면,

❶ 자기 자신을 위하여 지적 영양분을 찾아 얻어야 한다.

❷ 그가 찾은 것을 동화하고 소화시킨다.

❸ 그가 소화시킨 것을 분배하여 다른 사람과 함께 나눈다.

44 이러한 세 가지 일은 잘 알려진 시 한 구절이 표현하고 있다.

"많이 질문하고, 질문한 답을 잘 간직하며, 간직한 답을 남에게 가르치는 것, 이 셋이 학생을 교사보다 더 뛰어나게 해 준다."

질문하는 것은 사람이 모르는 것에 대하여 교사나, 동료 학생이나, 또는 책에서 알아보는 형식으로 이루어질 수 있다. 간직하는 것은 알았던 것과 이해한 것을 암기하며, 그것이 확실해지도록 기록해 두는 것을 뜻한다(왜냐하면 모든 것을 암기하는 것은 모든 사람에게 가능한 것이 아니기 때문이다). 가르치는 것은 얻어진 지식을 동료 학생이나 기타 친구들에게 다시 설명함으로써 가능한 것이다. 처음 두 가지 점들은 학교에 잘 알려져 있다. 하지만 세 번째 것은 이러한 학습 방법이 도입되는 것이 적합할지는 의문이다.

"다른 사람을 가르치는 사람은 자기 자신을 교육하는 것이다"라는 말은 참으로 진리이다. 왜냐하면 사람은 반복을 통해 받아들여진 지식을 마음에 새겨놓을 뿐만 아니라, 이 과정을 통해 교과에 대한 더 깊이 이해할 수 있기 때문이다. 다재다능한 요아킴 포르티우스(J. Fortius)는 "단지 듣고 읽은 것은 한 달 이내에 잃어버리게 되지만, 한 번 다른 사람에게 가르친 것은 자신의 손가락의 수처럼 분명하여, 죽을 때까지 잃어버리지는 않는다"고 말했다. 그래서 그는 다음과 같이 충고한다. "학업에서 앞서 나가기 원하는 사람은 그가 배운 것을 매일 가르칠 수 있는 학생을 찾아라. 황금을 주고 그를 사기까지 해야 한다"고 말했다. 또 그는 "당신이 누군가 듣고자 하는 사람이 있고, 그를 가르치는 동안, 다시 말해서 지적 발달을 하고 있는 동안, 신체적 편안함을 어느 정도 희생한다는 것은 매우 가치 있는 일이다"라고 말했다.[166]

45 각 학급의 교사는 학생들에게 이러한 놀라운 연습 방법을 소개하기를 원한다면, 그것은 많은 사람들에게 유용하게 적용될 것이다. 매 학습 시간마다 교사가 교과 내용을 제시하고 그것의 의미를 설명한 후에 그는 학생을 부른다. - 그가 마치 교사인 것처럼 - 그는 교사에 의해 설명된 모든 것을 순서대로 반복하게 하고, 동일한 말로 규칙들을 설명하고, 동일한 예에 대한 적용을 하게 한다. 그가 잘못 가르칠 때는 교사는 그를 수정해 준다. 그 후에 다른 학생을 불러 동일하게 행하도록 하며, 다른 학생은 조용히 경청하게 한다. 그 다음에 세 번째, 네 번째, 모든 사람이 이해하고 설명하고 가르칠 수 있을 때까지 계속한다. 여기서 나는 확정적인 순서를 제안하는 것은 아니지만 우선 능력을 가진 학생들을 먼저 시키는 것이 좋다. 왜냐하면 지능이 느린 학생이 뒤에 행하기가 쉽도록

---

166) J. Fortius(Ringelberg), De ratione studii in: H. Grotii et aliorum Dissertationes de studiis instituendis, Amsterdam 1645, Abs. De ratione docendi(nicht wärterlich). Vgl. ODO III, 758ff.

본을 보이게 하는 것이 중요하다.

46 이러한 연습은 다음의 다섯 가지의 이점이 있다.

❶ 교사는 학생들의 주의력을 더 집중하게 하는 일이다. 왜냐하면 매 순간마다 누가 일어서서 교과를 반복해야 하는지 알지 못하기 때문에 학생은 조바심을 가지며, 다른 학생이 어떻게 설명하는지 귀를 기울이고 한마디도 안 놓치려고 하기 때문이다. 그러한 주의력은 여러 해의 습관을 통하여 정착되면, 그것은 제2의 성격이 되기 때문에 인생의 활동적 직무를 위한 좋은 준비가 되는 것이다.

❷ 교사는 자기가 가르친 것이 모두에 의해 바르게 이해되었는지 분명히 알 수 있게 된다. 만약 잘못 이해된 것이 있으면 곧장 바로잡고, 학생과 자신에게 유익하게 되도록 도울 수 있다.

❸ 동일한 것이 반복되면 결과적으로 가장 늦게 배우는 사람도 이해하게 되고, 다른 사람들과의 학습 정도도 맞추고, 이에 반해 우수한 학생도 그러는 동안 교과를 완전히 파악하고 다룰 수 있으므로 기뻐할 것이다.

❹ 그러한 끊임없는 반복을 통해서 학생들은, 개별적으로는 최고로 부지런하게 노력해서 겨우 도달할 수 있는 정도보다도 더 깊은 이해에 도달할 것이다. 학생들이 그것을 아침과 저녁으로 한번 훑어보는 정도로도 쉽고 즐겁게 기억이 된다는 것을 경험하게 된다.

❺ 학생이 교사 역할에 선정되면, 그는 흥미와 학습 의욕을 고취하고, 동료에 대하여 예의 바른 용기를 얻고, 모든 것을 진지하게 다루는 것을 알게 된다. 그것은 삶에서도 그의 인생에 큰 유익이 될 것이다.

47 이러한 방법을 더 전개해 보면, 학생들이 방과 후에 서로 만날 때나 함께 거닐 때 최근에 학습한 내용에 대해 비교하고, 토의하면서, 새로운 대상에 대하여 대화를 이끌어 갈 수 있다. 이러한 목적을 위하여 몇몇 사람이 함께 있을 경우에 그들 중에서 한 명을 토론의 인도자로서 대표를 제비나 선거를 통하여 선택해야 한다. 그의 동료 학생에 의해 그러한 자리에 선택된 학생이 이를 거부하면 그는 엄격하게 책망을 받아야 한다. 왜냐하면 그 아무도 가르치거나 배우는 역할의 기회를 모두가 붙잡으려고 노력하게 되어야 할 것이지, 거절한다는 것은 매우 불건전한 자세이기 때문이다. 필기연습(이것은 학습의 성과를 얻기 위해 큰 도움이 되는데)에 관해서 우리는 모국어학교와 라틴어학교에 관한 장(제29장, 30장)에서 특별히 언급하려고 한다.167)

---

167) Im Text steht: Kap. 27 und 28(Comenius dachte vielleicht an Kap. 27 der tschechischen Ausgabe). Vom Schreiben enthält Kap. 29 wenig, Kap. 30 nichts.

제19장 학습의 신속성과 간결성의 원리

간결성에 대한 방식들이 찾아지지 않았다면, 지금까지 제안된 것은 거리감이 있을 것이다(1). 지금까지 신속성을 방해한 것이 무엇인가(2)? 현재까지 지체됨에 대한 8가지의 이유(3~10). 자연이 이러한 지체됨을 피하는 것처럼(11~13). 학교에서 이러한 자연의 가르침의 적용(14/15). Ⅰ. 문제: 어떻게 한 사람의 교사가 100여 명의 학생을 담당할 수 있을까(16)? 자연의 가르침(17)과 그들의 적용: 그룹의 분배와 공동 학습(18). 주의할 점(19): 이에 대한 8가지 규칙(20). 그러한 주의점에 대한 연습의 유익함(22). 그렇게 큰 규모의 학습에서 개인에 대한 것이 충분히 배려되었는가(23)? 교사와 그룹의 연장자를 통한 보호와 학생들 상호간의 조정(24~27). 이러한 방법의 유익함(28~30). Ⅱ. 문제: 교사는 어떻게 동일한 책으로 모두를 가르칠 수 있을까? 어떤 부교재의 독서는 허용되지 않았다(31): 책은 학교에서 충분히 다루어진다(32); 교사를 통한 책의 바른 사용(33); 책의 내용과 출판에 대한 원칙(34~36); 학급의 벽에 요약하여 붙여놓은 것들(37). Ⅲ. 문제: 어떻게 모두가 학교에서 동시에 동일한 것(책)에 몰두할 수 있는가(38/39)? Ⅳ. 문제: 어떻게 모든 것이 똑같은 방법에 의해 교수될 수 있을까(40)? Ⅴ. 문제: 많은 사물들에 대한 이해를 간단한 말로 추론하여 설명할 수 있을까(41)? Ⅵ. 어떻게 하나의 교육 과정에서 두세 가지의 과제들을 동시에 성취시킬 수 있을까(42~44)? 이에 대한 5가지의 규칙들: 낱말과 사물의 연결(45/46), 읽기와 쓰기에 관하여(47), 스타일과 정신에 관하여(48), 교수와 학습에 관하여(49), 장난과 진지함에 관하여(50). Ⅶ. 문제: 어떻게 단계적으로 모든 것에 이를 수 있는가(51)? Ⅷ. 문제: 어떻게 사람은 장애들을 제거시키고 피할 수 있는가(52)? 모든 불필요한 것의 극복(53), 낯선 것(54), 매우 특별한 것(55).

1 "이러한 교육은 너무 힘들고 광범위하다"고 누군가가 이의

를 제기할 수 있을 것이다. 한 교과목을 철저하게 가르치기 위해서 얼마나 많은 교사와 책과 노력이 학습에 필요한가? 그래서 수고를 단축시킬 방법이 없다면, 그것은 엄청난 수고스러운 과제일 것이다. 왜냐하면 우리의 교육기술은 마치 우주만큼 길고, 넓고, 깊기 때문이다. 하지만 긴 것은 짧아지고 힘든 것은 줄어들 수 있다는 것을 누가 모르겠는가? 직조공은 수천의 실을 매우 빠른 속도로 짜내어 여러 가지로 다양한 옷감을 만들 수 있다는 것을 모르는 사람이 별로 없지 않은가? 제분업자는 수천의 낟알을 쉽게 부수고 힘들지 않게 밀가루와 겨를 구분하는 것을 누가 모를까? 수공업자가 큰 기계를 사용하지 않고 엄청난 짐들을 힘들지 않게 올리고, 저울을 다는 사람은 적은 무게가 저울의 받침점으로부터 충분히 먼 거리에서 작용되면, 무거운 무게와 균형을 이룰 수 있다는 것은 주지의 사실이다.

그러므로 우리의 위대한 성취는 대개 인력보다는 기술의 문제라는 것을 알고 있다. 그렇다면, 기술을 사용하여 일을 행하는 것을 모르고 있는 사람은 학자들뿐이라는 말인가? 우리는 마땅히 부끄러워해야 하며, 타지식인들의 발명 정신을 배우려고 노력하여야 할 것이다. 그리하여 학교교육이 지금까지 버둥거리며 힘써 온 어려움을 타개할 치료법을 찾아보아야 할 것이다.

2 병과 그 원인을 찾기 전에는 그 질병의 치료제를 발견하지 못할 것이다. 도대체 무엇이 학교의 일과 발전을 지연시켰던가? 이대로라면 대부분의 사람들은 설사 평생을 학교에서 보냈다 할지라도, 모든 학문과 기술을 연구할 수 없으며, 어떤 이들은 겨우 입문의 단계에서 머물 것이다.

3 그 원인은 다음과 같은 몇 가지가 있을 것이다.

제1은 학생들이 매년 말, 매월 말, 매일 도달해야 하는 고정된 목적과 목표가 하나도 확립되어있지 않다는 것이며, 그리하여 학습이 전적으로 체계가 잡히지 않고 있다는 것이다.

4 제2는 이러한 목적으로 오류 없이 인도하는 어떤 방법도 언급되지 않았다는 것이다.

5 제3은 자연스럽게 연관 지어져야 할 것들이 결합되지 않고 분리되어 있다는 것이다. 예를 들어 사람들은 초등학교 학생들에게 먼저 '읽기'를 가르쳤으며, '쓰기'는 몇 달 후에 가르쳤다. 라틴어 학교에서는 아이들이 수년 동안 사물에 대하여 배우지 않고, 낱말들만 가지고 씨름해야 했다. 그 결과로 청소년 시기를 문법 공부로 다 보내고, 철학 공부는 성숙한 나이에 하도록 유보되었다. 이처럼 사람들은 단지 배우게만 했고, 가르치는 일은 허락받지 않았다. 하지만 이 모든 것(읽기와 쓰기, 단어와 사물, 배우기와 가르치기)은 서로 연관되어야 하는 것이다. 마치 달리기에서 발을 들어 올리는 것이 다시 땅을 밟는 것과 결합되며, 대화에서는 듣는 것이 대답하는 일과 결합되며 공놀이에서는 던지기와 받기가 결합되는 것과 같다.

6 제4는 기술과 지식을 전체 형성의 부분을 가르치는 일이 백과사전식으로 가르치지 않고, 단편적 지식으로만 가르친다는 점이다. 그렇기 때문에 학습자들의 눈에는 기술과 지식이 나무, 또는 관목 더미가 쌓여져 있는 것 같이 보이며, 어디에서, 왜 함께 연결되는지에 대해서는 아무도 알 수 없도록 되어 있었다. 그 결과로

한 사람은 이것을, 다른 사람은 저것을 붙잡고 있게 되었다. 아무도 포괄적이며 철저한 형성교육(形成敎育)을 적용하지 않았던 것이다.

7 제5는 사람들은 여러 가지 종류의 교수법들을 사용했고, 모든 학교에서는 각기 다른 방법들을 사용했다. 물론 개별 교사들은 상이한 방법을 가지고 있었으며, 한 가지 전공과목에서 바로 한 교사는 얼마간 그렇게 가르치고, 다른 과목에서는 다르게 가르쳤다. 가장 심한 경우는 한 과목 내에 한 가지 방법을 충실히 유지하지 않았기 때문에 결과적으로 학생들은 어떤 방식으로 학습하기를 교사가 원하는지 이해할 수 없었다. 그래서 학생들은 망설였고 주저앉았으며, 다른 전공 분야로 넘어가기 전에 먼저 이에 대한 혐오를 느끼거나 용기를 잃어버렸던 것이다. 그래서 학습에 많은 지연되는 일이 발생하게 되었다.

8 제6은 동일한 학급의 모든 학생들을 동시에 가르치는 방법이 없었다. 교사들은 각자 개별적으로 가르쳤으며, 더 많은 학생들이 거기에 있었다면, 마치 짐을 지고 있는 나귀처럼 일에 대하여 고통스러워했음에 틀림없다. 결과적으로 학생들은 무익하게 시간을 보내거나 배우기를 포기하게 되었다.

9 제7은 여러 교사가 있을 경우, 매 시간마다 새 교과목이 시작되고 강독되기 때문에 새로운 혼란이 생겨났다. 교사가 많으면 교과서의 종류가 많은 것과 마찬가지로 학생들의 마음을 혼미하게 만든다는 것은 말할 나위도 없다.

10 끝으로 교사들은 학교의 안과 밖에서 필요한 다른 책들을 학생들도 가지도록 허용하였다. 학생들은 저작자들의 책들을 읽으면 읽을수록, 그들이 더 많은 발전의 기회를 가지게 되리라고 생각했다. 하지만 이것은 오히려 정신을 더 혼란하게 만들뿐이었다. 그러므로 극히 소수밖에는 모든 교과 영역을 다 통달하지 못하였다는 사실은 별로 놀랄 만한 것이 아니다. 어느 누구도 그런 미로를 벗어날 수 있다는 것이 오히려 기적이며, 참으로 가장 우수한 자만이 성공할 수 있었다.

11 "작은 도구로 되는 일에 큰 것을 사용해서는 안 된다"는 격언이 말해주는 것처럼, 미래에는 이러한 모든 장애물들과 지체시키는 것들이 제거되어야 하며 우리의 목표를 향하여 곧바로 가야 하며, 즉시로 도움이 되지 않는 모든 것을 버리지 않으면 안 된다.

12 태양은 적절한 자연의 모범이 되기 때문에 태양의 예를 따라가 보자. 태양은 수고롭게 일하며 거의 무한한 역할을 담당하고 있다(이른바 태양 빛을 전 지구 위로 비추고 모든 요소들과 그들의 연결점들, 즉 별, 식물, 동물, 빛과 열, 그리고 생명과 번영을 주는 그러한 종류들과 사례들은 셀 수 없이 많다). 그런데도 모든 것을 다 같이 만족시키며, 매년 가장 훌륭한 모습으로 자신의 의무인 공전을 탁월하게 완성한다.

13 우리는 이미 언급한 학교관리의 요건과 관련하여 태양의 행동 방식을 더 가까이 이해해 보고자 한다.
❶ 태양은 개개의 대상, 즉 나무 한 그루, 동물 한 마리를 개별적으로 다루는 것이 아니라 전 지구를 비추고 따뜻하게 조절한다.

❷ 태양은 동일한 광선으로 모든 것을 비춘다. 동일한 증발과 응결의 과정을 거쳐 수분을 만들고 그것으로 모든 것에 물을 준다. 태양은 모든 것에 바람을 불어주고 그와 동일하게 온기와 냉기로 영향을 미친다.

❸ 동일한 시간에 태양은 지구 전체에 봄, 여름, 가을, 겨울의 사계절을 만들고, 그 작용을 통하여 모든 나무들을 동시에 싹트게 하고 꽃피우고 열매를 맺게 한다. - 하나는 더 빠르게 다른 것은 더 천천히 익는 것을 방해하지 않는다. 이른바 모든 것은 각자의 방식대로 이루어진다.

❹ 태양은 항상 동일한 질서를 가진다. 마치 오늘 다음에는 내일이 같고, 올해 다음에 오는 내년이 같다. 태양은 항상 동일한 사물에 대해서 동일한 방식으로 작용한다.

❺ 태양은 모든 것을 다른 씨에서가 아니라 자기의 씨로부터 종자를 발아시킨다.

❻ 태양은 결합해야 할 것은 결합하여 생산한다. 수목의 내부는 그 외피와 핵과 함께, 꽃은 그 잎과 함께, 과실은 그 껍질과 속과 함께 생긴다.

❼ 태양은 모든 것이 정해진 단계를 거쳐서 발달하게 한다. 한 단계가 다음 단계를 준비하고 각 단계가 자연적으로 그 앞 단계에 이어 나오게 한다.

❽ 마침내 태양은 불필요한 그 어떤 것도 존재하게 하지 않으며, 우연히 나타난 것은 소멸시킨다.

14 태양을 모방하면 다음과 같다.

❶ 1명의 교사가 한 학교, 또는 작게는 한 학급에 있어야 한다.

❷ 각 교과마다 한 저자의 책만이 사용되어야 한다.

❸ 전체 학급에 동일한 학습내용이 주어져야 한다.

❹ 동일한 방법으로 모든 교과와 언어를 가르쳐야 한다.

❺ 모든 것을 철저하게, 간략하게, 체계적으로 가르치는 경우에는 학생들의 이해력은 열쇠로 연 것처럼 되어 그 후에는 새로운 문제들이 스스로 풀려나갈 것이다.

❻ 본래 결합되어 있는 것은 결합시켜서 가르쳐야 한다.

❼ 모든 교과를 뚜렷한 단계를 따라서 가르치는 경우에는 하루의 학습이 그 전날의 학습을 확대시키며, 그 다음날의 학습으로 이어진다.

❽ 끝으로 불필요한 것은 언제나 제거해야 한다.

15 이러한 모든 것이 학교에 도입되면, 학문의 전체 궤도가 쉽고 쾌적하게 끝맺게 되리라고 확신한다. 이는 마치 태양이 해마다 전 지구를 완전히 도는 것과 같다. 이러한 충고가 얼마나 쉽고 간단하게 적용될 수 있는지 검토하기 위하여 본론으로 들어가 보자.

16 **첫 번째 문제 : 어떻게 교사 한 사람이 그렇게 많은 수의 학생들을 충분히 지도할 수 있는가?**

한 교사가 대략 백여 명의 학생들 한 그룹을 이끄는 것이 가능할 뿐만 아니라, 이것은 학습자와 마찬가지로 교사에게도 가장 적당하다고 확신한다. 교사는 더 많은 수의 학생을 가르칠수록, 그의 일에 관심을 더 가지게 된다(마치 광부가 풍부한 광맥을 발견했을 때 더 열심히 일하는 것처럼). 교사 자신이 더 열심히 하면 할수록, 그는 학생들을 더 생동감이 있게 만들 수 있다. 마찬가지로 보다 많은 수가 학생들에게 더 즐거움을 주고(무언가를 할 때 동료가 있다는 것이 기쁨을 가져다준다)[168] 유익하게 된다. 그들은 서로 자극을 주고 돕는데, 왜냐하면 이러한 나이에는 경쟁심이 강하기 때문이다.

그렇지만 소수의 학생만 교사의 강의를 듣는다면, 학생들은 교사의 강의 내용들을 주의 깊게 듣지 않고 귀에 스쳐 지나가게 될 것이다. 하지만 많은 학생들이 강의를 함께 듣는다면 각자는 그가 할 수 있는 것만큼 많이 파악하게 된다. 그 후에 수업이 반복되면 모든 것은 되살아나 모두에게 유익이 된다. 왜냐하면 마음과 마음이 서로 활력을 주고받기 때문이다. 간단히 말해서 제과공이 반죽을 가지고 오븐을 한 번 달구어서 많은 빵들을 구워내고, 기와 굽는 사람이 한 번에 많은 기와를 구워내고, 인쇄공이 한 번 활자를 심어놓은 것으로 수백, 수천의 책을 인쇄하는 것과 같다. 교사는 특별한 수고 없이 수많은 학생들을 단 한 번에 함께 가르칠 수 있을 것이다. 물론 우리는 하나의 줄기를 가진 나무가 수많은 가지를 가지고 서 있으며, 수액을 모든 가지에 공급하는 것이 충분하고, 하나의 태양이 전 대지를 생기 있게 만드는 데 충분하다는 것을 우리는 늘 보고 알고 있다.

17 그러면 이것이 어떻게 가능한가? 우리는 앞서 인용한 예들에서 자연의 대응 방법을 살펴보고자 한다. 나무의 한 줄기가 가장 밖에 있는 가지들에 이르기까지 뻗쳐 나온다. 나무의 줄기는 제자리에 머물러 있으면서 수액을 큰 가지에게 공급한다. 이것이 다음의 것에, 그리고 다시 다른 것에게, 그리고 곧장 가장 밖에 있는 잔가지와 그 예민한 나무의 끝부분에 이른다. 마찬가지로 태양은 나무, 식물, 동물들에게 따로 비추는 것이 아니라 오히려 높은 곳

---

168) Wohl analog zu einem Vers unbekannter Herkunft gebildet: Solamen miseris socios habuisse malorum.

에서 그의 광선을 내보냄으로서 동시에 지구의 절반을 비춘다. 반면에 각 피조물들은 태양의 이와 같은 작용으로 빛과 열(온기)을 유용하게 사용한다. 우리는 여기서 태양의 작용이 지면의 모양에 따라 유지된다는 사실에 주의해야 한다. 예를 들면 계곡이나 낮은 땅은 광선을 더 모을 수 있으므로 주위 환경을 더 따뜻하게 한다는 것이다.

18 교과 과정이 이처럼 도입되면 교사 한 사람이 많은 수의 학생을 쉽게 다룰 수 있을 것이다. 다시 말하면

❶ 전체 학생 수를 각 열 명씩의 학생을 그룹으로 나누고, 각 그룹을 통솔할 한 학생을 세우고 이 학생은 그보다 더 높은 계급의 학생의 통솔을 받게 하고, 또다시 그 위에 더 높은 계급을 두고, 하는 식으로 조직한다.

❷ 결코 교사는 개인 대상의 수업을 하지 않는다. 학교 밖에서 사적으로든지 학교 안에서든 결코 안 되며, 오직 모든 학생을 동시에 가르치는 것이다. 교사는 특별히 어떤 한 학생에게도 가도 안 되며, 한 학생이 특별히 교사에게 개별적으로 오게 하여도 안 되고, 오직 책상에 머물러 있어야 한다(그가 모두에게 보여질 수 있고, 들려질 수 있는 장소). 마치 태양이 광선을 모든 것에 고르게 비추는 것과 같다. 하지만 모든 학생은 교사에게 관심을 가져야 하고 교사가 강의하고 도구를 사용하여 보여준 모든 것을 받아들여야 한다. 이는 한 번에 한두 마리가 아니라 여러 마리의 파리를 잡는 것과 같다.169)

---

169) Epist. ad famil. VII, 29, 2; Erasmus, Adagia, chil. I, cent. VII, 3(Clericus II, 263).

19 기술적으로 학생 모두를 또는 각자를 집중하게 만드는 것은 간단하다. 학생들로 하여금 (마치 학습 내용이 참으로 사실인 것처럼) 교사의 입은 학문의 시냇물이 그에게로 흐르도록 하는 원천(샘)임을 믿게 한다. 그러면 학생들은 그 샘이 열리면, 그들의 주의력을 물통과 같이 그 밑에 두고, 흘러나오는 것을 조금도 잃어버리지 않게 해야 한다. 실제로 듣는 자에게 말하고 주의하도록 가르치는 것이 교사의 주 관심이어야 한다. 이와 관련하여 세네카의 말은 매우 적절하다. "듣고자 하는 이에게만 무언가를 가르쳐야 한다."170) 솔로몬도 "말을 아끼는 자는 지식이 있고"(잠 17:27)171) 라고 말했다. 즉, 그것은 정신을 바람 가운데에 붓는 것이 아니라 다른 사람의 마음에 쏟아 부어야 함을 뜻한다.

20 하지만 주의를 불러일으키고 유지시키기 위해서는 항상 십인 조장들과 감독의 책임을 맡은 학생들을 통해 일깨워지고 유지될 뿐만 아니라, 교사 자신을 통해서 이루어져야 하며, 또한 다음의 8가지 방법을 지키면 성공할 것이다.

21 ❶ 교사의 강의가 학생들에게 항상 유용한 것도 중요하지만 대화의 방식이 되도록 재미있을 때 마음이 흥미로워지며 긴장하여 집중력 있게 경청하게 된다.

❷ 교사가 새 교과를 시작할 때, 그 내용을 그들 앞에 매력적으로 제시해 주거나 질문을 통해 흥미를 불러일으키는데, 이 질문들은 이미 학습한 내용들로부터 시작하여 새로운 내용으로 넘어

---

170) Seneca, Epist. 29, 1(Beltram I, 110).
171) Die heutigen protestantischen Texte geben diesen Verssinn nicht her (Pretiosi spiritus est vir intelligens; ähnlich Vulgata: vir eruditus).

가고자 하는 다음 영역과 관련되어야 한다. 그렇게 함으로써 학생들이 이제부터 학습하게 될 내용에 대해서 얼마나 모르고 있는가를 깨우쳐 준다면 그것을 완전히 이해하고 숙달하려는 의욕에 불이 붙여질 것이다.

❸ 교사가 높은 단상에 서서 모든 학생을 둘러볼 수 있고, 어떤 학생도 그에게 집중하지 않는 것을 결코 허용하지 않도록 한다.

❹ 교사가 가능한 많은 감각에 호소한다면(이미 17장 제8원칙의 세 번째 원리에서 자세히 살펴보았다), 그것은 학습을 쉽게 할 뿐만 아니라 주의력을 집중시킬 수 있다.

❺ 교사가 때때로 강의를 중단하고(어떤 학생의 이름을 부르면서), 묻는다면 "나는 방금 무엇을 말하였는가?", "그 문장을 반복하라!" 또 "우리는 어떻게 이 문제에 이를 수 있는지 말해보라!", "학습이 어느 정도나 진보하였는가?" 등 수업과 관련된 유사한 것을 묻는다. 어떤 학생이 주의를 기울이지 않았다는 사실이 발견되면, 그 학생을 꾸짖고 벌을 주어야 한다. 이를 통하여 학생들은 민감해지고 주의를 집중하게 된다.

❻ 마찬가지로, 만일 어떤 학생에게 답을 요구했을 때 머뭇거린다면, 질문을 반복하지 않고 다음 학생에게 넘어 갈 것이며, 2번째, 3번째, 10번째, 30번째까지 계속 대답을 요구해야 한다. 그 결과는 모든 학생이 교사가 한 학생에게 말한 것을 조심하여 듣게 될 것이며 자신에게 유익하게 사용하도록 할 것이다.

❼ 몇 몇의 학생이 교사의 질문에 대답할 수 없었다면, 그 문제는 전체에 제기될 수 있다. 만일 어떤 학생이 잘 대답했다면 그 학생은 다른 모든 학생들에 의해 칭찬을 받아야 하고, 좋은 모범으로서 자극을 받게 한다. 또 어떤 학생이 잘못된 대답을 한다면 교사는 즉각 잘못된 부분을 지적하고 수정해야 한다. 이것이

얼마나 진도를 빠르게 하는데 도움이 되는지는 기대 이상이다.

❽ 마지막으로, 수업이 끝날 때 교사는 학생들이 무엇을 원하는지를 물을 수 있는 기회를 준다. 현 수업에서 의심되고, 그 이전 수업에서 의심된 것이 생겨날 수 있을 것이다. 하지만 사적 질문들은 허락해서는 안 된다. 어떤 학생이 충고가 필요한지 교사에게 공개적으로 물어라. 모든 질문과 대답들이 잘 진행되도록 개인적이거나 반장을 통해서(그가 교사에게 잘 질문할 수 없다면) 해야 한다. 한 학생이 종종 유용한 것을 말한다면 교사는 다른 학생들이 그의 본을 통해 정신 집중에 격려가 되도록 그를 칭찬해야 한다.

22 172) 집중력에 대한 일상적인 훈련은 젊은 사람들에게 현재뿐만 아니라 그의 전 생애에 있어서 유용하게 될 것이다. 그들이 이른바 여러 해 동안 중단 없는 훈련을 통해 현재 진행되는 일에 집중하는 습관을 가지게 되고, 이로 인하여 다른 사람의 경고나 압력 없이도 계속 스스로 그렇게 할 것이다. 학교들이 이러한 원리로 운영된다면, 머지않아 우리는 현명하고 지적인 사람의 수가 상당히 증가하는 것을 보게 될 것이다.

23 그러나 이런 원리에 반대하는 사람이 있을 것이다. 예를 들어 학생이 과제를 조심스럽게 실행하는지 또는 철저하게 암기하는지, 각자가 얼마나 깨끗하게 책을 사용하는지를 시험해 보아야 하는데, 학생들이 많을 때 이것은 많은 시간이 걸릴 것이다. 그러나 매번 교사가 개개 학생들의 말을 경청하고, 학생들의 노트를 검

---

172) Die falsche Numerierung des Originaldrucks (Nr. 21 ist ausgelassen) wurde hier beibehalten.

사할 필요가 없다고 주장한다. 왜냐하면 도움을 주는 그룹 리더가 있기 때문이다. 그들이 각기 자기 그룹의 학생들을 감독할 수 있는 것이다.

24 교사는 가장 높은 감독으로서, 열심히 하지 않는 학생이 있는지 조사해 보는 뜻에서 때로는 이 학생, 때로는 저 학생에게 특별한 주의를 보내게 된다. 암기하도록 배웠던 것을 예를 들어, 몇 명의 학생에게 말하게 한다(먼저 재능이 있는 학생을, 그 다음에는 제일 미진한 학생을 시킨다). 나머지 학생들도 교사의 그러한 질문에 미리 준비를 해야 하기 때문에 질문 받은 학생의 말을 주의 깊게 들어야 한다. 왜냐하면 그도 시험을 받을 수 있다는 것을 짐작하고 있기 때문이다. 한 학생이 과제를 유창하게 말하고 나머지도 잘 하는 것이 확인되면 교사는 다른 학생에게 나머지 것을 말하도록 할 수 있다. 만일 그 학생도 잘 대답하면 교사는 세 번째 문장이나 또는 문단을 가장 가까이 있는 사람에게 말하도록 할 수 있다. 그렇게 함으로써 교사는 소수 몇 사람의 시험을 통해 모든 학생들이 확실히 알도록 해줄 수 있을 것이다.

25 마찬가지로 교사는 받아쓰기를 개선함에 있어서도 그렇게 진행할 수 있다. 가능하다면 그는 한 사람 또는 다른 사람이 쓴 것을 크고 분명하게 읽도록 하고 문장기호를 명시적으로 말하도록 한다. 그래서 다른 학생들은 각자의 공책을 보고 개선한다. 교사는 한 학생이나 다른 학생의 노트를 자연스럽게 조사하여 거칠고 아무렇게 쓴 사람을 처벌할 수 있다.

26 번역한 문장의 정정은 더 많은 시간이 필요한 것 같다. 어

떤 학생이 동일한 잘못을 계속 저지른다면 충고를 해야 한다. 예를 들어 번역 연습에서 교사는 위와 같은 방법으로 진행할 수 있다. 열 명의 그룹에서 모든 일이 끝나면 한 학생이 일어서고 한 명의 상대자를 자유롭게 선택하여 일으켜 세운다. 그 사람이 일어서면 첫 번째 사람은 그의 번역을 한 문장 한 문장 읽어 내려간다. 이때 모두는 주의 깊게 경청해야 한다. 교사 또는 최소한 그룹 리더는 그 번역의 철자법이 바른지 조사하기 위해 그 옆에 함께 있어서 주시해 보아야 한다. 그가 한 문장을 읽으면 상대편은 그가 실수를 했는지 주의 깊게 살펴본다. 열 명의 그룹이 그것에 대하여 주시하게 될 것이며, 그런 후에 학급 전체가 그 문장을 검토하게 허용된다. 필요한 경우라면 먼저 교사가 이를 교정한다. 번역의 판단을 위해 바꾸지 않은 채로 놓아둔 토론의 상대자를 제외하고 모두가 비슷한 실수를 했다면 그들은 각자의 노트를 살펴보고 수정한다. 첫 번째 문장이 끝나고 적절하게 교정되면 다음 문장으로, 마침내 끝 문장에까지 이른다. 상대자는 그의 번역을 같은 방법으로 읽으면서 동시에 그가 책을 읽을 때 수정하지 않도록 그의 노트를 살핀다. 이전과 마찬가지로 각 단어들과 문장들 그리고 숙어들이 검토되었다. 그 후에는 두 번째 쌍의 상대자들이 선출되며, 같은 절차를 통해서 시간이 허락하는 데까지 반복한다.

27 그룹의 장들은 교정을 시작하기 전에는 모두가 그들의 노트가 준비되어 있는지를 유의해야 한다. 또 교정이 진행되는 동안에 각 학생이 잘못 번역한 곳을 정정하는지를 주의하는 일이다.

28 그렇게 함으로써,
❶ 교사의 작업량이 경감된다.

❷ 모두가 교육받도록 그룹에서 아무도 도외시 되어선 안 된다.

❸ 학생들이 전보다 더 주의 집중한다.

❹ 한 학생에게 말하여진 것이 모든 학생에게 똑같이 유익하다.

❺ 여러 학생들이 각각 번역하는 양식이 다르기 때문에 표현양식의 차이가 있게 마련이지만 그 다양성은 오히려 학생들의 언어학습을 향상, 강화시킬 뿐만 아니라, 언어를 더 쉽게 사용하는데 도움이 될 것이다.

❻ 제1, 제2, 제3의 상대자 쌍이 시험을 마치면 나머지 학생들은 적은 실수만, 또는 거의 더 이상 실수가 없게 되는 것을 보게 된다. 그리고 남은 시간은 전체가 같이 사용할 것이다. 반면에 그의 번역에서 아직 분명하지 않는 부분이 있는 학생은 그것을 가져오게 하고 이를 다른 학생들의 판단에 맡기게 한다.

29 여기 번역 연습의 예에서 나타난 것은 각 학급에서 문체, 용법, 논리적이고 신학적이고 철학적인 연습에 적용될 수 있다.

30 이로써 우리는 한 명의 교사가 어떻게 백여 명의 학생들을 충분하게 가르칠 수 있는지를 살펴보았다. 이런 방법으로서는 소수의 학생을 가르치는 것보다 별로 큰 부담이 없다는 것을 알 수 있다.

31 **두 번째 문제 : 어떻게 교사가 같은 교과서를 사용하여 모든 학생을 가르칠 수 있겠는가?**

모든 사람은 너무 많은 내용이 동시에 제시되면 주의를 산만하게 한다는 사실을 안다. 그렇기 때문에 ❶ 구약시대 성전에서 제사드리는 자들에게 내려진 명령을 우리도 사용하는 것이 효과가 있을 것 같다. 즉 "이것을 너는 행할지어다."[173]라는 것이다. 학생들에게 현재 학년에 해당되는 교과서만 사용하도록 허용하는 것이 매우 유익할 것이다. 왜냐하면 눈이 이것저것 산만하게 되는 일이 적을수록 마음의 집중이 더 쉬워지기 때문이다.

32 ❷ 교수에 필요한 모든 자료, 즉 칠판, 프로그램, 기본 교과서, 사전, 상이한 기술들에 관한 개요도 등을 미리 준비해야 한다. 만일 교사들이 시간이 임박해서야 학생들을 위한 연습문제를 준비하거나, 학생들의 베껴 쓰기를 위한 모범자료를 쓰거나, 문법규칙이나 저자의 발췌문 또는 번역 등을 불러주어 받아쓰게 한다면, 그것은 얼마나 많은 시간을 낭비하는 것인가! 이러한 이유로 전체 반에서 사용된 모든 책들 가운데 첨부한 번역 문자와 함께 모국어로 번역되어야 하는 충분한 책을 확보하는 것이 훨씬 유용할 것이다. 이와 같은 받아쓰기, 베껴 쓰기, 번역하는 데 허비된 시간을 아껴서 설명, 반복, 연습하는 일에 훨씬 더 유용하게 사용될 수 있는 것이다.

33 이렇게 하면 교사의 태만에 관해서는 걱정할 필요가 없다. 이른바 설교자가 성경의 어떤 곳에서 본문을 읽고 설명하고, 청중에게 그것을 적용하는 일에 대해 설명해 준다면 그의 의무는 완수된 것이며, 그가 본문을 원서에서 번역하지 않고 어떤 표준번역판에서 사용했는가 하는 문제는 듣는 이에게는 아무 문제가 아니다. 모든 필요한 것이 사용될 준비가 되어 있고, 또 그것이 교사의 지도하에 올바르게 사용된다면, 교사 자신이 준비했든지, 또는 그 어

---

173) Vgl. Ovid, Fasti I, 321.

떤 다른 교사가 이전에 그 과목을 준비해 주었는지는 학생들에게
아무 문제도 안 된다. 참으로 이 모든 점이 사전에 준비되는 것이
좋은 이유는, 한편으로 오류가 적을 것이라는 점과, 또 다른 한편
으로 배운 것을 실제로 연습할 시간을 더 가질 수 있다는 점이다.

34 그러므로 모든 학교를 위해 -교수를 용이하게, 철저하게,
경제적으로 하기 위해 이미 설명한 규칙들에 일치하는- 그런 종류
의 책들이 저술되어야 하며, 그런 교과서의 내용들은 완전하고, 철
저하며 정확하게 개요를 구성하여야 할 것이다. 다시 말하면 그런
교과서들은 전 우주의 참된 모습을 보여주어야 하며, 내가 긴급히
바라고 요구하는 것은 그 책들이 모든 학생들이 이해하도록 표현
되는 것과 어떤 경우에라도 배우는 자에게 도움을 제시하며 그렇
게 하여 학생은 모든 것을 교사의 도움 없이도 스스로 이해할 수
있게 되는 것이다.

35 그 때문에 책들이 대화의 형식으로 쓰여 지는 것이 가장
바람직하다고 생각한다. 그것은 다음과 같은 이유들에서이다. ❶
교과와 그 설명을 학생들의 지능에 맞도록 할 수 있으며, 너무 난
해하게 보이지 않도록 할 수 있다. 자신감을 고취시키는 데는 대화
형식보다 더 신뢰할 만하고 자연스러운 것도 없기 때문에, 그 방법
으로 학생들은 눈치 채지 못하게 점차적으로 이끌어질 수 있을 것
이다. 이러한 형식으로 풍자가들은 국민을 경고하기 위해 도덕의
타락에 관한 모든 관찰들을 표현했던 것이다. 마찬가지로 플라톤도
대화형식으로 그의 보편철학(普遍哲學)을, 키케로는 수많은 저서들
을 대화형식으로, 어거스틴도 이 방법으로 그의 신학을 발표하였
다. 그것들은 모두 독자들의 이해력에 맞추어진 것이었다. ❷ 대화

형식은 주의를 집중시킬 수 있고 생기를 주며 돕는다. 더욱이 질문과 대답이 교대되고, 다양한 표현 양식과 재미있는 말이 소개될 수 있으며, 연극과 같이 대화중에 여러 종류의 인물들이 등장하고 퇴장하는 양식으로 교과에 반감을 없애 줄 수 있을 뿐만 아니라, 더 알기 원하는 예리한 마음을 일깨운다. ❸ 대담들은 교육을 강화해 준다. 우리는 우리 자신이 보았던 사건을 이야기하는 것을 듣기만 해도 보지 않고 듣기만 한 경우보다 더 잘 기억한다. 그렇기 때문에 경험을 통해 알 수 있듯이, 게임이나 대화의 형식에서 배우는 것이(왜냐하면 사람은 그때 듣는 것보다 더 많이 쳐다보기 때문에), 단순한 강연에서 교사가 이야기하는 것을 듣는 것보다 학생의 정신에 더 잘 기억된다. ❹ 물론 우리의 삶의 많은 부분이 대화중에 이루어지기 때문에 어린이는 유용한 것을 이해하는 것뿐만 아니라, 이에 대해 다양하게 선택해서 구체적으로 쉽게 표현하는 것을 준비하게 된다. ❺ 이런 종류의 대화 양식은 학생들이 가지게 될 반복 연습을 쉽게 해 준다.

36 학교에서 사용되는 책들은 같은 판본이어서 쪽마다 줄마다 일치하는 것이 바람직하다. 이것은 참고하는 부분과 인용할 부분을 찾아내는 일 등을 위해서 중요하며, 기억에도 도움이 될 것이다.

37 간단히 요약하고 압축시킨 교과서 내용이나 예시적인 그림이나 모형을 통하여 학생들의 감각과 기억력과 이해력이 연결되어 매일 훈련하기를 원하는 교실의 벽에 교과서 내용의 개요를 달아두는 것은 매우 유용하다. 히포크라테스가 묘사했던 고대의 보고에 따르면, 에스쿨랍(Aeskulap : 역자 주, 그리스 - 로마의 의술의

신) 신전의 벽들에 치료 기술의 법칙들이 아무 목적 없이 한 일이 아니었다.174) 그와 같이 하나님은 세상이라고 하는 무대를 도처에 그림과 법규와 형상들로 그의 지혜의 생동감 있는 상징들로 가득 채웠으며, 그런 수단을 통해서 우리들이 교육되기를 원하셨다. (이러한 비유적인 묘사들에 대하여 각 학년에 관해서 다룰 때에 더 많은 것을 말할 수 있게 될 것이다.)175)

38 세 번째 문제 : 어떻게 학교에서 모두가 동시에 같은 학습을 하는 것이 가능한가?

같은 학급의 모든 학생들이 같은 시간에 같은 것을 학습하도록 하는 것이 유용하다는 증거가 있다. 왜냐하면 이것이 교사에게는 적은 수고를, 학생들에게는 더 많은 결과를 가져오기 때문이다. 모든 학생의 주의력이 같은 대상에 고정되고, 서로 비교를 통해 모든 것이 서로 개선되며, 또한 서로 경쟁심을 유발하게 될 것이다. 교사는 모든 부분에서 장교처럼 행해야만 한다. 그 장교는 각 신병들과 함께 개별적으로 연습하는 것이 아니라 모두를 동시에 연병장으로 인도하여, 그들에게 공동으로 무기 사용과 조작법을 보여주고, 비록 한 사람에게 어떤 설명을 해줄 때에라도 나머지 사람들이 동일한 것을 행하고 주목해야 한다. 교사도 이와 비슷한 방법으로 진행해야 할 것이다.

39 교사가 그렇게 하기 위하여 다음의 몇 가지가 필요하다.
❶ 개학의 시기가 매년 일정해야 한다. 마치 태양이 단지 1년에 일정한 시기, 즉 봄에 시작하는 것과 같다.

---

174) Plinius, Naturalis historiae liber XXIX, 1, 2.
175) Vgl. 대교수학, 20장 10.

❷ 가르쳐야 하는 모든 것은 매년, 매월, 매주, 매일, 그리고 심지
어 매시간 정해진 과업이 할당되도록 제도화 되어야 한다. 그렇
게 하면 모든 계획된 목표가 쉽게 달성될 것이다. 그것에 대한
더 정확한 것은 후에 적당한 곳에서 다루어질 것이다.[176]

40 네 번째 문제 : 어떻게 전 교과내용을 동일한 방법으로
가르칠 수 있을까?

모든 기술들과 언어의 교육을 위해서 오직 하나의 자연적인 교
수법밖에 없다는 것은 제20~22장에서 언급될 것이다. 왜냐하면
이 교수법의 변형된 방법이 필요한 경우가 있을지도 모르겠지만,
그러나 그것은 새로운 방법이라고 할 만큼 중요한 것은 아니기 때
문이다. 또한 그러한 방법의 변형은 교수의 본질에서 기인한다기
보다는 언어와 기술의 특별한 관계와 관련하여 또 학생들의 이해
력과 진보에 관련하여, 교사의 깊은 생각에 기인하는 것이다. 자연
적 교수법을 보편적으로 채택하는 것은 학습자들에게 그의 배움을
용이하게 해 줄 것이다. 마치 여행자가 곁길로 빠지지 않고 바른
길로 가는 것과 같이 말이다. 우선 보편적인 원리를 논의의 여지가
없는 것으로 확립시킨 다음에 특수한 것, 즉 정도를 벗어난 것들을
지적해 준다면 학생들은 오해하는 일이 없이 그런 것을 이해할 수
있을 것이다.

41 다섯 번째 문제 : 어떻게 간략한 말로 많은 사물들을 설명
할 수 있을까?

학생들의 마음을 지겨운 책과 단어들의 쓰레기로 가득 채우는

---

176) Unten findet sich nichts näheres darüber.

것은 부질없는 일이다. 왜냐하면 빵 한 조각과 포도주 한 잔은 아무 영양가가 없는 것들을 큰 그릇으로 먹는 것보다 더 영양이 많으며, 주머니의 금화 한 개는 백 개의 구리동전보다 더 가치가 있다. 세네카는 이 규칙에 대하여 상세히 말하고 있다. "교육하는 것은 씨를 뿌리는 것과 같아서, 씨앗의 양이 많은 것이 아니라, 싹이 날 수 있게 뿌려져야 한다."[177] 내가 5장에서 말했던 결론은 확고하다. 즉, 하나의 소우주(小宇宙)로서 인간 안에는 모든 것이 가능성으로 포함되어 있다.[178] 사람은 단지 하나의 빛만 비추어주면 즉시 보게 될 것이다. 개미만한 촛불로도 밖에서 일하는 사람에게는 충분하다는 사실을 누가 모를 수 있을까? 그러기 때문에 언어와 기술을 위한 기본적인 교재(교과서)들이 크지 않더라도 실질적으로 꼭 필요한 만큼 효과적으로 선택되거나 새롭게 저술되어야 한다. 그런 입문서들은 전 교과를 다 다루며 작은 공간에 대단히 많은 내용을 담고 있다(예수 시락서 32:8-10). 즉, 학생들에게 전 교과를 쉽고 분명하게 표현한 소수의 규칙과 정의를 제시해 주면, 그것만으로도 더 깊은 학습으로 안내해 주기에 충분한 것이다.

42 여섯 번째 문제 : 어떻게 하나의 작업 과정을 통해 둘, 셋의 과제가 실현될 수 있을까?

여러 가지 일이 같은 작업에 의해서 동시에 완성될 수 있다는 사실을 자연의 예들이 보여주고 있다. 나무는 시절에 따라 위로, 아래로, 옆으로 뻗어가고, 동시에 속과 외피, 잎과 열매를 맺어간다. 동일한 현상이 동물에게서도 발견되는데, 그들의 사지 전체가 동시에 강하게 된다는 것이다. 그 외에도 각 사지는 다양한 기능을

---

177) Seneca, Epist. 38, 1 (Beltram I, 137).
178) 대교수학, 5장 5.

가진다. 두 발은 사람을 들어 세워 지탱하게 하며, 여러 모양으로 앞으로 뒤로 움직이게 한다. 입은 신체의 입구일 뿐만 아니라, 음식물을 갈아대는 풍차와 같으며, 소리를 내는 트럼펫과 같기도 하다. 동일한 숨쉬기 운동으로 허파는 심장을 서늘하게 하고, 뇌에다 공기를 제공하고, 소리를 만들어내는 등의 일을 한다.

43 기술에 있어서도 또한 마찬가지이다. 해시계에서 바늘의 그림자 하나로 날의 모든 시간을 가리킬 수 있다. (여러 시계에서도 마찬가지로) 태양이 동물 순환계의 표지, 낮과 밤의 길이, 그달의 어느 날인가와 기타 여러 가지로 나타내 준다. 자동차에 달린 하나의 핸들이 자동차를 이끌고 방향을 바꾸고 멈추도록 만든다. 하지만 좋은 연설가나 시인은 하나의 작품으로 동시에 교훈하고, 흥분시키고, 즐겁게 해준다. 비록 그의 논제가 이 세 요소를 배합하기 힘든 것일지라도 그렇게 한다.

44 아이들 교육도 이와 유사한 방식으로 조직하여 각각의 활동이 더 많은 결실을 맺도록 할 수 있을 것이다. 각 교과를 그와 관계된 것과 결합시켜서 가르치는 일반 규칙은 다음과 같다. 다시 말하면, 언어 공부는 항상 그것이 가리키는 사물과 연관시켜서 학습시켜야 하며, 읽기와 쓰기, 문체 연습과 논리적 사고의 연습, 학습과 가르치기, 즐거운 일과 심각한 일, 그 외에도 사람들이 생각할 수 모든 것은 항상 서로 연결되어야 한다는 것이다.

45 그러므로 언어를 학습하는 것은 사물들과 관련하여 배우고 가르쳐져야 한다. 마치 포도주는 병과, 칼은 칼집과, 나무는 외피, 열매는 그것의 알맹이와 함께 팔고 사고 보내어지는 것과 같

다. 말이란 사물의 껍질과 덮개가 아니고 도대체 무엇인가? 사람들이 지금 언어를 배운다면, 모국어도 마찬가지지만, 낱말에 의해 표시되어야 하는 그 사물들을 보여주어야만 한다. 반대로 학생들이 보고 듣고 느끼고 맛보는 것을 낱말을 통해 표현하도록 배워야 한다. 결과적으로 언어와 이해력이 병행하여 발전되며, 다듬어지게 된다. 그러므로 이에 관한 규칙은 다음과 같이 표현할 수 있다.

즉 학생은 그가 이해하는 모든 것을 말로 표현하도록 훈련받고, 그가 사용하는 모든 말의 의미를 배워야 한다. 그가 이해하지 못하는 것을 말하는 것은 불가능하며 그가 표현할 수 없는 것을 이해한다는 것은 불가능하다. 마음의 생각을 표현하지 않는 것은 조각상이며, 이해하지 못하는 것은 지절거리는 앵무새와 같은 것이다. 그러나 우리는 인간을 키우고 싶으며, 그것도 가능한 한 속히 교육하기를 원한다. 그리고 이 목적은 언어가 사물들과, 사물들이 언어와 동일하게 나란히 진행될 때만 성취 가능한 것이다.

46 이러한 규칙에 적합하게 말을 가르치고 동시에 유용한 사물에 관한 지식을 제공하지 않는 모든 저서들은 학교 교육에서 추방되어야 한다는 것이다. 왜냐하면 우선 가장 중요한 것이 다루어져야하기 때문이다. (세네카가 그의 아홉 번째 편지에서 말한다.) 우리는 어휘의 확장을 위해서보다는 이해력[179]의 향상에 더 전념해야 할 것이다. 읽어야 할 책이 있다면, 학교 밖에 있는 동안 지겨운 설명이나 모방의 시도 없이 바르게 읽어 치울 수 있다. 학교에서는 그 대신에 여분의 시간을 자연과 사물의 학습을 위해서 사용할 수 있는 것이다.

---

179) Seneca, Epist. 9, 20 (Beltram 1, 31).

47 읽기와 쓰기 연습은 항상 서로 결합되어야 한다. 왜냐하면 어린 학생들을 위해 쓰기를 통하여 알파벳을 배우도록 하는 것보다 더 효과적 학습방법이나 학습 의욕을 더 자극할 수 있는 방법이 없기 때문이다. 말하자면 아이들은 자연적으로 그림을 그리려는 욕구를 가지고 있기 때문에, 쓰기 연습은 그들을 흥겹게 해주며, 동시에 감각을 통하여 그들의 상상력은 두 배가 될 것이다. 나중에 그들이 쉽게 독서할 능력이 생기면, 학생들은 꼭 배워야 할 교과학습, 즉 사물에 대한 지식, 도덕, 경건을 육성하도록 계획된 그런 교과들을 학습하기를 좋아할 것이다. 이와 같은 학습계획은 라틴어, 희랍어, 히브리어를 학습할 때 사용할 수도 있다. 읽기와 쓰기가 완전해질 때까지, 명사 변화와 동사 변화를 자주 반복하여 읽고, 베껴 쓰고, 낱말의 의미와 어미를 만드는 능력까지 철저하게 학습되면, 결과적으로 그들은 시간을 절약하는 것이다. 이와 같은 노력은 한 가지 연습을 통해서 많은 결실을 맺게 된다. 이와 같은 노동 감소의 방법들은 모든 학습에 적용될 수 있으며, 그 결과로 세네카(Seneca)[180]가 말하는 것처럼, 읽기를 통해 배운 것은 쓰기를 통해서 우리에게 형태를 부여하게 되고, 또는 성 어거스틴(Augustin)이 말한 것처럼, 우리는 계속해서 쓰고, 쓰면서 발전하게 되는 것이다.[181]

48 지금까지 문체의 연습들은 대부분 교재의 선택을 계획성 있게 하지도 않았으며, 주제 간의 연관성도 없었다. 그것은 다만 문체의 연습이었을 뿐이며, 추리력은 발전시키는 데는 거의 영향을 미치지 못했다. 사실 많은 시간과 노력을 들인 후에 그 결과가 인

---

180) Ebd. 84, 2(Beltram I, 375).
181) Augtin, Epist. 143, §2(Migne, Patrol. lat. 33, 585).

생을 위해서는 아무런 유익도 가져다주지 못하는 일이 자주 있다. 그 때문에 사람들은 추리력을 연습하는 지식과 기술의 교과 영역에 연결하여 문제를 연습해야 한다. 교사는 학생들에게 어떤 기술의 발명자의 대한 이야기와, 그것들이 발전했던 장소와 시간에 대하여 말해줄 것이며, 그것을 기초로 하여 설명과 모방하는 연습을 시킬 것이며, 그렇게 함으로써 한 번의 노력으로 문제도 익숙하게 되고 추리력도 향상되며, 또한 교사와 학생이 끊임없이 말하기 때문에 말하는 기능도 연습되는 것이다.

49 배운 것이 어떠한 방식으로 다시 가르쳐질 수 있는지는 이미 18장 마지막에서 언급하였다.[182] 그런 과정은 학습의 철저성에 대해서 뿐 아니라, 더 빠르게 발전하는 데 기여하는 것이기 때문에 본장에서 말한 측면에서도 중요시하여야 한다.

50 마침내 학생들의 지능의 피로를 풀어주기 위해 마련된, 놀이 시간을 학생들에게 삶의 진지한 문제들을 다루는 방향으로 계획한다면, 오락시간에도 중요한 학습이 이루어질 것이며, 의미 있는 시간이 될 것이다. 예를 들면, 학생들에게 도구를 주고 여러 가지 작업을 모방하도록 하되, 농부놀이, 정치놀이, 군인놀이 등 기타 다른 것들을 하게 하는 것이다. 학생들을 봄에 밭과 정원으로 데리고 나가서 잡초들의 종류들을 보여주고, 그러한 지식들에 대하여 계속해서 호기심을 갖게 만든다면, 또한 의학의 초보 기술에 대해서도 준비할 수 있을 것이다. 식물학에 특별한 자질을 가진 자가 발견될 뿐 아니라 일찍부터 식물학에 대한 취미를 심어 줄 수 있

182) 대교수학,18장 44, 47.

을 것이다.

이것을 가장 잘 하는 학생은 더욱 더 격려를 받기 때문에 의사, 자격증 소유자, 또는 의사 후보생의 칭호를 붙여 주는 것도 좋을 것이다. 이와 같은 계획은 다른 종류의 놀이에도 적용시킬 수 있다. 전쟁놀이에서 학생들은 사령관, 장군, 기수라고 부를 수 있으며, 정치놀이에서 왕, 수상, 시의회 의원들로, 원수, 비서, 대사(大使), 영사와 상원의원과 국회의원, 또는 의원 등으로 부를 수 있을 것이다. 이러한 종류의 놀이들에서 학생들은 엄숙한 사실의 세계로 인도해 가는 일이 자주 일어난다. 이와 같이 하면 우리는 루터 (Luther)박사의 소원을 이루게 된다. 아이들이 학교에서 이러한 진지한 배움을 실천하므로, 온종일 공 던지기 놀이로 시간을 보낼 때보다는 더 큰 즐거움을 찾게 된다.[183] 이와 같이 학교는 삶을 연습하는 놀이의 장(場)이 된다.

51 일곱 번째 문제 : 모든 학습이 단계적인 순서를 따라 진행시킬 수 있을까?

우리는 어떤 상황에 이러한 기술이 적용되는지를 앞에서 제시하였다(16장 5~8절, 18장 5~7절). 그리고 이러한 기본 방침에 따라 학교를 위한 적합한 교과서들,[184] 즉 그것들이 교양과 도덕, 경건이 한 단계에서 다음 단계로 이어져 감으로써 최고의 단계에 도달하도록 하기 위해 어떻게 올바르고 쉽게 사용되는지에 대하여 교사들을 위하여 첨부된 힌트와 함께 저술되어야 한다.

52 여덟 번째 문제 : 어떻게 장애물을 제거하고 피할 수 있을

---

183) S. o. Kap. 11, §3(Anm. 1).
184) Muß heißen 'classici' (statt 'classicis').

까?

아무리 많이 배우고 많이 알아도 그런 지식이 실생활에 유익하지 않는다면 그보다 더 무용한 것은 없다고 말한 것은 옳다. 많이 아는 자가 아니라 유용한 것을 아는 자가 현명한 자이다. 그러므로 학교에서 가르치는 교재에서 많은 것을 줄이면, 학교 일을 쉽게 이루어갈 수 있게 될 것이다. 예를 들어 ❶ 불필요한 것, ❷ 부적당한 것, ❸ 지나치게 특수한 것은 학습내용에서 빼버려야 할 것이다.

53 경건에도 덕성에도 도움을 주지 못하며, 지성을 얻는 데도 유익하지 않는 것은 불필요한 것이다. 이교도들의 신들이나 그것과 관련된 관습과 역사, 고대인들의 종교행사, 상스럽고 무례한 시인이나 희극 배우의 경박한 유희들과 이와 유사한 것들은 필요 없는 것들이다. 이러한 것들을 읽을 필요가 있을 때가 때로는 있을 것이다. 하지만 지혜에 대한 기초를 다져야 하는 학교에서 그렇게 하는 것은 유익하지 않다. 세네카는 "시간이 얼마나 귀한데, 쓰레기 같은 것을 그렇게 많이 배우는 것은 얼마나 멍청한 일인가!"[185] 라고 말했다. 그러므로 그 가치가 학교에서 멈추어 버리는 것은 학습하지 말아야 한다. 그 대신 실생활을 위해서 학습할 때는 학교를 떠나자마자 배운 것을 잊어버리는 일이 없을 것이다.

54 우리는 당시에 지식이 부적합한 것은 그 학생의 지능에 선천적으로 맞지 않는다고 생각했다. 인간의 지능에는 여러 종류의 풀, 나무, 동물 간에 있는 차이만큼이나 차이가 존재한다. 그러므로 이 사람은 이 방식으로, 저 사람은 다른 방식으로 대하여야 하

---

185) Seneca, Epist. 48, 12 (Beltram I, 169).

며, 같은 방법으로 모든 사람에게 꼭 같이 적용시킬 수 없는 것이
다. 도처에 박식한 사람도 적지 않지만, 어떤 사물에 대해서는 놀
랍게도 눈이 멀고, 벙어리 상태에 있는 사람도 있다. 어떤 사람은
모든 교과를 다 통달할 수 있는 지적 능력을 가진 것이 사실이다.
그러나 또 한편에는 몇 가지 일의 초보를 학습하기조차 힘들어 하
는 사람도 있는 것이다. 어떤 이는 추상적 학문에 큰 재능을 가졌
으나 실제적인 영역은 당나귀가 거문고를 배우는 것만큼 적성이
없는 사람이 있다. 다른 한 사람은 모든 것에 있어서는 박식하지
만, 다만 음악에는 무지하며, 또 다른 어떤 사람은 수학, 시학, 논
리학에서도 동일한 모습이다. 거기서 사람은 무엇을 해야만 할까?
자연은 자연적으로 끌려가지 않는 곳으로 밀고 들어가는 것을 자
연에 반하는 투쟁이라고 부른다. 그리고 그것은 헛된 시도이다. 어
떤 것에도 이르지 못하며, 모든 수고는 무익할 뿐이다. 교사는 다
만 섬기는 자이며, 주인이 아니며, 협조자이며, 자연의 변형자가
아니기 때문에, 그는 습관적으로 그러한 결핍이 다른 것을 대신하
여 보상되리라는 확실한 희망과 함께 미네르바(Minerva)의 은
총186)없이 시작하는, 그 무엇에 학생을 힘으로 밀어붙일 수는 없
을 것이다. 말하자면 하나의 나무에서 가지를 부러뜨리고 잘라버리
면 다른 것들은 더욱더 강하게 성장한다. 왜냐하면 모든 생명력이
그쪽으로 향하여 가기 때문이다. 학생이 그의 의지에 반하여 그 무
엇으로도 강요되지 않는다면, 아무것도 그의 반감을 자극하지 못하
게 될 것이며, 그의 판단 능력을 약화시키지 못할 것이다. 누구나
그를 신적인 섭리에 따라 심어진 충동이 그를 이끄는 영역으로 쉽
게 나아가게 되고, 후에 그의 위치에서 하나님과 인간 사회에 유익

---

186) Cicero, De officiis I, 31, 110: invita, ut aiunt, Minerva, id est
adversante et refugnannte natura.

을 위하여 일하게 될 것이다.

55 마찬가지로 만일 어떤 학생이 지나치게 세밀하고 기술적인 내용(식물과 동물의 종류, 기계의 여러 가지 이름, 모든 도구들의 이름 등)을 배우려고 한다면, 그것은 매우 지루하고 혼란스럽고 지겨운 일일 것이다. 학교학습에서 자연 속에 존재하는 사물들의 종류와 사물의 가장 중요하고 본질적 차이를 철저하게 명백히 학습시키는 것으로 충분할 것이다. 그보다 더 특수한 지식은 기회가 생기는 대로 자기 스스로 쉽게 학습할 수 있을 것이다.

적을 속히 이기기를 원하는 자는, 몇몇의 하찮은 장소를 공격하는데 시간을 낭비하지 않고, 곧바로 적의 사령부 공격에 전력을 투입한다. 만일 격전에서 승리하여 가장 중요한 요새들을 정복한다면, 남아 있는 다른 부대들은 자진해서 투항해 올 것이다. 마찬가지로 어떤 교과의 주요점을 학습한다면, 부수적 세부지식은 쉽게 습득될 것이다. 한 언어의 모든 낱말들을 망라하고 있는 부피가 큰 사전들은 이 원리에 저촉된다. 왜냐하면 그 중 대부분의 낱말은 결코 사용되지 않을 것이기 때문이다. 그런데도 불구하고 우리는 왜 학생들이 그 모든 낱말을 암기하도록 강요하고 그들의 기억력을 과중하게 부담시키고 있는가?

우리는 이상에서 교수 및 학습의 과정에 있어서 시간과 노력을 절약하는 방법에 관하여 논하였다.

제20장 학문을 위한 특별한 방법

개별적인 교육 영역에 지금까지 언급한 것의 적용(1). 먼저 학문에 있어서(2). 보는 것과 함께 인식하는 것의 비교(3): 정신적인 눈은 깨끗해야 한다(4), 대상들은 가시적이어야 한다(5). 모든 것을 배우기 위한 감각적인 직관의 의미(6~9). 실물 교육에 대한 모델과 그림들의 사용(10). 불가시적인 것은 감각적인 명료한 것에서 유비를 통하여 밝혀지게 한다(11). 정신적인 직시를 위한 빛으로서 주목함(12~14). 학교에서 발표된 것의 사용: 학문의 가르침을 위한 아홉 가지 규칙(15~24).

1 이제 우리는 산발적으로 관찰한 것들을 종합해서, 학문, 기술, 언어, 도덕, 경건의 올바른 교육에 적용해 보자. '올바른 기술적인 교육'을 나는 쉽고, 철저히, 빠르게 배우는 것을 뜻한다고 언급하였다.

2 학문이나 사물의 지식은 사물에 대한 내적 지각으로 이루어지는데, 외적 지각할 때와 마찬가지로 보조물들 즉 눈과 관찰할 대상과, 보는 데 필요한 빛을 요구된다. 이 세 가지가 주어진다면 지각이 이루어지게 되는 것이다. 내적인 통찰을 위한 눈이란 정신, 또는 지성이다. 대상들이란 지력(知力)의 안팎에 놓여 있는 모든 사물들이다. 빛은 사물에 대하여 필요한 주의력이다. 사람들이 하나의 사물이 어떤 상태에 있는지를 보아야 할 때, 그 외적인 관찰에 하나의 분명한 절차가 필요한 것처럼, 그것들을 재빨리 파악하

고, 꿰뚫어 보도록 사물들이 정신에 앞서 제시되게 하는 하나의 결정적인 방법이 요구된다.

3 한 학생이 학문의 비밀로 접근하려면, 다음의 네 가지 정도가 함께 작용되어야 한다.
❶ 그는 깨끗한 정신의 눈을 가지고 있어야 한다.
❷ 대상들을 이 눈에 가까이 가져와야 한다.
❸ 주의력이 부족해서는 안 된다.
❹ 차례대로 그에게 해당하는 방법에 따라 관찰이 이루어지게 해야 한다. 그렇게 행해질 때, 그는 모든 것을 확실하고 쉽게 파악하게 될 것이다.

4 어떤 소질이 우리에게 허락되었는지는 우리의 손에 달려 있지 않다. 하나님은 정신의 거울인 내적인 눈을 그의 기쁘신 뜻에 따라 나누어 주신다. 이러한 거울이 먼지에 의해 흐려지지 않고, 그 거울의 광채가 어두워지지 않도록 하는 것이 우리에게 달려 있다. 먼지라고 함은 정신을 힘들고 무익하며 공허하게 하는 일들을 뜻한다. 물레방아의 회전에 비교될 수 있는 우리의 정신은 지속적으로 움직인다. 우리의 가장 높은 감독인 이성이 더 이상 주의하지 않을 때는 외적인 감각의 기능들은 섬기는 자로서 정신이 어디서나 취할 수 있고, 대부분 무가치한 것인 재료를 지속적으로 제공해 준다. 그것은 알곡과 밀을 대신하여 겨, 짚, 모래, 쭉정이 같은 것들이 공급된다는 것을 뜻한다. 그럴 때 모든 구석이 먼지로 가득 차 있는 물방앗간에서와 같은 것이다. 이러한 내적인 물방앗간이요, 동시에 하나의 거울인 정신이 막히게 되는 것을 보호하는 것은 청소년을 무가치한 일을 멀리하고, 그들을 가치 있고 진솔하며 유

익한 일을 좋아하도록 훈련하는 것이다.

5 거울을 통해 사물의 상을 정확하게 받으려면 우선 사물들이 견고하고, 명백해야 하며, 또 눈앞에 적당한 자리에 놓여 져야 한다. 이른바 안개와 유사한 엷은 농도의 사물들은 적게 반영하고, 거울에 매우 흐리게 비쳐진다. 물론 존재하지 않는 것은 전혀 아니다. 그러므로 아이들에게 놓인 사물은 실제적인 사물이어야 하며, 사물의 그림자여서는 안 된다. 나는 사물들이란 감각과 상상의 능력에 강하게 영향을 미치는 지속적이고 참되고 유용한 사물들을 말한다. 만일 사람들이 실제적으로 파악하도록 그것들을 가까이 가져오게 될 때 이루어진다.

6 교사 모두를 위한 황금률은 모든 것이 항상 가능한 대로 감각기능들 앞에 놓여 져야 한다는 것이다. 예를 들어 시각에는 볼 수 있는 것, 청각에는 들을 수 있는 것, 후각에는 맡을 수 있는 것, 미각에는 맛 볼 수 있는 것, 촉각에는 만질 수 있는 것들이 놓여 져야 한다. 하나의 사물이 여러 구별된 감각기능들을 통하여 새겨지려면, 그것은 여러 종류의 감각 기능과 동시에 접촉시켜야 한다(우리가 이미 17장의 제8원칙에서 언급하였다).

7 이에 대한 설득력 있는 세 가지 이유가 있다. Ⅰ. 인식의 시작은 항상 감각에서 출발해야 한다는 것이다 [왜냐하면 먼저 감각 작용에 의해 파생되지 않은 것[187])이 우리의 이해력에 존재하지

---

187) Ahrbeck weist S. 316 mit Recht darauf hin, daß hier der Grundsatz der sensualistischen Philosophie "Nihil est in entellect, quod non prius fuerit in sensu" ähnlich formuliert ist.

않기 때문이다). 지식은 사물의 이름을 아는 것이 아니며 실제적인 사물의 관찰을 통한 지각으로 시작되는 것이다. 사물이 감각에 의해 파악되어 지고 나서야 비로소 사물을 더 자세히 밝히기 위해 설명이 뒤따라야 하는 것이다.

8 Ⅱ. 지식의 진실성과 그 확실성은 감각의 증거에 어떤 것에도 의존하지 않는다. 왜냐하면 사물들이 우선 직접적으로 감각에 새겨지며, 이해는 감각을 통해 간접적으로 새겨지기 때문이다. 이 것은 다음의 사실에서 분명한데, 감각에 의해 이끌어낸 지식이 믿을만하다는 것과, 또 한편 실험적 추론과 타인의 주장들은 항상 감각을 이용한다는 것이 사실이다. 우리는 추론과정으로 끌어낸 결론이 실제의 예들에 의해서 증명되지 않는 한 신뢰할 수 없다(그 예들의 신실성은 감각을 통한 지각에 의존한다). 자신의 감각의 경험에 반하는 타인의 증거를 믿을 사람은 없다. 그래서 지식은 감관기능을 의지할수록 더욱더 신뢰를 얻게 된다. 이와 같이 우리가 학생들에게 사물에 대한 진실하고 신뢰할 만한 지식을 심어주기 원한다면, 우리는 실제로 모든 것을 실체적 관찰과 감각을 통한 지각에 의해서 학습되도록 하는 것이 특별히 필요한 것이다.

9 Ⅲ. 감각은 기억의 가장 신실한 일꾼이기 때문에, 이러한 감각을 통한 지각의 방법을 모든 교과에 적용한다면 한번 습득한 지식을 영구히 견지하게 될 것이라는 것이다. 사실 내가 설탕을 한번 맛보고, 낙타를 한 번 보았거나, 밤 꾀꼬리의 노래 소리를 들었을 때, 또 한 번은 로마에 머무르며, 쭉(자연스레 주의 깊게) 여행했다면, 그 모든 것은 나의 기억 속에 견고히 간직되고, 나에게서 다시 멀어져 갈 수 없을 것이다. 그 때문에 우리는 아이들이 성경

의 역사와 다른 역사를 비유적인 묘사에서 쉽게 영향을 받을 수
있다는 사실을 주목한다. 우리 가운데 누군가가 한 마리의 코뿔소
를 실제적으로 또는 그림으로 보았다면 그는 기억 가운데서 더 쉽
게 소개할 수 있다. 일반적으로 사람들이 백 번 이야기해 준 사건
보다 그에게 눈으로 직접 본 사건을 더 잘 안다는 것은 분명한 일
이다. 그래서 "듣기 열 번보다 한 번 보는 것이 더 낫다"는 플라우
투스(Plautus)의 말188)과 호라츠(Horaz)의 "귀로 듣고 이해한 것
은 각자가 동시에 마음에 새긴 것을 눈으로 사물을 실제로 보고
검토하여 표현하는 것보다는 더 강하게 새겨진 것이 될 수 없
다"189)란 말이 있다. 예를 들어 한 번 주의 깊게 인간 신체의 해
부를 공부한 사람은 이에 자세한 설명들을 읽었던 사람보다 더 확
실하게 이해하고 모든 것을 그대로 기억할 것이다. 그래서 "보는
것이 믿는 것이다"라는 명언이 있다.

10 사물 자체를 손에 가질 수 없다면 사람들은 표본을 사용
할 수 있다. 가르칠 목적으로 모사품(模寫品)이나 모형(模型)을 만
들 수 있다. 즉 식물학자, 동물학자, 지리학자, 기하학자들이 채택
하는 원리다. 그들은 사물의 묘사를 위해서 그림을 사용한다. 이와
유사한 방법이 자연 과학의 전 영역과190) 다른 학문의 영역을 위
해 도입되어야 한다. 해골의 뼈들(그것들이 순수하게 또는 나무로
대학에 보존되어 남아있는 것처럼)을 가죽으로 완성하고, 면으로

---

188) Plautus, Truculentus v. 489; Erasmus, Adagia, chil. II, cent VI,
   54(Clericus II, 602).
189) Horaz, Epist. II, 3, 180-82.
190) 'Physica' bzw. 'Physicae' steht bei Comenius für den ganzen
   Bereich der Schöpfung(vgl. Physicae synopsis), wird aber auch im
   Wechsel mit 'naturalis scientia' gebraucht (Kap. 30, § 6).

꾸며진 근육, 근육의 건(腱), 신경들, 정맥, 동맥만이 아니라 전체적으로 내장 기관들, 즉 폐, 심장, 횡경막, 간, 위, 장들로 배치한다. 인간의 조직체는 이러한 표본에 의해 가장 분명하게 가르쳐질 것이다. 모든 것이 그의 위치와 바른 배열에 따라, 때때로 이름과 기능을 잘 적어두어 배치되어야 한다. 사람들이 자연 과학을 배우는 수업에서 학생을 이러한 구성물로 데리고 가서 모든 것을 각 부분마다 따로따로 보여주고 설명한다면, 학생은 모든 세부사항을 쉽게 파악하고, 이로부터 육체의 구조를 쉽게 이해하게 될 것이다. 모든 학문을 위하여 이러한 구성물들(즉 원본을 구할 수 없는 사물의 상)을 만들어서 모든 학교에서 갖추어 두도록 해야 한다. 이런 모형을 준비하는데 얼마간의 비용과 노력이 필요한 것은 사실이다. 그러나 그런 노력은 충분한 가치를 지니게 될 것이다.

11 어떤 사람이 모든 것, 정신적인 것과 존재하지 않는 것(하늘이나 지옥이나 바다 저편의 장소에서 있고 일어나는 것)이 이러한 방법으로 감각에 연결됨을 의심한다면, 그는 모든 것이 하나님에 의해 조화롭게 만들어졌다는 사실과 낮은 것을 통해 높은 것이, 존재하는 것을 통해 존재하지 않는 것이, 보이는 것을 통해 보이지 않는 것이 완전히 표현될 수 있다는 것을 기억해야 한다. 이것은 바람과 비, 천둥의 생성의 원인을 독자가 마음에 그려볼 수 있는 방식으로 묘사한191) 로버트 프루드(R. Fludd)의 대·소우주(大·小宇

191) Der Naturphilosoph Robert Fludd(de Fluctibus) lebte 1574 bis 1637. Comenius meint seine Schrift 'Utriusquae cosmi, majoris sc. et minoris, metaphysica, physica atque technica historia (1. T: Macrocosmi, 2. T: Microcosmi historia), Frankfurt 1626. Die von Comenius erwähnten Erklärungen finden sich im Abschnitt 'Philosophia vere christiana seu meteorologia'.

宙)에서 잘 알 수 있다. 의심할 여지없이 저런 표상들은 더 시각적이며, 훨씬 쉽게 이해될 수 있을 것이다.

12 사물들을 감각에 제시하는 데 관해서는 이제 그만하기로 한다. 이제는 빛에 대해서 말하지 않으면 안 된다. 빛이 없이는 사물을 눈앞에 제시해도 아무 소용이 없다. 학문에 있어서 집중력이 이러한 빛이다. 학습자는 집중력을 통해 현재 넓게 열려진 정신과 함께 모든 것을 받아들인다. 그에게 아주 가까이 놓여 있는 것도 어두움 속에서나 눈을 감고는 아무 것도 볼 수 없는 것처럼, 사람이 말하거나 무엇을 보여준다 해도 주의를 기울이지 않는 사람의 감각에는 그냥 지나갈 뿐이다. 이것을 우리는 생각에 빠져 있는 사람에게서 관찰할 수 있는데, 그는 실제로 눈앞에 진행되는 일도 아무 것도 느끼지 못한다. 이와 같이 밤에 다른 사람에게 무엇인가 보여주기를 원하는 사람은 밝게 비추도록 불을 켜고, 또한 그 물건이 빛이 나도록 닦아내야 한다. 이와 마찬가지로 교사는 만일 무지의 어두움에 둘러싸인 학생을 앎의 빛으로서 비추어 주기 원한다면, 그 학생이 가르침을 호기심과 넓게 열린 정신으로 흡입하도록 먼저 그의 주의력을 자극해 주어야 한다. 그것이 어떤 방법으로 이루어져야 하는지에 대하여 우리는 17장과 19장에서 이미 보았다.

13 이와 같이 빛에 대해서 많은 것이 다루어졌다. 이제 대상들이 뚜렷한 인상을 주기 위해서 감각에 어떻게 제시되어야 하는지, 그 방법론에 대하여 언급해야 할 차례이다. 이때 주의해야 할 점은 외적인 시각의 감관으로부터 잘 유도되게 하는 일이다. 무엇인가 분명하게 보여 져야 한다면, 그것은 ❶ 눈앞에 제시되어야 한다. ❷ 너무 먼 거리가 아니라 적당한 거리에 있어야 한다. ❸ 한

쪽 옆에 두어서는 안 되며 곧바로 눈앞에 두어야 한다. ❹ 사물의 정면이 관찰자를 향해 있어야 하며, 반대쪽을 향하게 하면 안 된다. ❺ 눈은 먼저 대상 전체를 바라보아야 한다. ❻ 그 후에 각 부분들을 구별해보도록 한다. ❼ 시작에서 끝까지의 순서를 따라 조사하도록 한다. ❽ 각 부분마다 빠짐없이 주의를 기울인다. ❾ 모든 것의 본질적인 특성이 파악될 때까지 조사한다. 그 모든 것이 규정대로 관찰된다면 관찰은 바르게 이루어진다. 하지만 하나라도 빠뜨린다면, 그것은 결코 성공하지 못하거나, 잘못될 것이다.

14 예를 들어 어떤 사람이 친구의 편지를 읽고자 한다면 다음과 같은 것이 필요하다. ❶ 그는 그것을 눈앞에 가까이 가져가야 한다(그것을 볼 수 없다면, 어떻게 읽을 수 있을까?). ❷ 그것을 올바른 거리의 눈앞에 두어야 한다(너무 멀리 떨어져 있다면, 그것을 읽기 어렵다). ❸ 그것을 똑바로 세워야 한다(한 쪽으로 기울어져 있다면 혼동되게 보일 것이다). ❹ 그것을 바르게 세워져야 한다(그의 머리나 또는 비스듬히 놓은 편지나 책을 어떻게 읽을 수 있을까?). ❺ 우선 사람은 편지의 일반적인 관점들을 빨리 읽어야 한다. 누가, 언제, 누구에게, 어디에서 씌어졌는지에 대해서 말이다(이것을 미리 알지 못한다면, 텍스트에 있는 개별적인 내용을 잘 이해하지 못하게 될 것이다). ❻ 그리고 나서 남은 모든 것을 하나도 빠짐없이 읽어야 한다.(그렇지 않으면 전부를 알 수 없거나 가장 중요한 요점을 놓칠 수도 있다). ❼ 모든 것을 바른 순서대로 읽어야 한다(여기저기 문장을 바꾸어 읽는다면 의미를 깨닫지 못하고 혼란스럽게 된다). ❽ 다음 문장을 시작하기 전에 앞 문장을 끝내야 한다(전체를 대충 서둘러 읽으면, 유용한 것을 쉽게 놓칠 수도 있다). ❾ 끝으로 전체를 조심스럽게 음미한 후 독자는 필요한

부분과 불필요한 부분을 구분할 수 있을 것이다.

15 이러한 점들을 학문을 가르치는 교사들이 지켜야 할 것이며, 그것을 아홉 가지의 유용한 규칙들로 표현할 수 있다.

I. 사람이 알아야 하는 모든 것은 가르쳐져야 한다.

알아야 하는 것이 있을 때 학생들에게 제시되지 않는다면, 그것에 관한 지식을 어디에서 얻을 수 있을까? 교사는 어떤 경우에도 무엇인가를 학생들에게 감추어서는 안 되고, 마치 쓸모없고 신뢰할 만한 것이 못 되는 것을 의도적으로 행해서도 안 되며, 또는 마지 못해 의무를 행하는 자의 경우 같이 게으름을 피워서도 안 된다. 여기서 정직과 근면이 절대적으로 필요하다.

16 II. 가르친 모든 것은 일상생활에서 실제로 유용한 그 어떤 것이어야 한다.

학생은 유토피아나[192] 플라톤의 이상에서 나온 그런 것을 배우는 것이 아니라, 실제로 우리 주위에 있고, 그것들에 대한 참된 지식이 삶을 위해 참된 유익을 가져다준다는 것을 알아야 한다. 그렇게 함으로써 정신은 사물에 대하여 더 열성적이고, 더 정확히 구별하게 될 것이다.

17 III. 가르쳐진 모든 것은 직접적이어야 하며, 간접적인 것이 아니어야 한다.

그것은 다음과 같은 것을 뜻한다. 사람들은 사물을 곁눈질로 보아서는 안 되고, 똑바로 보아야 한다. 잘못 보면, 사물은 제대로

---

192) Comenius kennt also das Wort 'Utopia'; ob er die Schrift des Th. Morus gelesen hat, ist ungewiß.

보이는 것이 아니라, 왜곡되고 혼동시키게 된다. 이와 같이 각 사물은 그 특징을 학생들에게 눈앞에 적나라하게 제시되어야 하며, 비유나 은유, 또는 과장된 표현으로 하지 말아야 한다. 이러한 방법은 이미 알려진 것에 대한 강조, 경시, 추천, 질책 등을 위해서는 유용한 것이지만, 새로운 지식의 습득이 목적일 때에는 그런 방법을 피해야 하며, 사실을 있는 그대로 제시해야 한다.

18 **IV. 가르쳐진 모든 것은 존재와 형성됨에서, 즉 근원에서 가르쳐져야 함을 뜻한다.**

하나의 지식은 그 사물이 어떠한 상태에 있는지가 인식되었을 때, 가장 좋은 것이기 때문이다. 그것이 존재하고 있는 그대로가 아니라 다르게 인식되면, 인식이 아니라 오류가 선재하게 된다. 각 사물은 생겨진 그대로이다. 만일 생겨난 그것과 다르게 존재한다면, 사람들은 그것을 타락된 것으로 평가한다. 각 사물은 그의 원인에서 생겨난다. 한 사물의 원인을 밝히는 것은 이와 같이 한 사물에 대한 참된 지식을 중재하는 것을 뜻한다. 앎이란 하나의 사물을 원인으로부터 파악하는 것을 뜻한다.[193] 그리고 원인은 정신의 조종자인 것이다. 이와 같이 사물들은 그것들이 어떻게 생겨난 것인지, 가장 좋고, 가장 쉽고, 가장 확실하게 인식되었다. 한 사람이 무언가 읽기를 원하면, 그것들이 씌어 진 상황에 있는 편지의 글자를 그에게 들어보여야 한다. 돌려지고 사선으로 놓여 진 종이에서 무엇인가를 읽는다는 것은 어렵다. 마찬가지로 사람들은 사물이 어떻게 생겨난 것인지를 밝힐 때, 하나의 사물은 쉽고 안전하게 파악될 것이다. 사람들이 먼저 마지막 것을 말하게 되고, 여러 가지를

---

193) Aristoteles, Metaphisik I, Kap. 2 (Bekker 982).

바꾸어 놓는다면, 배우는 자들을 결정적으로 혼동 시키게 된다. 그러므로 가르침의 방법은 사물의 방법을 스스로 따라야 하며, 이른 것은 더 일찍이, 나중의 것은 더 나중에 다루어야 한다.

19 V. 인식에 제공된 모든 것은 먼저 일반적인 것에서, 그리고 나중에 세부적인 것이 제공되었다.

이에 대한 이유는 16장의 제6원리에서 설명되었다. 일반적인 것에서 지식의 한 사물을 제시한다는 것은 사물 전체의 본질과 현상 형태를 밝힌다는 것을 뜻한다. 본질은 '무엇', '어떻게', '왜'와 같은 질문을 통하여 전개되었다. '무엇'이란 질문은 사물의 명명, 종류, 과제, 목적에 관계되어 있다. '어떻게'라는 질문은 그들의 능력에 따라 그의 목적에 유익한 형태나 자질에 관계된 것이다. '왜'라는 질문은 사물이 그의 목적에 적용하는 원인이나 능력에 관해 묻게 되는 것이다. 예를 들어 학생에게 인간의 참되고 일반적인 지식을 전달하고자 할 때, 나는 다음과 같이 말하게 된다. ❶ 인간은 하나님의 마지막 피조물이고, 인간은 다른 모든 것들을 다스리도록 결정되었다. ❷ 인간은 무언가 선택하고, 실행할 수 있는 자유 의지를 가진다. ❸ 이를 위해 또한 그의 선택과 행동을 현명하게 이끌기 위해, 인간은 이성의 빛으로 무장되어 있다. 이것이 인간에 관한 일반적 지식이고, 더욱더 인간에 관한 모든 필연적인 것을 포함하고 있는 근본적인 것이다. 부수적인 특질에 대하여 몇 가지를 첨부하기를 원한다면, 누구에게, 어디에서, 언제 등과 같은 질문에 대답할 수 있을 것이다. 그 위에서 사람들은 부분들과 신체와 영혼에 대하여 다룰 수 있게 될 것이며, 지체에 대한 해부의 도움으로써 몸과 영혼을 그것이 구성되는 능력을 통해 밝힐 수 있을 것이다. 모든 것이 그에 해당하는 질서에 따라 밝혀지게 된다.

20 VI. 한 사물에 관하여 모든 부분들이 예외 없이 알려져야 하고, 덜 중요한 것도 마찬가지다. 거기서 질서와 상태, 그리고 상호간의 연결을 주의해야 한다.

어떤 것도 목적이 없이 존재하는 것은 없다. 그리고 때로는 더 큰 부분들의 힘이 가장 작은 부분에 의존하는 경우도 있다. 시계에서 보면, 만일 작은 핀 하나가 깨지고, 휘어지고, 밀려나서 시계를 멈추게 할 수 있다. 살아있는 육체에서 하나의 지체가 떨어져 나감으로 생명을 잃을 수 있다. 말하는 상황에서 가장 작은 단어 하나(전치사나 접속사)가 전 의미를 바꿀 수 있고, 뜻을 잘못 전해질 수 있다. 어디에서든지 그러한 일이 발생할 수 있다. 한 사물에 대한 완전한 지식은 모든 부분들의 '무엇'과 '왜'의 지식을 통하여 얻을 수 있다.

21 VII. 모든 것은 하나하나 차례대로 가르쳐야 한다. 항상 한 번에 한 가지 이상은 가르치지 않아야 한다.

말하자면, 두 가지나 세 가지 대상들을 동시에 바라보는 것은 흐트러지고, 혼돈을 일으킬 수밖에 없는 것처럼(한 사람이 책 한 권을 읽을 때, 그는 분명 동시에 두 쪽을 읽을 수 없다. 물론 동시에 두 행을, 두 단어나 철자를 읽을 수 없다. 순차적으로 하나를 읽고, 다음 것을 읽게 되는 것이다) 그와 같이 정신도 역시 동일한 시간에 한 사물만을 관찰할 수 있는 것이다. 그래서 정신이 겹쳐지지 않도록 사람은 조심스럽게 구별하여 하나에서 다른 것으로 넘어가야 한다.

22 VIII. 사람들은 각 사물이 이해되기까지 충분한 시간을 가져야 한다.

생겨나는 모든 것은 움직임을 통하여 이루어지기 때문에, 아무 것도 한 순간에 일어나는 것은 없다. 하지만 움직임은 연속적으로 이루어진다. 교사들은 그 때문에 학생이 그것을 잘 알게 될 때까지, 그리고 그가 그렇게 인식하기까지는 다른 곳으로 넘어가서는 안 된다. 이것은 각인, 시험, 반복을 통하여 확실한 결과를 얻게 된다(18장 제10원칙에서 이미 언급하였다).

23 IX. 사물의 구별이 분명하게 드러나면 그것들에 대한 지식이 명백하고 분명해진다.

하나의 깊은 의미가 다음과 같은 말에 담겨져 있다. 즉 "잘 변별하는 자가 훌륭한 교사다"라는 말이다. 사물의 수가 너무 많으면 배우는 자를 압도하게 된다. 그것에 대하여 치료방법을 적용하지 않는다면, 그는 혼돈하게 될 것이다. 첫 번째 경우에 대해서는 질서가 치료법이다. 질서에 의해서 하나씩 순서대로 학습시키면 된다. 두 번째 경우에는 자연 속에 존재하는 차이를 주의 깊게 고려함으로서 사물이 어떤 점에서 다른 것과 상이한지를 분명히 할 수 있다. 그것만이 정확하고, 분명하며, 확실한 지식을 줄 수 있는 유일한 방법이다. 왜냐하면 사물의 다양함과 실제적인 본체는 구별들에 의존되어 있기 때문이다(18장 제6원칙에서 언급한 바 있다).

24 모든 교사가 교사직에 입문할 때 필요한 기술을 다 소유하리라고 기대할 수는 없다. 그러므로 목표를 빗나가는 일이 쉽게 일어나지 않도록 학교에서 가르쳐져야 하는 모든 학습의 대상들은 이상과 같은 규칙들에 따라 이루어지게 해야 한다. 왜냐하면 이것이 올바르게 준비되고, 주의를 기울이게 된다면 마치 아이들을 궁전으로 인도하는 것처럼 대우할 수 있을 것이다. 그와 같이 아이가

거기서 발견하는 모든 것, 즉 그림, 조각, 커튼, 기타 장식품을 주어진 시간에 싫증내지 않고 면밀히 조사하는 것이 쉽기 때문이다. 그렇게 해서 세상이라는 무대로 입장을 허락받은 어린 학생도 사물의 성질을 아주 예리하게 꿰뚫어 볼 수 있으며, 열린 눈으로 하나님과 인간의 작품 가운데서 움직여 나갈 수 있게 될 것이다.

제21장 기술에 대한 방법

> 기술은 학문들보다 더 많이 연구를 요청한다(1). 표본과 물질, 그리고 도구(2). 그것들의 올바른 사용(3). 표본과 물질, 도구의 사용을 위한 열한 가지의 규정(4~10). 교사를 통한 지도에 대하여(11~13), 학생들의 연습에 대하여(14~17).

1 "사물의 관찰은 가볍고 간단하고, 즐거움을 가져다준다. 하지만 그것들의 사용은 어렵고 넓다. 그러나 놀랄 만한 유익을 가져다 준다"고 비페스(Vives)는 말했다.[194] 실제로 그것은 맞는 말이기 때문에, 교사들은 청소년이 기술을 어떻게 운용해야 하는지, 사물의 실제적인 사용에 쉽게 인도될 수 있는 방법에 대하여 조심스럽게 살펴야 한다.

2 기술은 세 가지가 요청된다. ❶ 모형이나 개념, 즉 기술자가 검토하고 모방하기를 시도하는 외적인 형태이며, ❷ 새로운 형태가 표현될 소재이며, ❸ 일을 완성시키는 데 도움이 되는 도구들이다.

3 도구와 소재, 그리고 모형을 가졌다고 해도 우리가 기술을 학습하기 전에 3가지가 더 필요하다. ❶ 소재의 바른 사용법, ❷

---

194) Zitat nicht aufgefunden.

기술지도, ❸ 빈번한 연습이다. 학생은 소재들을 어디서, 어떻게 사용해야 하는지를 배워야만 한다. 소재들을 사용할 때는 틀리지 않도록, 개선하거나, 실수하지 않도록 지도되어야 한다. 결과적으로 그는 실수 없이 안전하게 사용할 때까지 잘못할 때마다 다시 교육받아야 한다.

4 그것에 대하여 11가지의 규칙이 지켜져야 하며, 그 중에 6개는 소재의 사용에 대하여, 3가지는 지도에 관한 것이며, 2개는 연습에 관한 것이다.

5 **I. 해야 할 일은 연습을 통해 배워야 한다.**

수공업자는 그의 도제(徒弟)를 관찰하는 일에만 한정하여 지도하지 않고, 그들이 동시에 철의 두드림을 통하여 만들고, 형상의 조각을 통하여 조각하며, 그림을 통하여 그리며, 춤추기를 통하여 춤추는 법을 배우도록 실제적인 일로 인도한다. 그 때문에 역시 아이들이 학교에서 쓰기는 글쓰기를 통해서, 말하는 것은 말하기를 통해서, 노래는 노래하기를 통해서, 계산은 계산하기를 통해서 배워져야 한다. 학교는 신실하게 일하는 공장들과 다르지 않다. 그런 후에 모두는 자신의 실습을 통하여 '우리는 우리의 모습을 통하여 스스로 모습을 견지하게 되리라'는 말의 진리를 경험하게 될 것이다.

6 **II. 행해야 하는 모든 것을 위해 하나의 일정한 형식과 규범이 존재해야 한다.**

안내자의 발자취를 따라가듯이, 학생은 모형을 먼저 검토하고, 그 후에 그것들을 모방해야 한다. 무엇이 만들어져야 하며, 어떻게 해야 할지를 모르기 때문에 혼자서는 아무 것도 만들 수 없으며,

모형을 그에게 보여주어야 한다. 사람들이 원하는 것을 그가 알지 못할 때, 원하는 것을 그에게 행하도록 강요하는 것은 괴롭히는 일이 될 것이다. 예를 들어 그가 반듯한 선, 바른 각, 둥근 원을 자와 사각자, 그리고 컴퍼스를 주지 않고, 또는 그에게 그것의 사용법을 보여주지 않고, 그리도록 요구한다면 말이다. 그래서 사람들은 학교에서 행해져야 하는 모든 것을 위해 바르고 신실하고 단순한 규범과 모형과 표본들이 존재하도록 그것들에 대해 진지하게 주의를 기울여야 한다. 그것들은 쉽게 이해하고 모방할 수 있는 표현, 약도, 모델, 또는 표본들이다. 사람들이 그에게 빛을 제공한 다음 보도록 요청하는 것은 더 이상 무리가 아닐 것이다. 그것은 그가 발로 서 있을 수 있으면 걷도록 하며, 그가 도구를 다룰 줄 알면 일하게 하는 것이다.

7 **III. 도구의 사용은 말보다는 실습으로, 다시 말하면 규정을 통한 것보다 실제인 모범을 통하여 가르쳐야 한다.**

언젠가 쿠빈틸리안(Quintilian)은 "규정들을 통한 길은 시간이 더 많이 걸리고 어려운 반면, 실제의 모범을 통해서는 시간을 줄이고, 성공적일 수가 있다.[195]"라고 말했다. 하지만 얼마나 기존의 적은 수의 학교들이 이 말을 생각한단 말인가! 문법을 배움에 있어 수많은 규정들과 규칙들, 규칙의 예외들과 예외의 제한들이 초보자를 억눌러 이해하게 만들기보다 혼동하게 만들고, 무엇이 본말인지 모르게 만든다. 수공업자들은 자신의 도제들에게 수많은 규칙들을 귀가 아프도록 주입시키는 것이 아니라 그들을 공장으로 데려가서 일하는 것들을 직접 보도록 하고 일을 주어 모방하도록 한다[왜냐

---

195) Deises Wort stammten nicht aus Quintilian, sondern von Seneca Ep. VI, 5(Betram I, 16).

하면 인간은 모방하는 존재(animal $\mu\iota\mu\eta\tau\iota\kappa\acute{o}\nu$)이기 때문이다]. 그래서 수공업자가 그 도구들을 쥐어주고 어떻게 다루어야 하는지를 가르친다. 그들이 잘못 만들면 수공업자는 바로 말보다는 시범을 통해 교정해 준다. 실습은 그러한 모방이 쉽게 성공하는 것임을 보여준다.

'좋은 지도자가 좋은 추종자를 만난다.'[196)는 독일 속담이 딱 맞다. 테렌츠(Terenz)의 "어서 앞서 가십시오. 내가 뒤따라 가리이다."는 말은 이에 적합한 말이다.[197) 우리는 아이들이 힘든 규칙을 모르면서도 걷기, 달리기, 말하기, 놀이를 배우는 것은 이 방법 즉, 모방의 방법이다. 왜냐하면 규칙은 사실 정신에는 마치 가시와 같아서 그 의미를 파악하기 위해서는 주의력과 통찰력을 요구하기 때문이다. 하지만 가장 우둔한 학생들도 실제의 예의 도움으로 잘할 수 있을 것이다. 규칙만을 통해서는 누구도 한 가지 언어나 기술을 숙달할 수 없다. 반면에 연습에 의해서는 규칙을 모르는 경우에도 숙달이 가능한 것이다.

▓8▓ IV. 연습은 초보적인 것에서 시작해야 하며, 숙련된 단계의 작업으로 시도하면 안 된다.

예를 들어 목수는 그의 학생에게 바로 탑과 성을 건축하도록 가르치는 것이 아니라, 도끼를 잡고, 벌목하고, 나무를 베고 뚫고, 못을 박고, 서로 잇는 것을 가르친다. 화가는 그의 학생에게 바로 사람의 얼굴을 그리도록 하지 않고, 색을 섞고, 붓을 쥐고, 선을 긋도록 가르친다. 그런 후에 간단한 그림 그리기를 시도하게 한다. 아이에게 글을 읽도록 하는 사람은 전체의 책을 내어놓는 것이 아

---

196) Deutsch bei Comenius.
197) Terenz, Andria Vers 171 (I, 1, 144).

니고, 기초적인 것으로, 이른바 개별적으로 철자를, 그 다음 음절과 단어를, 마침내 문장을 제시한다. 이와 같이 교사들은 문법에 대하여 초보자에게는 개개의 단어를 변화시키도록 임무를 부여해야 한다. 그리고 그 다음으로 두 단어씩 서로서로 연결하고, 한 요소로 구성된 문장, 둘, 세 개의 요소로 구성된 문장을 만들게 하며, 끝으로 문장 구조를 넘어 완전한 말을 하도록 해야 한다.

변증법에 있어서도 마찬가지다. 우선 사물과 사물의 개념들을 류(類)와 종(種)에 따라 분리하는 것을 배워야 한다. 그것들의 상반적인 관계(그들 모두가 서로 가지고 있는)에 따라 통합하고 정의하고 분류하는 것과 그 위에서 사물과 표상들을 상대적으로 신중히 검토하는 것을 배운다. 즉 필연인지 우연인지, 무엇이, 어디서, 왜 그것이 말하여져야 하는지에 대한 것들이다. 학생들이 이것을 충분히 연습한 후에는, 이성적인 결론을 이끌어 내도록 넘어간다. 그것은 교사가 그에게 주어지고, 인정된 명제들에서 결론을 이끌어내는 방법을 사용하는 추론으로 나아가며, 마침내 전 주제들의 토론이나 연구로 넘어간다. 수사학에서도 사람들은 간결하고 유사하게 진행할 수 있다. 즉 처음에 학생에게 잠시 동안 동의어를 만들도록 하고, 명사와 동사 그리고 부사를 형용사에 첨부하도록 하고, 그것들을 반의어로 설명하도록 하고, 나중에 그것들을 상이한 변이로 써 보도록 하고, 관용구를 통하여 직접적 표현을 숙어적으로 표현하도록[198] 낱말 그룹과 음향을 모아보고, 간단한 문장을 다양하게 미사여구를 사용하여 표현해 보도록 할 것이다. 그가 이 모든 것을 잘 할 수 있을 때, 비로소 하나의 완전한 강연문을 작성하는 단계

---

198) Über 'Tropoi' wie überhaupt zum Verständnis des hier von Comenius beschriebenen Unterrichtsstoffes vgl. E. R. Curtis: Europäische Literatur und lataeinisches Mittelalter, Bern 1948, bes. S. 50ff.

로 나아가게 될 것이다. 그렇게 함으로써 사람들이 어떤 기술의 분
야에서 단계적으로 나아가면, 빠르고 완전한 발전을 이루게 될 것
이다(언급된 것의 기초를 위하여 17장 제4원칙 비교).

9 **V. 초보자들은 먼저 그들에게 친숙한 소재를 가지고 연습
해야 한다.**

　제17장의 제6 주제와, '특별히' 제4원칙은 우리에게 이러한 규칙
을 제공했다. 그 뜻은 사람들이 학생들로 하여금 환상에 빠져 옥신
각신하지 않도록, 그들의 나이와 이해의 능력과 현재 상태에 맞지
않는 학습문제로 과중한 부담을 주어서는 안 된다는 것을 의미한
다. 예를 들어 철자를 읽고 쓰기를 배우는 폴란드 아이에게 라틴
어, 희랍어, 아랍어를 제시해서는 안 되며, 무엇이 중요한지를 그
가 이해할 수 있도록 모국어로 쓰여 진 책으로 학습하게 해 주어
야 한다. 아이에게 변증학의 규칙들의 사용을 이해시키려고 사람들
은 그 예를 페르길(Vergil)이나, 키케로(Cicero), 신학이나, 정치학,
또는 의학에서 취할 것이 아니라, 그에게 친숙한 대상들, 즉 책,
옷, 나무, 집, 학교 등에서 얻어진 보기들로 연습하게 해야 할 것
이다. 이때 첫 번째 규칙을 설명한 예들은 이미 익숙해진 것으로
나머지 모든 규칙에도 일관되게 응용하는 것이 좋을 것이다.

　예를 들어 변증법에서 나무를 예로 들 수도 있다. 그 종류와 차
이, 원인, 영향, 전제, 첨가, 개념 설정, 배열 등을 밝히고, 나아가
서 어떤 관점에서 나무에 관하여 어떤 것이 언급될 수 있는지를
토론한다. 그리고 결론적으로 그러한 방식에서 결정적인 추론을 통
하여 나무에 대하여 진술한 것과 다른 것을 유도하고, 증명하게 하
는 것 등에서이다. 이러한 방법으로 여러 가지 규칙의 사용법을 친
숙해진 같은 실제의 예들을 통해 설명되면 그 아이는 다른 모든

교과에 적용하는 실력을 가지게 될 것이다.

10 VI. 모방은 미리 규정된 형식을 엄격히 유지하고, 나중에 그것은 더 자유로울 수 있을 것이다.

왜냐하면 새로운 대상의 복제는 그의 모범에 더 조화롭게 될수록, 그 모범에 더욱 더 정확히 같아진다. 예를 들어 동일한 형태로 주조된 동전은 원본과 비슷하다. 마찬가지로 철판으로 찍혀진 책들, 밀랍이나 석고, 그리고 금속으로 만든 형상도 그러하다. 가능한 나머지 일(분야)에서 모방이 최소한 그의 원형의 정확한 복사여야 한다. 마침내 손과 정신과 언어가 더 분명하게 되고 자유로이 움직이고 독자적으로 자명하게 유사한 것을 만들 때까지 말이다. 예를 들어 쓰기를 학습하는 학생은 얇고 투명한 종이를 복제하기 원하는 쓰기의 원본 위에 놓을 수 있다. 그들은 그 종이에 비치는 철자들의 필적을 쉽게 모방할 수 있다. 또는 사람들은 학생들이 이러한 형식을 모방하는 데 익숙해지도록, 붓과 잉크로써 앞서 보여진 글씨의 필적들을 따라 쓰게 할 때, 견본을 연한 색깔로 된 깨끗한 종이 위에 붉은 색이나, 갈색으로 미리 인쇄하게 한다. 마찬가지로 문체 연습에서 사람들은 저작자의 임의적인 구성들과 문장들, 기간들이 미리 제시될 수 있으며, 아주 비슷하게 복사하게 할 수도 있다. 예를 들어 "보화들이 풍부하다"199)는 문장을 사람들이 아이들에게 따라 말하게 한다면, 즉 "계곡이 많다", "돈이 풍부하다", "가축이 많다", "포도밭이 많다" 등을 따라 말하게 하라. 키케로(Cicero)가 말한 것을 원문으로 하여 연습하면 다음과 같다. "가장 훌륭한 학자들의 식견으로는, 오이데무스(Eudemus)가 천문

---

199) Vergil, Aeneid. I, 14.

학에 있어 제1위를 쉽게 차지한다."200) 이것을 약간 수정하여 모
방하면 "가장 훌륭한 웅변가들의 식견으로는 키케로가 웅변에서
제1위를 차지한다"라고 말할 것이다. 또한 "전 교회의 식견으로는
사도 바울이 사도로서 제1위를 차지한다."라는 등을 모방하여 말
할 수 있다. 논리학에 있어서도 역시 그렇다. 만일 잘 알려져 있는
논리적 추론, 즉 "지금은 밤이거나 낮이다. 지금은 밤이 아니다.
그러므로 지금은 낮이다"란 말이 주어지는 경우에 학생은 이것을
모방하여 상반되는 개념을 대립시키면 되는 것이다. "즉 그는 무학
이거나 박식하다. 그러나 그는 무학이다. 그러므로 그는 박식하지
않다"와 같다. "가인은 하나님을 믿었거나 믿지 않았다. 그러나 그
는 믿지 않았다" 등이다.

11 VII. 실행되어야 할 대상의 모형은 가능한 완전해야 하며,
그것을 완전히 모방하기를 이해하는 자는 이러한 기술에 완전해질
수가 있다.

사람이 굽은 선을 따라 반듯한 직선을 그릴 수 없는 것처럼, 허
점이 있는 표본을 따라 좋은 후형(後形)을 만들 수 없다. 학교에서
전 생애 동안 이루어져야 하는 모든 것을 위해 진실하고 신뢰할
만하고 단순하고 쉽게 모방할 수 있는 표본들이 존재해야 한다. 모
사, 그림들, 사물의 대상, 간단히 말하면 자명하고 진실한 분명한
규정들과 규칙들이 그것이다.

12 VIII. 모방을 처음 시도할 때는 가능한 한 정확해야 하며,
표본과 그 어떠한 편차가 있어서는 안 된다.

---

200) De divin. II, 42, 87.

그 모방은 가능한 것의 한계 내에서 자연스럽게 하는 것이 필요
하다. 왜냐하면 시작은 다음의 것들에 대한 기초이기 때문이다. 표
본이 확고하면 그 위에 견고한 체계가 세워질 수 있다. 하지만 표
본이 흔들리면 모든 것이 흔들린다. 의사의 관찰에 의하면 어릴 때
의 소화 장애는 후에 치료할 수 없다고 한다. 모든 행위에서 초기
의 잘못은 다음의 모든 것에 해가 된다. 그래서 음악가 디모데우스
는 다른 곳에서 음악의 기초를 배운 학생들로부터 두 배의 수업료
를 요구하는 습관이 있었다. 그는 학생들이 이미 습득한 나쁜 습관
을 없이 하고 새로 올바르게 가르쳐주는 이중의 수고를 해야 했기
때문에,201) 두 배의 수강료를 받아야 했을 것이다. 그러므로 사람
들은 이와 같이 정확히 모방하기를 시도하도록 하고 학생들에게
기술의 표본을 완전히 신뢰하도록 힘써야 한다. 이러한 어려움이
극복되면 나머지는 저절로 따라오게 되는데, 이는 적군에게 성문이
점령된 도시는 승리자의 손에 떨어지는 것과 같다. 이전의 것이 잘
완성되기 전에 서두르는 것을 조심해야 하고, 그렇지 않으면 앞으
로 나아갈 수 없다. 길에서 배회하지 않는 사람이 가장 빨리 도달
한다. 기본적인 것에 대하여 확실하게 하는 것은 시간의 지연이 아
니라, 오히려 시간의 단축을 의미한다. 왜냐하면 다음의 것이 더
쉽게, 더 빨리, 더 안전하게 이루어지기 때문이다.

13 IX. 잘못된 점은 현장에 함께 하는 교사가 규칙과 예외의
동시적인 밝힘으로 즉시 시정해 주어야 한다.

지금까지 우리는 기술을 공식을 통한 것보다는 본보기를 통해
가르쳐야 한다고 말했다. 그럼에도 불구하고 일을 조정하고, 오류

201) Quintilian, Instit. orat. II, 3, 3 (s. Kap. 25, §23).

를 미리 방지하는 공식과 규칙들을 지금 말하려는 것이다. 왜냐하면 표본에서 분명하지 않은 것이 있다면 분명하게 설명해 주어야 하기 때문이다. 즉 일이 무엇으로 시작하고, 어느 방향으로 힘써야 하며, 어떤 길로 계속 진행되어야 하는지, 그리고 왜 모든 것이 그렇게 이루어져야만 하는지에 대한 것이다. 그것은 바로 모방 가운데서 기술의 근본적인 지식과 신뢰성, 그리고 안전을 보장하는 것이다.

그러나 이러한 규칙들은 짧고 분명해야 한다. 사람들이 그것을 배우다가 늙고 백발이 될 필요가 없기 때문이다. 규칙이 몸에 숙달되면 나중에는 그것을 전혀 쓰지 않게 된다고 해도 계속 유용하게 남아있는 것이다. 달리기를 배우는 아이에게 다리의 보호대는 매우 유용하게 사용되지만, 나중에는 더 이상 필요하지 않는 것처럼 말이다.

14 ☒ X. 완전한 기술교육은 종합과 분석을 통해 이루어진다.

종합(즉, 고유한 작품들의 합성)이 여기서 더 중요한 역할을 한다는 것을 자연과 수공업의 예들에 대하여 18장 제5원칙에서 상세히 설명하였다. 대부분의 경우에 종합적인 훈련이 먼저 설명되어야 한다는 것은 다음과 같은 이유 때문이다. ❶ 사람들은 어디서나 쉬운 것과 함께 시작해야 한다. 우리는 낯선 것보다 고유한 것을 더 쉽게 이해한다. ❷ 저작자들은 의도적으로 그들의 작품의 기법을 감춘다. 그러므로 학생들은 첫 번째 관찰에서 이해하기 어렵거나 전혀 알 수 없다. 그러나 그들이 자신의 노력으로 기법은 없지만 단순한 연습을 거듭했다면, 그 어려움이 제거될 것이다. ❸ 사람들이 최초에 목표로 삼은 것을 가장 큰 비중을 두고 시도해야 한다. 우리가 참으로 목적하는 바는 학생들에게 이미 되어 있는 것을 앞에 놓고 복사하는데 그치는 것이 아니라 독창적인 작품을 산출하는 기술을 습관화되도록 하는 것이다(비교, 18장 제5원칙).

15 어떤 경우에도 타인의 작품의 정확한 분석을 소홀히 해서는 안 된다. 계속 길을 왕복하여 다님으로써만 모든 곁길과 교차로를 다 아는 즉, 그 길에 능통할 수 있는 자가 되는 것이다. 더욱이 자연 속의 사물의 모습들은 너무 다양하여 모든 것이 규칙으로 파악할 수도 없고, 한 사람의 마음으로 그것을 다 숙달할 수 없을 만큼 무한하다. 더 많은 과정들이 많은 규칙을 통해서 추론되어야 한다. 우리가 그것을 연구하고, 분석하고, 경쟁과 모방으로 비슷한 결과를 산출할 수 있도록 배운다면, 그것은 우리의 재산이 될 것이다.

16 우리는 이와 같이 기술 분야에서 이룰 수 있고, 성취되도록 해야 하는 모든 것을 위해 완전하고 정확한 모범과 견본이 학생들에게 공급되기를 원한다. 공식과 규칙을 제공해 줌으로써 학생이 기술과정을 실행하도록 도우며, 모방하도록 유도하고, 잘못을 피하는 방법을 보여주며, 잘못했을 때 정정해 주어야 한다. 그 후에는 다른 모형들을 주어서, 그것을 이미 사용했던 모형과 비교하고 분류하는 것을 학습시켜야 하며, 전에 사용했던 모형과 유사한 것을 복사하게 하여, 원형과 닮은 작품을 만들어내게 한다. 그 후에, 다른 기술자들의(저명하여야 한다) 작품을 이미 잘 알게 된 모형들과 규칙들에 따라서 검토하고 분석하게 한다. 이렇게 할 때 학생은 규칙들을 더욱 더 편하고 쉽게 사용하는 실력이 생기며, 자기 기술을 숨기는 방법도 배우게 될 것이다. 그리고 학생이 이런 종류의 훈련과정을 거친 후에야 비로소 자신의 작품을 평가하는 실력

을 지니게 될 것이다.

17 XI. **이러한 연습들은 사람들이 기술을 완전히 습득할 때까지 계속되는 것이다.** 왜냐하면 연습만이 전문가를 만들기 때문이다.202)

---

202) Ovid, Ars amat. II, 675f.

제22장 언어에 대한 교수 방법론

사람들은 어떤 언어들을 배워야 하는지(1), 몇 가지 언어를 가르쳐야 하는가?(2) 언어와 내용들은 동시에(3), 그리고 동일한 책들에서 배워져야 한다(4). 완벽함의 잘못된 노력들(5/6), 언어와 내용은 연령층에 적합해야 한다(7). 언어 학습에 대한 8가지 일반적인 규칙들(8~16). 모국어와 라틴어, 두 언어를 완전히 다룰 때까지 배우는 것이다(17). 4가지의 연령별 발전 단계에 맞는 언어 공부의 4단계(18). 4권의 교재가 그들에게 적합하다(19). 정원(20), 입문(21), 홀(22), 보화의 창고(23)와 이에 해당하는 부교재들(24~26).

1 언어는, 그 자체가 지식이나 지혜의 일부를 형성하는 것으로가 아니라, 지식을 얻고, 그것들을 다른 사람에게 전달하는 도구로서 학습해야 한다. 그러므로 모든 언어를 다 배울 필요는 없다. 그것은 불가능하기 때문이다. 많은 언어를 배우는 것이 아니라, 꼭 필요한 언어를 배우는 것이다. 왜냐하면 그것은 실생활에 도움이 되는 지식을 학습하는데 전념해야 할 시간을 낭비하는 것이기 때문이다. 일상생활만을 위해서는 모국어만이 필요하며, 이웃의 민족들과 왕래를 위해서만 그들의 언어를 필요로 한다(폴란드인에게는 아마 독일어이며, 다른 사람에게는 헝가리어, 루마니아어, 터키어가 필요하다). 학문적인 책을 읽기 위해서는 학문계의 공통 언어인 라틴어가 필요하며, 철학자와 의사에게는 희랍어와 아랍어가 요구되며, 신학자에게는 희랍어와 히브리어가 필요하다.

2 이러한 언어들은 모든 것을 완전히 다룰 때까지 배우는 것이 아니라, 필요한 부분까지만 배운다. 사람들은 희랍어와 히브리어를 모국어처럼 유창하게 말할 필요가 있는 것은 아니다. 왜냐하면 그 언어들로 서로 대화할 수 있는 사람은 아무도 없기 때문이다. 사람들은 책을 읽고 이해할 수 있을 정도까지 배우면 충분하다.

3 언어의 공부는 사물의 학습과 병행하여 발전하게 해야 한다. 그래서 객관적인 세계와 언어의 이해, 즉 사실의 지식과 그것을 표현하는 우리의 능력이 평행해서 성장할 수 있어야 한다. 제19장의 여섯 번째 원칙에서 말했던 것처럼, 우리는 앵무새가 아니라 사람을 교육하는 것이다.

4 첫째로, 단어는 그것을 나타내는 사물과 별개로 배우는 것이 아니라는 사실이다. 왜냐하면 사물들은 독자적으로 존재하는 것도 아니고, 이해될 수 있는 것도 아니며, 낱말들과 같이 존재하며, 양자가 서로 영향을 주기 때문이다. 이러한 시도에서 내가 「언어의 입문」(언어들에로 향하는 문)을 출판하게 된 것은 이런 생각에서였다. 그 책에 보면 낱말들이 문장으로 구성되었고, 동시에 단어들이 해당하는 사물들의 본질적인 특징들을 표현하게 되어 있는데, 꽤 성공을 거둔 책이라고 평가되고 있다.203)

5 둘째로, 아무도 어떤 언어든지 완전하게 배울 필요가 없다는 결론에 이른다. 누구든지 그렇게 하려는 사람은 웃음거리가 될 것이며, 사실로 아무 소용이 없는 일이다. 왜냐하면 키케로(라틴어

---

203) Janua linguarum reserata, sive Seminarium linguarum et scientiarum omnium, zuerst Lissa 1631.

의 최고학자라고 생각되는)조차도 라틴어를 세부까지 완전히 정복하지 못했기 때문이다. 그 자신이 기술자들의 전문 언어표현을 알지 못한다고 고백했다.[204] 그는 구두 수선공과 노동자들과 사귈 일이 없으며, 그들의 작품을 보거나 그들이 사용하는 기술 용어를 들을 일이 없었던 것이다. 사실상 그가 그런 용어를 배웠다고 해도 무슨 필요가 있었겠는가?

6 나의 「언어초보」(Janua)[205]의 어떤 편찬자들은 이에 주의하지 않았고, 어린이의 이해력에 전혀 합당하지 않은 것들로 가득 채워놓았다. 하나의 문(Janua)은 단지 하나의 문(門)이어야 한다. 그 뒤에 놓여있는 것은 나중으로 보류되어야 한다. 왜냐하면 그것은 결코 앞에 나오지 않거나, 또는 만일 한번 나오게 된다면, 부교재(어휘집, 사전, 문장 모음집 등)로부터 취하면 되기 때문이다. 그래서 나도 오래되고 적게 사용된 표현들을 모으는 "라틴어의 후문(後門)"을 계속 만들지 않았다.

7 셋째로 어린이는 그들의 정신처럼, 역시 그것들을 위하여 잘 맞는 사물들에 대한 언어를 연습해야 한다. 성인에게 적용된 것들은 성숙한 연령에서 배우도록 남겨 놓는다. 쓸데없이 사람들은 어린이에게 그들의 이해력을 넘어서는 재료들을 다룬 키케로나 다른 훌륭한 저작자들을 제시한다. 어린이들이 내용을 파악하지 못하면 그것을 적합하게 표현하는 기술을 그들이 어떻게 이해할 수 있

---

204) Cicero, De fin. III, 2, 4.
205) Bezieht sich wohl auf die Zusammenarbeit in Elbing (Marginalie nennt Docemius und Kinnerus als solche 'amplicatores') und auf die Umarbeitung der Janua (vgl. Methodus ling. noviss. XV, 15 und Mitteilg. a. d. Breslauer §64, ODO II, 187 und I, 354).

을 것인가? 이러한 시기는 더 간소한 사물을 배우는 일에 더 유용하게 사용되었다. 그래서 언어와 이해력은 단계적인 방식으로 교육되었던 것이다. 자연은 비약을 하지 않고, 기술이 자연을 모방한다면, 역시 그 기술도 마찬가지다. 우선 사람은 어린이에게 걷는 것을 가르치고 다음에 춤추는 것을 가르친다. 우선 얌전한 말을 타고, 다음에 거친 말을 타야 한다. 우선 불분명하게 웅얼거리다가 그 다음에 바르게 말하게 된다. 우선 말하고 다음에 미사여구를 사용한다. 키케로는 다음과 같이 말했다. "말할 수 없는 사람에게 미사여구를 사용하도록 가르칠 수는 없는 것이다."206)

8 다양한 언어, 여러 가지의 언어들을 배움은 우리가 여기서 여덟 가지 규칙으로 이해하는 우리의 방법을 통하여 요약되고, 쉽게 되었다.

9 **I. 각 언어마다 따로따로 배워져야 한다.** 맨 처음에는 모국어를 배워야 하며, 그런 후에 모국어를 대용할 수 있는 언어, 예를 들면 이웃 나라들의 언어(왜냐하면 나의 생각으로는 모국어는 학습된 언어를 앞서 진행되기 때문이다)를 배워야 한다. 또한 후에 라틴어, 희랍어, 히브리어를 차례차례 하나씩 배우는 것이지, 결코 한꺼번에 배워서는 안 된다. 그렇지 않으면, 그것들은 혼돈에 빠질 것이다. 그들이 연습을 통하여 어느 정도 자리가 잡히면, 비교하는 사전과 문법을 이용하여 그것들을 서로 제기해 보는 것이 유익할 것이다.

---

206) Cicero, DE oratore III, 10, 38.

10 Ⅱ. **모든 언어는 배워져야 하는 하나의 일정한 학습시간이 할당되어야 한다.** 그것은 주된 일이 부차적인 일에서 만들어지지 않고 사물을 배움에 필요한 시간이 낱말을 배우는 것으로 망쳐지지 않게 하기 위해서이다. 모국어는 정신에서 점차적으로 추론되는 사물들에 결부되어 있기 때문에, 그것들에 대해서는 여러 해의 시간들을 필요하게 된다. 나는 여덟에서 열까지, 전 유아기와 소년 시기의 일부분이 이에 해당한다고 생각한다. 그런 후에 각자가 일 년 내에 배울 수 있는 다른 언어로 넘어간다. 라틴어 공부는 2년에 끝마쳐져야 하고, 희랍어는 일 년에, 히브리어는 반년에 마쳐져야 한다.

11 Ⅲ. **모든 언어는 규칙을 통한 것보다는 사용을 통해 배워야 한다.** 다시 말하면 가능한 빈번한 듣기, 읽기, 반복 읽기, 복사하기, 문자와 입으로의 모방을 통해서 배워야 한다(앞장의 규칙 Ⅰ).

12 Ⅳ. **규칙은 이러한 실제적 사용을 보충하고 확실하게 한다**(앞장 규칙 Ⅱ 이하에서 언급된 것처럼). 무엇보다 그것은 사람들이 책을 통해 배워야만 하는 언어와 살아있는 언어에 해당한다. 왜냐하면 이탈리아어, 프랑스어, 독일어, 보헤미안 언어, 헝가리 언어는 이것이 이미 일어난 것처럼 규칙으로 이해할 수 있기 때문이다.

13 Ⅴ. **언어의 규칙은 철학적이지 않고 문법적이다.** 다시 말하면 그 규칙들은 낱말들과 문장들과 연결들의 생성과 근거에 대하여, 왜 그것이 그러하고, 왜 그렇게 불려 지는지를 첨예하게 연구하는 것이 아니라, 무엇이 생겨나고 그것이 어떻게 생겨나는지를 간단한 말로 밝혀 준다. 낱말과 사물의 원인과 결합, 그 유사성과

비유사성, 유비(類批)와 변이(變移)에 관한 더 세련된 관찰들은 철학자의 일이며, 어문학자들은 다만 여기서 멈추게 된다.

14 **VI. 새로운 언어규칙의 기술을 위한 표준은 이전에 학습된 것이라는 점이다.** 그러므로 이로부터는 차이점들만 보여 지면 되는 것이다. 양쪽의 언어를 함께 반복하는 것은 쓸모가 없으며, 오히려 해가 된다. 왜냐하면 그것은 사실에 맞지 않는 지루함과 차이점의 현상을 통하여 정신을 놀라게 하기 때문이다. 희랍어 문법에서 예를 들면, 명사와 동사, 격과 시제의 정의, 또는 새로운 것은 아무 것도 포함하고 있지 않는 구문상의 규칙은 반복되지 않아야 하는 것이다. 왜냐하면 사람들은 그것들을 벌써 이해된 것으로 전제해도 무방하기 때문이다. 그래서 희랍어가 이미 알고 있는 라틴어로부터 벗어난 것에 관한 규칙만을 세워야 한다. 그리고 나면 희랍어 문법은 몇 쪽으로 축약될 수 있고, 모든 것이 더 분명하고 더 쉬우며, 더 확실하게 될 것이다.

15 **VII. 새로운 언어의 처음 연습은 이미 알려진 교재에서 뽑아내야 한다.** 왜냐하면 정신은 동시에 자신을 혼란시키고 약화시키는 사물과 낱말들을 지향하지 않고, 다만 더 빨리 더 쉽게 적응하는 낱말에로 지향해 가야하기 때문이다. 예를 들어 교리문답서, 성경의 역사, 또는 그밖에 이미 잘 알려진 것이나, 또는 나의 언어입문서(아마 사람들은 역시 나의 정원[207]이란 책에서 취한다)에 그러한 교재들이 제시되어 있다. 이러한 문서들은 암기하여 배우는 데 사용된다. 왜냐하면 그것들은 다른 것들을 읽고 반복하는 데 간단

---

207) S. u. §19 dieses Kapitels.

히 사용할 수 있으며, 동일한 말들이 거기서 종종 반복되고 더 쉽게 정신과 기억에 각인되기 때문이다.

16 Ⅷ. 모든 언어들은 이와 같이 한 가지, 또는 같은 방법에 따라 배워진다. 말하자면 이미 알려진 언어의 차이점을 보여주는 몇몇의 간단한 규칙, 그리고 잘 알려진 교재에 대한 연습을 통해서이다.

어떻게 언어를 완전히 배울 수 있을까?

17 사람들이 모든 언어를 같은 정도로 정밀하게 배울 필요가 없다는 사실을 우리가 본 장의 처음에서 언급하였다. 그러한 주의를 우리는 모국어와 라틴어를 완전히 정복하도록 하는 일에 사용되도록 해야만 한다. 이러한 언어 공부는 다음의 네 가지 연령 단계로 나누어진다.

첫째, 언어를 처음으로 배워야 하는 아이, 또는 더듬거리는 시기;
둘째, 고유하게 말하기를 배우는 성장하는 아이들의 시기;
셋째, 선별하여 말하기를 배우는 청소년의 성숙한 시기;
넷째, 언어가 힘이 있게 되는 성년이나, 능력의 시기.

18 말하자면 단계적인 방식에 의해서만 사람들은 바르게 향상된다. 그렇지 않다면, 우리 자신에게서 쉽게 경험할 수 있는 것처럼, 혼동되고, 모든 것이 토막 나게 될 것이다. 이러한 네 가지 연령 단계의 수업을 위한 올바른 교재들이 있다면, 말하자면 학생

을 위한 교재들과 마찬가지로 교사들의 사용에 도움을 주는 핸드
북이 있을 때, 언어를 배우는 학생들을 쉽게 이끌게 할 것이다.

19 네 가지 교재들이 각 연령층에 상응해야 한다.
Ⅰ. 정원(庭園: Vestiblum),
Ⅱ. 출입문(入門: Janua),
Ⅲ. 거실(居室: Palatium),208)
Ⅳ. 보물창고(寶物倉庫: Thesaurus).

20 209)「정원」이란 책은 아이의 대화를 위한 재료와 작은 속
담의 몇 백 개의 낱말들과 명사 변화의 도표와 동사 변화의 도표
를 포함하여 저술된 것이다.

21 「출입문」이란 책은 한 언어에 사용될 수 있는 모든 낱말,
약 팔천 개, 사물을 간단한 방법으로 표현하는 짧은 문장 가운데
포함하고 있다. 해당 언어의 낱말들을 쓰고, 말하고, 만들고, 함께
묶는 방법을 설명하는 짧고 분명한 문법적 규칙들이 첨가되어 있
다.

22 「거실」이란 책에는 각종 표현들과 세련된 관용구를 표현
하고, 때로 저작자들이 인용하는 상이한 풍부한 재료들이 포함된
주석들이 포함되어 있다. 결과적으로 문장과 표현법들을 다양하게

---

208) Später wählt Comenius den Namen 'Atrium', dem die Übersetzung
hier schon angepaßt ist.
209) In der Amsterdamer Ausgabe von hier an bis § 26 falsche
Numerirung(10-16).

하고, 그것들에게 색깔을 부여하는 천 가지의 가능성들에 대한 규칙들이 포함되었다.

23 「보물창고」란 책을 사람들은 그 어떤 것에 대해 의미가 있고 좋은 문체로 쓴 고전작자들의 작품이라 하겠다. 말들의 힘 있는 부분들을 주목하고, 그것들을 수집하는 것처럼, 특별히 언어의 고유성들이 정확히 번역되는 것처럼, 사람들은 규칙들을 먼저 설명하게 될 것이다. 이러한 저자들로부터 몇 가지들은 학교의 교재로 선택되고, 다른 것으로부터 하나의 목록이 제시되어야 한다. 그것은 나중에 기회와 흥미를 갖는 각자가 이러한, 또는 저러한 질문에 관해 저자를 완전히 소화하고, 그것들에 대하여 알게 되도록 하기 위한 것이다.

24 언급된 교재의 사용을 쉽게 해주고 성공적인 것이 되도록 하는 그러한 것을 나는 "부교재"라고 부른다. 말하자면 I.「정원」210)이란 책을 위해서 라틴어로 번역된 단어 목록, II.「출입문」이란 책을 위해 근원적 낱말, 파생과 결합, 의미를 라틴어와 모국어로 제공하는 어원사전,211) III.「거실」이란 책을 위해 각 언어에 해당하는 관용구 사전, 즉 독일어와 라틴어, 필요하면 희랍어 "거실"에 각기 흩어져 있는 상이한 숙어와 우아한 동의어, 그리고 상이한 표현을 수집하고, 어느 곳에 있는지 보여주는 사전, IV.「보물창고」라는 책을 위해 결과적으로 보조 수단으로서 하나의 일반적인 것을 포괄하는 사전이 도움이 될 것이다. 그것은 여기서 발견되지 않으면 더 이상 존재하지 않는 한 가지 방법으로 모든 어휘의

---

210) S. ODO III, 175ff.
211) S. ODO III, 219ff.

총수를 밝히는 것이다(모국어와 라틴어, 나중에 라틴어와 희랍어).
더욱이 나란히 설정된 양 언어의 관용어구들이 항상 정확히 상응
한다. 즉 고유한 것은 고유한 것으로, 비유적인 것은 비유로, 농담
은 농담으로, 속담은 속담으로 번역할 수 있는 것이다. 왜냐하면
언어가 그 민족에게 너무 빈약하며, 판단력이 적게 정돈되었을 때,
상응하는 라틴어에 비교될 수 있는 낱말들과 문장들과 관용어구들
이 충분하지 못할 개연성도 적다. 또는 모방과 유추적인 교육에 무
엇인가 능란한 솜씨로 이러한 것을 적어도 적용할 수 없을 것이라
는 개연성도 적은 것이다.

　　25　　폴란드　예수회의　일원인　그레고리우스　크나피우스
(Gregorius Cnapius)[212]는 자기 민족에게 큰 공헌을 한 폴란드어 -
라틴어 - 희랍어의 「보물창고」가 외면되었지만, 그러한 보편적인 것
을 포괄한 사전은 지금까지 우리에게 없었다. 하지만 이 탁월한 작
업은 세 가지 아쉬운 점이 남는다. 첫째로, 그것은 그의 모국어의
모든 낱말과 문장들을 수록하지 않았다. 둘째로 그것은 양 언어의
고유성과 우아함과 충만이 동일하게 효력을 갖도록 가능한 범주로
대면하여 놓아두는 것인데, 개별적인 것은 개별적인 것에, 고유한
것은 고유한 것에, 영양에 관한 것은 영양학적인 것에, 고풍의 것
은 고풍의 것에 배열하는, 즉 위에서 밝힌 질서를 견지하지 않았던
것이다. 그는 말하자면 우리가 낱말들이 개별적으로 상응하기를 바
라고, 라틴어의 모든 우아한 어법을 우리 언어로 번역될 수 있기를
희망하는 동안에 각 폴란드 말이나, 문장에 더 많은 라틴어 번역들
을 첨부해 놓았던 것이다. 하지만, 이러한 포괄적인 사전은 어떤

---

212) S. o. Kap. 18, § 25, Anm.5.

책들의 번역을 위하여 라틴어에서 모국어로, 그리고 반대로 탁월한 역할을 수행하게 될 수 있을 것이다. 셋째로 크나피우스(Cnapius)의 「보물창고」에서 대화방식의 순서열거에 의한 하나의 더 큰 바람직한 신중성이 있을 것이다. 그것들은 임의로 순서화되게 해서는 안 된다는 것을 뜻한다. 사실의 전달에 필요한 간단하게 이야기하는 표현들이 먼저 나오고, 그 후에 화법을 위한 더 어려운 것이, 그 다음에 고양되고 비범한 것, 그리고 시적으로 특별한 것, 맨 끝으로 오래된 폐어고문들이 오게 해야 한다.

26 그러나 그러한 하나의 포괄적인 사전의 구조에 대한 완전한 설명은 다음으로 미루고, 「정원」, 「입문」, 「거실」, 「보물창고」 등의 책자들이 어떻게 사용되어야 하는지에 대하여 설명하고자 한다. 언어의 완전한 숙달을 추구하는 방법이다. 개별 학급을 위해 일의 계획의 확정을 더 정확히 취급하는 것이 될 것이다.

제23장 도덕의 가르침을 위한 방법

도덕론은 모든 지금까지의 것보다 더 중요하다(1/2). 예외 없이 모든 덕행들은 청소년에게 심겨져야 한다(3). 먼저 기본 덕행(4): 총명(5), 절제(6), 강함(7), 정의(8); 나머지 덕행들: 용기(9/10), 인내(11), 자비심(12),도덕론의 규칙들: 일찍 시작한다(13), 활동을 통한 연습(14), 보기들이 영향을 끼치게 한다(15), 삶의 규칙을 제공(16), 악은 멀리 하고(17), 비상의 경우 벌준다(18).

1 학문과 기술 그리고 언어를 빨리 가르치고 배우는 방법, 이점에 있어서 세네카의 말을 기억한다. 우리는 이 모든 것을 배워야하는 것이 아니라 이미 배웠어야만 했다.[213] 왜냐하면 이러한 사물들은 단지 더 큰 것을 준비해야 하고 그가 말한 것처럼 우리의 첫 번째 일의 시도이지 고유한 일은 아니다. 하지만 도대체 우리가할 일은 무엇인가? 우리를 고양시키고 강하게 하고 소양(素養)이있게 만드는 현명함의 공부, 다시 말하면 우리가 이미 위에서 덕성과 신앙이라고 말한 것이다. 이를 통해서 우선 피조물에 관한 진리에서 우리를 고양시키고 하나님께 더 가까이 나아간다.

2 사람은 가능한 이러한 기술과 덕성, 그리고 참된 신앙을 실제적으로 전달하도록 힘써야 하고 모든 학교에 도입되어 "인간성

---

213) Seneca, Epist. 88, 1 (Beltram I, 411).

생산의 공장"화 되어야 한다.

3 도덕성을 기르는 기술은 다음과 같은 16가지 주요 규칙에서 언급될 것이다.

첫째로 Ⅰ. **모든 덕성들은 예외 없이 아이들에게 가르쳐져야 한다.** 올바르고 도덕적인 것에 관하여 갈라진 틈이 생기며, 조화가 깨뜨려지는 것을 제외하고 모든 것이 다루어져야 한다.

4 Ⅱ. **무엇보다 기본 도덕, 또는 근본적인 덕성들이 심겨지게 해야 한다.** 다시 말하면 총명, 절제, 강인함, 정의 등에 관한 것이다. 건물은 기초가 없이 세워져서는 안 된다. 왜냐하면 그것들은 바탕 위에서 확실히 지탱되지 않으면, 부분들이 결속될 수 없기 때문이다.

5 Ⅲ. **학생들이 사물을 본질과 가치에 따라 구별하는 것을 배우게 될 때에, 그들이 좋은 수업에서 지혜를 얻을 수 있을 것이다.** 왜냐하면 사물에 관한 올바른 판단이 모든 덕의 기초가 되기 때문이다. 사물을 왜곡 없이 판단하는 것이 "참된 지혜"라고 피페스(Vives)가 말하였다. 우리가 모든 것을 있는 그대로 파악하는 것; 우리는 일반적인 것을 마치 가치가 있는 것처럼 추구하고, 귀중한 것을 일반적인 것으로 버리는 것이다. 우리는 칭찬 받을 가치가 있는 것을 비난하지 않으며, 비난받을 만한 것을 칭찬하는 것이 아니다. 사물이 바르게 평가되지 않을 때, 인간 정신의 모든 실수와 오류들이 시작되는 것이다. 그리고 인간의 삶에 있어서 가치판단의 착오보다 잘못된 것은 아무 것도 없다. 사람은 나이가 들어감에 따라 사물에 대한 참된 견해를 가져야 한다. 사람은 옳은 것을 파악

해야 하고, 올바르게 행동하는 습관이 제2의 본성이 되도록214) 왜곡된 것은 피해야 한다.

6 IV. 학생들은 교육이 이루어지는 모든 기간 동안 먹는 것, 마시는 것, 잠자는 것, 깨어있는 것, 일과 놀이에서, 말하기와 침묵에서 절제해야 한다. 그들이 항상 지켜야 할 황금률이 있다. "너무 많이는 말고", 이는 그들이 과식과 싫증에서 보호되기 위해서이다.215)

7 V. 그들은 재잘거리고, 시간을 넘기면서까지 노는 성향을 자명하게 억제하고, 조급함과 지절거림과 화냄을 제지할 때, 그들은 강함을216) 자아극기(自我克己)로 배워야 한다. 이에 대한 바탕으로서 사람들은 그것을 습관화해야 하며, 모든 것을 숙고하고, 아무것도 격렬한 태도로 행하거나 열정으로 하지 않도록 해야 한다. 왜냐하면 인간은 이성적인 본체이기 때문이다. 그래서 인간은 이성에 의해 자신을 이끌리게 하고, 모든 것에서 깊이 생각하기를 습관화해야 한다. 즉 그것들은 무엇을 행해야 하며, 왜 그것을 해야 하고, 어떻게 바르게 해야 할 것인가에 대한 것들이다. 그렇게 함으로써 그가 진리 가운데서 그의 행동의 주인이 되는 것이다. 대부분의 아이들, 그러한 깊이 생각하는 것과 이성적인 것에 아직은 능력이 없기 때문에, 그들을 우선적으로 강하게 되는 것과 자기를 다스리는 법을 가르쳐야 한다. 그것은 사람들이 모든 것에서 자신의 의지보다 다른 이의 의지에 더 복종하는 것이 습관화되도록 가르치

214) L.Vives, Introd. ad sapientiam 1 (Opera, Basel 1555, II, 70f.).
215) Ne quid nimis, vgl. Erasmus, Adagia, chil.I, cent. VI, 96 (Clericus II, 259).
216) L.Vives, Introd. ad sapientiam 1 (Opera, Basel 1555, II, 70f.).

는 것이다. 말을 잘 조련하는 사람은 우선 재갈을 잘 물려야 한다. 아이를 교육하기 원하는 사람은 '우선 말에 대하여 잘 순종하도록 해야 한다'라고 락탄츠(Laktanz)는 말했다.217) 한 사람이 다른 사람에게 양보하고 모두가 모든 것을 이성적으로 이끌기를 배우게 된다면 사람들은 이제 혼동의 세계에서 흘러넘치는 인류를 더 좋은 상태로 선도할 수 있는 희망을 가질 수 있게 될 것이다!

8 Ⅵ. **그들은 아무도 해치지 않고, 모두에게 그의 것을 나누어주고, 기만과 사기를 피하고, 섬기고 사랑스러움을 보여 줌으로써 정의를 배우게 될 것이다.** 어떠한 방식으로 이와 같은 또 다른 언급된 덕성들을 이끌어 낼 수 있는지에 대하여 다음의 규칙을 정한다.

9 Ⅶ. **강인함의 퇴조, 아이가 특별히 필요로 하는 일 가운데서 고귀한 솔직함과 인내심이다.** 왜냐하면 삶은 사람들과의 교제와 활동 가운데 진행되어야 하기 때문이다. 그러므로 사람들은 염세적이고 인간 적대적인 피조물이 아니며, 나태한 똥배들이 아니며, 지구상에서 가장 무익한 짐짝들도 되지 않도록218) 인간들의 시선을 견딜 뿐 아니라, 역시 모든 진지한 일을 책임지도록 아이들에게 가르쳐야 한다. 덕성은 말이 아니라 행동으로 배우게 된다.

10 Ⅷ. **고귀한 솔직함은 사람들이 모든 과제를 모두가 보는 앞에서 실천함을 통하여, 그리고 존경할 만한 사람들과의 빈번한**

---

217) Wohl bekannte Plutarchstelle gemeint, De audiendo § 3.
218) Ventres pigri vgl. Titusbrief I, 12; inutilia pondera terrae : homerische Wendung ($\alpha\chi\theta o s\ \alpha\rho o\upsilon$, $\rho\eta s$).

교제 가운데서 얻어졌다. 아리스토텔레스는 알렉산더를 12세 때에, 가능한 모든 사람들, 즉 왕들과, 대사들과, 귀족들과, 학식 있는 자들과 학식 없는 자들과 도시인과 농부와 수공업자들과 교제하며, 각자에게서 나오는 주제에 적절한 질문을 제기하거나, 또는 대답을 언어로 줄 수 있도록 교육했다(다만 우리의 일반적인 교육을 통해서 모두가 그러한 것을 모방하도록 사람들은 교제의 규정을 제기해야 하고, 아이들이 날마다 예의범절과 함께 여러 가지 일들에 대해 교사들과 동료들과 부모와, 종사자들과 다른 사람들과 교제하는 일에 끊임없이 영향을 끼쳐야 한다. 그리고 교사들은 그들에게 부주의, 주제넘게 나서는 것, 야비한 태도, 무례한 태도가 발견되면, 이를 올바르게 가르치도록 주의해야 한다).

11 IX. **아이들은 그들이 항상 무엇을 할 때, 진지하거나 열중하게 함으로써, 노동에서 인내를 배우게 될 것이다.** 말하자면 긴장은 무엇이 행해졌을 때, '왜' 행하여진 것인지에 대한 질문과 같은 것이다. 놀이 가운데서도 환경이 그것을 요구한다면, 위급한 경우 무엇이 유익한 것인지 배울 수 있을 것이다. 행동은 행동을 통하여 배우는 것처럼(위에서 살펴본 것처럼),[219] 일하는 것은 일을 통해 배운다. 정신과 육체의 지속적인 일(역시 적절하지만)은 땀으로 변화되고, 근면한 사람에게 게으른 쉼을 참을 수 없게 만든다. 세네카의 말은 의미가 있다. "고귀한 마음의 소유자에게 노동은 일용할 양식이다."[220]

12 X. **다른 사람을 기꺼이, 기쁨으로 섬기는 정의에 근거한**

---

219) 대교수학, 21장 5.
220) Seneca, Epist. 31, 4(Beltram I, 121).

덕행은 아이들에게 특별히 훈련되어야 한다. 자기의 것만을 원하고, 다른 사람의 운명은 돌보지 않는 이기심은 타락된 본성에 천부적으로 숨어 있다. 각자는 공공복리를 생각지 않고, 자신의 일에만 만족하는 행위는 인간들 사이에 다양하게 생겨나는 혼동의 원천이다. 그 때문에 아이는 이와 같이 우리의 삶의 과제를 철저하고 엄하게 배워야만 한다. 말하자면 그것은 우리가 우리만을 위한 것이 아니라, 하나님과 이웃을 위하여, 즉 인간사회를 위해 태어났다는 것과, 아이들이 하나님, 천사, 태양, 모든 고귀한 피조물들을 모방하여 배우며, 소망하고 노력하는 것이다. 말하자면 가능한 대로 항상 많은 사람을 섬기며, 유익하게 하는 일에 대한 지식을 뜻한다. 모두가 공동의 유익에 기여하고, 서로 도울 수 있고, 돕기를 원할 때, 비로소 행복한 상태가 가정과 국가에 이루어지게 되는 것이다. 아이들이 이에 대해 배우게 되었다면, 그들은 이와 같은 일을 할 수 있고, 또한 행하기를 원하게 될 것이다.

13 **XI. 정신에 악이 자리를 잡기 전에, 덕성교육은 가장 이른 시기에 있는 아이들에게서 시작되어야 한다.** 사람들이 밭에 좋은 씨를 뿌리지 않으면, 그럼에도 식물이 나게 되는데, 어떤 종류이겠는가? 그것은 잡초와 풀이다. 사람이 좋은 씨를 주문하고 봄에 밭을 갈고 씨를 뿌리고 거름을 주면 추수철에 좋은 열매를 거두기를 희망할 수 있을 것이다.[221] 항아리는 처음에 가득한 액체의 향기를 오래 보존하기 때문에, 많은 것에 대한 어린 시절의 습관은 가치가 있는 것이다.[222]

---

221) Vergil, Georg. II, 272.
222) Horaz, Epist. I, 2, 69f.

14 **XII. 덕성은 지속적이고 덕스러운 행동을 통하여 배워진다.**
사람들이 인식하는 것을 통하여 인식함을 배우고, 행동하는 것을
통하여 행동하기를 배운다는 사실을 우리는 이미 21장과 22장에서
보았다. 아이들은 걷는 것을 통하여 걷기를, 말하는 것을 통하여 말
하기를, 쓰는 것을 통하여 쓰기를 쉽게 배우는 것처럼, 그들은 순종
하는 것을 통하여 순종을, 참는 것을 통하여 인내를, 진실을 말하는
것을 통하여 진실성을, 견디는 것을 통하여 견고함을 배우는데 이
는 그들에게 말과 예(행함)를 보여줌으로 그렇게 되는 것이다.

15 **XIII. 부모와 유모, 교사와 동료의 삶은 하나의 빛을 비추
는 본보기이다.** 왜냐하면 아이들은 어린 원숭이 새끼들과 같기 때
문이다. 그들은 모든 것을 찾고, 좋은 것과 나쁜 것을 따라하도록
누가 명하지 않음에도, 먼저 흉내 내기를 배운다. 나는 그러한 모
범들을 삶에서 뿐 아니라, 역사에서 인정할 수 있는데, 그러한 것
이 훨씬 더 깊고 강하게 영향을 미치기 때문에, 주로 삶에서 그러
한 것을 인정할 수 있는 것이다. 가정 양육의 신중한 감독자로서
좋은 부모, 즉 그들의 풍습에 있어서 선택된 놀랄 만한 교사는 학
생을 영예로운 삶으로 인도할 수 있는 가장 좋은 중개자이다.

16 **XIV. 이러한 모범들 외에도 어떤 것들이 모방을 보충하고
개선하며, 힘을 북돋우는 규정들과 삶의 규칙들이 취급되어야 한다**
(21장, 규칙 IX항 비교). 이러한 삶의 규칙들은 성경과 현자들의
잠언에서 취해야 한다. 예를 들어 왜 그리고 어떻게 사람들은 질
투심에서 자신을 지켜야 하는지, 연령과 정신적 발달의 정도에
상응하게, 사람들은 슬픔과 다른 인간적인 것들에 대하여 그의
마음을 어떤 무기로 무장할 수 있는지, 어떻게 기쁨을 표현하고

화를 묶고 금지된 사랑을 막을 수 있는지 등에 대한 것들이다.

17 **XV. 사람들은 아이들이 전염되지 않도록 악한 사람들과의 교제를 가장 큰 관심으로 지켜주어야 한다.** 악은 본성의 타락 때문에 더 쉽게 자리 잡고 더 착 달라붙는다. 그렇기 때문에 사람들은 아이에게서 파멸로 이끄는 모든 기회를 온힘을 기울여 붙들어야 한다. 예를 들면 나쁜 교제, 더러운 말, 경박하고 아무 쓸모없는 책들(악이 주는 나쁜 예는 그것이 눈이든지 귀로 들어오든지 정신의 독이기 때문이다), 그리고 결과적으로 그들이 순수하게 그 어떤 것도 행하지 않는 것에서 나쁜 행위를 배우지 않는 것과,223) 정신적으로 잠자게 하는 나태함 등이다. 이와 같이 그들이 항상 진지함과 즐겁게 일하는 것과 나태하지 않도록 하는 것이 중요하다.

18 **XVI. 우리 중에 아무도 악한 것이 몰래 들어오지 못하게 하도록 예리하지 못하기 때문에, 나쁜 습관에 대하여 싸우도록 하는 훈련이 절대적으로 필요하다.** 왜냐하면 우리가 잘 때뿐만 아니라, 깨어 있을 때도, 악한 적은 잠을 자지 않기 때문이다. 우리가 좋은 씨앗을 마음의 밭에 뿌리면, 그는 잡초를 뿌리기 위하여 우리 가운데 개입한다. 그리고 나서 타락된 본성이 스스로 여기저기에 드러나는 것이다. 그러므로 악에 대해 강력하게 힘으로 대항하는 것이 필요하다. 사람은 상황이 요구하는 대로 그에 대하여 훈육, 즉 책망과 벌, 설득과 매로 다스려야 한다. 뿌려진 악이 곧 싹에서 질식하고 그루터기와 잎줄기에서 제거되도록 항상 즉각 행동을 취해야 한다. 학교에서의 훈육은 학습을 위한 것이 아니라 덕성을 위

---

223) L. J. M. Columella, De re rustica lib. XI, 1, 26: Nam illud verum est M. Catonis oraculum "nihil agendo homines male agere discunt".

해 더 잘 다스려져야 한다(무엇이 인간의 정신에게 희열과 유혹을 바르게 배워 제공하는지). 훈육에 관해 26장에서 언급한다.

제24장 신앙으로 인도하는 방법224)

신앙을 배우게 하는 방법이 있는가(1)? 신앙이란 무엇을 뜻하는가? 하나님을 찾고, 그를 따르고, 그에게서 즐거워하는 것(2). 그러한 일이 어떻게 이루어질 수 있는가(3/4)? 세 가지 원천: 성경, 세계. 우리 자신(5). 이러한 원천들에서 길러내는 세 가지 방법(6): 명상(7), 기도(8), 시험(9). 21가지 규칙 가운데서 신앙의 배움에 대한 방법(10~32).

1 신앙이 하나님의 선물이며, 우리의 보혜사요, 안내자이신 성령께서는 보통의 경우 자연적인 방법으로 일하시기 때문에 부모와 교사들과, 성령께서 돕는 자들을 선택하여 낙원의 새싹들을 주의와 신의로서 심고 물을 부어주어야 가꾸게 하셨으므로(고전 3: 6, 8), 이들은 자신의 의무를 어떻게 바르게 성취하는지를 알게 된다.

2 신앙의 의미에 대해서는 그것이 무엇인지에 대한 것을 우리는 이미 보여주었다.225) 말하자면 우리의 마음(우리가 철저하게 신앙과 종교의 개념을 바르게 이해한 후에)이 어디서든지 하나님을 찾고(이사야 45장 15절은 하나님을 숨어 계시는 하나님이라고 말

---

224) 참고, 본 장에서 코메니우스가 사용한 Frömmigkeit란 낱말을 역자는 전부 신앙이란 말로 번역하였다. 이 말은 원래 경건, 하나님을 경외하는 신앙적 태도를 가리키는 말이다. 그러나 신앙이란 말로도 동의어로 사용할 수 있기 때문에, 독자들의 더 나은 이해를 위하여 신앙으로 번역한 것이다.
225) 대교수학, 4장 6.

하고, 히브리서 11장 27절은 하나님을 보이지 않는 왕이라고 말했다. 왜냐하면 하나님의 일은 베일에 감추어져 있고, 모든 보이는 것에서도 보이지 않게 임하여 다스리시기 때문이다), 하나님을 발견한 곳에서, 그를 따르고, 그에게 이른 곳에서 그분으로 즐거워하는 것이 신앙이다. 그 첫 번째는 이해력으로, 두 번째는 우리의 의지를 통해서, 세 번째는 하나님과 연합하였다는 믿음의 확신과 함께 이루어진다.

3 우리가 모든 창조물 속에서 신성(神性)의 흔적을 느낌으로써, 우리는 하나님을 찾는다. 우리는 모든 것에서 우리를 그의 뜻에 맡기는 한, 그것은 하나님을 따르는 것인데, 즉 우리가 행동뿐 아니라, 인내로 그를 기쁘게 하는 모든 것에서 그 분을 따르는 것이다. 우리가 하늘과 땅에서 하나님 외에 아무 소망할 만한 것도 없고, 그를 명상하는 것 외에 사랑스런 것이 없으며, 그를 찬양하는 것보다 더 즐거운 것이 없다는 것을 그의 사랑과 은혜와 안식에서 알게 되는 한, 우리는 하나님으로 기뻐한다. 그래서 우리의 마음은 사랑 가운데서 그에게로 나아가게 된다.

4 우리는 이러한 사랑을 세 가지 원천에서 길러 올 수 있다. 더욱이 우리는 세 가지 방식, 또는 세 가지 단계로 길러 올 수 있는 것이다.

5 그 세 가지 원천은 성경과 자연과 우리 자신이다. 다시 말하면 하나님의 말씀이며, 그의 창조세계의 작품들과 우리 안에 있는 그의 원동력이다. 우리가 성경을 통하여 하나님을 알고 그를 사랑하기를 배운다는 것은 확실한 일이다. 우리가 창조세계와 하나님

의 놀라운 모든 작품들의 지혜로운 관찰을 통하여 신앙으로 인도되었다는 것은 오직 자연의 관찰을 통하여 하나님의 놀라운 솜씨를 묵상함으로 경건함을 얻었던 것을 이교도들조차 증언하는 바이다. 이런 것들은 소크라테스, 플라톤, 에픽테트, 세네카와 다른 많은 현인들에서도 볼 수 있는 일이다. 비록 특별한 신적 계시의 도움을 부정하는 이러한 사람들에 있어서 사랑의 감정이 불완전하고, 목표에 이르지 못한다고 할지라도 그러하다. 하나님을 그의 말씀과 작품들에서 인식하기를 추구하는 사람들은 가장 뜨거운 사랑에 가득해진다는 사실을 욥과 엘리후[226], 다윗과 다른 경건한 사람들이 보여주고 있다. 우리가 하나님의 특별한 돌봄, 우리 자신에 대하여 스스로 숙고할 때, 우리는 역시 그쪽으로 향하게 된다(그가 우리를 얼마나 놀라운 존재로 만드시고, 지금까지 지키시며, 인도하시는지). 예를 들면 다윗이 시편 139편에서[227] 이러한 것을 증거하고 있으며, 욥기서 역시(10:8 이하) 증거하고 있다.

6 이러한 세 원천에서 이러한 사랑을 세 가지 방식으로 길러 올 수 있는데, 그것들은 명상(meditatio)과 기도(oratio), 그리고 시험(tentatio, 역자 주: 시험이란 뜻은 양심적으로 자신의 믿음을 되돌아보아 검증하는 행위를 뜻함)하는 일들을 통해서이다. 루터는 "이 셋이 사람을 신학자로 만들어 준다.고 말한다. 그러나 이 셋이 없이는 참된 그리스도인을 만들 수 없다"고 말했다.[228]

---

226) 욥 32장 이하.
227) 시 139:14.
228) Luther in der Vorrede zur Ausgabe seiner deutschen Schriften 1539: Da wirstu drey Regel innen finden, durchden ganzen Psalm(näml. den 119.) reichlich furgestellt. Und heißen also : Oratio, meditatio, tentatio (W. A. 50, 659).

7 명상은 하나님의 말씀과 그가 하신 일들과 선하심에 대하여 끊임없이, 경건하며, 겸손한 헌신 가운데서 깊이 묵상할 때, 이루어지는 행위이다. 즉 어떻게 모든 것이 하나님의 기쁨뿐 아니라, 그의 행동에서, 또는 허용하심에서 나오며, 그리고 모든 하나님의 섭리들이 어떤 놀랄만한 방법으로 그 목적을 달성하게 되는지를 깊이 생각하는 일이다.

8 기도는 하나님께로 향한 지속적인 그리워함이며, 그가 우리를 그의 자비 가운데로 향하게 하시고, 그의 은총으로 인도하심에 대한 탄원이다.

9 시험은 경건 가운데서 우리 신앙의 성장에 대하여 꾸준히 살피는 일이다. 그 시험은 우리 자신이나 다른 사람을 통하여 주어진다. 인간과 사탄과 하나님을 통한 시험들이 여기에 속해 있다. 왜냐하면 우선 인간은 자신이 믿음에 서 있는지(고후 13:5), 또 얼마나 진지하게 하나님의 뜻을 행하는지, 자신 스스로를 반복하여 시험해야 하기 때문이다. 그리고 그는 사람들과 친구들과 적들에게서 자신을 시험하게 해야 한다. 예를 들어 양심적으로 우리를 대표하는 자들이 우리의 경건의 상태가 어떠한지, 공개적으로나 은밀한 조사로 주의 깊게 검토될 때이거나, 또는 하나님은 우리가 하나님에게서 피난처를 구하도록 가르치며, 우리의 신앙의 강도가 얼마나 큰지를 보여주도록 적을 옆에 세우실 때가 그것이다. 마침내 하나님은 사탄을 보내시거나, 또는 스스로가 사람을 대항하여 나타나, 우리의 마음의 상태를 분명하게 나타내시는 일도 있을 것이다. 이러한 모든 것을 사람들은 기독교의 아이들에게 가르쳐 줌으로써, 그 아이들이 이 모든 것을 통하여 모든 것의 시작과 끝이신 하나

님에게서 그들 영혼의 안식을 얻도록 해야 한다.

10 이에 대한 특별한 방법은 다음의 21가지 규칙 안에 포함되었다.

Ⅰ. **신앙(경건)으로 인도하는 노력은 어린 나이에서 시작되어야 한다.** 왜냐하면 신앙교육은 지체하지 않는 것이 유익하며, 지체함이 때로는 위험이 될 수 있기 때문이다. 이성은 가장 우선적인 것을 먼저, 중요한 것을 중요하게 다루도록 충고한다. 신앙보다 더 우선적이며, 중요한 것이 과연 무엇이란 말인가? 그것 없이 다른 모든 훈련은 별로 유익하지 않는 것이다. 그러나 신앙은 현세적이며, 내세적인 삶의 약속(딤전 4:8)을 가진 것이다. 하나님의 나라를 찾는 것은 가장 필요한 것을 행하는 바로 그 일이다(눅 10:42). 이것을 추구하는 사람에게 그 외에 모든 것이 더해질 것이다(마 6:33). 이것을 지체하는 것은 위험한 일이다. 왜냐하면 온유한 심성들이 하나님에 대한 사랑으로 가득 채워지지 않았다면, 오랫동안 하나님을 생각하지 않고 살았던 삶의 과정 속에서 신성에 대한 말 없는 경멸과 세속적인 것이 마음에 들어오기가 쉽다. 그런 마음이 들어 온 후에는 어떤 것으로도 그것을 결코 뽑아버리기가 매우 힘들거나 불가능하다는 것이다. 그래서 선지자는, 그가 그의 백성 가운데 경악할 만한 많은 수의 불신자들에 대하여 탄식하면서 말했다. "젖 떨어져 품을 떠난 자들 외에 아무에게도 하나님을 가르칠 수 있는 자가 거기에 없구나"(사 28:9). 그것은 어린아이들을 뜻하는 말인데, 다른 사람들에 관하여 한 선지자는, 악에 익숙한 자들은 선을 행하도록 변화시킬 수도 없고, 좋은 것을 행할 수도 없다(렘 13:23)고 말한다.

11 Ⅱ. **아이들이 눈, 입, 손, 발 사용하기를 배우자마자, 하늘을 우러러 보며, 손을 들고, 하나님과 그리스도를 부르고, 보이지 않는 권위 앞에 무릎을 꿇고, 하나님과 그리스도를 경외하기를 배워야 한다.** 아이들은 이러한 중요한 일을 게을리 하는 자들이 무엇을 잘못 생각하고 있는지를 전혀 이해하지 못한다. 왜냐하면 그들은 우리를 사탄과 세계, 그리고 우리 자신에게서 구하는 일이 얼마나 중요한 일인지를 알지 못하기 때문이다. 아이들은 그들의 이성을 아직 성숙하지 못했기 때문에 그 하는 일의 참 의미를 이해하지 못한다면, 그들이 미리 훈련하고 배우는 것이 무엇인지, 그것을 행하도록 알게 하는 것이 중요한 일이다. 그들이 행하여야 하는 것을 행동을 통하여 배웠다면 다음의 것은 그들에게 더 쉽게 깊은 인상을 줄 수 있게 될 것이다. 그러므로 그들은 무엇이 발생하며, 왜 그것이 생겨나며, 어떻게 그것이 올바르게 이루어져야 하는지를 이해하게 될 것이다. 하나님께서는 모든 첫 열매를 그분에게 드리라고 율법을 통하여 명령하셨다.[229] 그렇다면 왜 우리는 우리의 생각과 말과, 움직임과, 행동의 처음의 것들은 바치지 않아야 한단 말인가?

12 Ⅲ. **어린이들이 자신을 깨우칠 정도로 나이가 들면, 우리는 무엇보다도 현세의 삶 때문에 존재하는 것이 아니라 영생을 추구하기 위해서 존재한다는 사실을 그들에게 각인시켜야 한다.** 그리고 현세의 삶은 우리가 영원한 본향을 준비하는 과도기적 차원의 삶이란 것을 가르쳐야 한다. 이것은 매일 죽어가는 아이들과, 소년들, 젊은이들과 노인들로서 죽음을 통해 다른 삶으로 넘어가는 실

---

229) 출. 22:29, 23:19.

제의 예들을 통해 쉽게 가르쳐질 수 있다. 사람들은 그들에게 아무도 여기에서 영원히 머무르는 장소를 세울 수 없다는 사실을 자각하도록 하여야 한다.

13 Ⅳ. 사람들은 우리가 미래의 삶을 올바르게 준비하는 것보다, 다른 일들에 더 많은 노력을 기울이지 않아야 한다는 것을 기억하게 해야 한다. 사람들이 곧 그만두어야 할 일에 주의를 기울이고, 영원까지 동반되어야 할 일에 나태한 모습을 보이기를 원했다면, 그것은 어리석은 일일 것이다.

14 Ⅴ. 그러므로 인간이 지향해야 할 두 가지 삶이 있다는 것을 아이들에게 계속해서 가르쳐야 한다. 그것은 하나님과 함께 하는 복된 삶과 지옥에서 비참하게 고난 받는 삶이다. 양자의 삶은 영원히 지속되는 것이다. 그 예로써 성경은 거지 나사로와 부자의 이야기가 잘 말해 준다. 한 영혼은 천사에 받들리어, 하늘로 올라가고, 다른 이의 영혼은 사탄에 의해 지옥으로 데려갔다.[230]

15 Ⅵ. 아이들이 하나님에게 나아가도록 그들의 길을 제시하는 자들(그렇게 사람들은 아이들을 가르쳐야 한다)은 참으로 복되고, 세 배, 네 배의 큰 복일 것이다.[231] 왜냐하면 빛과 생명의 근원이신 하나님 외에는 어두움과 두려움, 고통과 영원하고 끝없는 죽음이 있을 뿐이기 때문이다. 하나님에게서 떠나고 영원한 파멸의 지옥에 떨어지는 자들은 차라리 태어나지 않음이 더 나을 것이다.

---

230) 눅 16:19-31.
231) Wendung angelehnt an Vergil, Aen. 1, 94.

16 Ⅶ. 여기 하나님과의 교제 가운데서 동행하는 모든 사람들은 하나님에게 이르게 될 것이다(에녹과 엘리야처럼, 두 사람은 생애 동안에, 다른 이들은 죽은 후에, 창 5:24 참조).232)

17 Ⅷ. 하나님을 바라보고, 그를 경외하며, 그의 계명을 지키는 자들은 하나님과 함께 동행하게 될 것이다. 이것이 인간에게 주어진 삶의 전 과제이다(전 12:13). 그와 같은 것은 그리스도께서도 말씀하셨다. "한 가지만이라도 족하니라"(눅 10:42). 모든 그리스도인은 마르다와 같이 현세의 일에 대한 염려로 질식하지 않도록, 사람들은 이것을 항상 입과 마음에 지니도록 가르쳐야 한다.

18 Ⅸ. 그러므로 학생들은 보고, 듣고, 만지고, 행하고, 고통당하는 모든 것에 대해서 직·간접으로 하나님을 의지하는 일에 익숙해지도록 해야 한다. 다음의 보기들은 이것을 분명하게 해준다. 예를 들어 과학적 연구나 명상적인 일에 힘쓰고 있는 자들은 도처에 나타나는 하나님의 힘과 지혜와 선을 관찰하고, 전적으로 그 사랑 가운데서 불타고, 그 사랑을 통하여 점점 더 가까이 그분과 결합되도록 해야 한다. 그러므로 그 어떤 것도 그에게서 영원토록 떼어놓게 할 수 없을 것이다. 육체적 일을 하는 농업이나 수공업에 종사하는 자들은 그의 빵과 삶에 필요한 것을 얻어야 한다. 하지만 그는 조용하고 쾌활한 마음으로 하나님을 섬기며, 그러한 섬김을 통하여 그를 기쁘시게 하며, 영원히 그와 함께 결합되어 있기 위하여 열정적인 삶의 의도를 가지고 살아야 한다. 그의 일에서 다른 목적을 추구하는 자는 하나님의 의도와 하나님 스스로에게서 멀어

---

232) 왕하 2:11.

지는 것이다.

19 X. **그들은 이와 같이 인생의 처음부터 하나님께로 인도하
는 일들을 가능한 대로 많이 힘써야 한다.** 즉 성경을 읽는 일과
함께 예배의 훈련과 외적으로 선한 행위들에서이다. 왜냐하면 성경
의 배움은 깨달음을 주고 하나님을 기억하도록 돕기 때문이다. 예
배의 훈련은 인간에게 하나님을 현재적으로 대면하고, 그를 하나님
과 연결하게 해 준다. 선한 행위들은 우리가 실제로 하나님의 법에
서 변화하는 모습을 보여주기 때문에, 이러한 띠를 견고하게 해 준
다. 이러한 세 가지 일들은 신앙(경건)을 바라는 자들(역자 주 : 세
례청원자)에게 (그리고 그것은-세례를 통한 성화(聖化)때문에-즉
기독교의 아이들 전체에게도)진지하게 추천되어야 한다.

20 XI. **그 때문에 성경은 모든 기독교 학교에서 가르쳐야 할
알파와 오메가일 것이다.** "한 사람의 신학자는 성경에서 탄생된
다."[233]는 휘페리우스(Hyperius)의 말은 우리가 아는 것처럼 베드
로 사도가 확대시켰던 것인데, "너희가 거듭난 것은 썩어질 씨로
된 것이 아니요 썩지 아니할 씨로 된 것이니 살아있고 항상 있는
하나님의 말씀으로 되었느니라"(벧전 1:23)고 한 말에서이다. 그
때문에 기독교 학교에서 다른 책들이 영향을 끼치기 이전에 하나
님의 말씀의 책이 더 큰 효력을 갖게 해야 한다. 그 이유는 디모
데처럼 기독교의 모든 청소년과 아이들이 성경에서 가르침을 받고

---

233) Vom Studium der Hl. Schrift für Theologen spricht Andreas
Gerardus Hyperius im 2. Buche seines Werks: De Theologo seu
ratione studii theologici libri IV, Basel 1559; Vom Studium der Schrift
überhaupt in: De sacra scripturae lectione et meditatione quotidiana,
Basel 1563.

구원에 이르는 지혜를 얻게 되고(딤후 3:15), 믿음의 말씀(딤전 4:6)으로 양육되게 하기 위해서이다. 에라스무스도 그의 시대에 기독교철학 공부에 경종을 준, 그의 글 "파라크레시스"에서 언급하였다. 그는 말하기를 "성경은 다음과 같은 방식으로 모두에게 적용되는 책이다. 성경은 젖먹이 아이들에게도 적용되어 그리스도 안에서 성장할 때까지 그들을 젖으로 영양을 공급하고, 모든 것을 행하면서 사랑으로 품어주며, 그들이 그리스도 안에서 자리기까지 모든 것을 해준다. 성경은 가장 작은 아이들에게서도 이해되는 것처럼, 놀라운 방식으로 어른들에게도 사실로 증명된다. 즉 작은 아이들에게는 작게, 어른들에게는 모든 정도를 뛰어 넘어 크게 적용된다. 성경은 어떠한 나이와 성별과 입장과 신분에도 적용될 수 있는 책이다. 태양이 인류 공동의 소유인 것처럼 그리스도의 가르침은 모든 사람의 것이다. 스스로 멀리 하지 않는다면 성경은 누구도 멀리 하지 않는다. 하지만 멀리 떨어져 있는 자에게만 성경은 이해되지 않을 뿐이다."234) 그리고 그는 계속해서 말하기를, "성경은 모든 민족의 언어로 번역되어야 할 것이다. 스코틀랜드인과 아일랜드인, 터키인과 사라센인들이 이것을 읽고 배울 수 있기를 바란다. 많은 사람들이 성경에 대해서 비웃을 것이지만, 그러나 그 중 몇 사람이라도 얻게 되리라는 것은 충분히 가능하다. 오, 농부가 쟁기로 땅을 갈면서 노래하고, 직물공이 베를 짜는 틀에서 음률을 맞추고, 여행자가 거룩한 성경의 이야기에서 여행길의 피곤함을 덜게 되며, 그리스도인의 모든 대화들이 성경에서 끌어내는 것이 가능할 것이다. 말하자면 우리의 일상적인 대화들처럼, 우리 자체도 그러하다. 각자는 그가 할 수 있는 것에 도달해야 하고, 그가 할 수 있는 것

---

234) Des. Erasmi Rot. Op. ed J. Clericus vol. V. (Leiden 1704), Sp. 140 AB.

을 말해야 한다. 뒤에 있는 자는 그의 앞선 자를 시기하지 않아야
하며, 앞선 자는 뒤에 있는 자를 무시하지 않아야 하며, 오직 그를
격려해 주어야 한다. 왜 우리는 모든 사람의 이러한 공동의 직업을
소수에게만 제한하는 것일까?"[235] 끝 부분에서, "우리가 세례 시
에 그리스도의 말씀에 대한 종교적 서약을 한 사람들은(우리가 그
것을 마음에서 맹서했다면), 부모의 팔에 안겨 있으며 유모의 사랑
의 보살핌 안에서 그리스도의 가르침에로 드려져야 한다. 왜냐하면
정신의 순수한 그릇은 먼저 흡수한 것을 가장 깊이 자리잡게 하고,
가장 견고하게 붙잡혀지도록 하기 때문이다. 그리스도는 첫 언어
습득의 단계에서부터 아이들에게 있어야 하고, 그의 복음으로부터
작은 아이들이 가르쳐지게 해야 한다. 그러한 방식으로, 나는 아이
들이 이른 나이에 벌써 그리스도를 사랑하게 되도록 그분에 관하
여 설명되어지기를 원한다. 아이들은 말 없는 성장 가운데서 그리
스도 안에 강한 사람들로 자랄 때까지, 이러한 배움에 머물러야 할
것이다. 이러한 배움에서 죽음을 맞이하는 자는 복되다. 이러한 배
움에 따라 모든 것이 모든 마음으로 우리에게 요구하게 되도록 하
고, 배우는 것들이 우리의 도덕과 연결되어야 하기 때문에, 우리는
그것들을 붙들고, 일하며, 그들을 사랑하고, 마침내 그들 안에서
죽고, 그들 안에서 온전히 변화되기를 원한다."[236] 에라스무스가
그의 신학교과서에서 그 같은 것을 말했는데, "어거스틴이 말하고
있는 것처럼, 성경을 스스로 이해하지 못한다할지라도 문자적으로
암기하는 것은 결코 어리석은 일이 아닐 것이다."[237] 간단히 말하

---

235) Ebd. Sp. 140 CD. (Den Beruf aller: zum Lesen und Auslegungen
     der Bibel).
236) Ebd. Sp. 144A-C. Im letzten Satz heißt es im erasmischen Text (Sp.
     144C) (und dem Sinne nach) 'studia in mores' (statt: in studia
     mores).

면 기독교 학교들은 플라투스, 테렌츠, 오비드, 아리스토텔레스로 가득하게 할 것이 아니라, 모세와 다윗 그리고 그리스도가 충만하게 되도록 해야 한다. 사람들은 하나님이 성경을 거룩한 청소년에게 ABC를 학습하는 것과 같이 신뢰할 수 있는 하나의 길을 발견해 주어야 한다(모든 신자의 아이들은 거룩하다. 고전 7:14). 모든 말은 소리와 문자로 이루어진 것처럼 종교와 신앙의 모든 구조는 성경의 요소들로 구성되어 있다.

21 **XII. 성경으로부터 배운 모든 것은 믿음과 사랑과 소망에 귀착되어야 한다.** 이 세 가지는 말하자면 하나님이 그의 말씀 가운데 우리에게 나타내기를 좋게 여기신 모든 것에 이르게 하는 목표인 것이다. 그는 우리가 그것을 알도록 몇 가지를 밝히시며, 우리가 행하도록 그것을 우리에게 나타내신다. 그리고 우리가 현세와 내세(來世)에서 그의 자비에 관하여 기대할 모든 것을 우리에게 약속하신다. 이 세 가지와 관계없는 어떠한 것도 성경에는 나오지 않는다. 그리고 모든 사람은 이성과 하나님의 말씀으로써 그 모든 것을 바르게 살피도록 이것을 통찰하는 법을 배워야 한다.

22 **XIII. 믿음, 사랑, 소망은 신앙의 실천적인 적용을 위해 가르쳐져야 한다.** 왜냐하면 우리가 실천적인 그리스도인들을 원한다면, 첫 순간부터 이론적인 그리스도인이 아니라 실천적인 그리스도인이 되도록 해주어야 하기 때문이다. 종교는 무엇인가 살아있는 실체이지, 그림자의 모습이 아니다. 그 생명력은 살아있는 씨앗이

---

237) Ratio seu methodus compendio perveniendi ad veram theologiam, Ausgew. Werke, hrsg. von H. Holborn, M nchen 1933, S. 293(Clericus V. 132); Augustin. doctr. christ. II, 9(Migne, Patrol. lat. 34, 42).

마치 좋은 땅에 뿌려져 곧 발아하는 것처럼 영향력을 미치도록 나타나야 하는 것이다. 그래서 성경은 "역사하는 믿음"(갈 5:6)을 요구하고, 행함이 없는 믿음은 "죽은 믿음"(약 2:20)이라고 말하며, "산 소망"(벧전 1:3)을 요구하는 것이다. 우리가 그것에 따라 행동하도록 율법 가운데서 자주 반복되는 경고는 하나님의 계시로 이루어지는 것이다. 그리고 그리스도께서는 "너희가 이것을 알고 행하면 복이 있으리라"(요 13:17)고 말씀하신다.

23 XIV. **하나님이 계시하는 것을 확실하게 믿는 것과 그가 맡기신 것을 실행하는 것과 그가 약속하신 모든 것을 아이들(과 다른 모든 사람들)이 확실히 붙들었다면, 믿음·사랑·소망은 실천적인 적용을 위하여 적합한 방식으로 가르치지 않으면 안 된다.** 사람들은 그것을 마음 깊이 느끼고, 아이들에게 조심스럽게 각인시켜야 한다. 왜냐하면 하나님의 말씀이 그들을 위해 복되게 하는 힘이어야 하며, 그들은 모든 것에서 하나님께 순종하고 겸손한 마음을 함께 가져와야 하기 때문이다. 태양은 빛으로 눈뜨기를 원하지 않는 사람에게 아무것도 밝혀주지 않는 것처럼, 또 먹기를 거부하는 사람에게 음식으로 배부르게 할 수 없는 것처럼, 우리가 기꺼이 믿음과 불타는 사랑, 그리고 확실한 소망으로 파악하지 않는다면 정신에 비추는 신적인 빛과[238] 우리의 행함에 관하여 말씀하신 성경, 그리고 하나님의 경외함에 약속된 축복이 허사가 되는 것이다. 이처럼 믿음의 조상인 아브라함은 하나님의 약속을 믿고 이성적으로 이해할 수 없는 것을 믿었으며, 육신적으로 가장 어려운 것이라 할지라도 하나님의 명령에 순종하였다(예를 들면, 고향을 떠나고 아

---

238) Divinum lumen (bei Hultgren fälschlich divinis).

들을 제물로 바치라는 명령). 그리고 바랄 수 없는 가운데서도 하나님의 약속을 신뢰하며 바랐던 것이다.[239] 이러한 능동적이며, 살아 있는 믿음이 그에게 의롭다 여김을 받음이 되었다. 하나님께 자신을 맡기는 자들은 이런 것을 스스로 경험하고, 지속적으로 주시하도록 가르침 받게 해야 할 것이다.

24 XV. 성경 외에 아이들에게 가르쳐진 모든 것(학문과 예술과 언어 등)은 분명하게 되도록 성경에 종속되게 해야 한다. 즉 하나님과 미래의 삶과 관계없는 것은 전혀 쓸모없는 것이다. 소크라테스가 노인으로부터 칭송을 받은 것은 그가 철학을 단순한 망상에서 도덕으로 이끌어갔기 때문이다. 사도들은 그들이 기독교인들을 율법의 가시와 같은 변론에서 그리스도의 감미로운 사랑으로 인도되도록 깨우쳐 주었다(딤전 1:5 이하). 이와 마찬가지로 경건한 몇몇 신학자들은 교회를 세우기보다 파괴하는 혼란의 논쟁거리에서 벗어나 양심을 위한 노력과 실제적 신앙으로 향하였다. 오, 하나님은 우리를 긍휼히 여기시고, 우리가 보편적인 방식을 발견하게 되기를 원하신다. 그 방법으로 우리의 인간적 정신이 하나님 없이 일하는 모든 것을 하나님에게로 인도하고 - 세계가 얽히고 가라앉는 - 이 현세의 모든 생활을 앞으로 내세의 삶을 위한 준비가 되도록 개조시켜 주시기를 바라는 바이다. 그것은 우리의 정신이 있고 일어나는 모든 것을 통해 진실 된 복의 가장 고상하고 영원하며 모든 것을 다스리는 원천이 충돌 없이 상승하도록 해 주시는 거룩한 지도자이다.[240]

---

239) 창 22:1-19.
240) Wohl Anspielung auf die Jacobsleiter, 창 28:12 이하.

25 XVI. 모든 사람은 양심적으로 하나님을 내면적, 외면적으로 경외하는 법을 배워야 한다. 왜냐하면 외면적인 경외 없는 내면적인 경외는 무기력해지며, 내면적인 경외 없는 외면적인 경외는 위선으로 타락하기 때문이다. 하나님에 대한 외면적인 경외는 하나님의 말씀, 설교와 그의 말씀 듣기, 무릎을 꿇은 경배, 찬양, 성례사용, 다른 공적인 조용하고 거룩한 훈련들이다. 하지만 하나님에 대한 내면적인 경외는 하나님의 현존에 대한 지속적 명상과 하나님의 사랑과 열매, 자기 부정과 하나님의 손에 맡김, 하나님의 마음에 드는 모든 것을 행하고 기꺼이 고난 받으려는 각오 등이다. 이 두 요소는 연결되어 있고, 서로 나누어지는 것은 아니다. 왜냐하면 하나님은 그에게 속하는 우리의 몸과 정신을 통해 영광 받으시기에 합당(고전 6:20)하실 뿐만 아니라, 그것들은 서로 나누어질 수 없기 때문이다. 내면적인 진실 없는 외면적인 관습은 하나님에게 있어서 가증한 것이다. "이것을 누가 너희에게 요구하였느냐?"(사 1:12 이하). 하나님은 영이심으로 그분은 영과 진리로 경배를 받으시기 원한다(요 4:24). 우리는 다른 한편으로 종교적 존재가 아니라 육체적이고 감각적 존재이기 때문에 내적으로 영과 진리 안에서 생겨나야 하는 것을 외적으로 행하는 우리의 감각들은 항상 제고해야 한다. 그래서 하나님은 무엇보다도 내적인 믿음을 요구하심에도 불구하고 외적인 의식을 규정하셨고, 우리가 그것을 지키기를 원하신다. 신약의 예배를 예식에서 자유롭게 하시고 하나님을 영과 진리로 섬기기를 가르치셨던 예수 그리스도도 완전히 머리를 숙여 하나님을 경배하고, 오랫동안 밤 새워 기도하셨고, 성전에 올라가셨으며, 율법 선생의 말을 듣고 물으셨고, 말씀을 선포하셨으며, 찬양하셨다. 우리가 아이들이 신앙을 갖도록 하려면, 위선자를 만들지 않고 피상

적이고 외식적인 하나님의 등불을 만들지 않도록 그들을 완전히
내·외적으로 완전하게 가르쳐야 한다. 그렇지 않으면 거짓된 꿈
을 즐기고 외적 예배에 대한 경외를 통하여 교회의 빛을 소멸하
는 광신자와 외적인 것이 내적인 것에 자극을, 내적인 것이 외적
인 것에 생명을 부여하지 않는 냉냉한 자들을 만들게 된다.

26 XVII. **사람들은 아이들이 하나님께서 명하신 외적인 행위
들에 대해 습관화 되도록 조심스럽게 교육하여야 한다.** 그 이유는
참된 기독교는 행위를 통해 그의 믿음을 증명해야 한다는 것을 알
도록 하기 위함이다. 그러한 행위들은 절제와 정의, 자비, 인내 가
운데서의 끊임없는 훈련이다. 왜냐하면 우리의 믿음이 그러한 열매
를 맺지 않으면, 죽은 것(약 2:17)이기 때문이다. 믿음은 그것이 복
되기 위해 살아 있어야 한다.

27 XVIII. **그들이 모든 것을 바르게 이용하는 것을 배우고,
그 중에서 어떤 것도 잘못 사용하지 않기 위해 사람들은 하나님의
복과 심판을 여러 가지 감각에 따라 정확히 구별하도록 가르쳐야
한다.** 풀겐티우스(Fulgentius)는 하나님의 복을 세 가지 등급으로
나누었다.[241] 그것들은 영원한 것과 영원한 생명을 중재하는 것,
그리고 현세에서 사용하도록 결정된다는 것이다. 하나님에 대한
인식과 성령 안에서의 기쁨과, 그리고 우리의 마음에 부어지는
하나님의 사랑이 그 첫 등급에 속한다. 믿음과 소망, 그리고 이
웃에게 베푸는 자비가 두 번째 등급에 속한다. 건강과 부, 친구
들, 그리고 행복하게도 불행하게도 만들지 않는 외적인 재산들이

---

241) Fulgentius, Epist. II, §1-21(Migne, Patrol. lat. 65, 315-17).

세 번째 등급에 속한다. 마찬가지로 그들은 하나님의 심판이나 징벌에 세 가지 종류가 있음을 배워야 한다. 예를 들면 나사로와 같이(단 11:35; 계 7:14), 그 한 무리들은 정결하게 씻겨 지도록 (하나님이 영원한 벌로 해치지 않기를 원하는), 현세에서 고통을 당하고 십자가 아래서 훈련되었다. 다른 사람들은 부자처럼[242] 현세에서 보호되었다가, 그 행위에 대하여 영원한 형벌에 처하여 졌다. 또 다른 이들의 벌은 이미 현세에서 시작되며, 사울, 안티오쿠스, 헤롯, 유다 등과 같이 영원히 지속된다. 그 때문에 인간들은 육신적인 좋은 것들에 속아서 현세에만 속하는 것을 더 중요시하게 되지 않도록 해야 하며, 현재의 불행은 지옥불 보다 무서운 것이 아님을 정확히 구별하는 것을 배워야 한다. 그리고 그들이 지옥처럼 현재적 고난을 두려워하지 않도록 하기 위함이다. "몸을 죽이고 그 후에는 능히 더 못하는 자들을 두려워하지 말라. 마땅히 두려워할 자를 내가 너희에게 보이리니 곧 죽인 후에 또한 지옥에 던져 넣는 권세 있는 그를 두려워하라"(눅 12:4, 5).

28 XIX. 생에 있어서 가장 안전한 길은 '십자가의 길'이라는 것을 그들에게 가르쳐야 한다. 그 때문에 생명의 인도자이신 그리스도가 먼저 그 길을 걸어갔으며, 다른 사람들에게도 그 길을 걸어오도록 요구하셨다. 그가 가장 사랑하는 사람들을 그리로 인도하셨다. 우리의 구원의 비밀은 십자가에서 성취되었으며, 십자가를 통해 완성되었다. 그리고 그 십자가에서 안식을 얻는다. 왜냐하면 하나님의 형상을 따라 지음 받은 새로운 피조물로 살아가도록, 옛 아담이 십자가를 통하여 죽었기 때문이다. 그 때문에 하나님은 그가

---

242) 눅 6:19 이하.

사랑하는 자를 징벌하셨으며, 그리고 그리스도와 함께 부활하며, 하늘에서 그의 오른편에 세우기 위하여, 그들을 그리스도와 함께 십자가에 못 박았던 것이다. "십자가의 도가 멸망하는 자들에게는 미련한 것이요, 구원을 받은 우리에게는 하나님의 능력이라"(고전 1:18). 그 때문에 사람들이 자신을 부인하지 않고 십자가를 지지 않고(눅 14:27 참조) 그의 모든 삶이 하나님이 인도하시는 대로 그를 따라갈 준비가 되지 않았다면, 그들은 그리스도의 제자가 될 수 없다는 것을 그리스도인들에게 항상 각인시키는 것이 필요하다는 것은 명백하다.

29 **XX. 사람들은 아이들이 이것을 배우는 동안, 그들이 모순된 태도를 취하지 않도록 주의를 기울여야 한다.** 그리고 불신자들의 비방과 거짓 맹세와 신적인 이름의 그 어떤 신성을 모독하는 행위와 다른 불신자들에게서 듣고 보는 것을 막아야 한다. 오히려 그들이 향하는 곳에서 하나님의 경외와, 종교적 규정들에 대한 주의와, 양심의 돌봄을 인지해야 한다. 만일 집에서나 학교에서 올바르지 못할 때, 그들은 이러한 행동이 벌 받지 않은 상태에 머무는 것이 아니라, 엄격하게 벌을 받는다는 사실을 깨달아야 한다. 프리스키안(Priscian)243) 라틴어 문법책을 잘못 맞추었다거나, 다른 외적인 잘못에 대한 것보다 하나님의 모독하는 것에 대한 벌이 더 엄격하다면 어린이들은 이런 잘못이 다른 어떤 것보다도 더 나쁘다는 것을 깨닫게 될 것이다.

---

243) Priscians (+526) Institutiones grammaticae galten das ganze Mittelalter hindurch und bis in die Zeit des Comenius als das autoritative Werk der lteinischen Grammatik.

30 XXI. 이 세상과 인간성이 부패한 상태 속에서 우리가 마땅히 해야만 하는 것만큼 성과를 올리지 못하고 있다. 약간이나마 발전하는 사람이 있다면, 자기만족이나 영적 교만이 가득 차게 되는 것은 우리의 육신의 타락한 운명에서 오는 것이다. 그런데 이것은 대단히 위험한 일이다(하나님은 교만한 자를 꺾으시기 때문이다).[244] 그러므로 모든 그리스도인들은 아버지가 기뻐하셨던[245] 세상 죄를 지고 가는 하나님의 어린 양이신[246] 그리스도의 완전함이 우리를 도우시지 않으면, 우리의 노력과 수고한 일들이 우리의 불완전성 때문에 아무 쓸모가 없게 된다. 그러므로 우리는 그를 부르고 그분만을 신뢰해야 한다는 사실을 모든 그리스도인들은 시간이 있을 때마다 배워야 한다. 우리가 그러한 모습을 모퉁이 돌이신[247] 그리스도 위에다 세운다면, 확실한 근거 위에 우리의 구원에 대한 희망을 먼저 세우는 것이 된다. 왜냐하면 그분이 하늘과 땅에 모든 완전함의 왕관인 것처럼, 그분은 우리의 믿음과 사랑과 소망이시며, 구원의 유일한 원천과 완성자가 되시기 때문이다. 그 때문에 하나님은 그분을 하늘에서 보내셨으며, 그분은 '임마누엘'(신 – 인간)로서 인간을 다시 하나님과 하나 되게 하고, 인간적인 모습에서 거룩한 삶을 통해 인간에게 신적인 삶의 표본을 제공하셨다. 그분은 죄 없이 죽으심으로 세상의 죄를 대신하시고 우리의 죄를 그의 피로 씻기시며, 마지막으로 그의 죽으심으로 죽음을 이기심을 보이시기 위해 부활하셨던 것이다. 그분은 하늘에 오르시고 우리의 구원의 인(印)을 치기 위하여 우리에게 성령을 보내주셨다. 성령을 통해서 그분은 성전에서처럼 우리 안에 거하시고, 우리를

---

244) 벧전 5:5; 약 4:6.
245) 마 3:17; 막 1:11.
246) 요 1:29.
247) 시 118:22; 마 21:42; 막 12:10; 엡 2:20.

다스리시며, 우리에게 복을 주신다. 그리고 또한 우리가 여기 현세의 투쟁 가운데 사는 동안 우리를 후에 부활하게 하시며, 그가 계신 곳으로 우리를 이끌어 가시며, 그분의 영광을 바라보도록 하는 은혜를 보여주셨다.

31 아버지와 성령의 교통하심으로 영원하시고, 오직 한 분이신 구원자에게 영원부터 영원까지 영광과 찬양이 있을지어다!
아멘.

32 이러한 모든 것이 현명하게 실행될 방법은 모든 학급을 위해 특별히 규정되어져야만 할 것이다.

제25장 학교에서 이교도 책의 이용248)

이교도의 저작자들을 학교에서 멀리해야 함에 대한 충고(1/2). 이에 대한 아홉 가지의 이유(3~11). 이교도의 책들은 우상들이다(12). 비유를 통한 핑계와 그들의 반박(13~15). 우리의 금지에 대한 이의(異意)와 그것들의 제거(16): Ⅰ. 큰 지혜가 이교도의 책들에 숨겨져 있다(17). Ⅱ. 그것들은 철학을 위해서 불가피한 것이다(18). Ⅲ. 사람들은 그들의 문제의 우아함 때문에 읽어야 한다(19~22). Ⅳ. 성경은 청소년들이 이해하기가 아주 어려울 것이다(23~26). 결론(27).

1 우리가 앞장에서 간단히 언급했던 것을 더욱 철저하게 추구할 필연성이 요구된다. 우리가 진정한 기독교 학교를 원했다면, 수많은 이교도 작가들을 멀리 해야만 한다. 우리는 우선 이에 대한 적절한 이유를 제시하고, 그런 다음에 어떤 점을 주의하면서 사람들이 이러한 세상의 지혜에 다가가야 할지를 가르친다. 그것은 우리가 그들의 아름다운 생각, 말, 그리고 행동의 모든 것을 이용할 수 있게 하기 위함이다.

248) Der vollständige Titel des Kapitels lautet: "Wenn wir die Schulen nach den wahren Richtlinien des wahren Christentums umgestalten wollen, so müs sen die heidnischen Bücher entweder aus ihnen entfernt oder doch wenigstens vorsichtiger als bisher benutzt werden. "Aus der reichen Literatur über dieses Thema sei hier nur genannt: H.-I. Marron, Geschichte der Erziehung im klass. Altertum, dt. Freiburg 1957, bes. S. 463f. (die Kirchenväter über die antiken Autoren): J. V. Andreae, Theophilus(1649), ben. Leipzig 1706, dial. III: De literatura Christiana (diese Schrift hat Comenius deutlich beeinflu βt): anders M. Luther WA. 15, 52(Clemen II, 462).

2 우리는 주요한 학교들이 오직 그리스도에 대한 이름만 고백하고, 일반적으로 테렌즈(Terenz), 프라우투스(Plautus), 키케로(Cicero), 오비드(Ovid), 카툴(Catull), 티불(Tibull)을 비롯하여 예술을 관장하는 여신들과 사랑의 신들에게서 어떻게 그들의 기쁨을 얻는지를 우리가 보아야만 한다. 그러면 하나님의 영예와 인류의 구원에 대한 사랑이 열정적으로 이러한 일을 추구하도록 우리를 깨닫게 하는 것이다. 거기서 우리가 그리스도를 칭송하는 것보다 이 세상을 잘 알게 되며, 기독교국가 안에서 기독교인을 거의 찾아보기 힘들게 되었다. 왜냐하면 가장 박식한 사람들과 신적인 지혜에 뛰어난 사람들과 신학자들에게 그리스도는 단지 가면에 불과하며, 아리스토텔레스와 기타 많은 이교도 학자들에게 그들의 정신이 이끌려온 것이기 때문이다. 이것이 기독교적 자유를 혐오할 만한 오용이고 가장 수치스런 신성모독이며, 그 안에 커다란 위험이 숨겨 있는 것이다. 왜냐하면,

3 I. 우리의 어린이들은 하늘을 위해 탄생되었다. 그리고 하나님의 성령을 통해 거듭 태어났다. 그러므로 그들은 하늘의 시민으로 성장되어야 하고, 따라서 가장 중요한 교육 내용은 하늘의 일들과, 하나님과 그리스도와 천사들과 아브라함과 이삭과 야곱 등등을 잘 알게 되는 것이다. 이러한 교육이 무엇보다 이러한 일이 먼저 이루어져야 하며, 그동안 다른 모든 지식은 차단시켜야 한다. 왜냐하면 첫째로 현세적 삶의 불확실성 때문에, 내세를 위한 준비를 하기 전에 떠나가게 될지도 모르기 때문이며, 둘째로 첫인상은 가장 강한 것이므로(그것이 성스러운 것이면), 후의 삶의 여정에서 따라오는 모든 다른 것을 위한 안전한 기초를 놓은 것이기 때문이다.

4 II. 하나님께서는 그의 택한 백성을 위해서 모든 것을 부요하게 마련하셨지만 하나님 자신의 성전 이외에 다른 학교를 주시지 않으셨으며 거기서 하나님께서 스승이시고 우리는 학생이며 그의 말씀이 교과내용이다. 그분은 모세를 통해서 다음과 같이 말씀하셨다. "이스라엘아 들으라, 우리 하나님은 여호와는 오직 유일한 호와이시니 너는 마음을 다하고 뜻을 다하고 힘을 다하여 네 하나님 여호와를 사랑하라 오늘 내가 네게 명하는 이 말씀을 너는 마음에 새기고 네 자녀에게 부지런히 가르치며 집에 앉았을 때에든지 길에 갈 때에든지 누워 있을 때에든지 일어날 때에든지 이 말씀을 강론할 것이며"(신 6:4-7). 또한 그분은 이사야를 통하여 말씀하셨다. "너희의 구속자시요 이스라엘의 거룩하신 이이신 여호와께서 이르시되 나는 네게 유익하도록 가르치고 너를 마땅히 행할 길로 인도하는 너희 하나님 여호와라"(사 48:17), "백성이 자기 하나님께 구할 것이 아니냐"(사 8:19). 또 "성경을 연구하라"(요 5:39)고 그리스도께서 말씀하셨다.

5 III. 우리의 지각을 가장 밝게 비추고, 우리의 행동을 위한 가장 완전한 규칙들을 제공하며, 우리가 약할 때 가장 큰 도움을 주는 그의 말씀이 빛이라는 것을 그는 다음과 같은 말씀에서 분명하고 충분하게 증거해 주셨다. "내가 나의 하나님 여호와의 명하신 대로 규례와 법도를 너희에게 가르쳤나니 이는 너희가 들어가서 기업으로 차지할 땅에서 그대로 행하게 하려 함인즉 너희는 지켜 행하라 이것이 여러 민족 앞에서 너희의 지혜요 너희의 지식이라 그들이 이 모든 규례를 듣고 이르기를 이 큰 나라 사람은 과연 지혜와 지식이 있는 백성이로다 하리라"(신 4:5-6). 그분은 여호수아에게 말씀하셨다. "이 율법 책을 네 입에서 떠나지 말게 하며 주야

로 그것을 묵상하여 그 안에 기록된 대로 다 지켜 행하라 그리하
면 네 길이 평탄하게 될 것이며 네가 형통하리라"(수 1:8). 다윗을
통해서도 말씀하셨다. "여호와의 율법은 완전하여 영혼을 소성시키
며 여호와의 증거는 확실하여 우둔한 자를 지혜롭게 하며"(시
19:7). 사도는 다음과 같이 말한다. "모든 성경은 하나님의 감동으
로 된 것으로 교훈과 책망과 바르게 함과 의로 교육하기에 유익하
니 이는 하나님의 사람으로 온전하게 하며 모든 선한 일을 행할
능력을 갖추게 하려 함이라"(딤후 3:16-17). 가장 현명한 사람들,
곧 진실로 성령의 조명을 받은 기독교인들은 이와 같은 것을 인정
하고 말하기도 한다. 크리소스톰은 말하기를, "우리가 무엇을 배워
야 하고 무엇을 배울 필요 없는지 우리는 성경을 통해서 알 수 있
다."[249] 카씨오도르(Cassiodor)는 말하기를, "성경이 생명을 가르
치는 천상의 학교이며 실제로 유일한 양육인 진리의 강의실이다.
그것은 하찮은 단어 유희로서가 아니라 열매 맺는 감정으로 학생
들을 다루신다."[250]

6 Ⅳ. 하나님은 그의 백성에게 분명하게 이방인의 가르침과
풍습을 금지하셨다. "여러 나라의 가르침을 배우지 말라"(렘 10:2).
그와 같은 것이 열왕기하 1장 3절에도 나타나 있다. "이스라엘에
하나님이 없어서 너희가 에그론의 신 바알세붑에 물으러 가느냐?"
"백성이 자기 하나님께 구할 것이 아니냐 산 자를 위하여 죽은 자
에게 구하겠느냐 하라 마땅히 율법과 증거의 말씀을 따를지니 그
들이 말하는 바가 이 말씀에 맞지 아니하면 그들이 정녕 아침 빛

249) Chrysostomus in seinem Kommentar zum 2. Timotheusbrief,
    Homilie LX, 1(Migne, Patrol. lat. 62).
250) Cassiodor, Expositio in Psalterum, Ps. 15, letzter Ab s.(Migne,
    Patrol. lat. 70, 116).

을 보지 못하고"(사 8:19-20). 왜 그런가? "모든 지혜가 하나님에게서 나오고 그와 함께 영원히 존재하기 때문이다. 지혜의 뿌리가 누구에게 감추어질 수 있는가?"(예수 시락서 1:1과 6). "비록 그들은 땅 위에서 빛을 보며 살았지만 지혜의 길은 알지 못하였다. 그들은 지혜의 길을 알지도 못하였고 실천하지도 않았다. 가나안에서 그 길이 있다는 말조차도 들어 볼 수 없었고, 데만에서 그 길을 찾아 볼 수 없었다. 세상에서 지혜를 구하던 하갈의 자손들, 이야기를 지어내는 사람들 그리고 지식의 길을 탐구하는 사람도 지혜의 길을 알지 못하였다. 모든 것을 아시는 그분만이 통찰력을 가지고 지혜를 알아내셨다. 그분이 모든 지혜의 길을 찾아내시어 당신의 종 야곱과 당신의 사랑을 받는 이스라엘에게 주셨다"(바룩서 3:20 이하). "그는 어느 민족에게도 이와 같이 행하지 아니하셨나니 그들은 그의 법도를 알지 못하였도다"(시 147:20).

7 V. 백성이 그의 계명에서 벗어나 인간적인 환상의 유혹을 좇았을 때, 하나님은 어쨌든 지혜의 샘을 떠나는 어리석은 짓(바룩서 3:12)을 힐책하실 뿐만 아니라, 그들이 곧 생수의 근원을 버린 것과 어디에서도 물을 담아 두지 못할 웅덩이를 여기저기에 파는 두 가지의 악행을 힐책하신다(렘 2:13). 호세아의 입을 통한 그의 호소에서, "내가 그를 위하여 내 율법을 만 가지로 기록하였으나 그들은 이상한 것으로 여기도다"(호 8:12)라고 말씀하셨다. 내가 여러분들에게 요구하는 것은 이교도의 책들을 밤낮으로 손에 들고 있는 기독교인들이여, 다르게 행하기를 원한다.251) 그들은 하나님

---

251) Vgl. Horaz, Epist. II, 3, 268f.: Vos exemplaria Graeca nocturna versate manu, versata diurna.

의 거룩한 책을 마치 낯선 것처럼, 아무 관계가 없는 것처럼 관심을 갖지 않는다. "이는 너희에게 헛된 일이 아니라 너희의 생명이니"(신 32:47).

■8 Ⅵ. 그 때문에 참된 교회와 진실하게 하나님을 경외하는 자들은 하나님의 말씀 이외에 다른 교훈을 추구하지 않았다. 그들은 성경에서 참되고 하늘에 속한 지혜를 길어 올렸으며, 그것은 이 세계의 모든 지식보다 더 뛰어난 것이었다.

예를 들면 다윗은 "주의 계명들이 항상 나와 함께 하므로 그것들이 나를 원수보다 지혜롭게 하나이다"(시 119:98)고 했다. 피조물 가운데 가장 지혜로운 솔로몬도 비슷하게 말하였다. "대저 여호와는 지혜를 주시며 지식과 명철을 그 입에서 내심이며"(잠 2:6). 예수 시락(Jesus Sirach)은 그의 책 서문에서 다음과 같이 말한다. "그분의 빛나는 지혜는 계명의 교훈과 선지자들로부터 만들어졌다". "진실로 생명의 원천이 주께 있사오니 주의 빛 안에서 우리가 빛을 보리이다"(시 36:9). "하나님이 우리에게 그의 뜻을 계시하시므로 오 이스라엘아 복 있어라"(바룩서 4:4). "주여 영생의 말씀이 주께 있사오니 우리가 누구에게로 가오리이까"(요 6:68).

■9 Ⅶ. 여러 다른 시대의 예로부터 보여주는 것은 교회가 이스라엘의 이러한 근원들에서 빗나갔을 때, 매번 유혹과 오류에 대한 하나의 계기가 되었다는 것을 보여준다. 이것은 이스라엘의 교회에 대하여 선지자들의 호소에서 잘 알려졌다. 사도와 사도적인 사람들이 복음만을 전하고, 그 이외의 것은 절대로 전하지 않은 순수한 신앙이 계속되었음을 역사는 분명하게 전해주고 있다. 즉 이교도들이 교회 내에 해를 입혔을 때, 초대교회에 존재했던 열정과 노

력이 식어갔으며, 사람들은 그 때문에 이교도의 책들을 처음에는 남몰래, 후에는 공공연하게 읽기 시작했다.252) 그 결과 교리상 혼동과 혼잡이 교회 안에 생겨난 것을 보게 된다. 자기만 지식의 열쇠를 가졌다고 뽐내던 자들이 바로 그들에 의해서 그 열쇠를 잃어버렸으며, 그때부터 분명한 신앙 대신에 꾸며낸 수많은 견해들이 대용물로 생겨났다. 오늘도 그것들의 끝없는 분쟁과 싸움이 생겨났다. 그 때문에 사랑은 차가워지고, 경건은 사라졌으며, 기독교의 이름 하에서 이교가 다시 살아났으며, 지금 최고의 세력을 뻗치고 있다. 주님의 경고가 실현되어야만 했다. "마땅히 율법과 증거의 말씀을 따를지니 그들이 말하는 바가 이 말씀에 맞지 아니하면 그들이 정녕 아침 빛을 보지 못하고"(사 8:20). "대저 여호와께서 깊이 잠들게 하는 영을 너희에게 부어 주사 너희의 눈을 감기셨음이니 … 그들이 나를 경외함은 사람의 계명으로 가르침을 받았을 뿐이라"(사 29:10-13). 성령이 이교도적인 철학자들에 관하여 말했던 것이 오늘날 그리스도인들의 경우에 얼마나 그대로 나타났는가! 그들은 하나님을 알되 하나님으로 영화롭게도 아니하며 감사하지도 아니하고 오히려 그 생각이 허망하여지며 미련한 마음이 어두워진 것이다(롬 1:21). 교회가 그들의 불결함에서 다시 정화되어야 한다면, 혼란하게 만드는 인간의 법을 제거하고, 이스라엘의 순수한 원천으로 다시 돌아가며, 우리와 우리의 아이들을 가르침과 인도함에 있어서 하나님과 그의 말씀에로 의탁하는 것 외에 다른 방법은 없는 것이다. 그런 후에 교회의 모든 자녀들은 주님의 학생(자녀)들이 되리라(사 54:13)는 예언이 성취될 것이다.

---

252) Inkonsequente Satzkonstruktion (wie gelegentlich bei C.), frei übersetzt.

10 VIII. 그리스도를 통하여 왕 같은 제사장[253]이요, 하늘나라의 유업을 받을 자들인 하나님의 자녀가 된 우리 모두는 그리스도인으로서, 우리와 우리의 자녀들이 세속적인 이방인과 교제하고, 그들에게 매료되도록 내버려두어서는 안 된다. 왕들과 제후의 자녀들에게 아첨꾼, 식객, 어릿광대나 익살꾼들이 교사로 세워질 것이 아니라, 진지하고 지혜롭고 경건한 사람들이 그들의 교사가 되도록 해야 한다. 우리는 만왕의 왕의 자녀들과 그리스도의 작은 형제들과 영원의 상속자들에게 어릿광대인 플라우투스(Plautus), 음탕한 카툴(Catull), 불결한 오비드(Ovid), 불경건한 조소자(嘲笑者) 루키안(Lukian), 추잡한 마티알(Martial) 등, 참된 하나님을 알지도 못하고, 경외하지도 않는 그러한 자들을 교사로 세울 수 있겠는가? 이러한 작가들은 더 나은 생에 대한 소망이 없이 현재적인 것의 더러움에 뒹굴기 때문에 자신에게 주어진 사람들을 자신들과 같은 동일한 더러움으로 인도할 수밖에 없는 것이다.

너희 그리스도인들이여, 이제 그러한 어리석은 짓은 그만 끝내자. 하나님은 우리를 더 나은 곳으로 부르시며, 그의 부름을 따르도록 허락되었다. 영원한 하나님의 지혜이신 그리스도는 그의 집에서 하나님의 아이들에게 하나의 학교를 열어주셨다. 그 학교에서는 성령께서 스스로 운영자가 되시며, 최상의 책임자가 되신다. 선지자들과 사도들은 교수들이며, 교사들이다. 그들은 모두 참된 지혜로 무장되었고, 거룩한 사람들로서 진리와 구원의 길을 말씀과 모범으로 가르치신다. 거기에 학생들은 인류의 첫 열매로서 하나님과 어린양으로 값 주고 사신 하나님의 택함을 받은 자들이다. 감독하고 지키시는 이들은 하늘의 영역에서 활동하는 천사들

253) 벧전 2:9.

과 천사장이시며, 통치자들과 권세자들이다(엡 3:10). 그곳에서 현세와 내세의 삶의 모든 영역을 뛰어넘어 미치는 인간 두뇌의 모든 이성을 능가하는 참되고 안전하고 완전한 지식을 우리에게 주었다. 하나님의 입만이 모든 지혜의 시냇물이 흘러나오는 원천이다. 하나님의 얼굴빛은 참된 빛의 광선이 비추이는 횃불이다. 하나님의 말씀만이 참된 지혜가 싹 터나오는 뿌리이다. 그러므로 하나님의 얼굴을 바라는 자와 그의 입을 의존하는 자, 그리고 그의 말씀을 마음으로 받아들이는 자가 복이 있다! 왜냐하면 이것이 진실 되고 영원한 지혜로 나아가는 유일하고 바르고 오류가 없는 길이기 때문이다. 그 외에 다른 길은 없다.

11 IX. 우리는 하나님이 그의 백성에게 이방의 유물을 얼마나 엄격하게 금지하셨는지, 또 금지한 것을 경시하는 자들에게 어떻게 대하시는지를 침묵해서는 안 된다. "네 하나님 여호와께서 그들을 네게 넘기시고 … 너는 그들이 조각한 신상들을 불사르고 그것에 입힌 은이나 금을 탐내지 말며 취하지 말라 네가 그것으로 말미암아 올무에 걸릴까 하노니 이는 네 하나님 여호와께서 가증히 여기시는 것임이니라 너는 가증한 것을 네 집에 들이지 말라 너도 그것과 같이 진멸 당할까 하노라 너는 그것을 멀리하며 심히 미워하라 그것은 진멸 당할 것임이니라"(신 7:23-26). 또 "네 하나님 여호와께서 네가 들어가서 쫓아낼 그 민족들을 네 앞에서 멸절하시고 네가 그 땅을 차지하며 거기에 거주하게 하실 때에 너는 스스로 삼가 네 앞에서 멸망한 그들의 자취를 밟아 올무에 걸리지 말라 또 그들의 신을 탐구하여 이르기를 이 민족들은 그 신들을 어떻게 섬겼는고 나도 그와 같이 하겠다 하지 말라 … 내가 너희에게 명령하는 이 모든 말을 너희는 지켜 행하고 그것에 가감하지

말지니라"(신 12:29-32). 여호수아도 승리 후에 그들에게 이것을 기억하라고 말하였다. "이방 신들을 치워 버리고"라고 말씀하셨다(수 24:23). 그러나 그들은 복종하지 않았고, 이러한 이방의 물건들이 그들을 넘어지게 하는 함정이 되었다. 그래서 우상을 섬겼을 때 이스라엘과 유다 두 왕국은 멸망하게 되었다. 우리는 그들의 실제의 예를 통해 경고를 받고, 그들의 잘못을 피해야 하지 않겠는가?

12 "그러나 책은 우상이 아니다"라고 말하는 이들이 있다. 나의 대답은 이것이다. 책은 하나님께서 말씀하신 것처럼 하나님을 믿는 백성을 멸망시킨 저 이교도들이 남긴 유물이다. 오히려, 책은 손으로 만든 우상보다 더 위험하다. 왜냐하면 그 책들은 마음이 어리석게 된 자들이 농락을 당하게 되며(렘 10:14), 가장 지혜롭다는 자들을 미혹하게 하는 것(골 2:8)이기 때문이다. 따라서 우상은 사람의 손으로 만든 작품이지만(하나님이 우상숭배자들에게 그들의 어리석음을 책망할 때 말하는 것처럼), 책은 인간의 정신이 만든 작품이다. 우상은 금과 은의 번쩍임으로 눈을 부시게 했지만, 책은 그럴 듯한 육적인 지혜로 마음의 눈을 멀게 하고 있다. 당신은 아직도 이방의 책이 우상이라는 것을 부정할 수 있는가? 도대체 누가 율리안(Julian) 황제를 기독교에서 떠나가게 했는가?[254] 누가 그리스도의 역사를 우화로 여기도록 교황 레오 10세(Leo X)의 판단력을 빼앗았는가?[255] 벰보(Bembo)는

254) Kaiser Julianus Apostata regierte 361-63, fiel als Anhänger der neuplaton, Philosophie vom Christentum ab (Seine philos. Schriften waren 1583 neu ediert worden).
255) Leo X., dem Papst der eigentlichen Reformationsjahre (1513-21), wurden in der protestantischen Überlieferung alle möglichen Äß

어떤 정신에 영감 되어 추기경 사도렛(Salolet)에게 성경 읽기를
못하도록 충고하여(주장으로써)256) 그 훌륭한 사람에게 그러한
어리석은 태도를 취하도록 할 수 있단 말인가? 그리고 오늘날 무
엇이 그렇게 지혜로웠던 이탈리아인들과 다른 이들을 무신론주의
로 넘어가게 하는가?257) 키케로, 프라우투스, 오비드 등 죽음을
초래하는 악취를 풍기는 자들이 더 이상 그리스도의 개혁된 교회
에 존재하지 않기를 바란다.

13 어떤 사람이 책의 악용은 물건 때문이 아니라, 사람들의
탓이라고 여기며, 이교도의 책들을 읽어도 경건한 그리스도인들
에게는 해가 되지 않는다고 생각한다면, 그것에 대해 사도 바울
은 다음과 같이 대답한다. "우리가 우상은 세상에 아무 것도 아
니며 또한 하나님은 한 분밖에 없는 줄 아노라 … 그런즉 너희의
자유가 믿음이 약한 자들에게 걸려 넘어지게 하는 것이 되지 않
도록 조심하라"(고전 8:4, 7, 9).
비록 자비로운 하나님이 멸망 앞에서 많은 사람들을 보존한다

erungen zugeschrieben. Die vorl. stammt wohl aus der tendenziösen
Pastgeschichte von Joh. Bale: The Pageant of Papes, London 1574, S.
179 und soll den heidnischen Humanismus des Papstes
charakterisieren.
256) Dieser Ratschlag ist wohl nicht belegt. Richtig ist aber, daß von
den beiden Renaissancekardinälen und Freunden Sadolet der
italienischen Bewegung des Evangeliums zugehörte und einen
ausgesprochenen biblischen, Bembo jedoch bis zu seiner späten
Wendugn einen sehr weltlichen Humanismus vertrat.
257) Mit den Italienen sind wohl weniger die römischen Katholiken
gemeint, als die humanistischen italienischen Häretiker des 16. Jhds.
Insbesondere mit dem Sozzinianismus hat sich Comenius gründlich
auseinandergesetzt. Über die Bewegung der 'Eretici italiani' vgl. D.
Cantimori: Italienische Häretiker der Spätrenaissance, übers. v. W.
Kaegi, Basel 1949.

할지라도, 우리가 그러한 멋지고 유혹적으로 꾸며진 미혹(인간의
뇌와 속이는 사탄의 여러 방법을 뜻함)을 알면서도 받아들이면 우
리는 죄가 없다고 핑계할 수 없다. 왜냐하면 이를 통하여 대부분이
이성을 잃게 되고 사탄의 그물에 빠지는 것이 분명하기 때문이다.
하나님께 순종하자. 우상을 집으로 끌어오지 말자. 다곤(Dagon)을
하나님의 법궤 옆에 세우지 말자.258) 우리는 하나님의 진노가 우
리의 자녀들에게 발생하지 않도록, 위로부터 내려오는 지혜를 현세
적이며, 동물적이고 악마적인 것으로 혼합하지 않게 하라.

　14 모세가 실제의 예를 들어 가르쳐준 사건이 이에 속한다.
"아론의 아들 나답과 아비후가 각기 향로를 가져다가 여호와께서
명령하시지 아니하신 다른 불을 담아 여호와 앞에 분향하였더니
불이 여호와 앞에서 나와 그들을 삼키매 그들이 여호와 앞에서 죽
은지라"(레 10:1, 2). 그런데, 그리스도인의 자녀들은 하나님이 기
쁘시게 받으실 신령한 제사를 드릴 거룩한 제사장들이 아니고 그
무엇인가?(벧전 2:5) 우리가 그리스도의 자녀들의 향로에 이상한
불을 담는다면, 그들을 하나님의 진노에 내맡기는 것이 아니겠는
가? 하나님의 영으로부터가 아닌 다른 것으로부터 온 모든 것은
기독교인의 영혼에 낯설 수밖에 없지 않는가? 이러한 것은 사도의
증거에 의하면 이교도 철학과 시인의 속임수이다(고전 1:21 이하;
골 2:8). 이 시를 히로니무스(Hieronymus)는 악마의 포도주라고
부른 것은 이유가 없이 한 말이 아니다.259) 마귀가 그 포도주로
살랑살랑 꼬이고 그들에게 잠 속에 섬뜩한 견해를 불어넣으며,
위험한 유혹, 혐오스러운 호기심을 불어넣는다. 그래서 우리는

258) 삼상 5:2.
259) (Hieronymus) Epist. ad Damasum, Nr. 144.

이러한 사탄의 마술적인 술 취함에 대해서 항상 조심하여야 할 것이다.

15 우리가 우리의 안전을 위해 충고하시는 하나님께 순종하지 않으면, 심판 날 에베소 사람들은 우리를 대적하여 송사할 것이다. 신적인 지혜의 빛이 그들에게 비추어지자마자 곧, 그들은 그리스도인으로서 그들에게 더 이상 아무것도 유용할 수 없었던 모든 마술적인 책들을 불태워 버렸다(행 19:19). 이 땅에서 가장 현명한 백성이라고 간주했던, 그리고 그들 선조들의 철학적이고 시학적 책들을 읽는 것을 그들의 고유하고 아름다운 언어로 간직하고 있던 희랍 교회는 파문의 벌로 그런 책들의 독서를 금지시켰던 것이다. 그 결과, 비록 그들이 야만족의 침범으로 깊은 무지와 미신에 빠졌지만, 하나님께서는 오늘날까지 그들이 적 그리스도적인 오류에 미혹되지 않도록 보존하셨다. 그리하여 (성경의 깊은 연구 후) 아직도 남아 있는 이방의 흑암이 제거될 수 있도록 모범을 보이는 것이다. "주의 빛 안에서 우리가 빛을 보리이다"(시 36:9). "야곱 족속아 오라 우리가 여호와의 빛에 행하자"(사 2:5).

16 인간의 이성이 어떤 이유로 이러한 명령에 대적하여 일어나는지 살펴보도록 하자. 이성은 믿음에 순종하지 않고 하나님에게 헌신하지 못하도록 뱀같이 사람들을 꼬인다. 사람들이 사용하고 있는 쟁론은 다음과 같다.

17 Ⅰ. 훌륭한 지혜는 철학자와 웅변가, 그리고 시인의 책들에 담겨져 있었다. 그러나 나는 이렇게 대답한다. 빛으로부터 눈을

돌리는 자들은 암흑 속에 있어 마땅한 자이다. 물론 흐릿한 불빛은 올빼미에게는 밝은 낮과 같고, 햇빛에 적응된 동물들에게는 그렇지 않은 것이다. 오 어리석은 인간이여! 너 인간의 이성의 어두움에서 빛을 찾는 자여! 너의 고개를 들라! 하늘로부터 참된 빛이 내려오고 모든 빛들이 아버지께로부터 온다. 인간의 노력으로 만든 몇 개의 불꽃으로 무엇인가 번쩍이고 빛난다면 그것은 그들을 둘러싸고 있는 암흑 때문에 가능한 것이다. 손에서 타는 햇불(눈부신 하나님의 말씀)을 우리는 무엇을 위해 필요로 하는가? 왜냐하면 사람들이 본성에 관해 많은 것을 말하지만, 그들은 항상 그릇의 변두리는 핥아먹을지라도 그 안에 담겨 있는 죽을 먹는 데는 이르지 못하기 때문이다. 그러나 우주의 통치자 자신이 성경 가운데서 그의 사역에 대한 큰 비밀들을 스스로 밝히시며, 보이는 것이나 보이지 않는 것들, 즉 모든 피조물의 본질에 대해서 말씀하신다. 철학자들이 도덕에 대해 논하는 것은 날개에 아교로 풀칠한 작은 새가 힘을 다하여 움직이려 하지만 한치도 움직이지 못하는 것과 같은 것이다. 성경은 덕성의 참된 기술과 마음 깊이 꽂히는 날카로운 경고, 그리고 모든 것에 생생한 본보기들을 담고 있다. 이교도들이 신앙을 가르치기 원하지만 그들은 미신을 가르치게 된다. 왜냐하면 그들은 하나님과 그의 뜻에 대한 참된 지식을 가지고 있지 않기 때문이다. "보라 어둠이 땅을 덮을 것이며, 캄캄함이 만민을 가리려니와 오직 여호와께서 네 위에 임하실 것이며 그의 영광이 네 위에 나타나리니"(사 60:2). 빛의 자녀들은 어두움의 자녀들에게 자유롭게 가 볼 수 있지만 그것은 어디까지나 어떤 차이가 있는가를 보고 나서 더욱더 빛의 길을 기뻐하게 되고, 이웃의 어두움의 삶을 불쌍히 여기게 될 것이다. 우리는 우리의 빛의 햇불을 더 선호한다. 세상적인 지식에는 박식하고 하늘의 지혜에는 무지한 것이 무슨 쓸모가 있는가? 쓸모없는 허구를 따르고 하늘의 신비를 모욕하는 것이지 않는가? "사람은 그러한 책에서 자신을 보존하고 성경에 대한 사랑으로부터 겉으로는 정직한 것 같으나 내적으로 덕성과 지혜가 비어 있는 책들을 피해야 한다"고 이지도르(Isidor)가 말했다.260) 보라 이것이 이 책의 자랑이다. 그것은 알맹이가 없는 껍질이다. 필립 멜랑히톤(P. Melanchthon)은 다음과 같이 판단하였다. "자기 신뢰와 자기애 외에 다른 것이 없는 철학자들이 무엇을 가르치겠는가? 키케로는 그의 「선과 악의 정의에 대하여」란 책에서261) 모든 덕성의 뿌리는 자기애라고 가정하였다. 플라톤은 얼마나 교만으로 가득했단 말인가! 자기만족에 빠져 있는 인격은 그의 저서 속에 스며있는 야망을 읽을 때 잘못된 본능을 필연적으로 흡수하게 될 것이라고 나는 생각한다. 아리스토텔레스의 가르침은 자기 자신이 도덕철학의 저자들 간에서 가장 높은 자리를 차지할 가치가 있다는 것을 증명하기 위한 하나의 긴 논쟁 이외에 아무것도 아닌 것이다.262)

18 Ⅱ. 그런 책들이 신학을 바로 가르치지는 않지만 우리의 구원을 위해서 주어진 성경에 나오지 않는 철학은 가르쳐 준다. 나는 대답한다. 지혜의 원천은 하늘에 있는 하나님의 말씀이다(예수 시락서 1:5). 참된 철학이란 하나님과 그의 사역의 참된 지식과 같은 것이다. 그것은 그의 입 외에 다른 어떤 것으로부터 배워질 수 없는 것이다. 그래서 어거스틴은 성경에 대한 칭송을 다음과 같이 첨부하였다. "여기에는 철학이 있다. 왜냐하면 생겨난 모든 것들의

---

260) Isidoris Hispalensis Sententiarum L. Ⅲ, c. 13, 2, 3 (Migne, Patrol. lat. 83, 686.)
261) Cicero, De fin. Ⅲ, 5, 16.
262) Corpus Reform. XXI, Sp. 101 f. (Theol. hypotyposes, de peccato).

원인은 창조자인 하나님에 기인하기 때문이다. 여기에는 윤리가 있다. 왜냐하면 선하고 올바른 생명은 하나님과 이웃에 대한 책임적이며, 정당한 사랑 외에 어떤 것으로부터 나올 수 없기 때문이다. 여기에는 논리학이 있다. 왜냐하면 합리적인 영혼의 빛, 즉 진리는 오직 하나님 자신이시기 때문이다. 여기에 국가의 복지가 있다. 왜냐하면 공동의 이익을 사랑하지 않는다면 국가의 안녕은 지킬 수 없으며 신뢰와 평화의 토대 위에 유지될 수 없기 때문이다."263) 철학적인 모든 학문과 기술의 토대들은 그 어디에서보다 성경 가운데 더 진실 되게 포함하고 있다는 것을 이 세기에도 벌써 몇 사람들은 증명했었다.264) 성령은 그의 가르침의 사역에서 감탄할 만한 것이다. 왜 그런가 하면, 성경의 제일 되는 목적은 보이지 않는 영원한 것을 가르치는 것이지만, 어디에서나 자연적인 것과 기술적인 것의 관계를 드러내고 지혜로운 모든 사상과 행동을 위한 판단의 지침을 우리에게 제시해 준다. 하지만 모든 것에서 이교도의 철학 속에서는 거의 하나의 그림자도 찾아지지 않는다. 솔로몬의 아름다운 지혜는 그가 하나님의 계명을 가정, 학교, 궁궐에 적용했던 바로 거기에 있다고 한 신학자는 진실하게 기록하였다. 우리가 청소년에게 이교도의 책 대신에 하나님의 계명을 각인시켰으며, 각자의 삶의 형태에 대한 규범들을 규정했었다면, 솔로몬의, 즉 참된 하늘의 지혜가 우리에게 다시 돌아와야 되리라는 소망에, 왜 우리는 전념해서는 안 되었던가? 우리는 우리가 지혜롭게 되도록 할

---

263) Augustin, Epist. 137, §7 (Migne, Patrol. lat. 33, 524). Dort steht jedoch 'physica' statt 'philosophia'.

264) Comenius denkt hier vor allem an Alsteds "Triumphus Bibliorum sacrorum seu Encyclopaedia biblica, exibens triumphum philosophiae, jurisprudentiae et medicinae sacrae itemque sacrosanctae theologiae, quatenus illarum fundamenta ex Scriptura V. et N. T. colliguntur", Frankfurt 1625. Ähnlich aber auch Andreae im Theophilus.

수 있는 모든 것이, 우리가 소위 철학이라고 칭하는 저 표면적인 시민적 지혜의 영역에서 우리를 계명에 굳게 서 있도록 이와 같이 힘쓰기를 원한다. 물론 이스라엘 땅에 대장장이가 없기 때문에 그들이 보습과 삽, 도끼와 괭이를 갈아야 했을 때, 이스라엘의 후손들이 블레셋 사람들에게 내려가야만 하는 불행한 시대가 있었다(삼상 13:13, 20). 하지만 우리는 항상 이스라엘처럼 재원이 부족할 필요는 없는 것이 아니겠는가? 그 일은 적어도 다음과 같은 하나의 단점을 가진다. 블레셋이 거기서 이스라엘에게 호미를 주지만 어떤 상황에서 자신들에게 대항할지 모를 그에게 칼을 주지 않을 것이다. 이처럼 사람들은 이교도적인 철학으로부터 삼단논법과 미사여구의 표현법에 대한 일반적인 형식을 얻어 올 수 있을 것이다. 하지만 불신앙과 미신에 대항하여 싸우기 위한 칼과 창을 얻지는 못할 것이다. 오히려 블레셋이 망하고 이스라엘이 지배하며, 그의 곡물을 즐거워하는 다윗이나 솔로몬의 시대가 이르기를 소망하자.

19 Ⅲ. 그러나 문체 때문에 라틴어를 배우는 사람은 테렌츠(Terenz)와 플라우투스(Plautus)과 그와 같은 사람들의 책을 읽고 싶어 할 것이다. 그것에 대한 나의 대답은 이것이다. 우리는 우리의 아이들이 말하기를 배우기 위해서 술집, 요리집, 주막, 노래 부르는 집들과 그러한 류(類)의 사창가로 그들을 인도해야 하는가? 도대체 테렌츠, 플라우투스, 카툴, 오비드 등은 청소년들을 그러한 더러운 장소 외에 어디로 인도하는가? 그들은 단지 희롱, 향연, 퍼먹고 술 취하는 것, 불결한 정사, 사기, 더러운 행위, (즉 그리스도인들은 그러한 일들에서 귀를 돌리거나 보지도 듣지도 않아야 하는 것인데) 그 외에 무엇을 제시한단 말인가? 자연인

그대로도 완전히 타락된 상태에 있는 인간에게 모든 종류의 추악한 것을 그에게 가져다 보여주고, 불을 성냥과 풀무에 붙이며, 그를 그렇게 추악한 의도의 멸망으로 몰고 가는 그런 짓을 도대체 우리는 왜 생각한단 말인가? 그러나 사람들은 저자들의 글이 전부 나쁜 것이 아니라고 이의를 제기할 것이다. 그러나 나는 '악이 점점 쉽게 행해지고 청소년이 선이 악으로 혼합되는 곳으로 보내지는 것은 더 위험한 일'이라고 대답한다. 왜냐하면 어떤 사람을 죽이고자 원하는 사람은 이 사람에게 단지 독만을 주는 것이 아니고(또한 그럴 수도 없지만), 가장 좋은 음식과 음료에 그것을 혼합하여 주기 때문이다. 독은 그의 몸속에서 영향력을 행사하여 그것을 먹은 사람을 죽게 한다. 저런 역사가 오래되고 악한 적은 그의 악마적인 독으로 정신이 풍부한 장난기 넘치는 시와 말을 통해 그토록 달콤하게 유혹한다. 우리는 그들의 계교를 알고 그들 손에 있는 마약을 쳐부숴야 하는 것이 아닌가? 어떤 이는 이렇게 반대할 것이다. "모두를 부정한 것은 아니다. 키케로(Cicero), 페어길(Vergil), 호라츠(Horaz)와 기타 몇 사람은 도덕적이고 진지하다." 그러나 나의 대답은, 하지만 그들은 눈먼 이교도들이고 독자의 정신을 참된 하나님에게서 빼앗아 이방신들과 여신들에게, 그들이 만들어낸 신성(쥬피터, 금성, 수성, 비너스, 행운의 여신 등)들에게로 행하게 한다. 하나님은 그의 백성에게 말씀하셨다. "다른 신들의 이름은 부르지도 말며 네 입에서 들리게도 말지니라"(출 23:13). 그들의 저서 속에는 미신과 잘못된 사고(思考), 서로 혼돈 속에서 상쟁(相爭)하는 세속적인 욕망들이 얼마나 가득 차 있는가! 그들은 그리스도의 의지가 아닌 다른 정신으로 학생들을 가득 채우게 한다. 그리스도는 우리를 세상 밖으로 불러내고 그들은 우리를 세상 안으로 들여보낸다. 그리스도는 자기 부정을 가르치고, 이교도들은 자기애를 가르친다. 그리스도는 인류애로, 그들은 교만에 빠지게 한다. 그리스도는 온유를 구하고 그들은 야성을 찾는다. 그리스도는 비둘기같이 온순하라고 가르치지만, 그들은 논쟁을 화려한 기술로 이끌어 가는 법을 가르친다. 그리스도는 겸손을, 그들은 조롱을 퍼뜨린다. 그리스도는 신자를 사랑하고 그들은 의심하고 반박하고 고집스럽다. 사도의 말로 결론을 지으면, "믿는 자와 믿지 않는 자가 어찌 상관하며 하나님의 성전과 우상이 어찌 일치가 되리요"(고후 6:14-16). 에라스무스(Erasmus)는 그의 비유에서 바르게 말하였다. "벌들은 시든 꽃에서는 떠난다. 썩은 원칙들이 나타나는 책은 가능한 적게 만지게 해야 한다."[265] 그는 계속해서, "크로버 풀밭에 앉는 것이 가장 안전하다. 왜냐하면 그곳에는 뱀이 숨어 있을 수 없기 때문이다. 그래서 사람은 어떠한 독을 두려워하지 않도록 아무런 독을 품지 않는 책들만을 읽어야 하는 것이다."[266]

20 이들 이교도 저자들이 가지고 있는 매력 중에 어떤 것을 우리 성경 기자들 속에서 찾을 수 없다는 것인가? 그들만이 정말 우아한 언어에 대하여 이해하는가? 가장 완전했던 언어 예술가는 그것을 스스로 만들었던 분이다. 즉 그는 하나님의 영이신데, 그 영의 말씀들을 그 영의 거룩한 자들이(설교자들) 꿀 송이보다 더 달고, 두 날 가진 칼보다 더 예리하고, 철을 녹이는 불보다 강하고, 바위를 깨뜨리는 망치보다 더 무겁다는 것을 경험하고 전파한

---

265) Erasmus, Parabolae sive similia, Abs. Ex Aristotele, Plinio, Theophraste, Clericus I, 606c.
266) Ebda. I, 615 f.

다. 놀라운 사건을 이야기 해주는 것은 이교도 저자들뿐인가? 우
리의 성경은 완전히 진실하고 놀라운 일로 가득한 이야기들에 관
한 것이다. 이교도 저자들만이 전희적인 표현들, 금언들, 암시들,
풍자들, 수수께끼, 경구들로 미사여구를 쓸 수 있는가? 모든 것이
우리의 성경 작가에게서 가장 멋있게 완성되어 나타난다. 다메섹,
아바나와 바르발의 강들은 요르단과 이스라엘 모든 강물보다 낫다
고(왕하 5:12) 생각하는 공상은 문둥병을 앓고 있는 공상이다. 오
림프, 헬리콘, 파나수 산이 시나이, 시온, 헤르몬, 탈보르와 감람산
보다 더 아름답게 보이는 눈은 장님이다. 다윗의 수금소리보다 오
르페우스, 호머, 베르길(Vergil)의 소리가 더 아름답게 들리는 귀는
듣지 못하는 귀이다. 넥타(Nektar)와 암브로시아(Ambrosia) 그리
고 카스탈리(Kastalien)의 샘들이 진실한 하늘의 만나와 이스라엘
의 샘(원천)보다 더 맛있어 하는 입은 멸망 받을 입이다. 그리스도
구세주, 만군의 주인이신,[267] 여호와의 경배 받을 만한 이름과 성
령의 다양한 은사보다 남신들과 여신들, 예술의 신과 우아함을 상
징하는 로마의 세 여신이 더 많은 희열을 제공한다고 하는 마음을
돌이켜라. 낙원의 동산보다 극락의 들녘으로 가고자 하는 마음은
눈 먼 소망이다. 왜냐하면 그곳에는 모든 것이 우화와 진실의 그림
자이지만, 우리에게 있는 모든 것은 사실이고 진실 그 자체이기 때
문이다.[268]

21 이교의 저자들에게도 우리가 배울 만한 우아한 표현법과

---

267) 'exercitum' wohl Druckfehler für 'exercitum' (andernfalls
verständlich wie Hultgren vorschlägt: nomen exercitum = der viel
gerufene Name).

268) Dieser Absatz ist eng angelehnt an Andreas Theophilus, dial. III, S.
89f.

도덕적 원칙, 그리고 잠언들이 있다고 가정하자. 하지만 우리는 그러한 것들 때문에 자녀들을 그곳으로 보내야 하는가? 우리는 애굽인에게서 취할 것은 취하고, 의복을 구하여야 하지 않겠는가?[269] 하나님께서 그렇게 말씀하신 것이 아닌가?(출 3:22). 이교도의 소유물을 교회가 취하는 것은 법적으로 마땅하기 때문이다. 그러나 우리가 그것을 뺏는 것이 당연한가? 나의 대답은 이것이다. 이스라엘이 이방 땅을 정복하기 위해 므낫세 지파와 에브라임 지파가 나갔을 때, 그들은(남자들만) 무장하였고 아이들과 전쟁에 불필요한 자들은 집에 안전하게 남겨놓았다(수 1:14). 마찬가지로 우리도 그렇게 하고자 한다. 우리 남자들, 즉 교육, 판단, 기독교적 경건 훈련을 충분히 받은 자들은, 이교도의 저자들이 무장을 해제하도록 하는 과업을 떠맡아야 한다. 우리는 청소년들을 그러한 위험에서 방치해 두지 말아야 한다. 저런 사람들이 우리의 젊은이들을 내려치고 상하게 하고 포로로 잡아간다면 어떻게 될 것인가? 아! 우리는 그리스도에게서 나와서 이교도의 철학으로 빠지고 무신론에 빠진 수많은 서글픈 예들을 가지고 있지 않는가? 가장 안전한 계획은 하나님에 의해 모든 금과 은, 그리고 값진 물건들을 취할 뿐만 아니라 하나님의 상속자들인 우리 청소년들에게 분배해 줄 수 있도록 무장한 자를 보내는 것이다. 오, 하나님은 모든 아름다운 꽃들을 저 외진 광야에서 모으고, 더 이상 우리의 집에서 부족함이 없도록 기쁨으로 기독교 철학의 정원에다 심어줄 용사다운 전사들을 일깨우기를 원하신다.

---

269) Diese Interpretation von 2. Mose 3, 22, die sich in der Literatur oft findet, geht wohl auf Augustinus De doctrina christ. II, 40 (60) (Migne, Patrol. lat. 34, 63) zurück.

22 마지막으로 이방인 중에 묵인할 수 있는 사람이 있다면, 그들은 세네카, 에픽테투스, 플라톤, 기타 유사한 덕성과 정직성을 갖춘 교사들일 것이다. 그들에게서는 비교적 적은 오류와 미신이 발견될 수 있는 자들이다. 이것이 기독교 청소년이 성경 자체로 교육되어야 한다고 충고한 위대한 에라스무스의 견해였다. 그는 덧붙여 말하기를, "사람이 세상적인 책에서 소일(消日)하기 원한다면, 성경에 가장 가까운 책들270)을 읽으며 시간을 보내게 하는 것이 좋을 것이다." 그러나 청소년이 기독교 신앙이 견고하게 확립된 후에, 비로소 이런 것들이 그들에게 주어지는 것이 좋을 것이다. 하나님은 이방 여인의 머리를 밀고 손톱을 베고 난 후 그들과 결혼하는 것을 허용하셨다(신 21:12). 이것은 다음과 같은 것을 뜻한다. 우리가 기독교인에게 세상적인 책들을 무조건 금지하는 것이 아니다. 왜냐하면 우리는 그리스도로 무장한 자는 뱀을 집으며 무슨 독을 마실지라도 해를 받지 않으리라(막 16:18)는 것을 알기 때문이다. 하지만 우리는 적절하게 조심하고 아직 약한 믿음 가운데 있는 하나님의 초신자를 뱀에게 던지기를 원하지 않고, 그런 독을 마시는 기회를 주는 것은 분별없는 처사라고 할 수 있다. 그리스도의 영이 말씀하셨다. 하나님의 갓난아이들을 하나님의 말씀의 신령한 젖으로 양육해야 한다(벧전 2:2; 딤후 3:15).

23 VI. 그리스도에 대항하여 사탄의 사건을 깊은 생각 없이 읽는 사람들은 성경이 청소년에게 이해하기가 너무 어렵다고 주장한다. 그래서 그들이 이해할 수 있을 때까지 다른 책을 주어야 한

---

270) Ratio seu methodus (s. Kap. 24, Anm. 13). Holborn S. 190 (Clericus V, 82).

다고 한다. 하지만 그것은 내가 세 가지로 증명해 보이겠지만 이것은 성경도 모르고 하나님의 능력도 모르는 잘못된 사람들이 하는 말이다. 첫째로 옛적에 잘 알려진 음악가 디모데우스(Timotheus)의 이야기가 있다. 그는 새로운 학생에게 항상 그가 다른 선생에게 배웠는지를 물었다. 그들이 배우지 않았다고 하면 그는 정상적인 수업료를 요구했고 만일 배웠다고 하면 두 배의 수업료를 요구했다. 왜냐하면 두 배의 수고가 필요하기 때문이었다. 먼저 잘못 배운 것을 버리게 하고, 그런 후에야 본 수업으로 들어갈 수 있었기 때문이다.271) 우리는 전 인류를 위해 계시된 교사와 전문가이신 예수 그리스도 외에 다른 분을 찾을 수 없다(마 17:5; 23:8). 그분은 말씀하시기를, "어린 아이들이 내게 오는 것을 용납하고 금하지 말라"(막 10:14). 우리가 그의 뜻을 거슬러 어떤 다른 곳으로 인도할 수 있겠는가? 혹은 우리가 그리스도의 교육이 너무 가볍고, 너무 쉬울까 두려워하는 것이 아닌가? 그래서 우리가 그들을 이리저리 다른 교사(校舍), 즉 선술집, 식당, 노래방으로 데리고 다닐 필요가 있겠는가? 우리가 그들을 부패하게 한 다음 그들을 다시 그리스도께로 데려가서 변화시켜 주시기를 바라자는 말인가? 이것은 가련하고 순진한 어린이들에게 너무나 무섭고 불행한 제안이 아닐 수 없다. 그렇게 할 경우, 그들은 어린 시절에 배웠던 것을 다시 배우도록 전 생애를 노력해야 하는가? 아니면 그들은 그리스도에게 완전히 버림당하고 사탄의 손에 넘겨주어야 하는 것인가? 몰록(Moloch)에게 바쳐진 것은 하나님에게 가증스러운 것이 아닌가? 그것은 끔찍스러운 일이지만 사실이다. 나는 하나님의 자비로우심에 간청한다. 기독교 위정자들과 교회 감독들이 그리스도 안에 태어났고 세례를 통해 그에게 봉헌된 청소년들이 다시

271) S. o. Kap. 21, Anm. 8.

몰록에게 바쳐지지 않도록 신중하게 보살펴야 하는 것이다.

　24 성경을 어린이들이 이해하기에 너무 어렵다고 하는 주장은 전적으로 잘못이다. 하나님은 그의 말씀을 우리의 정신에 맞도록 만드시지 않았을까?(신 31:11-13) 다윗은 하나님의 계명은 어린아이에게(단어 '어린아이'에 주의) 지혜를 준다고 고백하지 않았는가?(시 19:7) 베드로는 하나님의 말씀은 새로 태어난 아이들의 젖이요 그들을 자라고 성장하게 하는 것이라고 말하지 않았는가?(벧전 2:2) 보라! 달콤하고 부드럽고 가장 좋은 하나님의 우유, 새로 태어난 아이들에게 젖은 하나님의 말씀이다! 어떻게 우리가 하나님에게 반역할 수 있는가! 이교도의 학문은 오히려 치아를 부수는 단단한 음식이다. 그래서 다윗을 통하여 성령은 어린이를 학교로 인도한다. "너희 자녀들아 와서 내 말을 들으라 내가 여호와를 경외하는 법을 너희에게 가르치리로다"(시 34:11).

　25　무엇보다(우리가 인정하지만) 성경에는 그레고리우스가 섬세하게 말한 것처럼,272) 코끼리가 밑바닥에 빠져 죽고 양들이 쉽게 헤엄치는 그러한 깊음이 있다. 이 말은 그가 성경을 건방지게 비판하려고 덤벼드는 이 세상의 현자들과 하나님의 말씀을 겸손하고 박식한 감각으로 접근하는 그리스도의 자녀들과의 차이를 보여주기 위해서이다. 왜 어려운 내용부터 시작할 필요가 있는가? 단계별로 앞으로 나아갈 수 있다. 먼저 우리는 신앙요리문답의 강을 따라 나아가고, 그리고 나서 얕은 개울에 관한 거룩한 이야기와 잠언 등 쉽게 이해할 수 있는 것을 가르치고, 다음의

---

272) Moralium libri (Migne, Patrol. lat. 75, 515). Comenius schreibt den Vergleich wohl irrtümlich Augustin zu.

단계로 나아가 좀 더 어려운 것을 배움으로써 건널 수 있다. 마지막으로 그들은 믿음의 비밀들을 소개해 준다. 그런 것들이 아이들에게 성경에서 가르쳐진다면 그들은 세상적인 썩어짐에서 더 잘 보존되고, 예수 그리스도에 대한 믿음으로 말미암아 구원으로 인도될 수 있을 것이다(딤후 3:15). 왜냐하면 사람이 하나님께 자기 자신을 드리고 그리스도에게 무릎 꿇고 앉아 위로부터 내려오는 지혜에 귀를 기울이는 자에게 분명 은혜의 영이 내려온다. 이로써 그 심령 속에 참 인식의 빛을 비추고 구원의 길을 보여준다.

26 나는 성경 대신에 기독교 청소년에게 제시되는 저자(테렌즈, 키케로, 버길 등)은 그들이 성경에 대해 비판하는 바로 그 결함을 가지고 있다는 것을 간단히 말하고 지나가겠다. 왜냐하면 그것들은 아이들을 위해 쓰여진 것이 아니고, 공개적인 포럼에서 논쟁할 수 있는 성숙한 판단력을 가진 성인을 위해 쓰여졌기 때문에 그것들은 그 외의 사람에게는 아무에게도 쓸모가 없다는 사실은 분명하다. 성인의 과제를 할 수 있는 성인은 분명 A에서 Z를 배우는 아이들보다 키케로의 작품으로 더 많은 이익을 얻는다. 그런데 왜 그런 학문을 배우는 것을 그들에게 유익하게 이용할 수 있을 때까지 지연시키지 않는가? 우리가 이미 말한 기독교 학교는 이 세상의 시민이 아니라 하늘의 시민으로서 교육되어야 한다. 그래서 그들에게 땅의 것보다 하늘의 것을, 세상적인 것보다 거룩한 것을 알고 있는 교사들이 필요하다는 점을 강조되어야 한다.

27 이에 대해 우리는 천사의 말과 더불어 끝을 맺고자 한다. "가장 높은 도시가 나타나기 시작하는 곳에는 인간의 어떤 건물도 설 수 없다"(4. Esdr. 10:54). 하나님은 우리가 의(義)의 나무이며

여호와께서 심으시고 그분께 영광을 돌리기 원하시기 때문이다(사 61:3). 그래서 우리 자녀는 아리스토텔레스, 플라톤, 플라우투스, 키케로가 심은 나무가 되어서는 안 된다. 다른 경우는 이미 심판을 받았다. "심은 것마다 내 하늘 아버지께서 심으시지 않은 것은 뽑힐 것이니"(마 15:13). 만일 네가 수다를 떠는 것과 하나님 아는 것을 대적하여 자기를 높이기를 중단하지 않으면 두려워 떨게 될 것이다(고후 10:5).

제26장 학교 훈육(訓育)에 관하여

훈육은 학교를 위하여 필요하다(1). 거기서 세 가지가 주목된다(2): Ⅰ. 훈육의 목적(3). Ⅱ. 훈육이 적용되어야 하는 영역: 연구의 영역에서는 아니다(4) – 어떻게 사람들이 공부에 자극을 줄 수 있는가?(5) – 도덕성의 영역에서이다(6). 이유 제시(7). Ⅲ. 태양의 가르침에 따른 훈육의 형태(8). 이러한 가르침의 적용(9). 요약(10). 두 가지 비유(11/12). 루비누스의 판단(13).

1 보헤미아의 격언 가운데 이런 것이 있다. "훈육이 없는 학교는 물이 없는 물레방아와 같은 것이다." 말하자면, 물레방아에서 물을 거두어버리면, 그것은 정지해 버린다. 이와 같이 학교에서 훈육을 없애 버리면, 모든 것은 힘을 잃어버린다. 잡초가 제거되지 않은 밭에 씨를 뿌리면 해가 되는 잡초만 자란다. 나무도 잘라주지 않으면 쓸모없는 야생나무가 되고 열매를 맺을 수 없게 된다. 이것은 학교는 고함 소리와 매질로 다스려져야 함을 의미하는 것이 아니라, 교사와 학생 모두에게 있어서 경각심과 주의를 요한다는 말이다. 학생을 학생답게 되도록 하는 하나의 결정적인 방식으로서 훈육 외에 무엇이 있단 말인가?

2 청소년의 교육자는 왜, 언제, 어떻게 올바른 규정의 엄격함을 체계적으로 적용해야만 하는지를 알고, 훈육(訓育)의 목적, 영역, 형태를 알면 좋을 것이다.

3 우선 부당하게 행하는 사람들에 대하여 훈육이 이루어져야 한다는 것은 확실하다. 하지만 한 사람이 잘못해서가 아니라 (왜냐하면 이미 저지른 일은 회복될 수 없기 때문에), 그가 앞으로 다시 잘못을 반복하지 않게 하기 위함이다. 훈육은 격한 감정과 화냄이나 미워함이 없이 솔직함과 순수한 마음으로 적용하는 것이 좋다. 견책을 받은 자는 벌이 자신을 위한 것임을 느끼게 하고 아버지와 같은 사랑에 기인하며 그 때문에 그가 그 벌을 의사에 의해 조제된 쓴 약과 같이 느끼게 될 것이다.

4 더 엄격한 훈육은 학습이나 학문 때문이 아니라, 도덕성 때문에 적용되는 것이다. 학과학습이 바르게 구성되고(우리가 벌써 보여주었던 것처럼), 마음에 자극을 주며, 달콤한 자극을 통하여 모든 학생을(장애자를 제외하고) 그 내면적 즐거움 때문에 즐겁게 학습하도록 만들 수 있다. 만일 그렇게 되지 않는다면 그것은 학습자들의 잘못이 아니라 교사에게 책임이 있는 것이다. 만일 교사의 기술로 학생을 이해시킬 수 없다면, 매질을 가지고서는 더 안 될 것이다. 그러한 채찍과 매는 학문에 대한 아이들의 마음에 사랑을 불어넣는 힘을 갖는 것이 아니라, 그들 속에 반감과 반발만을 심어주는 일이 될 것이다. 사람들은 아이들의 마음이 공부를 싫어하고 병들어 있는 것을 발견할 때, 고통을 통하여 나쁘게 되는 것보다, 규칙화된 생활 방법과 부드러운 방법을 통하여 더 많이 치유되어야 한다. 하늘의 태양은 우리를 그러한 영리한 행동 양식으로 교훈을 준다. 태양은 봄에 새롭고 섬세한 어린 식물을 불타게 하지 않으며, 위협하지 않으며, 그 식물들을 태양의 열기로 처음부터 그을리게 하는 것이 아니다. 오히려 그것들이 다 자라서 열매와 씨를 맺게 하며, 그들의 모든 힘을 느끼게 될 때 천천

히 그리고 의식하지 못하게 그것을 감싸고 촉진시키며 강화시키게 한다. 나무의 정원사는 이와 유사하게 솜씨 있게 진행시킨다. 그는 어리고 연한 나뭇가지를 완전히 부드럽고 섬세하게 다룬다. 아직 상처를 견딜 수 없는 나무들에게는 그 어떤 톱이나 정원용 가위를 대지 않는다. 음악가도 마찬가지로 악기들의 음이 맞지 않으면 그의 하프나 수금의 현을 힘으로 다루는 것이 아니고, 그것을 벽에 걸어 놓고 음이 맞을 때까지 천천히 기술에 맞게 조율하는 것이다. 우리가 게으름과 고집 부림과 완만함으로 둔한 자들을 만들기를 원치 않는다면, 다시금 같은 비중으로 학습에 열중하기를 원하는 마음으로 나타나야만 한다.

5 자극하고 격려하는 것이 꼭 필요하다면, 그것은 매질하는 것보다 다른 방법으로 더 잘 이루어지게 할 수 있을 것이다. 때때로 거친 말과 공개적인 꾸지람을 통하여, 또는 다른 사람을 칭찬하는 일을 통해서이다. "이 사람이나 저 사람이 어떻게 파악하는지를 보라!" "그가 모든 것을 가장 정확하게 이해했구나!" "그런데 너는 게으르게 거기 앉자 있구나!" 때로는 느린 학생에게 웃으면서, "너는 참 단순하구나!", "너는 그렇게 단순한 것도 파악하지 못하니?" "너는 생각하면서 산보하러 가느냐?" 우리가 다른 곳에서 언급했던 것처럼 성적을 알아보기를 위해 주간, 또는 월간에 경쟁시험을 볼 수 있다.273) 사람들은 이것이 단지 순수한 놀이와 농담이 아니고 그래서 효력을 잃지 않도록 유의해야 한다. 이런 것이 학생을 근면하게 만드는 데 자극이 되기 위해서는 학생들이 칭찬을 원하고 책망이나 성적이 떨어지는 것을 싫어하는 마음이

---

273) Didactica dissertatio §230(ODO I, 279) und § 284 (ODO I, 390)? Dort ist nur von Monatlichem Wettkampf die Rede.

없어지지 않도록 해야 한다. 그래서 교사가 같이 있어야 하고 나쁜 성적이 없도록 격려해야 하고, 게으른 자는 꾸지람을 받고 창피를 주고, 이에 반해 열심히 노력한 자들은 공개적으로 칭찬을 하는 것이 중요하다.

6 덕성을 위반하는 사람들에 대한 훈육은 더 엄격하고 강하게 시도되어야 한다. 첫째로 어떤 파렴치한 경우가 있을 경우, 즉 조롱과 하나님에 대한 모독, 그리고 하나님의 계명에 대한 공개적인 반항을 할 때, 둘째로 고집스럽고 의도적인 무례함, 즉 교사나 입법자의 규칙을 경시하고 그가 무엇을 행해야 하는지를 앎에도 불구하고 의도적으로 그것을 하지 않는 경우이다. 셋째로 자만심과 교만 때문에 또는 질투심과 태만 때문에 동료가 그에게 도와달라고 하는 것을 거절하는 경우이다.

7 첫 번째의 경우는 하나님의 위엄을 해치고, 두 번째의 경우는 모든 덕성, 겸손과 순종을 파괴한다. 세 번째의 경우는 학습에 있어서 빠른 진보를 막고 지연시킨다. 하나님에 대항하는 모든 것은 가장 엄한 훈육을 통해 속죄되어야 하는 수치스런 행위이다. 이웃에 대항하고 자기 자신을 해치는 것은 엄하게 시정되어야 하는 불의한 행동이다. 프리스키안(Priscian)[274] 사람의 금기를 깨는 것은 비난의 수세미로 씻어 낼 수 있는 간단한 오점이다. 한마디로 말해서 훈육의 목적은 하나님의 경외, 이웃에 대한 섬김, 일과 생의 과제에 대한 기쁨과 모든 일에서 깨우치고 영속적이고 실제적인 연습을 통하여 강화되도록 하는 것이다.

---

274) S. o. Kap. 24, Anm. 19; ähnlich J. V. Andreae, Theophilus, S. 136.

8 훈육의 가장 좋은 형식은 하늘의 태양이 보여준다. 태양은 성장하는 생물체에게 항상 **❶** 빛과 열, **❷** 종종 비와 바람, **❸** 번개와 우뢰이다. 그것들은 가끔 필요한 것이기 때문이다.

9 학교의 교사가 이런 방법을 모방한다면 청소년이 그들의 의무를 지키도록 노력하게 될 것이다.

❶ 안내되어야 할 모든 것에 계속적인 모범이 제시되어야 하는데, 이 모범은 실제의 예로 제시되어야 한다. 그렇지 않을 때에, 모든 수고는 허사가 되고 만다.

❷ 교사는 가르침과 경고, 때때로 책망을 사용할 수 있다. 그러나 그 동기를 항상 분명히 해야 하며, 그의 행동이 부모와 같은 애정에서 나오는 것임을 분명히 보여주고, 학생의 인격을 파괴하려는 것이 아니라 세워주기 위한 것임을 깨닫게 하도록 조심하여야 한다. 학생이 그러한 심정을 바르게 인식하지 못하고 실제로 그것에 관해 확신하지 않을 때, 그는 훈육에 대하여 거부하는 태도를 취하며, 그의 마음은 냉담해진다.

❸ 끝으로, 만일 어떤 학생이 불행하게도 부드러운 방법으로 아무 영향도 받지 않은 상태에 있다면, 결국 더 강압적인 치유법으로 넘어가야 한다. 이와 같은 모든 방법을 시도해 보기 전에 그 학생을 고쳐줄 희망을 포기해서는 안 된다. 아마도 다음의 속담은 몇 가지에서 오늘날도 아직 효력을 지닌다. "프리지아인의 근성은 오직 때리는 것으로 고쳐졌다."[275)는 것이다. 그것이 견책을 받은 사람에게 아무런 도움을 주지 못해도 최소한 다른 사람들은 징벌을 두려워하게 될 것이다. 사람들은 임의적이고 사소한

275) Cicero, pro Flacco 27, 65; Erasmus, Adagia, chil. I, cent. VIII, 36 (Clericus II, 311).

원인 때문에[276] 이러한 가장 극단적인 수단을 사용하거나, 심각한 경우들이 생기기 전에 가장 극단적인 벌을 남용하지 않도록 해야 한다.

10 본 장에서 언급된 것과 아직도 말할 것이 남아 있는 것은 다음과 같다. 우리는 훈육을 통하여 하나님과 교회를 위해 양육하는 자들 안에서 하나님이 그리스도의 학교에 위임한 그의 자녀들에게 요구하는 것에서 닮게 되는 그러한 감각들의 균형이 형성되기를 원한다. 그렇게 됨으로 그들은 떨며 즐거워해야 하며(시 2:11) 두렵고 떨림으로 너희 구원을 이루고(빌 2:12) 주 안에서 항상 기뻐(빌 4:4)해야 한다. 그것은 그들이 교육자를 사랑해야 하고 존경할 수 있고, 그들이 바르게 인도되어 가고, 단지 인내로 이끄는 것이 아니라 스스로 목표에 따라 열심히 노력하는 것을 뜻한다. 그러한 감각의 균형은 우리가 벌써 서술했던 것보다 달리 이루어질 수 있는 것은 아니다. 즉 좋은 모범과 부드러운 말과 지속적이며 가시적인 그리고 올바른 애착심을 통해서이다. 다만 격렬한 번개와 천둥은 특별한 경우에 발생해도 좋으며, 그런 후 엄격함은 항상 사랑으로 이루어져야 한다는 대전제와 함께 말이다.

11 한 예로 설명하면 대장장이가 단순히 망치만을 가지고 훌륭한 작품을 만든다고 생각하는가? 결코 아니다! 그러한 것은 망치질보다 주조(鑄造)에 의하여 더 잘 이루어지는 것이다. 필요 없는 것이나 쓸모없는 것이 거기에 붙어 있으면 영리한 수공업자는 망치로 강하게 때리지 않고 작은 망치로 부드럽게 쳐나간다. 사

---

276) ‘minis’ (minimis) im Text offenbar fehlerhaft; richtig wohl: ‘minima’.

포로 닦고 집게로 빼낸다. 그가 모든 것을 조심스럽게 하고 연마하고 폴리를 입힌다. 우리가 하나의 작은 하나님의 형상인 이성적 피조물을 비이성적인 격렬한 태도로 다룰 수 있을 것으로 생각하는가?

12 큰 그물로 깊은 바다에서 고기를 잡기 원하는 어부는 그것을 가라앉히고 바닥에 닿도록 그물에 납을 달 뿐만 아니라 다른 면을 물 표면에 떠 있도록 동시에 코르크를 매단다. 청소년에게 덕성을 가르치는 사람은 한편으로 그들을 엄격함과 훈육을 통해 겸손하고 복종하도록 해야 하고, 다른 한편으로 그들을 친절하게 사랑과 기쁨으로 고양해야 한다. 그러한 두 가지 방법을 다룰 수 있는 사람은 복이 있다. 그러한 인도자를 만나는 청소년은 복이 있는 것이다.

13 저명한 신학박사이며 매우 박식한 사람, 아일하드 루비누스(Eilhard Lubinus)의 판단이 여기에 적합하다. 그는 그것을 학교의 개선에 대한 그의 한 논의에서 언급하였다. 이것은 그가 희랍어 - 라틴어 - 독일어 판 신약성서 서문에 들어 있다. "요점은 이것이다. 모든 것은 청소년에게 강요되어서는 안 된다. 그것들이 반발적이고 강요된 것이 아니고 가능한 자유롭고 재미있게 실시되어야 한다. 그래서 나의 견해에 의하면 매와 주먹은 자유인에게 맞지 않는 노예 도구이며 학교에서 더 이상 필요하지 않다. 이러한 도구들은 학교에서는 비정상적이고 노예근성의 성격을 가진 어린이들에게만 적용해 볼 일이지, 보통 때에는 절대로 사용하면 아니 될 것이다. 그런 어린이들은 쉽게 발견될 수 있으며, 즉시 학교에서 제적시켜야 한다. 성격의 나태함 때문이기도 하지만 그런

성격에는 대체로 부패행위가 같이 따라오기 때문이다. 그들에게
지식과 기술이 주어지면 이러한 것들을 악한 목적으로 사용하는
무기가 되고, 그것은 마치 미친 사람의 손에서 자신과 다른 사람
을 죽이는 칼이 된다. 그러나 자유롭고 질이 높은 아이들에게 적
용하는 적합한 다른 처벌들이 있으니, 그런 아이들에게는 그런
벌을 사용하는 것이 좋다."277)

---

277) Im zit. Werk (s.o. Gruß an den Leser Anm. 5) S. 16/17 (c und c2) ;
    er schlägt dort Eherenstrafen vor.

제27장 나이와 성장에 따른 네 단계의 학교

빛의 자녀들은 세상 아이들의 영리함을 표본으로 삼아야 한다(1). 한 인간의 완전한 성숙에 전체 청소년 기간은 24년의 세월을 필요로 한다(2). 네 가지 종류의 학교(3). 일의 과제는 질료에 의해서가 아니라 형태에 따라 구별된다(4). 학교의 차이는 Ⅰ. 전문 교육의 방식과(5), Ⅱ. 연습된 능력에 달려 있다(6). 단계별 과정의 근거(7), Ⅲ. 전문 교육에 맞는 직업 목표(8). 이 네 학교는 사계절(9)과 나무의 네 가지의 성장 단계에 일치한다(10).

1 수공업의 장인들은 견습공에게 먼저 수공업을 배우게 되는 한정된 시간(기술의 세련미와 다양성에 따라 2년, 3년 내지 7년)을 결정한다. 모든 사람은 기술에 속한 모든 것을 배우고 견습공에서 십장(什長)과 전문가로 자라가야 한다. 동일한 방법으로 학교 규칙을 세워야 하고 기술과 학문, 언어에 맞는 연구 기간을 설정해야 한다. 그래서 몇 년 내에 학식 있는 교양의 전체 지식을 끝마치고, 사람 만드는 곳, 즉 학교에서 참된 가르침을 받고 도덕적이고 경건한 사람들로 배출되는 것이다.

2 이러한 목표에 이르게 하기 위해 우리는 정신의 훈련에 유아기에서 성인의 나이에까지 청소년기의 전부를 필요로 한다(여기서는 하나의 기술뿐 아니라 모든 학문과 몇 가지 언어와 관련된 중세기 7과목 전체를 가르쳐야 하기 때문이다). 그것은 본성에 따라 스스로 나타난, 네 가지 시기로 나누어지는 총 24년간을 말한

다. 경험에 의하면 인간의 신체는 25세까지는 자라난다. 더 이상은 아니다. 그 후에 몸은 단지 힘을 북돋우는 일이 있을 뿐이다. 이러한 느린 성장은(야생 동물 중에 더 큰 동물들은 몇 달 만에 또는 일이 년 내에 완전히 자란다) 인간이 인생의 할 일을 준비하는데 더 많은 시간을 주기 위해서 하나님의 섭리에 의해서 인간의 본성에 적절하게 주어진 것이다.

3 우리는 이러한 성장의 기간을 네 단계로 나누고자 한다. 유아 시절, 소년 시절, 청소년 시절, 성년 초기 시절이다. 그리고 각 단계는 6년의 기간이며, 각각 특별한 학교로 지정하고자 한다.

Ⅰ. 유아 시절의 학교는 어머니의 품안이며,
Ⅱ. 소년 시절의 학교는 초등학교, 또는 공적인 모국어학교
Ⅲ. 청소년 시절의 학교는 라틴어학교 또는 인문학교
Ⅵ. 성년 초기의 학교는 대학과 여행이다.

어머니의 학교는 각자의 가정에서, 초등학교는 각 공동체와 마을에서, 그리고 인문 학교는 각 도시에, 대학은 각 국가나, 또는 더 큰 지역에 있도록 한다.

4 이러한 학교들은 구별되지만 그것들 안에 여러 가지가 다루어지는 것이 아니라 상이한 방법으로 동일한 것이 다루어져야 한다. 그것은 인간을 참된 인간으로, 기독교인을 참된 기독교인으로, 박식한 자를 참된 학식을 가진 자로 육성되도록 하기 위하여 삶의 연령과 준비의 과정의 단계에 따라 이루어질 수 있는 모든 것을 뜻한다. 왜냐하면 전문 영역이 이러한 자연적 방식의 법칙에 따라

분산되어서는 안 되고 모든 것이 동시에 가르쳐야 하기 때문이다. 자연적 방법의 법칙에 따라서 한 나무의 여러 부분이 그 성장하는 모든 단계에서 함께 증가해 가는 것과 마찬가지로 학문의 여러 부문이 분리되면 안 될 것이다.

5 하지만 학교들은 세 가지 점에서 구별된다. 첫째로 처음 시작하는 학교에서는 모든 것이 일반적이고 대략적으로 학습되고, 다음의 학교에서 더 전문적이고 정확하게 학습된다. 마치 한 나무가 해마다 새로운 뿌리와 가지를 뻗고 나무가 단단해질수록 더 많은 열매를 맺는 것과 같다.

6 둘째로 어머니학교에서는 외적인 감각들이 주로 훈련되어진다. 이로써 그들을 둘러싸고 있는 대상들을 바로 보고 구별하게 된다.

초등학교(모국어학교)에서는 그들의 주된 기관인 손과 혀와 함께 내적인 감각, 상상력, 그리고 암기력을 연습한다. 더욱이 읽기, 쓰기, 그리기, 노래하기, 셈하기, 저울질하기, 측량하기, 그리고 여러 가지 종류의 암기를 통해 훈련될 수 있다.

인문학교(라틴어학교)에서는 감각을 통해 받아들여진 사물과 이해력과 판단이 변증학과 문법과 수사학 그리고 기타 인과관계의 원칙을 기초로 하는 다른 과학과 기술들을 통해 형성되어야 한다.[278]

마지막으로 대학은 의지의 영역에 속하는 모든 것을 교육하게 될 것이다. 어떻게 조화를 유지하며 특수한 관계를 가지는 교과들,

---

278) D. h. durch Mitteilung der Fakten und durch Hinführung zur Erkenntnis der ursächlichen Zusammenhänge.

학문분야들을 다룬다. 신학의 관심은 영혼의 조화이며, 철학의 관심은 정신의 조화에 있으며, 의학의 관심은 신체의 생명 기능의 조화이고, 법학의 관심은 외적인 재화들의 조화를 회복시켜준다.

7 우리의 정신능력은 다음의 방법으로 가장 잘 발달된다. 사물들은 그것들이 직접 접촉하게 되는 외적 감각들에 의해 받아들여지게 된다. 그런 후에 이로 인해 자극된 내적 감각은 외적인 인지를 통해 각인된 상(像)들을 내적으로 기억하고, 또 외적으로 손과 말로 다시 표현하고 설명하는 것을 배우게 된다. 이러한 준비에 따라 이해력이 증가해져 모든 것을 정확히 관찰한 후 서로 비교하고 모든 사물들의 원인을 완전히 알려고 주의를 기울인다. 거기서 그것들에 관한 참 이해력과 판단력이 형성하게 될 것이다. 의지(사람의 중심이고 그의 모든 행위의 인도자인)는 모든 것에 대한 그의 지배력을 잘 사용하도록 습성화되어야 한다. 사물들의 이해력에 앞서 의지를 교육하고자 하는 것(상상력 전에 인식을, 감각의 인지 앞에 상상력을)은 허사가 된다. 어린이에게 논리학, 시학, 수사학, 윤리를 가르치려는 자들은 바로 이런 잘못을 행하고 있는 것이다. 그것은 걷기도 힘들어 하는 두 살 박이 아기에게 춤추기를 바라는 어리석은 일이다. 하지만 우리는 모든 사물에 있어서 인도자인 자연(본성)을 따르고자 한다. 자연이 그의 힘을 하나에서 다른 하나로 추론해 나가는 것처럼, 이러한 계속성의 원리를 기초로 하여 교수법을 적용시키도록 하자.

8 세 번째 차이는 하위 학교인 어머니학교와 초등학교는 남녀 모든 청소년을 교육한다는 사실에 있다. 라틴어학교는 하나의 수공업보다 더 높은 것을 지망하는, 주로 청소년들에게 좀더 철저한 교

육을 제공해야 한다. 대학은 결과적으로 교회와 학교 그리고 나라
에 필요한 지도자가 부족하지 않도록 미래의 교사와 지도자를 교
육하게 된다.

9 이러한 네 가지 종류의 학교들은 사계절에 비유될 수 있다.
어머니학교는 싹이 발아하여 다양하게 향을 내는 꽃들로 꾸며진
봄과 같다. 초등학교는 이삭과 갓 익은 열매가 풍성한 여름으로 표
현된다. 인문학교는 들녘과 정원 그리고 포도원의 많은 과일들이
추수되고 정신의 창고에 모여진 가을에 상응한다. 끝으로 대학은
남은 여생을 위해 추수된 과일들을 저장할 수 있는 창고를 준비하
는 겨울을 묘사한다.

10 이러한 청소년 교육의 방법은 정원의 관리와 비교될 수
있다. 아버지와 보모에 의해 조심스럽게 보살펴진 여섯 살 아이는
좋은 뿌리를 박고 잔가지를 퍼뜨리기 시작한 잘 가꾸어진 어린 나
무와 같다. 12세의 청소년은 가지가 풍성해지고 새싹이 무성하게
돋아나는 나무에 비교된다. 사람들은 아직 그것들에 무엇이 열려
있는지를 정확히 알지 못한다. 하지만 그것은 곧 나타나게 된다.
이미 기술과 언어에서 통달된 18세의 청소년은 눈에 사랑스런 모
습과 코에 달콤한 향, 그리고 입에는 열매를 약속하는 꽃으로 만발
한 나무와 같다. 끝으로 학문적 연구를 완전히 마친 24세, 25세의
초기 성년은 열매들이 거두어 여러 가지 종류의 사용에 준비된 추
수기가 가까워진 열매로 가득한 나무와 비슷하다.
  이것은 다음에서 더 자세하게 개별적으로 논의하고자 한다.

제28장 어머니학교(Mutterschule)

> 모든 대상들의 첫 근거들은 처음에 잘 놓여져야 한다(1). 어머니학교의
> 가르침의 대상들의 헤아림(2~21). 유아기 아이들의 교육의 유익(22). 개별
> 규칙들은 여기서 제시될 수 없다(23). 두 가지 좋은 수단에 대한 암시:
> "어머니학교의 소식" (24)과 "그림으로 배우는 세계" (25/26).

1 나무는 그가 가져야 하는 큰 가지들을 첫 해에 그 줄기에서
곧장 뻗어나간다. 그래서 그것들은 계속해서 자라야 한다. 그와 같
이 사람들은 그의 전 생애의 필요를 위해 갖추고자 하는 모든 것
을 이 첫 학교에서 그에게 다 심겨져야 한다. 이것이 가능하다는
사실은 지식의 영역을 검토하는 사람은 누구나 알게 된다. 우리는
그것을 소수의 낱말로 해석하기를 원하며, 그 전체를 20개 항목에
걸쳐 기억하게 되기를 원한다.[279]

2 이른바 형이상학은 여기서 시작하게 된다. 모든 것이 어린
이에게는 우선 더 일반적이고 막연한 것으로 보인다. 왜냐하면
아이들이 무엇보다 그들이 보고 듣고 냄새를 맡고 만지고 있는
그대로 의식하지만 그 특별한 것은 구별할 수 없기 때문이다. 그
들은 나중에 이르러서야 천천히 구별하게 된다. 비로소 일반 개
념을 이해하기 시작한다. 어떤 것 - 아무 것, 존재 - 비존재, 그렇게

---

279) Vgl. Informatorium IV. § 7-11 und Kap. VI-VIII.

- 다르게, 곳 - 때, 유사하게 - 상이하게 등. 그것들은 학문적 형이상학의 기초를 형성하는 것이다.

3 자연과학에 있어서 아이들은 여섯 살이 되면 물, 땅, 공기, 불, 비, 눈, 얼음, 돌, 철, 나무, 풀, 새, 물고기, 소 등이 무엇인지 알게 된다. 그는 사지의 각 기관(최소한 외적인 부분)의 이름과 사용을 알아야 한다. 이러한 모든 것을 그 나이에는 쉽게 배우게 되고, 이것은 자연과학의 기초가 된다.

4 그는 빛과 어두움, 그림자와 주요 색깔, 흰색, 검은색, 붉은색 등을 구별하고 명명하기 시작하면서 광학의 기초를 갖게 된다.

5 하늘과 태양과 달 그리고 별들의 이름을 짓고 그것들이 날마다 뜨고 지고 하는 것을 관찰함으로써 천문학의 기초를 만든다.

6 어린이들이 산, 골짜기, 평야, 강, 마을, 성, 도시가 무엇인지 그들이 머무는 장소에서 제공하는 것에 따라 배우게 됨으로써 지리학이 시작한다.

7 아이가 시간, 날, 주, 년, 여름, 겨울, 어제, 그제, 내일, 모레 등을 이해함으로써 연대학의 기초가 놓이게 된다.

8 역사학의 시작은 조금 전에 무엇이 일어났고 그것이 사소한 일이라 하더라도 어떤 사건에서 어떻게 수행되는 것인지를 기억하고 이야기할 수 있음에 있다.

9 산술학은 아이가 무엇을 적다, 많다고 하며, 10까지 세기 시작하고, '3은 2보다 크고', '3 더하기 1은 4이다'라는 것을 파악하면서 시작된다.

10 기하학의 시작은 무엇이 크고 작다, 길고 짧다, 넓고 좁다, 두껍고 얇다는 것인지와 더 나아가서 선, 십자 또는 원을 그리고 이것을 뼘, 팔 길이, 자와 야드로 재는 법을 알게 되는 것에 있다.

11 통계학은 아이들이 사물을 저울로 달고 그것이 얼마나 가볍고 무거운지 손으로 알 수 있게 됨으로써 시작한다.

12 기계학의 시작은 아이들에게 무엇인가 움직이게 하는 것을 가르침으로 시작된다. 예를 들면 사물을 이리저리로 옮기고, 이렇게 저렇게 순서를 맞추고, 쌓아 올라가고, 부수고, 아이들이 나이에 맞게 하고자 하는 것을 묶고 푸는 것이다. 사물을 기술에 맞게 실행하는 것은 능숙한 자연의 노력 외에 다른 것을 보여주는 것이 아니기 때문에, 그들을 어떤 경우에서든지 방해해서는 안 되고, 그들을 오히려 후원하고 지속적으로 가르쳐야 한다.

13 이성의 기술인 변증학은 대화가 질문과 대답으로 얽혀지며, 역시 스스로 질문하는 것과 질문에 대답하는 것이 익숙하게 되는 것을 아이들이 느끼게 될 때 드러나며 그 첫 싹이 움트게 된다. 그들은 그의 생각을 주어진 주제에 맞게 그리고 벗어나지 않도록 하기 위해 더욱 현명하게 질문하고 바르게 대답하는 것을 배워야 한다.

14 아이들의 문법은 모국어를 정확하게 말하는 것이다. 즉 음과 음절, 그리고 문장을 분명하게 소리 내도록 하는 데 있다.[280]

15 수사학은 아이들로 하여금 일상 언어에서 자주 나오는 몸짓의 언어를 모방하도록 하는 것이다. 사람들은 말에 맞는 몸짓과 말의 의미에 맞는 억양에 주의한다. 질문할 때 마지막 음절을 올리고 대답할 때는 내리도록 한다. 자연이 스스로 가르치지만 잘못된 것은 합리적인 교육을 통해 간단히 교정될 수 있다.

16 시학에 관해선 아이들이 초기 청소년 시절에 많은 구절들을 암기하게 되면 시(詩)들이 여러 언어에서 아주 보편적인 것처럼 특별히 도덕적 내용과 리듬이나 또는 운율에 관해서 미리 맛을 보게 되는 것이다.

17 음악에 있어서는 시편과 찬송에서 쉬운 부분을 암기하면서 시작하게 된다. 그것은 매일의 묵상에서 그 자리가 발견될 것이다.

18 아이들이 누가 아버지, 어머니, 종, 여자 하인인지 기억하여 가족의 이름을 부르게 될 때 그리고 그들이 마루, 부엌, 침실, 마구간 등을 인식하고 주방 기구 즉 식탁, 숟가락, 칼, 비 등등 그의 사용법과 함께 가정의 부분들을 느끼게 될 때 가정살림의 기본적인 특성들이 그들에게 알려지게 되었다.

---

280) Über einen so weiten Begriff der Grammatik vgl. E. R. Curtis: Europäische Literatur und lat. Mittelalter, Bern 1948, S. 50.

19 정치학에 대해선 초보적인 흥미만을 줄 수밖에 없다. 그 이유는 이러한 나이에 집 밖의 어떤 주제는 맞지 않기 때문이다. 몇몇 사람이 시청의 의회로 모이고 의원이라고 부르고 그들 중에서 다시 이 사람을 시장, 의장 또는 장관이라고 부른다.

20 무엇보다도 윤리학은 우리가 올바른 교양의 성장으로서 덕행들의 진보를 유지하려 할 때, 여기서 확고한 토대가 견지되도록 해야 한다.281) 예를 들면,

❶ 절제 : 어린이들은 배고픔과 목마름에 꼭 필요한 부분보다 더 많은 영양을 섭취해서는 안 된다.
❷ 식사 때의 청결함과, 옷, 인형, 놀이 기구를 취급함에 있어서 청결함을 유지해야 한다.
❸ 윗사람에 대한 책임 있는 공경을 해야 한다.
❹ 명령과 금지에 대해 매순간 기꺼이 확실하게 순종해야 한다.
❺ 모든 말에 있어 엄격한 진실성이 있어야 한다. 진담으로도 농담으로도 사람을 속이거나 거짓말을 해서는 안 된다(왜냐하면 부당한 사물에 대한 농담이 마침내 진지한 책임으로 인도할 수 있기 때문이다).
❻ 소유자의 의지에 반하여 다른 사람의 소유를 손대지 않고 훔치지 않고 자제하지 못하거나 숨기지 않고 그 누구에게도 피해를 주지 않고 어떤 것도 욕심을 갖지 않을 때 그들은 정의가 무엇인지를 배우게 된다.
❼ 그들에게 이웃 사랑을 가르쳐야 한다. 어떤 사람이 곤경에 빠져

---

281) Informatorium IV §7; IX.

그들에게 도움을 요청할 때 그들은 가진 것을 주저하지 않고 기꺼이 선물해야 한다. 왜냐하면 이것은 덕행에 있어서 가장 기독교적인 것이며 그리스도의 정신을 다른 사람의 마음에다 전하는 것이기 때문이다. 이 세상에서 얼음같이 찬 사람들의 마음을 이러한 덕행으로 불태울 때 그것은 교회의 구원이 될 것이다.

❽ 아이들이 노동과 지속적인 일에 진지함과 놀이하는 본성으로 나태함이 극복되도록 매달리게 해야 한다.

❾ 항상 혀로 모든 것을 지껄이며 잡담하지 않고 필요하다면 오히려 침묵하는 일에 익숙하게 해야 한다. 예를 들어 다른 사람이 말을 할 때와, 존경할 만한 사람이 동석해 있을 때, 그리고 사물 자체가 침묵을 요구할 때 등이다.

❿ 중요한 것은 이러한 나이에 그들이 전 생애 동안 필요로 하는 인내를 배우도록 해야 한다. 그것은 격정이 온 힘과 더불어 돌출되고 확고히 자리 잡기 전에 잘 길들여지게 하기 위해서이다. 그리고 충동에 의해서가 아니라 이성에 의해 유도되고 화를 내는 것보다 오히려 이에 재갈을 물리는 것에 익숙하도록 교육되어야 한다.

⓫ 다른 사람을 섬기려는 마음과 준비는 청소년의 전 생애의 놀랄만한 장신구와 같은 것이다. 이 첫 6년 동안의 아이들이 다른 이들의 번영에 유익을 줄 수 있기를 희망해도 좋은 곳에서 나태해지지 않고 도우려고 뛰어들도록 그들은 훈련을 받아야 한다.

⓬ 어리석음이나 야비한 행동이 아니라 겸손의 예의바른 태도가 첨가되어야 한다. 받은 호의에 대한 감사의 말, 간단한 목례, 손등의 입맞춤과 유사한 행동이 필요할 때, 공손, 인사, 서로

인사, 겸손한 간청의 형식들이 이에 속한다.

21 끝으로 여섯 살의 아이들은 종교와 신앙의 학습과 함께[282] 그들이 요리문답서의 주요 부분과 기독교의 신앙의 기초들을 암기하도록 하는 데까지 이르게 할 수 있을 것이다. 그리고 그들의 나이가 허락되는 만큼 이해하고, 실천에 옮기도록 할 수 있을 것이다.[283] 그들은 최고의 본체이신 하나님이 모든 것 가운데 충만하게 임하여 계심을 깨닫고, 악한 자에게 올바르게 벌주시는 분으로 그를 두려워하며, 무엇에도 나쁜 일을 행하지 않게 된다. 하지만 그를 선한 자들의 자애로운 보상자로서 하나님을 사랑하고, 존경하고 부르고, 찬양하고, 그를 기뻐하는 것을 느끼는 선한 행위를 중단하지 않고, 그렇게 하나님 앞에 사는 것과 성경이 말하는 것처럼 그와 함께 동행 하는 것에 숙달되도록 해야 한다.

22 사람들은 그리스도에 관하여 복음서 기자가 말한 것을 기독교인 어린이들에 대해서도 말할 수 있다. "예수는 그 지혜와 키가 자라가며 하나님과 사람에게 더욱 사랑스러워 가시더라"(눅 2:52).

23 이러한 것이 어머니학교의 목표와 과제가 될 것이다. 두 가지 이유에서 우리가 모국어학교와 라틴어학교에서 제안했던 것처럼[284] 무엇이 얼마만큼 각 해(年)와 달(月)과 날(日)들에서 다루어져야 하는지를 계속되는 학교 단계에서처럼 여기서 더 정확히

---

282) Ebd. IV, 5f.; X.
283) 창 5:21-24.
284) 대교수학 제29장, 제30장.

밝히지 못하거나, 또는 도표로 보여줄 수는 없다. 첫째로 부모들은 청소년 교육 외에 아무것도 운영되지 않는 공공의 학교에서 이것이 가능한 것처럼, 정확한 질서를 가정에서는 유지할 수 없는 것이다. 둘째로 은사와 영리함은 어린이에게는 매우 다른 시기에 나타난다. 어떤 아이는 이른 시기에, 다른 아이에게는 후에 나타나게 된다. 몇몇은 2살 때에 언어를 배우고 모든 것을 깨우치며, 다른 이들은 5살이 되어도 그 정도에 이르지 못하는 일이 생긴다. 그래서 사람들은 어린 나이에 있는 아이들의 첫 교육을 부모의 지혜에 맡길 수밖에 없는 것이다.

24 285) 그럼에도 불구하고 여기서는 두 가지 일이 이용될 수 있다. 첫째로 부모와 보모들을 위해 하나의 안내서가 씌어져야 한다. 그것은 그들의 과제가 무엇인지 분명하게 하기 위한 것이다. 그 안내서 안에는 모든 것이 개별적으로 다루어져야 할 것이다. 무엇이 어린 나이에 지도될 수 있는지, 어떤 경우에, 어떤 방법으로 어떤 말과 태도로 가르치는 것이 가장 효과가 있는지 등의 내용이다. 그러한 책을 나는 「어머니학교의 소식」286)이라는 제목 하에 쓰려고 한다.

25 둘째로 어린이들 손에 쥐어 줄 수 있는 그림책이 될 것이다. 그리고 이것은 어머니 학교에서의 훈련을 도울 것이다. 이러한

---

285) In der Originalausgabe und den V. S. hier und in den folgenden §§ irrtümliche Numerierung (nochmals § 23 usw.), bei Hultgren jedoch abgeändert.

286) Der exacte lat. Titel in den ODO lautet: Schola infantiae sive de provida juventutis primo sexennio educatione (V. S. IV, 2 S. 255ff.), deutsch: Informatorium der Mutter Schul, zuerst 1633 (also bei Erscheinen der Didaktik längst bekannt).

나이에 주로 감각을 통한 지각을 매체로 이루어지기 때문에 시각
이 가장 중요하다. 그리고 사람들이 아이에게 자연 과학, 광학, 천
문학, 기하학 등의 주된 대상들을 우리가 그려 놓은 순서대로 제시
하게 된다면 좋을 것이다. 그 책에서는 산과 골짜기, 나무와 새,
물고기, 말, 소, 양, 연령과 모습이 다른 여러 종류의 사람들을 그
릴 수 있을 것이다. 또한 빛과 어두움, 해와 달과 별 그리고 구름
이 있는 하늘, 기초 색; 가계 기구와 수공업 기구: 화분, 그릇, 항
아리, 망치, 집게; 계속해서 신분들에 대한 것으로 예를 들어 왕의
홀과 왕관을 쓰고 있는 왕, 무기를 휴대한 군인, 쟁기를 든 농부,
마차를 끄는 마부, 길에 있는 편지 배달부; 그림 위에 그림이 표현
하는 것이 무엇인지를 쓰게 해야 한다. '말', '소', '개', '나무' 등
이라고 적어두어야 한다.287)

26 이러한 안내서는 세 가지 유익을 가져다 줄 것이다. 첫째
로 이미 말한 것처럼 그것은 사물들에 관한 모양을 마음에 전달한
다. 둘째로 어린이들에게 책을 재미있는 것이라는 생각을 가지게
한다. 셋째로 읽는 것을 쉽게 한다. 왜냐하면 각 그림에 대해 대상
의 이름이 씌어져 있기 때문에 사람들은 그곳에서 철자를 가르치
기 시작할 수 있다.

---

287) Über den später für eine höhere Altersstufe verfaßten 'Orbis
    pictus', der diese Forderungen z. T. erfüllt, vgl. Anhg. 'Leben und
    Werk des Comenius'.

제29장 모국어학교

모든 어린이들은 라틴어학교 전에 모국어학교를 다녀야 한다(1). 이를 위한 6가지 이유(2~5). 모국어학교의 목적(6), 높은 목적(7). 이러한 목적에 이르기 위한 적합한 방법: I. 분반. II. 각 반에 해당하는 책(8), 내용이 아니라 형식에 따라 상이하다(9). 각 연령층에 맞춤(10). 책들에 대한 흥미를 끄는 타이틀(11). 모국어학교에 있어서 외국어 사용 기피(12). 이의와 그의 반박(13~16). 네 가지 방법적인 규칙(17). 책 모사의 가치(18). 살아있는 외국어 배우기(19).

1 나는 남녀 청소년 전체가 공공의 학교에 보내어져야 한다는 것은 제9장에서 언급하였다. 이제 나는 더 첨가하고자 한다. 청소년 전체는 모국어학교를 신뢰하여야 한다. 물론 이와 반대의 의견을 가진 사람들도 있다. 체퍼(Zepper)는 그의 '교회정치'란 글에서,[288] 그리고 알스테드(Alsted)는 '스콜라신학'(Scholastik)이라는 글의[289] 제6장에서 수공업을 배우려 하는 소년과 소녀들을 모국어학교에 보내도록 충고하였다. 그리고 부모의 바람에 적합하게 계속적인 정신 교육을 추구하는 아이들은 모국어학교가 아니라 바로

---

288) Wilh. Zepper: De politia ecclesiastica, Herborn 1607, empfiehlt in Kap. VI, dort keine Muttersprachshculen einzurichten, wo es Lateinschulen gibt. Siehe auch A. Molnar: Lexicon Latino-Graeco-Ungaricum vol. I, Frankfurt 1645, darin Sylecta scholastica clarorum virorum (Zepper: De scholis vernaculis).

289) J. H. Alsted, Ecyclopaedia septem tomis distincta, Herborn 1630, Kap. VI, S. 1513. Nur die Knaben sollen die Muttersprachschule besuchen "qui artibus mechanicis aliquando se applicabunt".

라틴어학교에 보내도록 권했던 것이다. 알스테드(Alsted)가 덧붙이기를, "사람들은 그것에 대해 달리 생각할 수 있을 것이다. 그러나나는 어떤 경우에든 이러한 길과 방도를 제안하며, 탁월하게 가르치기를 바라는 사람들로부터 그것을 준수하여 알게 되기를 바란다"고 하였다. 나의 교수학의 방법론은 이에 대해 다른 의견을 가진다.

2 첫째로 우리는 인간으로 태어난 모든 사람들이 함께 모든 인간적인 것들을 가르침 받게 되도록 노력한다. 그들은 이와 같이 항상 가능한 대로 상호 생동감을 주고, 자극하고, 격려를 받도록 이끌어져야 한다.

둘째로 모든 사람들은 모든 덕행에서, 역시 겸손과 일치와 그리고 상호 섬김의 준비를 위해 교육되어야 한다. 그 때문에 사람들은 서로에게서 너무 일찍 나누어지게 하지 말고 다른 사람들보다 자기를 더 생각하고, 자기 외에 사람들을 경시하도록 배우게 하는 것은 잘못된 일이다.

셋째로 여섯 살 나이에 어떤 직업이 아이에게 적용되어야 할 것인지, 즉 학문인지 수공업인지 결정하기를 원하는 것은 너무 서두르는 것으로 보인다. 정신의 힘도 그의 경향도 이 나이에는 충분하게 알지 못한다. 후에 그것은 잘 나타나게 될 것이다. 마찬가지로 정원에 식물들이 작고 어릴 때는 어떤 식물이 제초되어야 하고, 남아 있어야 하는지 알 수 없다. 그것들이 자라면 알 수 있게 된다. 부자와 고관이나 관리인의 자녀들만이 라틴어학교에 보내져야 하는 권리를 갖고 태어나는 것은 아니고, 또한 다른 사람들은 희망이 없이 배제되는 것이 아니다. 영(靈)은 그가 원하는 곳으로 움직이며, 고정된 것이 아니다.[290]

3 우리는 네 번째 이유를 다음에서 발견한다. 우리의 보편적 방법은 단순히 모든 정도를 넘어 대개 더 좋아했던 사랑의 언어, 라틴어의 지식만을 요구하는 것이 아니라 모든 영이 점점 더 주님을 찬양하게 되도록[291] 모든 백성에게 모국어를 동일하게 교육하는 길을 추구한다. 모국어를 소홀히 한다면, 이러한 목적을 달성될 수 없다.

4 다섯째로 그가 모국의 언어를 구사하기 전에 외국어를 가르치는 것은 마치 그가 걷기 전에 말 타기를 가르치는 것과 같다. 제16장 제4원리에서 증명한 것처럼 순서대로 진행하는 것이 좋다. 키케로(Cicero)가 말한 것처럼 말하기를 할 수 없는 사람에게 웅변을 가르칠 수 없다.[292] 우리의 방법을 다음과 같이 요약할 수 있다. 모국어를 습득하지 못한 사람에게 라틴어를 가르칠 수 없다. 왜냐하면 라틴어는 모국어를 통해 배울 수 있기 때문이다.

5 결과적으로 사물들의 이름을 포함하는 모국어 책들의 도움으로 우리가 노력하는 실제 교육의 외적 영역을 통하여 학생들이 잘 인도될 수 있을 것이다. 그런 후에 그들은 사물들을 이미 알고 단지 새롭게 명명해야 하며, '무엇'에 대한 사물의 지식이 아름다운 단계 과정에서 '왜'의 관찰을 통해 보충되어야 할 필요가 있기 때문에 라틴어를 더 쉽게 배우게 될 것이다.

---

290) Genauer: Der Wind weht, wo er will (Joh. 3, 8) und fängt nicht immer zur festgesetzten Zeit an zu wehen.
291) In jeder Sprache steckt also nach Comenius ein Stück des Geistes, das durch Unterricht und Sprachbeherrschung erschloßen werden kann.
292) Cicero, De oratore III, 10, 38; vgl. o. Kap. 22, § 7.

6 네 가지 종류의 학교를 계속해서 전제하면서, 모국어학교에 대해 다음과 같이 윤곽을 그려본다. 모국어학교의 목적과 목표는 6세에서 12(또는 13)세 사이에 있는 아이들 전체가 삶을 위하여 일생을 통해서 유익을 얻도록 모든 것을 배우게 하는 것이어야 한다. 이른바 그 내용은 다음과 같다.

❶ 인쇄된 것이든지, 손으로 쓴 것이든지, 모국어를 유창하게 읽도록 하는 것

❷ 우선은 깨끗하게, 그런 후에 재빨리 그리고 결과적으로 사람들은 가능한 아이들에게 쉽게 가르치고, 연습을 통하여 각인시켜야 하는 모국어의 문법에 적합하게 실수 없이 쓰게 하는 것

❸ 숫자나 계산기로 필요에 따라 계산하게 하는 것

❹ 기술적인 길이, 넓이, 간격을 측정하는 것

❺ 모든 전통적인 멜로디를 부르고, 재능이 있는 아이들은 음형 악절을 시작하는 것(역자 주 : 중세 교회 음악에서의 여러 음성의 대위법적 형태)

❻ 해당하는 지역 교회에서 불려진 시편과 영적인 노래들을 대부분 암기할 수 있게 하는 것, 그들이 (사도가 말한 것처럼) 하나님의 찬양으로 양육되어 서로서로 시편과 찬양의 노래들과 신령한 노래들로 가르치고 권고하고 하나님을 마음으로 노래할 수 있도록 하기 위함이다.293)

❼ 요리문답서 외에도 역사와 성경의 중요 구절들을 정확하게 알고 말할 수 있게 하는 것

❽ 규칙으로 파악되고 상이한 연령을 위해 예를 통하여 설명되는

---

293) 골 3:16.

도덕론을 알고 이해하고 실천으로 옮기는 것

❾ 그들이 날마다 집과 교회에서 일어나는 것을 보고 필요한 것의 이해에 대한 것으로서 경제적이고 정치적인 관계들에 대해 아주 많이 아는 것

❿ 창조와 멸망 그리고 세계의 재건설에 관하여 뿐 아니라 오늘까지 하나님의 지혜를 통한 다스리심을 얻는 것

⓫ 천문학에서 가장 중요한 것은 천공에 관하여, 중심에서 서서히 움직이는 지구의 구형과 대양의 팽창에 관하여, 바다와 강의 다양한 형식에 관하여, 거대한 지구 부분과 가장 중요한 유럽의 나라들에 관하여 무엇보다도 도시들과 산과 강 그리고 기타 조국에 기억할 만한 모든 것에 관하여 아는 것

⓬ 마지막으로 그들은 수공업에 관한 일반적인 지식을 배워야 한다. 그것은 그들이 인간의 삶의 어떤 영역에서도 완전히 무지하게 되지 않도록 할 목적에서이며, 또는 각자의 자연적 성향은 그것이 가는 대로 쉽게 인식되게 하는 것에서이다.

7 이러한 모든 것이 모국어학교에서 적절하게 다루어진다면 청소년들에게, 즉 라틴어학교에 들어가는 학생들에게 뿐 아니라 농업, 상업 또는 수공업에 종사하는 학생들이 생소한 상황에 적응해야 할 어려움이 없게 될 것이다. 그래서 개인이 나중에 그의 직업에서 만나거나 또는 예배에서나 그 밖의 그 어떤 곳에서 듣고 어떤 책에서 읽게 된 그 모든 것은 그가 이전에 배웠던 것을 더 자세하게 설명하거나 더 특수하게 적용하는 내용에 불과하다. 그리고 그는 모든 것을 더 바르게 이해하고 실행하거나 판단하는 상태에서 이르렀다는 것을 느끼게 될 것이다.

8 이러한 목표를 달성하기 위해 다음의 방법들이 사용되어야 한다.

❶ 6년 동안 이러한 것들을 배우게 되는 모국어학교의 전 학생들은 6개의 학급으로 나누어져야 한다(가능한 그들이 서로 방해하지 않도록 공간으로 분리되어야 한다).

❷ 각 학급을 위하여 이 학급의 모든 프로그램을 포함하고 (학문과 도덕과 종교의 모든 재료) 있는 특별한 교과서를 결정해야 한다. 그래서 그들이 이러한 영역을 통해 인도되는 한 다른 교재들을 필요로 하지 않으며, 실수 없이 목적에 도달하게 되는 것이다. 이러한 교과서들은 모두 모국어로 기록되어야 한다. 그것은 아이들이 나이에 맞게 파악할 수 있는 모든 사물들의 이름과 가장 중요하고 전통적인 표현법들이다.

9 학급들의 수에 맞게 그것은 학습 내용보다 양식의 차이를 통해서 서로 구별되는 여섯 권의 교과서들이어야 한다. 말하자면 6권 전부가 앞에서 열거한 모든 교과를 다 다루어야 한다. 그러나 저학년의 교과서들은 일반적인 것이며 잘 알려진 것들과 쉬운 것들이 담겨야 하며, 반면에 고학년용은 특별한 것들과 잘 알려지지 않은 것들과 더 어려운 것들에로 이끌어 주는 것이거나, 또는 정신에 새로운 기쁨을 열어주기 위하여 동일한 사건에 대한 하나의 새로운 관찰 방법을 보여주는 것이어야 한다. 이것이 옳다는 것은 곧 분명하게 될 것이다.

10 모든 책은 해당하는 학생들의 기질에 맞게 가르치려고 주의할 필요가 있다. 왜냐하면 어린아이들은 딱딱하고 심각한 것보다

는 재미있고 유머러스한 것을 더 좋아하기 때문이다. 심각한 내용도 후에 도움이 됨으로 학습하여야 하지만, 즐거운 내용과 결부시켜서 가르친다면, 심각한 내용의 학습도 더 재미있어 할 뿐만 아니라 그들의 기질이 항상 즐거움 속에서 바람직한 방향으로 발달해 갈 것이다.

11 이런 교과서는 매력적인 것으로 좋은 것을 통하여 청소년을 움직이고 동시에 내용 전체를 아름답게 표현하는 제목으로 정해야 한다. 그러한 것들은 내가 믿는 것처럼 모든 정원의 가장 사랑스러운 것들에서 빌려오게 한다. 학교를 정원으로 비교하기 때문에 사람들은 제1학급의 책이 아니라, 1학급을 "보라색반", 2학급을 "장미반", 3학급을 "잔디반" 등으로 명명하는 것도 무방하다.294)

12 이런 교과서의 내용과 형식에 관해서 다른 곳에 더 정확하게 언급할 것이다.295) 단지 다음과 같은 사실만을 첨가하고자 한다. 그것들이 모국어로 표현되었기 때문에 전문 용어도 모국어로 표시되고 라틴어나 희랍어로는 피하여야 한다. 이에 대한 이유는 첫째로 우리가 청소년이 모든 것을 지체함이 없이 파악하도록 돌보아야 함에 있다. 외래적인 것은 사람이 그것을 이해할 수 있을 때 번역하여 설명되어야 한다. 그리고 번역을 해준다 해도 잘 이해되는 것이 아니라 그것이 의미해야 하는 것을 모르기 쉽다. 게다가 외국어는 기억하기 어렵다. 하지만 토속적 언어로 설명되면 그것은 곧 바로 이해하고 기억에 쉽게 저장된다. 장애와 고난은 이 초등교

---

294) Die Namen für die sechs Lehrbücher, die Comenius vorbereitete, lauten: Violarium, Rosarium, Viridarium, Sapientiae Labyrinthus, Spirituale balsamentum, Paradisus animae (s. ODO I, 248f.).
295) Wohl Hinweise auf das geplante Informatorium für diese Schule.

육에서 제거되어야 하고 이로써 모든 것이 물 흐르듯이 앞으로 나아가게 된다. 둘째로 더욱이 토속적 언어들이 희랍어와 라틴어 백성에 의해 이해되지 않은 표현들을 포함하고 있는 프랑스의 방식이 아니라(그래서 스테비누스(Stevinus)가 그들을 나무란다)296) 모든 사람이 이해할 수 있는 용어로 우리의 생각을 표현해야 하는 것이다. 이것을 스테비누스(Stevinus)는 동일하게 그의 벨기에 사람에게 충고했고,297) 그의 수학에 관한 저서에서 아름답게 관철시켰다.

13 그러나 '모든 언어가 희랍어와 라틴어를 완전하게 재생할 수 있을 만큼 풍부하지는 않다'라고 말할 수 있다. 그러나 그런 경우라고 할지라도 학자들은 그의 익숙한 표현들을 철회하지 않을 것이라는 것이다. 물론 한 번 라틴어를 배우고자 하는 아이들은 여기 학자의 언어에 익숙한 것이 결론적으로 더 낫다. 이로써 그들은 나중에 다시 전문 용어를 배우기 시작할 필요가 없기 때문이다.

14 이와 반대로 다음과 같이 말하여질 수 있다. 불완전하고 막연하게 표현되면, 무엇인가를 완전하게 표현하는 것은 언어의 책임이 아니라 사람의 책임이다. 로마인과 희랍인은 말을 사용으로 들어가기 전에 그들은 먼저 단어들을 만들어야 했다. 그것들은 처음에는 거칠고 불분명하였기 때문에 그들의 생각을 표현하는 도구가 될 수 있을지는 막연하였다. 그 후 그것들이 통상적으로 사용되

---

296) Simon Stevin(1548-1620), holländischer Mathematiker und Physiker; schrieb flämisch (s. N. Nederl. Biogr. Woordenb. V, 815).
297) Problematum geometr. libri V, Antwerpen 1583, lib. I.

었기 때문에 오늘에 와서 대단히 표현이 풍부하고 정확한 언어가 되었다. 예를 들면 존재(存在), 본질(本質), 실재(實在), 부수적(附隨的)인 것, 질(質), 양(量) 등등의 용어들이다. 어떤 언어도 사용하는 사람들의 열심만 있다면 어떤 것도 다른 언어에 빠지지는 않을 것이다.

15 두 번째로 학자 자신은 외국어를 사용해도 좋을 것이다. 우리는 대중이 자유로운 기술과 학문의 이해력에 도달하는지를 살펴보고자 한다. 그래서 우리는 이 목적을 이루기 위해서는 낯선 외래의 언어로 그들과 대화할 수 없는 것이다.

16 나중에 언어들을 배우게 되는 아이들에게 있어서 그들이 모국어의 전문 용어를 알고 그들이 라틴어로 하나님을 찬양하기 전에 그들의 고유한 언어로 하나님을 찬양하는 것이 단점은 아니다.

17 셋째로 이러한 교과서들을 청소년에게 쉬운 방법으로 교육하는 것이다. 우리는 그것들을 다음의 규칙으로 정리할 것이다.

❶ 오전 2시간과 오후 2시간 정도로 하루에 4시간의 수업이 진행되어야 한다. 나머지 시간은 집안일을 하거나(특히 가난한 자들에게 있어서) 또는 기분을 전환하는 데 유용하게 사용될 수 있다.

❷ 오전 시간에는 정신과 기억력을, 오후에는 손과 말하기가 훈련되어야 한다.

❸ 아침에 교사는 해당하는 시간의 강의를 하는데, 모두가 듣고 읽

고 반복하는 동안에 설명을 요하는 것은 가능한 명확하고 확실하게 설명하고, 누구나 다 그것을 이해하도록 해야 한다. 그리고 나서 교사는 자신이 먼저 읽은 후 따라서 읽게 하고, 한 사람이 분명하고 또렷하게 읽는 동안에 다른 사람들은 조용히 그 책을 따라 읽도록 지시한다. 이것이 30분 또는 그보다 길게 훈련되어질 때, 재능이 있는 사람은 단락을 암기하여 암송하기를 시도하고, 마침내 느린 사람들도 암기하여 암송하게 될 것이다. 왜냐하면 대체로 강의는 한 시간 이내여야 하고, 아이들의 이해 능력에 적합하게 짧아야 하기 때문이다.

❹ 오후 시간에는 새로운 것을 시작해서는 안 되며 이미 배운 것을 반복하고, 학생들은 인쇄된 교과서의 일부를 옮겨 쓰고, 또한 오전에 배운 것을 누가 가장 빨리 암기하고 있는지, 누가 정확하고 예쁘게 쓰는지, 누가 가장 잘 노래하는지, 누가 가장 잘 계산할 수 있는지를 알아보는 것도 좋을 것이다.

18 모든 학생이 그의 인쇄된 교과서를 가능한 깨끗하게 베껴 쓰는 것은 쓸모없는 것이 아니라고 우리는 충고한다. 첫째로 그것은 모든 것을 정확하게 각인하고 그 의미를 오랫동안 동일하게 사용하는 데 유용하다. 둘째로 이러한 매일의 쓰기 연습을 통하여 앞날의 학습과 사업들에 유용하고, 예쁘게 쓰기와 빨리 쓰기, 그리고 정서를 완성하게 된다. 셋째로 부모들은 학교에서 수업이 어떻게 전개되는지에 대한 확실한 근거를 가지고 이로부터 어린이들이 스스로 얼마나 행복하게 진보했는지 볼 수 있게 된다.

19 우리는 개별적인 것을 나중을 위해 삼간다.[298] 잠정적으로 우리는 학생들이 이웃나라들의 언어를 배워야 하면 그것은 10

세에서 12세 사이, 즉 모국어학교와 라틴어학교 사이에서 행하여
져야 한다고 생각한다. 그들은 그곳으로 보내지고 해당하는 언어가
사용되어지고 내용이 그들에게 이미 알려져 있는 모국어학교의 교
과서가 새로운 언어로 읽고 베끼고 암송하고 구두와 문어로 발표
하는 연습을 통해 완전히 적용하게 될 때에 가장 잘 배우게 된다.

---

298) Vgl. o. Anm. 8.

> 라틴어학교의 목적: 네 가지 언어의 습득과 기술에 관한 백과사전의 습득(1~3). 여섯 학급으로 나눔(4). 순서의 정당성: 문법(5). 물리학과 형이상학 그리고 수학(6~10). 윤리학(11). 변증학(12). 수사학(13/14). 각 학급의 역사 공부(15/16). 방법은 모든 것에서 동일하다(17).

1 라틴어학교의 목적은 네 가지 언어를 학습하며, 교양에 관한 광범위한 지식을 습득하는 것이다. 우리는 순서에 따라 그들의 학급을 통해 인도되는 청소년을 다음과 같은 사람으로 만들고자 한다.

I. 문법가 : 라틴어와 모국어의 언어 규칙에 정통하고 희랍어와 히브리어에 대해서는 필요한 만큼 정보를 줄 수 있는 사람;

II. 변증가 : 정의하고 구별하고 근거를 대고 반박하는 데 바르게 정통한 사람;

III. 수사학자 : 다시 말하면 웅변가, 모든 자료에 맞게 말할 수 있는 사람;

IV. 산술가와

V. 기하학자(Geometer) : 삶의 상이한 욕구 때문만 아니라 이러한 학자들이 정신을 다른 것을 위해 특별하게 자극하고 날카롭게 하기 때문이다;

VI. 실기와 이론에 능한 음악가;

Ⅶ. 천문학자 : 최소한 천체(天體)의[299] 이론과 계산에 관한 기본
　　개념에 전문적인 사람: 그것이 없이는 자연과학, 지형학 그리
　　고 크게는 역사의 대부분을 이해할 수 없다.

　2 이것은 철학 석사가 일반적인 견해에 의해 마쳐야 하는 7가
지 자유로운 기술과목(인문학교의 기본 7과목)들이다. 학생들이 더
높은 단계로 올라가기 위해 다음과 같은 것이 더 필요하다.

Ⅷ. 자연과학자 : 세계의 구성, 원소의 힘, 생물체의 차이, 식물과
　　철의 강도, 인간의 육체의 구조 등을 이해하는 사람, 그것들이
　　있는 그대로의 일반적인 것과 우리의 생의 필요를 위해 만들어
　　진 것을 적용할 수 있는 지식, 즉 의학, 농사, 다른 "기계기술"
　　의 일부이다;
Ⅸ. 지리학자 : 지구와 바다 그리고 섬, 강들과 인간 왕국을 이해
　　력으로 이끌어 가는 사람;
Ⅹ. 연대기학자 : 시간의 시작 이래 시기(時期)에 따라 세기의 전환
　　을 아는 사람;
Ⅺ. 역사가 : 인류, 중요한 나라, 교회의 중요한 변화와 민족들과
　　인간의 상이한 관습과 운명 등을 크게 나열하여 이야기할 수
　　있는 사람;
Ⅻ. 윤리학자 : 여러 종류의 덕성과 악덕의 차이를 명확히 구별하
　　며, 덕은 따라가되 악은 피할 능력을 갖춘 사람이다. 이에 대
　　한 일반적 지식을 소유할 뿐 아니라 가정생활과 국가생활과 교
　　회생활에 실제로 적용시킬 수 있는 특수지식도 소유한 사람;

---

299) Computus: Himmelsberechnung für die Bestimmung der
　　　Kirchenfeiertage.

XIII. 그들은 신학자도 되는데, 믿음의 기초를 이해할 뿐만 아니라 그것을 성경으로 증명할 줄 아는 사람.

3 이 모든 학문에서 6년의 학업 기간이 끝난 청소년은 완전하지 않다고 하더라도(왜냐하면 첫째로 이 연령에서는 완전함은 불가능하다. 이론은 실습을 통해 확고하게 하기 위해 더 긴 경험을 필요하다. 두 번째로 6년에 학식의 대양을 다 규명하는 것은 불가능하기 때문이다) 미래의 더 완전한 학식을 위해 확고한 기초를 쌓아야만 한다.

4 상이한 과제를 가진 이러한 6년의 교육 과정을 위해 6반의 분반은 필요하다. 다음과 같이 명명할 수 있다.

Ⅰ학급 : 문법
Ⅱ학급 : 물리학
Ⅲ학급 : 수학
Ⅳ학급 : 윤리학
Ⅴ학급 : 변증학
Ⅵ학급 : 수사학

5 우리가 문법을 먼저 둔 것을 아무도 반대하지 않을 것이다. 그러나 항상 관례에 따라 행하는 사람들에게는 독특하게 앞으로 나올 수 있다. 우리는 사물에 대한 학습을 변증학과 수사학보다 앞에 둔 것을 이상하게 여길지도 모른다. 하지만 그것은 그러해야만 한다. 우리는 사람이 성질 앞에 사물들을, 즉 형식 앞에 재료를 제공해야 하며, 또 그렇게 하는 것이 빠른 진도를 위한 유일한 방법

이다. 그러나 사물에 대한 건전한 판단을 내릴 수 있고, 또 그것에 대하여 올바르게 표현할 수 있기 전에 사물을 관찰하고 학습하여야 한다는 것이 증명됐다. 만일 사람들이 강의와 웅변의 방법과 방식을 잘 알고 있다 해도, 만일 그가 다루고 있는 사물 자체를 모르고 있다면 그의 연구한 것과 그의 증명이 무슨 가치가 있겠는가? 임신하지 않은 처녀가 출산할 수 없는 것과 같이 전에 잘 알지 못하는 대상을 사람들은 지각 있게 말할 수 없다. 사물들은 이성이나 언어가 그것들과 연결되어 있지 않는다고 하더라도 있는 그 자체로 독립적이다. 생각과 말은 사물을 떠나서 아무런 의미가 없고, 오히려 완전히 사물에 의존하고 있다. 정해진 사물에 관계되지 않는 한, 말은 무의미한 소리에 불과하다. 이성적 숙고와 말은 사물을 근거하기 때문에 사물의 학습은 필요 불가결하다.

6 자연 이론이 도덕 이론에 앞서 있어야 한다는 사실은 그것이 여러 가지로 반대된다 하더라도 학자들에 의해서 분명하게 증명되었다. 립시우아(Lipsiua)는 그의 생리학에서 다음과 같이 썼다. "나는 훌륭한 작가들의 견해에 동의하고자 하고 물리학이 첫 자리를 차지해야 한다는 사실에 찬성한다. (철학의) 이러한 부분에 대한 기쁨이 크면 더 클수록 그것은 더 매혹적이고 위엄이 높고 빛나고 놀라움을 준다. 그것은 정신을 문명화시키고 윤리학의 수용을 위한 정신을 준비해 준다."300)

7 수학반이 물리반을 따라 나와야 하는지, 또는 그것 앞에 나와야 하는지에 대해 사람들은 의심을 가질 수 있다. 물론 고대인들

---

300) J. Lipsii Phisiologiae Stoicorum libri tres, Antwerpen 1604, L. I, Diss. 1(S. 2) (allicendum et tenendum statt wie bei Hultgren-am).

은 모든 사물들의 연구를 수학에서부터 시작했다. 그래서 그들은 그것들에 '과학'($\mu\alpha\theta\eta\mu\alpha\tau\alpha$)[301]이라 칭하고, 플라톤은 그의 아카데미에 비수학자는 들여놓지 않았다. 이에 대한 이유는 분명하다. 수와 크기와 관련되는 과학은 감각에 구체적으로 호소하기 때문이며, 더 쉽고 분명하다. 게다가 그것은 상상력에 확고한 인상을 박는다. 그것은 능력이 있고 다른 사물들로 인도하고 보다 더 추상적인 성격의 학습을 위한 마음의 준비를 시켜주는 것이다.

8 이 모든 것이 중요한 사실이다. 그러나 우리는 여기서 몇 가지에 유의해야 한다. 첫째로 우리는 모국어학교에서 감각교육과 그 방법을 통한 지능의 발달에 대해서 충고하였다. 또한 우리 학생들이 이 연령에 도달할 때에는 산수를 학습한 후이기 때문에 수학을 전혀 모른다고 할 수 없다. 둘째로 우리의 방법은 항상 단계적으로 앞으로 나아간다. 사람이 어려운 크기 이론으로 들어가기 전에 어렵게 파악되는 추상적인 사물들을 위해 전 단계를 다하기 위해 구체적인 사물들, 즉 신체에 관한 이론으로 들어갈 수 있다. 셋째로 우리는 수학반의 교육 과정에 기술의 영역의 거의 전부를 포함하고, 그것은 자연과학의 지식이 없이는 쉽고 바르게 습득할 수 없다. 그래서 우리는 이 지식을 먼저 앞세운다. 다른 이유나 실습 자체가 다른 결과를 가져온다면 나는 더 이상 이에 반대하여 싸우고자 하지 않는다. 나는 현재의 나의 설득에 맞게 나의 관점을 제시하였다.

---

301) Die Eingangsüberschrift der platonischen Akademie übernimmt Comenius für die 2. Klasse der panshopischen Schule und lehnt daran die übrigen Klassen berschriften an.

9 학생들이 [우리가 첫째 반에 할당했던 「앞뜰」과 「정문」의 도움으로] 라틴어 학교에서 충분한 학습을 하고 나면 우리는 그들에게 일반적인 학문들을 내놓으라고 권고한다. "첫 번째 지혜" 또는 보통 형이상학이라고 불리는(나의 관점에 의하면 그것을 기초물리학 또는 예비물리학 전(前) 또는 하등자연(下等自然)에 관한 이론이라고 부른다) 지식이다. 이런 자연학은 존재의 제일의, 가장 기초적인 원리를 포함하고, 다시 말하면 사물들의 조건과 속성, 그리고 구별의 변별적 자질을 보여주고 심지어 첫째로 가장 일반적인 규범을, 그리고 나서 개념과 공리(公理), 이념과 연계성을 포함한다. 이런 것들을 한 번 알게 되면(우리의 방법으로는 쉽게 학습되는 과정이지만), 후에 전문적인 것과 세밀한 것을 학습하기가 별로 힘이 들지 않는다. 그것들은 어떤 의미에서 이미 친숙해졌으며, 특별한 경우에 일반적인 것의 적용 외에 아무것도 새로운 것으로 나타나지 않을 것이다. 대략 3개월 정도 일하게 될 이러한 보편적인 것에서 직접적으로 (각 사람의 이해력이 그와 함께 내재하는 빛으로 스스로 알고 받아들이는 순수한 토대가 중요하기 때문에 그것은 쉽게 들어갈 수 있다) 사람들은 가시적 세계의 관찰로 넘어가야 한다. 그리고 기초물리학에서 나타난 자연의 경이들은 특별한 예들에서 자연적으로 더 많이 분명하게 드러나야 한다. 이로써 그 학급은 물리학에 몰두하게 될 것이다.

10 사물들의 본질에 관한 관찰로부터 사람은 수학반에서 일어나게 되는 우연적 속성의 더 정확한 연구로 넘어간다.

11 학생은 그의 자유 의지로 인간 자신을 모든 사물들의 지배자로 더 세밀하게 관찰하여야 한다. 그는 우리의 힘과 의지에 있

어서 어떤 것은 버리고 어떤 것은 버리지 않아야 하는지와 세계 법칙에 따라 모든 것이 어떻게 바르게 관리될 수 있는지 관찰하는 것을 배워야 한다.

이것은 네 번째 해인 윤리학 학급에서 가르쳐야 한다. 그러나 이 모든 것은 모국어학교의 시작에서 일어났던 것처럼 "무엇"에 대한 대답으로서보다 더 많이 서술하는 것이 아니라 오히려 사물의 원인과 영향에 대해 주의하는 것에 익숙해지도록 "왜"의 대답으로 이해되게 하는 것이다.

사람들은 이 첫 번째 네 학급에서 그 어떤 논쟁과 관계하는 것을 피해야 한다.[302] 왜냐하면 우리는 이것을, 다음에서 나오는 다섯 번째 학급에 예약해 놓게 되기를 원하기 때문이다.

12 변증학을 위한 학급에서 이성의 사용에 관한 몇몇의 간략한 규정들은 먼저 훈련해야 한다. 그 후 학생들은 물리학과 수학 그리고 윤리학으로부터 나온 질문들과 학자들 사이에 논쟁으로 유도된 중요한 것은 철저하게 규명되어진다.

토론의 근원이 무엇이고 현재 토론의 상태가 무엇이고 명제(明題)와 반명제(反明題)가 무엇이며 학생들은 어떤 참되거나 또는 참되게 보이는 변론을 통하여 한 사람 또는 다른 사람을 변호할 수 있는지를 여기서 배워야 한다. 사람들은 근거를 댐에 있어서 속이는 것과 이에 반한 논지를 설정하는 것처럼 반(反) 주장의 오류와 동기를 드러내야 한다. 참 명제를 찬성하여 말하거나 또는 양 주장이 참된 것을 가지고 있는 경우에 갈등되는 논쟁은 화해의 길을 찾아야 한다. 한편으로 앞선 것이 동일한 작업에서 적절한 방식으

---

302) Gegen Hultgrens Lesung ist der unklassische Ablativus absol. beizubehalten.

로 반복되었고 다른 한편으로 비이해적인 것은 더 일찍 유용하게 해명되었다. 이성적으로 사고하는 기술, 알려져 있지 않는 것을 연구하기, 어두운 것을 밝게 하기, 중의적인 것을 나누기, 일반적인 것을 한정하기, 참된 것을 지혜의 무기로 방어하기, 잘못된 것을 깨뜨리기, 혼잡한 것을 질서 정연하게 하는 기술은 계속적으로 예를 들에서 가르쳐야 한다.

13 마지막 학급은 수사학에 바쳐졌다. 여기서 학생들은 이제까지 배운 모든 것을 참되고 쉽고 유익하게 응용하는 훈련을 하는 것이다. 여기서 그들은 무엇인가 많은 것을 배웠고 헛되지 않았다는 것을 알게 될 것이다. "내가 당신을 인식하도록 말하라"[303]라고 한 소크라테스의 말에 상응하게 우리는 주로 정신을 지혜로 만든 후 지혜로운 웅변술에까지 언어를 교육한다.

14 웅변술에 대한 간략하고 분명한 규정들이 설명되었다면, 사람들은 계속해서 연습을 해야 한다. 즉 그것은 웅변술의 탁월한 전문가를 모방하는 것을 뜻한다. 이때 학생들은 이미 학습한 내용에 머무르지 말고 진리와 사물의 다양성의 모든 영역에서, 인간의 존엄의 목초지와 신적인 지혜의 낙원을 둘러보아야 한다. 그것은 학생들이 유용하고 마음에 들고 신뢰할 만한 것을 아는 모든 참된 것과 선한 것을 적합한 말로 표현할 수 있거나, 또는 필요하다면 그것을 변호할 수 있을 것이다. 그 목적을 위해서 이 단계의 학생들은 자연의 사실들에 대한 다양한 이해와 상당히 많은 낱말과 숙어와 역사적 지식의 지적 보물상자를 갖추도록 도와주어야 할 것

---

303) Xenophon: Memorabilia Socrat. I, 6, 15; Apophthegmata III, Socratica 10 (Clericus IV, 156).

이다.

15 그러나 이것에 대해서는 필요할 경우 더 정확한 것은 다른 곳에서 언급할 것이다.[304] 다시 말하면, 실제 경험이 관계된 세부사항은 스스로 알게 될 것이다. 다만 한 가지만 첨가하고자 한다. 역사의 지식은 교육의 인간 교육에서 가장 중요한 요소이며, 동시에 전 생애의 눈이라고 할 수 있다. 그러므로 이 교과는 6년의 모든 학급에서 교육되어야 한다. 그리하여 학생들이 고대로부터 오늘날에 이르기까지 일어났던 사건들 가운데서 모르는 것이 하나도 없도록 가르쳐야 한다. 그러나 역사 공부하는 방법은, 각 학년의 학습 부담을 증가시키는 대신 더 가볍게 하는 것이어야 하며, 딱딱한 공부를 한 후에 긴장을 푸는 시간의 역할을 하도록 운영되어야 한다.

16 나의 생각으로는, 각 학급을 위해 역사에 관한 특정한 권으로 된 특별한 안내서가 만들어질 수 있고, 그것은 다음과 같이 제시될 수 있을 것이다.

첫째 학급은 성경 역사의 요약,
둘째 학급은 자연의 역사,
셋째 학급은 인공적인 사물들의 역사, 즉 발명의 역사,
넷째 학급은 도덕의 역사, 특출한 덕행의 예 등,
다섯째 학급은 관습의 역사와 상이한 종족들의 생활풍습과
여섯째 학급은 전 세계와 가장 중요한 민족의 일반적인 역사,

---

304) Sollte vermutlich im geplanten Informatorium der Lateinschule ausgeführt werden.

특별히 조국의 역사, 모든 것은 간단히 요약되어야 하지만 중요한 것은 빠뜨리지 않아야 한다.

　17 라틴어학교에서 적용되어야 하는 특수한 교수법에 관해서 나는 여기서 다음과 같이 언급하고자 한다. 우리는 네 가지의 공개적이고 질서에 맞는 수업시간들이 이용되도록 하는 것과 그 양 아침 수업(아침 명상 후)은 학급의 이름을 가진 학문이나 기술에 헌신하기를 원한다. 오후 첫 번째 수업은 역사공부에 부과되어야 하며, 두 번째 수업은 각 하급의 교재가 요구하는 것처럼, 말과 문체와 글씨의 연습시간이어야 할 것이다.

제31장 대 학305)

대학에 대한 세 가지 소원들(1/2): Ⅰ. 하나의 실제적인 세계에 대한 연구(3). Ⅱ. 참된 보편적 방법(4), 이에 대한 규칙들(5~7). 서적의 전문가(8/9)와 편집의 전문가들의 이용(10). 학문적인 토론(11). Ⅲ. 학위 수여자에 대한 학문적 존경(12). 평가하는 방법(13). 수학여행(14). 학자들과-대학의 과제(15).

1 우리의 교수법이 대학에 이르기까지 확대되는 것은 아니다. 그러나 우리의 소원이 어디로 향하여야 하며, 이러한 영역에서 해석하는 것은 무엇이 우리를 방해하는가? 우리는 이제까지 다룬 모든 학문들의 높이와 완성을 "더 높은 학부들"306)의 영역과 마찬가지로 대학에로 정당하게 넘겨주어야 될 것임을 위에서 언급했다.307)

2 우리가 원하는 이상적인 대학은 다음과 같다.

Ⅰ. 실제로 범세계적인 연구들이 이루어져야 하며, 인간적인 학문과 지혜의 전 분야에 걸친 연구가 마련되어야 한다.

---

305) Das Inhaltsverzeichnis der Originalausgabe nennt dieses Kapitel: De academia, peregrinationibus et collegio lucis.
306) Die(gegenüber der Artistenfakultät) "höheren Fakultäten" sind gemäß der mittelalterischen Universitätsordnung und bis ins 19. Jhd. hinein: die theologische, die medizinische und die juristische (s. u. §5ff.).
307) 대교수학, 27장 6.

Ⅱ. 대학교육의 방법은 높은 수준의 학식을 전달하기 위하여 쉽고 신뢰할 만한 방법들이 적용되게 하는 것이다.

Ⅲ. 명예로운 학위는 대학과정을 훌륭하게 수료한 자에게만 수여되어야 하며, 인사 또는 업무의 관리를 안심하고 맡길 만하다는 자격을 보이는 자라야 할 것이다.

이상에 대하여 하나씩 자세하게 그러나 간략하게 다루어 보겠다.

3 학문적인 연구가 범세계적인 것이 되도록 사람들은 Ⅰ. 모든 학문과 기술, 언어와 학부에서 그 자체뿐만 아니라 생생한 보물창고에서 모든 것을 가져와 모두에게 전해 줄 수 있는 교육된 신실한 교수들을 필요로 하며, Ⅱ. 자유로이 이용될 수 있는 다양한 저자들에게서 선별된 책들이 있는 도서관이 필요한 것이다.

4 대학의 연구는 먼저 인간의 꽃이라고 할 수 있는 재능이 가장 많은 사람만을 선별하여, 그곳으로 보내질 때, 더 쉽고 더 성공적으로 진전이 있게 될 것이다. 다른 사람은 그들이 태어난 목적에 따라 쟁기, 수공업, 상업을 하게 하면 될 것이다.

5 둘째로 각 학생이 연구에 몰두할 때, 적성에 맞는다는 것을 확실한 증거로 결정짓게 한다. 말하자면 어느 사람은 자연적 재능에 의해 더 나은 음악가, 시인, 웅변가, 물리학자가 되는 것처럼 다른 사람은 신학, 의학, 법학에 더 적합한 자가 되는 것이다. 우리는 임의로 모든 나무에서 잘라 하나의 메르쿠어(Merkur)신상(역자 주 : 로마신화에 나오는 상업의 신상)을 만들기 원하고,308) 자연

---

308) Sprichwort, s. o. Kap. 12, Anm. 5.

적 성향에 주의하지 않는다면, 여기서 빈번히 실수를 저지르게 되는 것이다. 우리가 미네르바(Minerva)의309) 의지에 대항하여 사명을 느끼지도 않는 학문 분야에 들어감으로써 직업에서는 좋은 성과를 얻지 못하고, 오히려 취미에서 좀 더 나은 성공을 하게 되는 일이 많다. 어떤 학생이 학문적 연구에 적합하고 어떤 학생은 다른 삶에 유도되어야 하는지를 라틴어학교를 졸업할 때, 정신적 재능을 위한 공개적 시험을 치게 하고, 학교의 지도자에 의해 결정하게 하는 방식은 추천할 만한 가치가 있는 일일 것이다. 더 나아가서 그의 자연적인 성향에 따라, 그리고 교회와 국가가 요구하는 필요에 따라, 사람을 신학과 정치학,310) 의학에 종사해야 하는지 결정하는 것도 추천할 만한 방법이다.

6 셋째로 여러 방면이나 모든 방면의 학자, 즉 '범지학자'가 부족하지 않도록311) 아주 탁월한 정신적 재능을 가지고 있는 아이들이 모든 것을 할 수 있도록 격려해야 한다.

7 대학들은 다만 부지런하고, 영예로우며, 재능 있는 사람들을 교육시키는 일을 힘써야 한다. 게으름과 태만으로 돈과 시간을 허비하고 다른 사람에게 나쁜 영향을 미치는 거짓 학생들을 허용해서는 안 된다는 사실을 주의해야 한다. 모두가 학업에 열중하기 때문에 병이 없는 곳에는 전염도 없다.

8 대학에서는 모든 종류의 저자들의 저서가 다 다루어져야 한

---

309) D. h. gegen die Göttin der Weisheit, Künste und Wissenschaften, ohne Berufung und Begabung; vgl. Kap. 19, Anm. 19.
310) Politia und jurisprudentia sind hier gleigesetzt.
311) D. h. an enzyklop disch gebideten im Sinne von C. Pansophie.

다고 우리는 말했다. 이것이 그렇게 힘들지 않도록, 그럼에도 불구
하고 유익을 가져다주는 것이 되도록 여러 학자들, 언어학자, 신학
자, 철학자, 의사 등이, 그리고 지리학자들이 학생들에게 그들이
전 왕국과 지방, 땅의 지도를 설계하며, 땅과 바다의 큰 부분을 조
감도로 볼 수 있도록 만들게 하는 방식의 일을 대학생들에게 요청
하는 것은 바람직한 것이다. 화가가 땅, 도시, 집, 인간을 표본들과
일치하게 표현하는 것처럼, 왜 키케로, 리비우스, 플라톤, 아리스토
텔레스, 풀루타크, 타키투스, 겔리우스, 힙포클라테스, 갈렌, 케수
스, 어거스틴, 이에롬 등도 동일한 방법으로 표현되어져서는 안 되
는 것인가? 이것은 흔한 문장과 표현법(이것이 몇 사람에게 일어
나는 것처럼)을 통해서 뿐만 아니라 주요 핵심에 집중한 요약들을
통해서 가능한 것이다.

9 저작자의 저서들에서 그러한 방식의 발췌는 좋은 유익을 가
져오게 할 것이다. 첫째로 어떤 저자의 작품을 전부 읽을 시간이
없는 사람들은 작가들 중의 몇몇에게서 일반적인 지식만을 획득하
게 될 것이다. 둘째로(세네카의 충고에 따르면)[312] 개별적으로 자
세히 연구하고자 하는 사람은(모든 것이 모두에게 필요한 것이 아
니기 때문에) 그들이 이것이나 저것이 그들의 기호에 맞는지를 몇
차례 시험해 보고 느낀 후에 더 쉽고 정확하게 선택할 수 있게 해
줄 것이다. 셋째로 저자들의 전체 작품을 읽으려는 학생들에게는
이런 요약이 독서안내서의 역할을 함으로 유익함을 더 크게 얻는
독서를 하게 된다. 이것은 여행자가 먼저 지도상으로 행선지에 대
한 연구를 하고 떠나면 여행 도중에 틀리지 않고 쉽게 즐길 수 있

---

312) Seneca, Epist. 2, 2 (Beltram I, 5).

는 것과 마찬가지이다. 마지막으로, 이런 초록(抄錄)은 그들이 읽은 저자들의 작품을 다시 빨리 읽기 원하는 학생들에게 큰 도움이 될 것이다. 이것은 주된 요점들을 기억하고, 철저하게 통달하게 할 것이다.

10 그렇게 요약한 내용은 개별적으로 가난한 사람들이나 두꺼운 판들을 읽을 필요가 없는 사람들을 위해 출판될 수 있다. 본문을 읽으려는 사람들은 우선 전체에 대한 개요를 얻게 해줄 수 있을 것이다.

11 학문적 연습에 관해서 나는 동료 겔리우스(Gellius)의 유형에 따라 공개적인 대화 방식을 도입하는 것이[313] 장점이 있을지는 잘 모르겠다. 그것은 교수가 공개적으로 강의하는 모든 것에서 그가 같은 사건에 대해 기록했던 가장 좋은 작품들을 학생들에게 개별적으로 읽어 오게 한다. 그가 오전에 공개적으로 강의한 모든 것을 오후에 전 청강생들과 함께 심도 있게 토론하게 할 수도 있을 것이다. 이때 학생들은 그들이 아직 이해하지 못하거나 그들이 충격을 받거나 논증을 통하여 뒷받침되는 어떤 의견을 발견했는데, 그것이 교수의 의견과 반대되는 것이라는 식으로 질문을 할 수도 있을 것이다. 각자가 많은 것에서 (하나의 분명한 질서는 유지되면서) 대답하거나 밝혀도 좋으며, 이러한 질문이 만족하게 다루어졌는지에 대하여 입장을 분명히 표명해야 한다. 토의를 이끄는 책임자로서 교수는 끝으로 결말을 덧붙여야 한다. 이런 방식으로 많은 사람들이 읽은 것을 하나의 결과로 요약할 수 있다. 이것은 한편으

---

313) Die berühmten "Noctes Atticae" des A. Gellius sind teilweise in der Form fiktiver Kolloquien abgefaßt.

로는 모든 것이 공동으로 사용 되고, 다른 한편으로 모든 것이 정신에 깊이 각인되고, 그렇게 실제적으로 신뢰할 만한 진보가 학문의 이론과 적용에서 성취되게 하기 위함이다.

12 이러한 토론의 훈련은, 나의 제3의 소원, 즉 명예로운 학위는 자격이 있는 학생 이외에는 주어져서 안 된다고 하는 것을 확인시켜 주는 수단이 될 것이다. 말하자면 자격을 갖춘 자가 공적인 명예의 자리에 올 수 있는 것이다. 이러한 일은 나의 생각으로는 개별적인 개인적 결정에 의해서가 아니라, 모든 사람의 공개적인 의견의 일치에 의존해야 할 것이다. 그래서 낮은 학교에서 학교의 교장을 통하여 관찰이 이루어지고, 교사와 학생의 입장에서 얼마나 철저하게 교수되고 교육받았는지 감독하는 것처럼, 대학도 일년에 한 번 왕과 국가의 의원들을 통하여 감독을 받아야 한다. 학문성을 특출 나게 나타낸 사람들은 그들의 덕성의 증거로서 박사와 석사의 학위를 수여받아야 한다.

13 이때 어떤 속임을 방지하기 위하여 후보자(또는 동시에 두세 명의 후보자)가 토론 주도자314) 없이 중앙에 서고, 논증에 의하여 학위의 충족함을 인정받게 한다면 가장 좋은 방식이 될 것이다. 그리고 가장 학식 있는 자들과 이미 실제에서 평가에 적합한 사람들이, 이론과 실천에서 그의 학문적 진보를 근거하도록 적용했다고 생각하는 모든 것들에 가능한 대로 이의를 제기하게 해야 한다. 그들은 예를 들어 여러 가지 원본에 대한 질문을 제기할 수 있다(성경에서, 히포크라테스에게서, 법전의 자료에서). 후보자가 이러 저

---

314) Sine praeside könnte auch heißen: ohne Diskussionsleiter.

러한 것에 그의 연구가 연관되어 있는 한, 이런 저런 것이 어디에 기록되어 있는지; 그가 다른 견해를 가진 저작자를 아는지와 어떤 저작인지; 이러한 질문의 해결을 위해, 어떤 반박의 논증을 할 수 있는지 등을 알아보는 것이다. 실제적 영역에서 사람들은 그에게 양심과 병, 발병, 그리고 법적인 사건들에 대한 상이한 질문들을 내세워야 한다. 마치 그가 이런 저런 경우 어떻게 진행하고, 또 왜 그렇게 해야 하는지. 그가 실제적으로 철저하게 사물에 대해 판단할 수 있다는 것이 드러날 때까지, 그에게 여러 가능성과 상이한 경우를 철저하게 살펴보아야 한다. 그때 공개적이고 진지하고 엄격한 시험을 앞두고 있는 사람들이 양심적으로 열심히 할 것이라고 바라서는 안 된다는 말인가?

14 이 마지막 6년이나, 또는 마지막에 개최되어야 하는 여행에 관하여 나는 플라톤의 견해가 나의 마음에 딱 맞는다는 것 외에는 다른 말을 할 필요가 없다. 이른바 청소년은 불같은 청소년 연령의 혈기가 완전 제거되고, 필요한 지혜와 신중성과 능력이 갖추어질 때까지 여행해서는 안 된다.315)

15 학교 중의 학교인, 하나의 아카데미(collegium didacticum)316)가 어디에 어떻게 세워져야 할 필요가 있는지, 또는 그것에 대한 어떤 희망도 없다 해도, 만일 학식 있는 사람들이 하나님의 영광을 높이기 위해서 함께 일하기만 한다면 기존 교육기관으로도 우리가 바라는 성과를 이룩할 수 있을 것이다. 이런 사람들이 연합하여 노

---

315) Plato, Gesetze XII, Kap. 5 (949 E-950 D).
316) Die Idee einer solchen Gelehrtenacademie erklärt Comenius ausführlich in der "via lucis", Kap. 18.

력하는 목적은 다음과 같은 것이어야 한다. 즉, 지혜의 빛을 밝히기 위하여 학문의 기초를 철저하게 수립하고, 지혜의 빛을 전 인류에게 잘 전파하고 성공적으로 확대시키는 것과 새롭고 유용한 발명을 통하여 인간의 상태를 항상 계속적으로 개선하는 것에 목표를 두어야 하는 것이다.

왜냐하면 우리가 발전을 멈추거나 침체상태에 빠지지 않으려면 우리의 성공적인 출발이 더 큰 전진으로 이어지게 해야 할 것이기 때문이다. 이를 위해 어떤 한 사람이나 한 시대만으로는 충분하지 않기 때문에, 더 많은 사람이 협동하여, 선배들의 업적을 출발점으로 삼고 계속 발전시켜야 한다. 이러한 보편적인 대학(Kollegium)과 다른 학교들과의 관계는 육체의 사지를 위한 위(胃)가, 즉 그들에게 액과 힘, 그리고 생명을 주입해 주는 생명의 공장과 같은 것이다.

16 하지만 우리의 학교들에 대하여 언급되어야 할 부분이 무엇인지, 그리로 돌아가 보자!

제32장 완전하고 일반적인 학교의 질서[317]

> 이제까지 언급된 것의 요약(1) 책 인쇄술과 새로운 교수 방법의 비교를 통하여(2~5). 종이(6). 학생(7/8). 유형들: 교과서(9~15). 인쇄 잉크: 교사(16). 인쇄: 훈육(17). 책 인쇄와 교육의 계속된 유사성(18~26). 결론(27).

1 학교 개혁의 필요성과 방식에 관해서 우리는 상세히 언급하였다. 우리의 소원과 충고들에서 종합적인 것을 이끌도록 잘 말해졌을 것이다. 그것은 다음과 같이 보인다.

2 우리는 교수 방법을 이제까지 통상적이고 관습적인 것 사이에서 마치 옛적에 책들을 펜으로 다양하게 만드는 관습적 기술과 나중에 발견되고 이제 사용된 활판 모양의 인쇄[318] 사이에서처럼 차이가 크지만 교수 방법을 완전하게 유도하고자 한다. 책 인쇄술은 더 힘들고, 가격이 비싸고 복잡한 기술이다. 하지만 그 방법은 책들을 빨리, 예쁘고, 정확하게 만드는 데는 더 적합할 것이다. 이와 마찬가지로 새로운 교수 방법은 그것이 처음에는 어려워서 걱정이 될지 모르나, 그것이 한 번 도입된다면, 교육에 더 많은 도움이 될 것이며, 더 신실한 진보와 지금까지 별 방법 없이 행했던

---

317) Im Inhaltsverzeichnis 'perfecto' statt 'plane accurato'.

318) Den Vergleich nimmt Comenius später nochmals auf in der Schrift 'Typographeum vivem', ODO IV, 85ff., in der das hier ausgeführte korrigiert wird.

교육에 더 많은 기쁨을 가져다 줄 것이다.

3 첫 번째의 활판 모양의 인쇄 시도는 통상적이고 펜의 자유스러운 사용에 비해 얼마나 무용하게 보였던지는 우리는 쉽게 생각해 볼 수 있다. 하지만 우리의 경험은 이러한 발명이 얼마나 많은 편리함을 가져오는지에 대하여 가르쳐 주었다. 첫째로 두 명의 젊은이가 펜으로 같은 시간 내에 아마 200여 권을 쓰는 것보다 인쇄는 더 많은 책을 만들어내게 된다. 둘째로 이렇게 손으로 쓴 책은 종이와 면 그리고 줄의 수와 형식, 순서가 제각각 다르다. 하지만 인쇄된 책은 거의 똑같다. 그러나 인쇄된 책은 계란들이 같은 것보다 더 원본과 꼭 같은 것이 큰 이점이다. 셋째로 손으로 씌어진 견본들은 실수가 없는지 확실하지 않다. 원본과 대조하는 데 매우 많은 시간과 지루함이 요청된다. 인쇄본의 경우에 하나의 견본이 교정된다면 나머지 모든 것이, 아마 그것이 수천 권이 될 수 있지만, 곧장 수정될 수 있다. 그것은 기술에 관해 이해하지 못한 사람에게는 믿을 수 없는 것처럼 보이지만 그것은 사실이다. 넷째로 모든 종이가 펜으로 쓰기에 적당한 것은 아니고 잉크가 흘려 스며들 수 없는 더 강한 것이 있을 수 있다. 하지만 사람이 인쇄기로 가져오는 것은 다 인쇄되고 얇고 침투성이 있는 종이, 아마포 등도 다 가능하다. 마지막으로 손으로 예쁘게 쓸 수 없는 것을 예쁜 책으로 만들어질 수 있다. 왜냐하면 그것은 고유한 손으로가 아니라 적당한 형식으로 벗어날 수 없는 기술적으로 이에 맞게 완성된 모형으로 이루어지기 때문이다.

4 우리의 새로운 일반적인 교육 방법이 한 번 시행되면 인쇄술과 같은 유사한 일이 나타날 것이다(여기서 단지 보편적 방법론

만을 주장한다고 하지 않는다). 그리고 나면 첫째로 오늘날 통상적인 방법보다 적은 교사의 수로 더 많은 것을 가르치게 될 것이다. 둘째로 그들은 더 근본적으로 교육받게 되고, 셋째로 더 세련된 학식과 분위기가 있는 고상한 정신으로 교육받을 수 있다. 넷째로 교사는 적은 능력을 갖고 느린 감각을 가진 그런 사람을 더 잘 돌볼 수 있다. 마지막으로 가르치는 적성에 맞지 않는 교사도 성공적으로 가르칠 수 있다. 왜냐하면 무엇이 어떤 방법으로 교수되어야 하는지는 더 이상 개인의 재능에 의존하지 않고, 이미 준비되고 완성되고 손으로 주어진 도구로 아이에게 한 방울씩 떨어지고 부어질 수 있기 때문이다. 모든 오르간 연주자가 작곡하지는 못하지만, 소리나 또는 오르간 위에서 머리로부터 가져올 수 없는 어떤 곡들을 악보에서 쉽게 연주할 수 있는 것처럼 교사도 이와 같이 그가 모든 강의 내용과 모든 강의 방법을 악보 위에서처럼 그의 눈앞에 학과내용과 그것을 가르치는 정확한 방법이 있기만 하면 얼마든지 가르칠 수 있을 것이다.

5 우리가 책 인쇄술에서도 유사성을 말하고자 하고 비교를 통하여 이러한 방법에 해당하는 기술을 더 자세히 논구(論究)하고자 한다. 종이 위에 지식의 구체적 형상이 인쇄되는 것과 같이 지식을 마음에 써넣을 수 있는 것이 우리의 방법이며, 사실 "인쇄술"이라는 용어를 이용하여 우리의 새로운 교수 방법을 "디다코그라피(Didachographie)"라고 명명하는 것은 적합할 것이다. 이 개념에 대하여 우리는 좀 더 상세히 다루어 보려고 한다.

6 인쇄술은 특별한 재료들과 특별한 작업 과정을 갖는다. 가장 중요한 재료들은 종이, 활자, 인쇄 잉크, 인쇄기(누르기) 등이

다. 작업은 종이 준비, 활자기에 따른 틀 놓기, 잉크 칠하기, 오자의 교정, 인쇄하기, 마르기 등이 있다. 모든 것이 그의 일정한 규칙들을 가지고 이러한 순서에 따라 작업 과정을 쉽게 형성하게 된다.

7 디다코그라피(우리가 이 용어에 머무르고자 한다면)에서 다음과 같은 상태가 이루어진다. 종이는 바로 학생인데 이 학생의 정신은 학문의 철자로 인쇄되어야 한다. 틀은 교과서와 적은 노력으로 정신에 각인시키는 준비된 부교재들이다. 인쇄 잉크는 교사의 살아있는 소리인데 그것은 사물의 감각을 책으로부터 학생의 귀로 전달하는 것이다. 인쇄기는 규율인데 학생들을 수용하도록 준비하고 격려하는 것과 같은 것이다.

8 모든 종류의 종이가 사용될 수 있다. 하지만 그것이 더 깨끗할수록 인쇄는 더욱 뚜렷해진다. 그렇게 우리의 방법들은 모든 재능을 허용하며, 역시 더욱 뛰어난 학생들은 더 좋은 성공에 이르도록 도울 것이다.

9 내가 그렇게 원하는 것처럼, 활자와 우리 교수법에 합당한 교과서가 매우 유사하다. 책의 인쇄가 시작될 수 있기 전에 활자가 먼저 짜여지고, 깨끗하게 닦은 다음 사용되도록 해야 하는 것처럼, 필요한 교구를 마련한 후에, 새로운 방법의 교수법을 사용할 수 있을 것이다.

10 한 권의 책을 인쇄하기 위해서는 활자의 많은 수의 틀이 필요하게 된다. 학교에서도 동일한 방식으로 교과서의 내용과 교구가 많아야 한다. 왜냐하면 작업이 진행되는 중에 가장 필요한 것이

부족해서 작업이 중단되는 것은 고통스럽고 해로운 일이 되기 때문이다.

11 하나의 완전한 인쇄소는 사용될 수 있는 것이 전혀 부족하지 않도록 모든 종류의 활자를 다 소유한다. 이와 마찬가지로 학년용 교과서는 철저한 교육에 필요한 모든 것을 포함하여야 한다. 그리고 배워야 할 것을 배우지 못하는 학생이 하나도 없도록 만들어야 한다.

12 활자들이 사용되기 위하여 항상 준비되어 있도록, 그것들이 주위에 널려 있게 해서는 안 되며, 그것들을 작은 상자나, 구별된 그릇에 질서 정연하게 준비해 놓아야 한다. 이와 마찬가지로 우리의 책들이 교과의 재료들로 혼잡하게 제시해서는 안 되고, 가능한 모든 것을 년, 월, 일, 시간의 학습할 내용에 따라 구분해야 한다.

13 현재 작업에 필요한 활자만을 상자에서 끄집어내고, 다른 것들은 손대지 않은 채 놓아둔다. 이처럼 학교의 교재들은 다른 것들과 혼돈되지 않도록 학급에서 바로 필요로 하는 아이들에게 손에 쥐어 주어져야 한다.

14 마지막으로 식자공(植字工)는 그가 철자를 단어로, 단어를 행으로, 행을 칼럼으로 순서를 지우는 판단 규범을 가져야 한다. 그것은 어떤 것도 그 용량에서 빠지지 않기 위함이다. 마찬가지로 아이들이 규범대로 그들의 학업을 행할 수 있도록 그 규범을 담은

지침 같은 것을 아이들의 손에 주어져야 한다. 그것은 어떤 오류도 발생할 수 없도록 일반적인 것을 확고히 하는 강의록들이 각 시점에 맞게 진행되어야만 하는 것들에 맞게 저술되어야 함을 뜻한다.

15 각 학급에는 두 가지 종류의 교과서가 주어질 수 있다. 학습자들을 위한 책과 교사들을 위한 교수 방법적인 책이다. 그것들은 먼저 언급한 것을 올바르게 적용하도록 이해하기 위함이다.

16 인쇄를 위한 검은 잉크는 교수학에서 교사의 목소리에 상응하는 것이라고 우리는 말했다. 잉크가 없는 활자로 인쇄기를 누르면 희미한 활자의 흔적은 있지만 곧 그 흔적조차도 곧 사라지게 된다. 하지만 잉크를 사용하면 분명하면서도 거의 지워지지 않는 글자가 인쇄된다. 벙어리 교사를 통해 학생들에게 제공되는 것은 벙어리이고, 불완전한 것이다. 교사의 목소리가 들려오면 (학생들에게 모든 것을 이성적으로 그리고 이해력에 맞게 설명하고 적용을 보여주는 교사) 모든 것은 생동감이 있고 정신에 깊이 각인되므로 그들이 배우고 알아야 하는 것을[319] 확실하게 이해하게 된다. 인쇄 잉크가 물이 아니라 기름으로 (특별한 것을 성취하고 싶은 인쇄공은 석탄이 섞여 있는 순수한 호두 기름을 사용한다) 만들어졌다는 점에서 펜 잉크와 구별되는 것처럼 설득력을 가지고 분명하게 가르치는 교사의 목소리는 기름과도 같이 학생들의 마음속에 들어가며 지식을 운반해 준다.

17 결과적으로 인쇄소에서 인쇄기가 하는 것을 학교에서는

---

319) Bei Hultgren ausgelassen: et intellegere se sciant, quod scieunt.

훈육만이 각자가 교육을 받도록 영향력을 미칠 수 있다. 종이가 책으로 되기 전 인쇄기에서 벗어날 수 없는 것처럼(거친 종이는 더 강하게 약한 종이는 덜 강하게 인쇄된다 할지라도), 학교에서 교육을 받기를 원하는 사람은 누구나 일반적인 훈육에 복종해야 하는 것이다. 이러한 훈육의 단계에서 첫째로 교사의 끊임없는 관찰이다. 왜냐하면 사람은 아담의 후손인 아이들의 열심과 순수함을 신뢰할 수 없기 때문에 그들이 향하는 곳으로 그들을 동행하게 해야 한다. 둘째로 꾸지람은 훈육에 반하는 아이들을 이성과 순종의 자리로 돌아오도록 하는 것이다. 마침내 체벌은 충고나 경고를 통하여 교육되지 않는 자들을 위한 것이다. 하지만 모든 것은 조심스럽게 사용되어야 하고, 모든 사람을 자극하고 격려하며 영리하게 모든 것을 파악하는 목적 외에 다른 목적으로 사용되어서는 안 된다.

18 나는 일정한 작업 과정과 일정한 방법이 필요하다는 것을 이미 말하였다. 나는 이것을 간단히 다루고자 한다.

19 한 권의 책으로부터 많은 견본들이 생성되어져야 한다. 사람들은 동일한 텍스트와 동일한 식자로 동시에 많은 사본을 인쇄하게 한다. 동일한 사본의 수는 모든 책을 통하여 처음부터 끝까지 동일하게 유지되고 축소하거나 늘려서는 안 된다. 그렇지 않은 경우는 오자가 많은 책이 된다.

이와 유사하게 우리의 교수학의 방법은 필요 불가결하게 모든 학생들이 동시에 동일한 원리에 따른 강의로 같은 교사에게 주어지고 단계별로 처음부터 끝까지 교육되고, 아무도 학기 시작 후에 입학이 허용되지 않고 학기 끝나기 전에 떠나서는 안 되도록 요구한다. 그것은 한 교사가 많은 수의 학생들에게 충분하고 낙오나 틈이 없이 모든 것을 배울 수 있도록 하기 위함이다. 그래서 공개적인 모든 학교를 일 년에 한 번 열고 닫는 것이 필요하다(나의 견해로는 봄보다 가을이 좋다). 각 반의 학업이 해마다 한 번 돌아가고, 그리고 (약한 자에게는 예외도 있지만) 모두가 동시에 목적에 이르고 함께 다음 반으로 올라가는 것이다. 이것은 인쇄소에서 활자 A를 찍은 다음에 B, C, D 등으로 넘어가는 것과 같다.320)

20 잘 인쇄된 책들은 행간들 사이에 특정한 중간 공란을 가지는 장과, 난, 문단은 서로 분리되어 있다(때론 기술적 필연성 때문에, 때론 표제 때문에). 이와 마찬가지로 교수 방법에 있어서 일과 휴식의 일정한 기간들이 예견되어야 하고 회복을 위한 특정한 쉼도 필요하다. 우리는 년, 월, 일, 시간의 학업 분량을 갖는다. 이러한 것이 집행되면 각 반은 그들의 순환 과정을 완성하고 연간의 목적에 이르러야 한다. 여러 가지 이유로 인하여 날마다 4시간의 공개 수업, 즉 오전 2시간 오후 2시간의 수업이 권장된다. 토요일 오후가 시간이 비고, 일요일이 온전히 예배에 바쳐진다면, 그것은 주당 22시간이 된다.321) 필요한 방학을 계산한다 하더라도 그것은 연간 약 1,000시간이 된다. 방법론적으로 항상 앞으로 진행해간다면 얼마나 많은 것이 이 시간에 교수되고 학습될 것인가!

21 문장이 인쇄를 위해 준비되면, 사람은 종이를 들어 개별적 활자를 위에 나란히 평평하게 퍼뜨린다. 그것은 곧장 손으로 오고 인쇄과정이 방해받지 않도록 하기 위함이다. 이러한 방식으로 교사

---

320) Die Bezeichnung der Bogenmit den Buchstaben des Alphabets anstelle der jetzt üblichen Seitennumerierung war im 17. Jahd. noch im Gebrauch.

321) Im Original steht irrtümlich: 26 Stunden.

는 학생들을 그가 항상 그들을 보고 모두가 그를 본다는 생각이 들도록 해야 한다. 이것이 어떻게 다루어져야 하는지를 우리는 19장 문제 1에서 언급하였다.

22 종이에 활자가 더 잘 찍힐 수 있도록 사람들은 종이에 물을 뿌려 촉촉하고 연하게 되도록 돌본다. 같은 방식으로 학교에서 학생들은 항상 주의하도록 권고되어야 하며, 우리가 이미 앞에서 밝혔던 방식으로 격려되어야 한다.322)

23 이것이 행하여지면 선명한 글씨가 박혀 나오도록 금속활자에 잉크를 바르게 되는 것이다. 그렇게 교사는 해당하는 시간의 학과 내용을 그의 목소리로 읽어주고, 반복하여 말하고, 설명함으로써 학생들이 모든 것을 분명하게 파악할 수 있도록 만들어야 한다.

24 다음에는 종이를 한 장씩 인쇄기에 넣고 금속활자 원형이 모든 종이에 박아내도록 한다. 마찬가지로 교사는 학습 대상의 구조를 충분히 설명하고 몇 개의 실제의 예를 줌으로써 얼마나 쉽게 모방할 수 있는가를 보여주고 나서는 그가 말한 대로 행하게 하며, 이와 같이 하여 학생들이 단순한 학습자가 아니라 지식의 소유자라는 것을 깨달을 때까지 노력하도록 지도한다.

25 후에 인쇄된 종이는 공기와 바람에 마르게 된다. 학교에서는 사람의 정신을 반복과 시험, 그리고 경쟁을 통하여 모든 것이 확고하게 되도록 만든다.

---

322) 대교수학, 19장 20.

26 먼저 모든 인쇄된 활자가 모여지고 순서대로 정리된다. 그
것은 견본들이 완전무결하게 제본되고, 판매나 발송, 그리고 묶음과
이용하기에 잘 준비되어 있는지를 볼 수 있도록 하기 위함이다. 공
개적인 시험은 해의 마지막에 이와 같은 시행한다. 그 과정을 통해
서 학교의 감독관은 학생들의 진보와 신뢰성과 연속성에서 실제로
배워져야 하는 것이 실제로 가르쳐졌는지를 발견하도록 시험해 본
다.

27 지금까지 우리는 다만 일반적인 것에 대해서만 이야기했
다. 더 자세하고 특수한 것들은 다른 기회에 취급하기로 한다.[323)]
현재로서는 책 인쇄의 발명과 같은 방법으로 책의 수가 많고 다양
해진 것처럼, 교육도 '디다코그라피(Didachographie)'나 '범방법
론'($\pi\alpha\mu\mu\varepsilon\theta o\delta\varepsilon\iota\alpha$)의 발명을 통하여 배운 사람이 점점 많아질 수
있고 다양화되었다는 것을 보여 주는 것만으로 충분하다. "많은 수
의 현자가 존재하는 것은 세상을 위한 행운이다"(지혜서 6:24)라는
말에 따라 모든 인간적인 일들의 개선에 하나의 커다란 진보가 있
다. 우리는 물론 기독교의 교양을 확장하기 원하기 때문에, 학문과
선한 도덕으로서 그리스도에게 모든 것을 바친 영혼들에게, "이는
물이 바다를 덮음 같이 여호와를 아는 지식이 세상에 충만할 것임
이니라"(사 11:9 하)는 하나님의 약속에 적합하게 신앙을 심는 일
을 희망해도 좋을 것이다.

---

323) Vgl. "Typographeum vivum" §19 (ODO IV, 89).

제33장 보편적 방법론의 실제적 적용에 대한 요구

좋은 생각들이 유감스럽게도 항상 실행되는 것은 아니다(1), 또한 학교
에서도 아니다(2/3). 학교 개혁에 장애가 되는 방해들(4~8). 책들은 학식
있는 자들의 토론을 통하여(9) 공개적인 도움으로 만들어져야 한다(10). 부
모의 엄숙한 경고(11)나 교사의 경고(12), 학자의 경고(13~15), 영적 지도
자의 경고(16/17), 교육 관청의 경고(18~20). 하나님에 대한 간구(21).

1 우리가 원하는 것처럼 학교가 설립되면, 우리의 설명을 이
제까지 주의 깊게 따른 사람은 누구나 그것이 기독교 왕국과 나라
를 위해 얼마나 좋은 상태에 이르게 되는지를 알게 되리라고 믿는
다. 우리는 이러한 관찰들이 단지 관찰에 그치지 않고 언젠가 실제
가 되도록 무엇이 행하여져야 하는지를 덧붙여야만 한다. 요한 케
시리우스 프라이(Johann Caecilius Frey)는 수세기 동안 아무도
학교와 대학에 있는 미개한 관습을 개혁하려고 시도한 사람이 없
었다는 사실에 대해 놀랍고 분개할 일이라는 것은 수긍이 가는 일
이다.324)

2 백여 년 전부터 학교와 교수 방법의 무질서에 대해 많은 불
편의 호소들이 있었다. 특히 지난 30여 년 동안 개혁이 조심스럽
게 권고되었다. 하지만 어떤 성과가 있었는가? 학교들은 과거의

---

324) Via ad divas scientias (s. o. Gruß an den Leser, Anm. 14), Kap. II,
Abschn. 1.

모습 그대로 똑같이 머물러 있었다. 어떤 사람이 개인적으로나 어떤 학교에서 무엇인가를 시도했다 하더라도 그는 단지 약간 전진하고 있을 뿐이었다. 그는 문외한이나 조롱자에 의해 얻어맞았거나, 또는 악의를 가진 자의 시기로 압력을 받았다. 아무런 도움도 받을 수 없었기 때문에 결과적으로 부담이 과중하여 쓰러지고 말았다. 그렇게 모든 것이 성공하지 못한 채로 지금까지 머무르고 말았던 것이다.

3 이와 같이 이제 교수법의 하나의 길을 찾고 발견해야 한다. 그리고 운동을 위해 충분히 잘 구성되었거나, 또는 좋은 토대 위에 세워질 수 있는 기계를 찾아야 한다. 운동을 지금까지 방해했거나, 방해할 수 있는 것을 제거하지 못했다면, 주의 깊게 단호히 제거하는 한에서 하나님의 도움으로 움직이게 하는 기계를 발견해야 한다.

4 그러한 장애물이 어떤 것인지 하나씩 분리시켜서 검토해 보도록 한다.

첫째로 학교를 맡아서 우리가 바라는 교육 결과를 얻을 수 있는 교수법을 터득한 교사가 크게 부족하다(사실 나의 책「언어의 문」(Janua)에 대하여 아이에게 각인시킬 수 있는 적절한 사람들의 부족으로 교육의 어려움을 가진다고 나에게 편지를 쓴 사람은 단호하게 호소하였다).

5 주어진 지침에 따라 그들의 과제를 성취할 수 있는 그러한 종류의 교사들이 존재하며, 그들이 그들을 위해 준비된 시간표나 기타 형식들을 사용함으로 쉽게 그들의 과업을 수행할 수 있다고 하자. 그러나 그들이 그리스도를 위해 태어나고 양육되고 교육되는

모든 도시와 마을에서 그들이 일하게 될 때, 그들의 생계를 유지하도록 어떻게 도울 수 있을 것인가?

6 가난한 자들의 자녀들이 학교 공부를 위해 자유로운 시간을 가질 수 있도록 사람들은 어떻게 돌볼 수 있는가?

7 낡은 현으로 잘못 연주하고[325] 모든 새로운 것을 멸시하고, 전통적인 방식으로 교육받은 자들의 교만이 무엇보다 더 걱정이다. 그러나 이것에 대한 대책은 쉽게 발견될 수 있다.

8 가장 중요한 요인이 하나 있다. 그것이 부족하면 기계 전체가 무용지물이 된다. 그것이 존재하면 기계가 움직인다. 바로 그것은 "범방법론"에 의한 학급용 교과서이다. 그것은 하나의 충분한 보고(寶庫)이다.[326] 인쇄술이 발견된 이후에는 그것의 사용법을 이해하고, 사용하기를 원하는 사람들과 훌륭하고 유익한 책을 인쇄하기에 필요한 자금을 공급하려는 사람과 그런 책을 사려는 사람들을 구하기는 어렵지 않다. 이와 마찬가지로 범방법론에 필요한 보조교구들이 마련된다면, 학교설립의 후원자나 조력자, 도움을 주려는 자를 발견하는 것도 또한 쉬운 일이기 때문이다.

9 그러므로 나의 계획의 성공 여부는 범교수법의 교과서들의 조달에 모든 것이 달려 있다. 이러한 것은 거룩한 목표와 관련하여 일치와 그러한 일을 꺼리지 않는 많은 풍성한 정신과 학식 있는 사람들의 협력에 달려 있다. 왜냐하면 이것은 가능한 다른 일에 종

---

325) Vgl. Horaz, Epist. II, 3, 355.
326) Über diese Bücher s. o. Kap. 22, §19 ff.; 28, § 24ff.; 30, §16.

사하고 있는, 그리고 범방법론에 일치되어야 하며, 알아야 하는 그러한 사람들이 아닌 사람의 사역이 아니기 때문이다. 물론 그것이 실제로 가장 높고 완전하게 되도록 해야 한다면, 그것은 아마 개별적인 사람의 작업이 되지는 않을 것이다. 그 일에는 동료적인 공동체가 필요하다.

10 그러한 공동체의 소집을 위해 왕, 제후, 국가의 권위와 원조가 필요하며, 그리고 넓게는 조용한 장소와 도서관, 또 이에 속하는 모든 것을 필요로 할 것이다. 하나님의 영광과 인류의 구원의 증대를 지향한 이러한 거룩한 노력들에 대하여 반대하는 것은 모두가 생각해 볼 일이다. 모두가 새로운 방식으로 자유롭게 전달하고자 하는 신적인 자비의 일꾼들이 되는 것을 더 많이 소망해야 한다.

11 그러므로 너희가 이러한 선한 계획에 대해서 듣게 될 때, 너희 마음이 열성으로 불타올라야 할 것이다. 너희의 손에 하나님이 그의 가장 비싼 보석, 그의 형상대로 창조된 어린이들을 의탁하신 것이다. 우리의 이런 계획이 성공적인 결과를 얻도록 가장 높으신 하나님께 간구하라. 너희들의 기도와 노고에 대해서 하나님께서 능력 있고 학식 있는 자들의 마음에 작용해 주시기를 계속 간구해야 할 것이다. 그동안 너희들의 아이들이 경건하게 하나님을 경외하도록 교육하는 것과, 그렇게 함으로 우리가 설명한 저 보편적인 교육에 이르는 길을 바르게 준비하는 것을 중단하지 말라.

12 또한 교사들이여! 낙원에서의 식물의 가꿈과 물을 주는 일에 신실하게 여러분의 일을 바쳐야 하는 아이들의 상(像)인 너희

교사들은 너희의 노력을 쉽게 해 주는 이러한 도구는 가능한 빨리 만들어지고 사용될 수 있도록 진지하게 간구해야 한다. 왜냐하면 너희는 하늘을 펴며 땅의 기초를 정하는 직무를 수행하기 때문이다(사 51:16). 너희가 수고함으로 풍부한 열매를 가져오는 것을 보는 것보다 무엇이 너희를 더 마음을 기쁘게 하겠는가? 이러한 하늘의 부르심과 자녀를 의탁한 부모가 너희에게 거는 신뢰는 그들이 우리에게 그들의 아이들을 맡기면서 전 조국이 이러한 횃불에 의해 불타기 시작하여 밝게 비추기 전까지 너희를 ‑너희를 통하여 다른 사람을‑가만히 있지 못하게 하는 불이 너희의 손에 달려 있다.

13 그리고 끝으로 하나님이 지혜와 힘으로 그러한 것을 판단하고 좋은 생각을 세심한 충고로 더 발전시키는 재능을 준 학자들은 주시하고, 이러한 거룩한 불이 활활 타오르도록 여러분의 불꽃과 화염, 풀무가 되는 것을 주저해서는 안 된다. 누구나 우리 그리스도의 말씀을 생각한다. "내가 불을 땅에 던지러 왔노니 이 불이 이미 붙었으면 내가 무엇을 원하리요"(눅 12:49). 주님께서 그의 불이 타야만 한다는 것을 원하지만 이러한 불꽃이 반감과 시기, 반박의 연기만을 내는 데 기여하는 자에게 화가 있도다. 주님께서 착하고 신실한 종에게 어떤 상을 약속하셨는지 생각해 보라. 그 종들은 맡겨진 돈으로 다른 것을 더 얻기 위해 장사를 하였고 그의 돈을 땅에 파묻어 둔 종은 어떤 상을 받았는가?(마 25장) 그러므로 당신 자신의 지식으로 만족하지 말고, 타인의 교육을 발전시키기 위해서 모든 힘을 다하라. 다음과 같이 말한 세네카의 예가 우리에게 용기를 준다. "나는 내가 아는 모든 것을 다른 사람에게 전달하고 싶다. 그리고 지혜가 나에게 폐쇄된 채 다른 사람에게 전달되어

서는 안 된다는 조건 하에서 주어진다면 나는 그것을 거절할 것이다."327) 전 기독교도는 학문과 지혜를 오용하지 말고 모세처럼 말하라. "여호와께서 그의 영을 그 모든 백성에게 주사 다 선지자 되게 하시기를 원하노라"(민 11:29). 우리가 아이들을 그에 맞게 돌보는 것은 교회나 국가를 만들고 새로운 형태를 만드는 것을328) 뜻한다고 안다면, 다른 사람이 무엇인가 하고 있는 동안에 우리는 그냥 서 있어야만 하는가?

14 나는 마음이 하나님과 후손에게 우리의 섬김을 바치는 것을 조롱하지 않도록 여러분에게 맹세한다. 우리 중에 누구든지 그가 충고와 경고 그리고 발전과 격려를 통하여 공동적이고 치유하는 목적을 달성하도록 기여해야 한다. 아무도 그것이 아무 것도 아니라고 생각하지 않는다. 왜냐하면 어느 사람이 그가 학교를 위해 태어난 것(교사)이 아니라고 가정하더라도, 그가 교회와 정치, 그리고 의사의 직업을 수행하고 있다고 하더라도, 그는 학교의 개혁을 위해 공동적으로 노력하는 것이 필요가 없다고 생각하면 잘못이다. 만일 우리가 직업에서 우리를 부른 사람에 대하여, 그리고 우리가 보냈던 사람에 대하여 신의를 보존하고자 하면, 분명 우리는 하나님과 교회 그리고 조국을 섬길 의무가 있을 뿐 아니라, 우리 다음에 동일한 것을 행할 사람이 부족하지 않도록 훈련시켜야 한다는 사실을 주의해야 한다. 소크라테스는 그가 높은 직책에서 조국에 유용한 섬김을 실행할 수 있었다 할지라도 아이의 강의에 헌신한 사실을 칭찬 받았다. 이른바 그는 국가의 통치에 참가하는 사람보다329) 사람을 통치할 수 있는 자들을 길러내는 일이 국가에 더 유

---

327) Seneca, Epist. 6, 4 (Text. zit. fälschlich Ep. 27), Beltram 1, 16.
328) Vgl. Cicero, De divin. II, 2, 4.

용하다고 설명했다.

15 어떤 학자도 이러한 제안이 자기들보다 학식이 부족한 사람에게서 나온 것이라는 이유로 경멸하지 않도록 나는 간청하고, 하나님의 이름으로 너희에게 맹세한다. "많은 배추 장사가 요점을 잘 집어 말했다. 당신이 알지 못한 것을 아마 어린 나귀새끼는 알고 있을지도 모른다"(크리시푸스가 말한다).330) 그리고 그리스도께서 말씀하시기를, "바람은 그가 원하는 곳으로 움직인다. 너는 소리는 들어도 그것이 어디에서 와서 어디로 가는지 알지 못한다."331) 하나님 앞에서 내가 확인할 수 있는 것은 내가 이러한 개념을 선전하지 않고 못 배기는 것은 거들먹거리는 마음에서나 명예나 개인적 유익을 더하기 원해서가 아니라는 것이다. 오히려 하나님에 대한 사랑과 인류의 상태를 향상시키고자 하는 마음이 나를 재촉하는 것이다. 이렇듯 숨은 충동이 우리의 해야 할 일을 알려주며 그것에 대해서 잠잠하고 있지 못하게 만든다. 그러므로 만일 누구든지 나의 이념의 실현을 돕는 대신에 오히려 방해한다면, 그는 나와 싸우는 것이 아니라 하나님과 자기 자신의 양심과 자연을 대항하여 싸움을 걸고 있는 것이다. 즉 "법의 공동성과 사용"(communis juris et usus)을 원하는 우리의 공동의 본성에 싸움을 거는 것임을 알게 될 것이다.

16 나는 여러분, 신학자들에게로 호소한다. 너희는 너희의 권위로 우리의 계획을 쉽게 촉진시키거나 방해할 수 있기 때문에, 예

---

329) Xenophon, Memorab. I, 6, 15. Dasselbe bei Erasmus, Apophthegemata III, Socratica 10 (Clericus IV, 156).
330) Erasmus, Adagia, chil I, cent. VI, 1 (Clericus II, 220).
331) 요 3:8.

측하건대 너희에게는 많은 것을 할 힘이 있다. 너희가 후자를 선호
하면, 베른하르드(Bernhard)의 "그리스도의 가장 해로운 적은 그
의 추종자들, 특히 그 중에서 가장 높은 자리를 차지한 자들이다"
는 말이 성취될 것이다.332) 하지만 우리는 더 좋은 것과 너희의
더 품위 있는 모습을 희망한다. 너희는 주님께서 베드로에게 그의
양들뿐만 아니라, 그의 어린양을 먹이라고 넘겨주셨다(요 21:15)는
사실을 생각해야만 한다. 목자는 어린양들이 풀밭에 양떼의 질서와
양육을 위한 목자의 막대기에333) 잘 적응하였다면 물론 더 쉽게
양을 칠 수 있을 것이다. 사람이 만일 무학(無學)의 청중을 더 좋
아한다면 그것은 무지를 드러내는 것이다. 만일 금이 광부의 손에
서 금을 세공하는 자에게 전달되지 않으면 세공 기술인은 어떻게
정련된 금을 구하려고 하지 않겠는가? 어떤 제화공이 가능한 가장
좋은 가죽을 원하지 않겠는가? 학교가 우리에게 가능한 준비된 청
중들을 제공하도록 주의를 기울이고, 소망하는 빛의 아이들이 되게
하자.334)

17 하지만 그것은 너희의 마음에 살아 계신 하나님의 종으로
아무런 질투가 생겨나서는 안 된다. 너희는 다른 사람을 위한 사랑
에로의 인도자인데, 너희는 시기하지 말고 교만하지 말며 너희의
유익을 구하지 말고 찾지 말고 악은 생각하지 말아라.335) 너희들
이 알지 못한 일을 다른 사람이 행한다고 시기하지 말라. 우리는

---

332) Sermones de sanctis I, 3 (Migne, Patrol. lat. 183, 362).
333) Gegen Hultgren muß die originale, wenn auch nicht ganz
durchsichtige Konsruktion beibehalten werden, da sie der des
tschechischen Texts entspricht.
334) 눅 16:8.
335) 고전 13: 4.

오히려 서로 그레고리우스가 말한 것처럼 우리 모두는 믿음에 충일해서 진리의 도구로서336) 하나님을 찬양하며 노력하는 본을 보이고자 한다.

18 나는 너희가 하나님의 이름으로 인사를 관장하는 국민의 지배자와 국가의 관리인으로서, 무엇보다도 나의 말은 여러분에게 향해 있다. 너희는 마치 노아 같은데 거룩한 씨의 보존을 위해 인간의 혼돈의 홍수 속에서 방주의 건축이 하나님에 의해 너희에게 주문되었다(창 6장). 너희는 무엇보다 성전의 건축을 위해, 위대한 것을 고안하도록 주님께서 그의 영으로 채워주신 기술자들이 그 일을 수행할 수 있도록(출 36장) 너희의 은사를 다른 이에게 내어 주어야 할 제후들이다. 너희는 여호와의 성전의 건축을 위해 건축 기사를 부르고 그들에게 모든 필요한 것을 제공하는 다윗과 솔로몬 같은 사람들이다(왕상 6장, 대상 29장). 너희들이야말로 주님의 어린아이들을 사랑하여, 그들을 위해서 학교를 세웠고, 그 때문에 그리스도께서 사랑하신 백부장과 같은 존재들인 것이다(눅 7:5).

19 그리스도를 위하여 나는 너희에게 간청하고, 우리가 소망하는 후손의 구원을 위해 너희에게 간청한다. 주의하라! 여기서는 하나님의 영광과 백성들 모두의 구원에 관한 하나의 진지하고, 결실이 있는 진지한 일이기 때문에 중요하다. 나는 너희가 얼마나 조국을 사랑하는가를 잘 알고 있다. 어떤 사람이 와서 어떻게 적은 비용으로 우리의 모든 도시를 요새화하고, 모든 아이들을 군사적으로 교육하고, 모든 강에 배가 다닐 수 있도록 하고, 상업과 부로

---

336) Gregorius, Moralium libri XXX, Kap. 27, §81(Migne, Patrol.lat. 76, 569).

백성을 잘 살게 하고, 또는 국가와 모든 시민들이 더 큰 번영과 안전에로 데려올 수 있는지를 충고한다면, 너희는 충고자에게 다만 귀를 돌릴 뿐 아니라, 그렇게 너희의 유익을 배려해 준 곳에 대하여 그에게 감사할 것이다.

　여기에 더 중요한 것이 있다. 조국에 막대한 유익이 될 수 있는 사람들을 내가 제시한 새로 발견된, 틀림없는 교수법으로 많이 키워낼 수 있다는 것이다. 루터가 독일의 모든 도시를 향해서 학교를 세울 것을 권유한 것은 참으로 거룩한 진리에 관계된다고 생각한다. 그는 말하기를 "도시, 요새, 기념비, 무기고를 만드는 데 금화 한 개가 필요하다면, 한사람의 올바른 청소년을 교육하기 위해서는 금화 100개를 소비하여야 한다. 왜냐하면 그런 청소년이 성인이 된 후에는 그의 동료들을 유익한 길로 인도할 수 있기 때문이다. 선하고 지혜로운 인간이야말로 국가의 가장 귀중한 보물이며, 궁전이나, 금, 은의 산더미, 청동의 문이나 쇠창살보다[337] 더 가치 있는 일이다"라고 하였다. 솔로몬도 같은 의견을 가지고 있었다(전 9:13-15). 그렇다면 만일 한 사람의 청소년을 철저하게 교육하기 위해서 경비를 아끼지 말아야 한다면, 이토록 보편적이고 틀림없이 이해력을 발달시킬 수 있는 교수법의 문이 열리려는 이때에, 하나님께서 그의 선물을 우리에게 퍼부어 주시려고 약속하신 이때에, 우리의 구원이 이렇게 가까이 임하여 하나님의 영광이 이미 이 땅에서 우리와 함께 거하시게 된 이때에 우리는 무슨 말을 할 수 있겠는가?

　20 "너희 제후들아 너희의 문들을 넓게 열어라! 세상의 문들

---

337) An die Burgermeyster und Radherrn, WA. 15, 30 und 34. (Clemen II, 445 und 448).

을 높이 열어라, 영광의 왕이 들어 가시리로다"(시 24:7). 너희 다스리는 자여, 주께 영광과 찬양을 돌려라.[338] 너희 중에서 각자는 다윗과 같다. 저가 여호와께 맹세하며 야곱의 전능자에게서 원하기를 "내가 내 장막 집에 들어가지 아니하며 내 침상에 오르지 아니하고 내 눈으로 잠들게 아니하며 내 눈꺼풀로 졸게 하지 아니하기를 여호와의 처소 곧 야곱의 전능자의 성막을 발견하기까지 하리라 하였나이다"(시 132:2-5). 어떤 투자도 두려워하지 말고 하나님께 드려라 그리하면 그가 너희에게 수천 배로 갚으시리라. 왜냐하면 그가 권위로 요청하고 "금도 은도 내 것이라"(학 2:8)고 말한다 할지라도 그가 다음과 같이 덧붙이면서 그가 그의 자비하심으로(백성을 성전을 짓도록 권고하면서) 다음과 같이 첨가하신다. "너희의 온전한 십일조를 창고에 들여 나의 집에 양식이 있게 하고 그것으로 나를 시험하여 내가 하늘 문을 열고 너희에게 복을 쌓을 곳이 없도록 붓지 아니하나 보라"(말 3:10).

21 우리의 하나님, 여호와께서 각자가 최선을 다하여 당신의 영광을 위하여 섬기도록 우리에게 기쁜 마음을 주시옵소서. 여호와여 위대하심과 권능과 영광과 승리와 위엄이 다 주께 속하였사오니 천지에 있는 것이 다 주의 것이로소이다. 여호와여 주권도 주께 속하였사오니 주는 높으사 만유의 머리이심이니이다. 부와 귀가 주께로 말미암고 또 주는 만유의 주재가 되사 손에 권세와 능력이 있사오니 모든 사람을 크게 하심과 강하게 하심이 주의 손에 있나이다 … 우리는 우리 조상들과 같이 주님 앞에서 이방 나그네와 거류민들이라 세상에 있는 날이 그림자 같아서 희망이 없나이다.

---

338) 전 9:13-18.

우리 하나님 여호와여 우리가 주의 거룩한 이름을 위하여 … 다 주의 것이니이다 … 또 내 아들 솔로몬에게 정성된 마음을 주사 주의 계명과 권면과 율례를 지켜 이 모든 일을 행하게 하시고(대상 29:11 이하). "하나님이여 우리를 위하여 행하신 것을 견고하게 하소서"(시 68:28 하). 주께서 행하신 일을 주의 종들에게 나타내시며 주의 영광을 그들의 자손에게 나타내소서 주 우리 하나님의 은총을 우리에게 내리게 하사 우리 손이 행한 일을 우리에게 견고하게 하소서(시 90:16-17). 여호와여 우리는 오직 당신만을 소망하였고, 영원히 소멸하지 않으리라.

아멘.

코메니우스의 생애와 사역

1. 삶의 과정

코메니우스는 남쪽 모라비아 지역, 헝가리 브로드의 니브니체 마을에서 1592년 3월 28일에 탄생하였다.[339] 그의 아버지는 보헤미아 형제단 교회의 존경받는 회원이었다. 그의 아버지가 일찍 죽으면서 그가 계속 교육받을 수 있도록 약간의 유산이 남겨졌다. 그런데 어머니와 두 자매들도 얼마 있지 않아 죽었다. 아버지의 누이가 코메니우스를 키웠다. 가족의 운명과 전쟁소요(騷擾)에 의하여 코메니우스는 학교 공부를 정상적으로 받을 수 없었다. 그러다가 그는 16세가 되어서 프레로브(Prerov)에 있는 형제단 연합교회가 세운 라틴학교에 들어갔다. 거기서 그는 곧 선생들로부터 주목과 총애를 받게 되었다.

한때 유명했던 프라하 대학은 후스와 루터의 가르침에 대한 신학적인 논쟁으로 지치고 침체되었다. 그 때문에 코메니우스는 라틴학교를 마친 후에 몇 명의 다른 형제들과 함께 근년에 새로 생겨난 독일의 헤어보른(Herborn)의 칼빈주의 대학으로 가서, 1611년 이른 봄에 그 학교에 등록하였다. 그는 여기서 요한 피셔(Piscator)에 의해 신학적인 물음들과의 첫 만남을 가졌으며, 요한 하인리히 알스테드(Alsted)에 의하여 현대교육에 대한 물음과 인문주의 학자들이 한 세기 전에 다시 추구했던 고대의 학문들을 연구

---

339) Für das Folgende vgl. Kvacala, Heyberger und Novak/Hendrich(s. Bibliographie).

하였다. 그는 화란으로의 여행을 마친 후에 1613년에 하이델베르그 대학으로 옮겨, 거기서 신학 공부를 끝마쳤다. 모라비아로 돌아왔을 때, 그가 얼마 전까지 공부했던 프레로부에 있는 라틴어학교 운영의 지도권이 그에게 위임되었다. 그는 가르치는 일 외에도 책을 쓰는 일을 계속하였다. 그는 그의 보헤미아 모국어의 문법과 사전, "범세계적인 사물의 원형극장"(Amphitheatrum Universitatis Rerum)이란 제목을 가진 백과사전을 집필하였는데, 그것들은 벌써 학생시절에 설계했던 것들이었으며, 이제 완성하기를 원했다. 1616년 그는 24세의 나이에 형제단 연합 교회의 목사가 되었다. 2년 후에 그는 학교와 교회를 동시에 책임져야 하는 풀넥(Fulnek)으로 파송되었다. 같은 해에 그는 프레로브의 존경받는 가문의 한 처녀인 막달레나 비쵸브스카와 결혼하였다.

삶의 행복과 조용한 활동은 그에게 오래 지속되지 못했다. 거대한 종교 전쟁이 시작되었던 것이다. 1621년 스페인의 군대가 그 땅을 점령하였다. 풀넥(Fulnek)은 약탈당했고, 코메니우스는 피신해야 했다. 그는 집에 머무르고 있는 가족을 이따금 몰래 방문하였다. 그러나 불행하게도 그 땅에 전쟁으로 인한 전염병이 퍼졌고, 코메니우스의 아내와 두 아이들이 그 전염병에 희생되고 말았다. 코메니우스는 이러한 시대의 고난 가운데서 「세상의 미로와 마음의 낙원」(Das Labyrinth der Welt und das Pradies des Herzens)이란 책을 쓰게 되었는데, 이 책은 영혼의 한 순례자가 세상의 미로와 같은 인생의 과정을 통하여 구원에 이르게 됨을 서술한 위로와 신앙의 책이었다. 그것은 오늘날까지 체코 문학계에 가장 아름다운 작품 중에 한 권으로 평가되고 있다.340) 위협받는

---

340) Dazu vgl. die Untersuchung von D. Tschizewskij: Comenius Labyrinth of the World, its themes and theeir sources, Harvard

형제단을 위로하기 위한 계속적인 글들이 코메니우스에게서 저술되었다. 코메니우스는 종교적이며, 정치적인 박해로 한 장소에 머물러 있을 수 없었다. 형제단 교회의 다른 목사들과 함께 그는 폴란드 리사(Lissa)로 망명하였다. 그는 그곳 교회들이 보헤미아인(Boehmen)들의 망명을 전쟁의 혼란이 지나갈 때까지 보증할 수 있을 것인지를 알아보아야 했었다. 그 대표단들은 폴란드에 있는 형제연합교회의 약속을 받았다. 그리고 동시에 그 대표단은 곧 기쁨으로 고향으로 돌아가게 될 것을 믿고 있었다. 슐레지아인(Schlesien) 크리스토퍼 코터(Christopher Kotter)라는 제혁공(製革工)의 환상이 그들에게 알려졌는데, 그 환상은 보헤미아인들의 해방과 팔츠(Pfalz)의 프리드리히(Friedrich)의 귀환이 큰 희망과 위로로 약속된 소식이었다. 코메니우스는 그의 예언의 진실성을 확증하기 위하여 코터를 찾아갔다. 그는 한 목사가 기록한 것들을 연구하며, 그것들을 체코어로 번역하기 시작한다. 모든 예언들이 코메니우스에게 쉽게 믿어지는 일은 아니었다. 그러나 마침내 그는 다른 감정인들을 데려와 그 예언들을 검토한 후에, 그 예언들에 순복하고, 이제는 이러한 희망의 소식을 재빨리 확산시키는 일이 자신의 의무라고 생각하였다. 팔츠(Paltz)의 백작이며, 겨울의 왕인 프리드리히(Friedrich)는 코터(Kotter)의 환상을 듣게 되었으며, 그것에 대하여 더 자세히 알기를 원했다. 코메니우스는 왕에게 자세한 소식을 알게 하려고, 코터를 화란 땅에 왕이 피신해 있는 곳으로 보냈다. 코터가 돌아온 후, 다만 짧은 기간 동안 코메니우스는 교육적인 글들의 작업을 수행할 수 있었다. 1627년 가톨릭교회로

Slavic Studies I, 1953. Eine wichtige Schrift aus dieser Zeit ist auch das "Centrum securitatis", in dem Grundgedanken der Pansophie und der Pädagogik des Comenius schon angebahnt sind.

의 개종을 강요하는 황제의 칙서(勅書)가 그 땅에 있는 모든 프로
테스탄트들에게 내려졌다. 코메니우스는 보헤미아 형제단 교회의
사람들과 리사(Lissa)로 망명길을 떠난다.

첫 망명 기간은 다시 선지자들의 언약의 감동 속에 머물게 된다.
16세의 고아인, 크리스티네 포니아토브스카(Poniatovska)는 그녀
의 병상 중에 코터의 것과 비슷한 내용의 새로운 환상으로 형제단
교회에 자극을 주었다. 코메니우스는 얼마 있지 않아 다시 결혼하
게 되었고, 그녀(포니아토브스카)를 딸처럼 받아들였다. 그는 얼마
나 예언들이 고국의 해방과 같은 구체적인 현세적인 일과 관계된
것인지를 알기 위하여 그 예언들을 연구하는 데 몰두하였다. 그는
얼마 후에 예언을 변호하고 알리기 위해 "참된 예언과 거짓 예언
에 관하여"란 글을 저술하였다. 이 기간에 그의 사역은 리사에 있
는 귀족 학교에서 가르치는 일이었으며, 고향으로 돌아갈 희망과
함께 학교 계획을 준비하는 일로 분주하게 지냈다. 여기서 그의 교
수학의 첫 번째 체코어판이 저술된다(1628~1630). 곧 라틴어 학
습 교재인, 「열려진 언어의 문」이 1631년에 출판되었고, 여러 곳
에서 재빨리 옛 라틴어 교재를 능가하여 사용되었고, 그것은 곧 새
로운 출판이 이루어져야 했었다. 학교의 신입생을 위하여 코메니우
스는 2년 후에 「언어의 문의 정원」(vestiblum januae lingu
arum)이란 책을 출판하게 되었다. 게다가 고국에서 교회의 재건을
준비하는 글들이 출판되었다. 그러나 고국으로 돌아가는 희망은 프
리드리히5세가 죽었다는 소식이 형제단 교회에 전달되면서 곧 흔
들리기 시작하였다.

그때부터 귀환에 직접적으로 도움이 되어야 할 일들이 그 중요
성을 잃게 되었고, 다른, 벌써 이전에 마음에 품고 있던 저술의 계
획들이 다시 떠오르게 되었다. 모든 앎의 통일성과 개관성에 대한

확신은 기독교 철학의 인문주의자들의 개념과 그 시대의 백과사전주의(Enzyklopaedismus)에 의존된 것으로, 모든 알만한 것과 하나님이 만드신 것의 백과사전적인 체계인 범지혜의 설계에로 이끌었다. 코메니우스가 범지혜(Pansophia)에 대한 한 설계를 보내주었던 영국에 있는 코메니우스에 감탄한 추종자 사무엘 하르트립(S. Hartlieb)이란 사람은 이러한 소식을 언론에 알리고, 동시에 코메니우스가 이 작업을 실행하기 위해 영국으로 오도록 초대한다. 코메니우스는 원치 않았던 첫판 인쇄를 폐기처분하기 위해 신속하게 설계한 "범지혜의 입문서"(Prodromus Pansophiae)을 확장하는 것이 필요하다고 생각한다. 명성과 적대감이 자라게 된다. 하르트립은 그 사이에 형제연합교회의 대표로 선출된 코메니우스를 그의 범지혜의 완성을 위한 모든 수단이 제시될 수 있는 영국에 안주하도록 재차 재촉한다. 코메니우스는 결과적으로 자세히 알아보기 위한 여행을 하려고, 1641년 가을에 영국으로 향한 배를 타게 된다. 영국에서는 축하의 영접을 위한 공식행사가 코메니우스를 위하여 준비되어 있었다. 영국 의회(議會)는 범세계적인 학문연구의 조력을 위하여 하나의 연구소 설립을 감행한다. 그것은 얼마 후에 "위대한 과학자들의 공동체"인 "불가시적인 대학"(invisible college)과 '왕립학술원'(Royal Society)으로 성숙되었다. 우정과 승인의 분위기 가운데서 코메니우스는 모든 사람들에 대하여 지혜의 빛의 확산을 위한 길, 즉 그의 "빛의 길"(via lucis)을 설계하게 된다. 범지혜의 학교를 세우기 원했던 추기경 리켈리우(Recheliu)의 부름이 그에게 전해진다. 그러나 곧 리켈리우는 임종을 맞이하게 되었고, 영국에서는 시민전쟁에 대처하기 위한 연속회의가 열리게 된다. 코메니우스는 화란의 친구들의 초청을 받고 여행을 한다. 라이덴 근처에서 그는 벌써 일찍 그의 작업에 관심을 기울이고, 코메니우스는 이성의 진리와 계시의 진리를 혼합하려는 자라고 그를 비난하기도 했던 데카르트를 함께 만나게 된다. 두 학자들의 앎(인식)의 개념들 사이에 연결할 수 없는 간격은 그들이 서로 경의를 가지고 만나는 일에 방해되지는 않았다.

코메니우스는 이 기간에 북아메리카에서, 특히 하버드 대학에서 교육개혁을 위한 그의 제안들을 실현하기 위하여 오기를 바라는 요청을 받았다. 그의 친구들의 충고에 따라 그는 먼저 스웨덴으로 가게 되었는데, 거기서 수상 옥센스티에르나(Oxenstierna)가 그의 교육계획에 대하여 열렬한 관심을 알려왔기 때문이었다. 할 수 없이 코메니우스는 스웨덴을 위하여 일해 달라는 수상으로부터의 부탁에 설득 당한다. 실제로 코메니우스는 스웨덴의 군사력이 그의 고국의 해방을 위하여 도움이 되기를 희망했던 것이다. 코메니우스는 자신의 수고에 대한 약속된 지원비 일체를 망명생활에 처한 형제들을 돕기를 원했던 것이다. 그러나 그는 사람들이 그에게서 학교와 교육서적들을 기대하고 있으며 더 높은 단계의 범지적인 계획에 가까스로 몰두할 수 있는 가능성을 보았다. 스웨덴과의 통신 연결이 가까운 곳에 머물려고, 리사(Lissa)에서 그의 작업에 도움이 될 몇몇 사람들을 찾은 후에, 약속대로 엘빙(Elbing)으로 옮긴다. 그는 「언어의 문」(Janua)이란 책을 새로이 편집하기 위한 작업을 시작하게 되는데, 거기에는 낱말 사전과 문법에 대한 작업과 세 번째로 언어 학습에 진보적인 학생들을 위한 특별한 교재가 삽입된다. 그는 항상 교회 회의와 정치적인 사건들, 피할 수 없는 형제단 교회의 과제들을 요구받고는 책임져야 하는 일의 무거운 짐 때문에 매우 힘들어 했다. 그는 아직 완성하지 않은 작품을 스웨덴으로 가져간다. 그는 그쪽의 학자들로부터 그것을 검토 받게 하려는 의도에서였다. 얼마 있지 않아 그는 그의 「최신 언어의 방법론」

(Linguarum methodus novissima)이란 책을 완성시키기 위해서 다시 엘빙으로 돌아왔다. 그는 스웨덴이 맡긴 과제를 끝내지도 않고, 학교의 교재들, 특히 「언어의 거실」(Atrium linguarum)을 완성시키기도 전에 작업 완성 기한이 정해져 있지 않으므로 그곳을 떠나서 망명 생활에 처한 리사의 형제들에게로 돌아온다. 오랜 여행으로 인하여 지친 코메니우스는 이미 병약해진 아내의 건강을 극복하는 데 아무런 도움을 줄 수 없었다. 리사에 도착 하자마자 그녀는 임종을 기다리는 침상에 눕게 되었다.

베스트팔리아 평화 조약은 고국으로의 귀환에 대한 형제단 교회의 모든 희망을 빼앗아 버렸다. 깊은 체념의 상처는 "죽어가는 어머니인 형제단 교회의 유언"이란 글 가운데 잘 반영되어 있다. 코메니우스는 지금 이 형제연합교회의 제일 높은 감독직(Bishop)에 선출되었다. 그는 헝가리(Ungarn)와 지벤뷔르겐(Siebenbruecken)이란 지역으로 그곳에 있는 교회들을 강화하기 위하여 여행한다. 그는 그곳 지베브리겐의 선제후 지기스문드 라콕지(Sigismund Rakoczi)의 손님이 되었다. 라콕지는 코메니우스에게 먼저 학교 문제를 검토하는 일을 부탁했고, 그리고서 이곳에 범지혜의 학교를 세우기 위해 급하게 코메니우스를 초청한 그의 제안들에 코메니우스는 감동하였다. 코메니우스는 여기서 그의 교육적인 계획들을 실현할 수 있는 새로운 가능성을 보게 된다. 그리고 형제단 교회의 허락을 얻은 후에 1650년 그가 새로이 결혼한 가족과 함께 사로스파탁(Sarospatak)으로 이주하게 되었다.

거기서 실천적인 작업 외에도 수업교재가 다시 수정되었다. 특히 세 번째 연속 작품인 「언어의 거실」(Atrium)이 본질적으로 확대되었다. 학교의 교재를 대화 형식으로 만드는 것과 학생들로부터 직접 실행하게 하는 시도는 「놀이의 학교」(Schola ludus)라는 책에서 기획되었고, 큰 환영의 공감을 얻기도 했다. 역시 유명한 「세계 도해」(Orbis sensualium pictus)는 여기서 탄생하게 된다. 그 책은 먼저 파탁(Patak)에 있는 학생들이 사용하도록 하기 위한 것이었다. 형제단 교회의 재촉으로 코메니우스는 1654년, 이 책의 설계 작업이 시행되고 있을 때, 리사로 되돌아온다. 다시 한 번 이 기간에 그는 곧 헝가리와 모라비아(Moravia)가 해방될 것을 약속하는 니콜라우스 드라비키우스의 예언들에 근거하여 교회가 용기를 얻게 한다. 코메니우스는 이 예언의 말씀을 강하게 믿었기에, 평화의 설교가로서 라콕지가 이 말씀을 시행하여 합스부르크(Habsburg)의 통치로부터 그 나라를 해방시키도록 재촉하였다. 그러나 그 일들은 상황만 더 악화되게 만들었다. 망명지에 있는 형제들은 더 이상 안전할 수 없게 되었다. 1655년 스웨덴 왕의 후임자에 대한 논쟁이 폴란드로 확산된다. 코메니우스는 라콕지, 스웨덴의 칼 구스타프(K. Gustav), 크롬웰(Cromwel) 사이에 동맹 협상에서 함께 대화를 한 뜻하다. 한 팜플렛에서 그는 칼 구스타프에게 폴란드의 점령을 요구한다. 그리고 실제로 스웨덴의 군대는 곧 그 땅으로 들어간다. 리사(Lissa)는 확실하게 보호되었다. 그러나 폴란드의 보복이 이루어졌고, 리사는 파괴되고 화염에 휩싸였다. 코메니우스의 집과 그의 모든 재산, 그리고 그의 책들과 원고들, 그리고 그의 출판 도구들, 형제단의 인쇄 기구들이 모두 불에 타 소실되었다.

코메니우스는 얼마간 형제들과 자신의 은신처를 새로이 찾는다. 그의 친구 데 기어(de Geer)의 도움으로 마침내 그는 화란으로 망명할 길을 얻게 되었다. 그는 스테틴(Stettin)과 함부르크(Hamburg)를 거쳐 암스테르담(Amsterdam)으로 갔다. 도중에 그는 그의 망명처인 리사의 폐허에 대한 가슴 저린 묘사인 그의 「리

사의 폐허」(Lesinae exidium)란 책을 저술한다. 암스테르담 도시
는 그와 가족들에게 거처를 제공해 주고, 거기서 그의 모든 교수학
작품들을 인쇄하게 해 준다. 커다란 대형서적으로 마침내 20년 전
에 완성했던 「교수학」(Didactica)이 「교수학대전집」(Opera Omnia
Didactica)란 이름으로 빛을 보게 된다. 지금 코메니우스는 다시
한 번 그가 아주 신뢰했던 모든 예언들을 함께 모아 "어두움 가운
데 있는 빛"(Lux in tenebris)이란 제목으로 발표한다. 그것은 문
자적인 의미보다는 영적인 의미가 더 많이 담겨져 있다. 그는 계몽
주의적인 유혹자들에 반대하여 자서전적인 자료로 풍성한 "계시의
역사"(Historia revelationum) 안에서 아주 꼼꼼하게 방어하였다.
이 기간에 역시 "인간사의 개선에 대한 보편적인 제언"(De rerum
humanarum emendatione consultatio catholica)이란 위대한
범지혜적인 작품의 첫 부분을 발간하게 된다. 그는 이 대작을 완성
하길 바랐다. 그러나 나이와 건강이 그를 방해하였다. 그가 죽기
바로 얼마 전, 그는 다시 한 번 자신의 미로와 같은 인생길을 "꼭
필요한 한 가지"(Unum necessarium)란 글을 통하여 되돌아보게
된다. "나의 생은 배회하는 자의 삶이었다. 나는 고향을 갖지 못했
으며, 쉼 없이 이곳저곳에 끊임없이 내동댕이쳐진 자였다. 결코 그
어디에서도 나는 확실한 거처를 발견하지 못했다." "나의 행한 일
들을 되돌아 볼 때, 분주한 마르다의 삶이었다. 이제 나는 마리아
와 함께 주님의 발아래에 앉아 있다."341) 그가 마르다의 수고에
대하여 변명하는 그 말들이 마음에 와 닿는다. 그가 자신의 삶을
헌신한 것을 네 영역으로 구분한다.

먼저, 그가 하나님의 도움으로 몇 가지 성공적이었던 것과, 그의
제안들이 미래에 관철되리라고 믿는, 교육적인 연구의 영역이다.

---

341) Nach der Überstztung von J. Seerger, Jena/Leipzig 1904, S. 182ff.

그 다음은 세상의 평화를 수립하려는 그의 노력들이다. 그의 최후의 글 중의 하나인 "평화의 천사"(Angelus pacis)는 그의 그러한 노력들에 대한 헌신이었다. 그러나 그 어떤 성공도 얻지 못했다. 세 번째의 영역으로서 그는 그의 범지혜의 작업들에 대한 것을 들고 있다. 그는 이것으로 세상을 가르칠 뿐만 아니라, 모든 사람들에게 '의견'과 '대립'을 함께 소개해 주기를 원했던 것이다. 이러한 위대한 사역이 성공할지는, "하나님에게는 불가능한 것이 없다"는 말 외는 지금 그가 할 수 있는 말은 아무것도 없다. 네 번째 영역으로서 결과적으로 예언을 전파하는 것에 대한 그의 노력이다. 물론 그것에서 그 어떤 것도 눈에 보이게 이루어지지는 않았다. 그는 니느웨 앞에 선 요나의 예로 위안을 삼았으며, 하나님의 뜻을 변경하는 것이 가능하다고 생각하며, 거기서 하나님의 길들의 심오함과 꼭 필요한 것에 대하여 새로운 생각들을 얻게 되었다. 즉, 모든 것을 하나님의 뜻에 맡기고, 하나님의 뜻에 따르는 것이었다.

1670년 11월 15일에 코메니우스는 죽었다. 그는 지금 암스테르담 근교, 나르덴(Narrden)에 있는 발로니 공동묘지에 안장되어 있다.

2. 그 당대의 교육학

코메니우스사상의 범주와 활동은 17세기의 교육개혁과 밀접하게 연결되었다. 그 개혁은 여러 관점에서, 종파의 분열이 수십여 년 전에 시작되었고, 중세기적인 학교운영을 어쨌든 부분적으로 해결했던, 더 큰 개혁의 두 번째 물결이다. 인문주의자들은 회오리치는 먼지 안에서 자기 자신도 제대로 보지 못하고, 또 얼마나 견딜지 파악하지 못한 채, 전승된 교육의 산물을 강력한 충격으로 붕괴하려고 시도했다. 옛날의 학교교재에 대항하여 투쟁하던 알렉산더 헤기우스(Alexander Hegius)도 여전히 저 6행 구절로 된 고전적인 도나투스의 문법(Donatus Grammatik)의 곰팡내 나는 '하나님의 집'(de villa dei)에 관한 알렉산더의 교리적인 것을 주석하여 출판했다. 토마스 플라터(Thomas Platter)는 그의 라틴어 공부를 도나트(Donat)의 것을 암기해서 배웠으며, 취리히에 있는 한 인문주의 학교에서 테렌츠(역자 주 : Terenz B.C. 195~159, 로마의 희극 시인)의 코미디를 매 단어마다 온통 격을 변화시키고, 동사변화까지 시켜야 했었다. 어떤 면에서 인문주의 교육 원칙들에 가까이 서 있었던 루터도 여전히, 도무지 몰아낼 수 없었던 어휘사전, 구문의 시, 편집서와 단편 모음집들에 대하여 많은 불평을 했었다. "전혀 아무런 유익도 없는 해로운 수도사들의 책들, 즉, 카톨리콘(Catholicon),플로리스타(Florista), 그레키스타(Grecista), 라비린투스(Labyrin thus), 빈둥빈둥 하는 일없이 안일하게 놀면서 마귀한테 얻은 당나귀의 똥과 같은 ….".342)

코메니우스와 그 동시대의 사람들은 결코 개혁된 학교제도를 발견하지 못했다. 그러나 그들은 인문주의 시대의 글들과 방법론적인 생각들과 좋은 라틴어학교들을 이어받고 있었다. 그들은 인문주의자들이 노력했던 것처럼 지적인 교육을 위해 언어와 문헌에 대한 완전히 새로운 평가가 필요하다는 것을 전제하였다. 그들은 철학적인 보조수단들, 인용 집과 잠언 집을 이용하였다. 특히 에라스무스의 격언들과 경구들을 이용하였다. 그들은 에라스무스의 문체를 따르려고 애썼으며, 그들은 그들의 학생과 함께 인문주의적인 토론의 문헌을 모방했었다. 코메니우스의 고전인용문들의 수는 원전들에서 직접 발췌한 것들이 아니라, 16세기의 사람들로부터 넘겨받은 것들로서, 여기 각주 난에서 증명되어질 수 있는 것보다도 확실히 더

---

342) WA. XV, S. 46.

많았다.

코메니우스는 그의 경건성과 인간에 대한 이해에 있어서도 루터
보다는 인문주의자들에게 더 가까웠다. 특별히 그는 그의 성경주의
에 대한 버팀목을 위해, 그리고 신앙(Pietas)에 대한 그의 실천에
서 있어서 루터를 의존하기보다는 스페인의 피페스(Ludovico
Vives, 1492~1540)와 루터파에 의해 배척된 에라스무스에게서 더
의존하고 있다. '자연적인' 교육학의 일반적인 원리들은 바로 이러
한 공통적인 전제들과의 관계 속에 있다. 코메니우스가 사용했던
장식모양의 표어, "모든 것은 스스로 흐르게 하라. 모든 사물에서
폭력을 멀리하라."(Omnia sponte fluant absit violentia rebus)
는 말은 인문주의자들, 에라스무스(Erasmus), 또는 몬테그네
(Montaigne) 등이 그들의 표어로 사용했음직도 하다. "자연"이란
이중적인 의미로 이해되었다. 먼저 총체적인 창조와 창조자의 의도
로서의 자연과, 연령단계와 개별 인간의 특별한 성향으로서의 자연
이다. 인문주의자들은 역시 - 그 시대의 사회적 영향 하에서 - 두 번
째 의미를 특히 중요하게 받아들였다. 그들의 교육의 제안들은 대
부분 귀족 가문의 특정한 사람에게 해당되는 것이었다. 교육은, 물
론 언제나 고대 인문주의적인 높은 학식이 동일하게 논의될 수 없
는 목표로 이끌기 위하여, 개인의 관심과 재능에 따라야 한다.
이러한 개별적인 재능에 대한 고려를 코메니우스는 포기하지 않았
다. 그럼에도 불구하고 르네상스적사고의 개인주의로부터 보편적인
원리가 발굴되고, 일종의 재능형태론이 발전된다.343) 거기에다 연
령단계에 대한 고려가 병행된다. 즉 하나의 자연스러운 교육은 자
연스러운 성장과 발전과정을 엄밀하게 따라야 한다. 이것이 코메니
우스에 의하여 그의 선행자들보다 더 진지하게 수용되었던 것이다.

---

343) 대교수학 12장 18이하.

그러나 넓은 의미에서 전체교육제도의 자연적인 근거는 벌써 인문
주의자들에 의하여 그들의 독특한 요구와 함께 발전되었다. 즉, 어
머니의 젖가슴에서 영양 섭취, 젖먹이아기를 위한 운동의 자유, 신
체적인 체벌의 반대, 흥미로운 놀이를 통한 학습의 긴장 해소 등이
다.344)

코메니우스는 교육방법의 구체적인 실물설명을 위해 자연, 동물
사육자, 정원사를 예를 들면서 성장을 이끌었던 것처럼, 인문주의
자들도 항상 그러했다. 17세기의 교육 개혁자들의 가장 의미 있는
진보는 지금 그들이 이러한 원리들을 적용하는 가운데서 숙고하고,
실천적인 교수학이론으로 체계화한 데 있다. 또한 인문주의자들은
기회가 있는 대로 실천적인 물음들의 작업을 착수하며, 여러 가지
교수학적인 보조수단을 고안했었다. 그러나 그것은 여전히 발전되
지 않은 교과계획의 일부분들로 첫 시도에 머무르고 말았다. 하나
의 교수학적인 학교를 형성했다거나, 혹은 교육학의 근본토대를 마
련했다거나 하지는 못했다.

르네상스교육학과 바로크교육학 사이에 또 다른 중요한 차이를
만케(D. Mahnke)가 범세계적인 것들의 개념에서 분명하게 드러내
었다.345) 15세기와 16세기에 '범세계적'이란 "전체 세계를 포함하
는 것"을 의미한다. 하나의 "범세계적인 인간"(homo universale)
은 창조 가운데서 개별적인 연결들의 무한한 다양성을 위하여 자
신을 개방하는 인간이다. 그러한 생각에 반(反)하여 코메니우스와
동시대의 사람들은 '범세계적인 것'은 "통일적이며, 보편타당한
것"이라는 의미로 이해했다. 세상은 이성의 법칙을 통하여 질서화

---

344) Daß das Lernen fröhlich vonstatten gehen und mit Vergn glichem
    verquickt werden soll, hat auch Luther gefordert, dessen Schrift "An
    die burgermeyster" Comenius kennt; s. Kap. 11, Anm.1.
345) Vgl. Bibliographie (Mahnke).

되었다. 가장 작은 몸체는 소우주(Mikro kosmos)로서 전체의 법칙성(法則性)을 다시 반영한다. 그것이 코메니우스의 범지혜적인 필생의 작품 배후에 놓여 있는 사상이다. 마찬가지로 그것은 데카르트(R. Descartes)의 범세계적인 수학이며, 라이프니츠(Leibniz) 배후에 있는 "보편적인 학문"(scienta generaliis)과 같은 것이다. 즉, 자연과 정신의 총체성을 철저히 펴낼 수 있는 학문적인 체계는 발전할 수 있다.

이러한 생각은 정신사적으로 인간을 자연법적인 이해에로 이끌어 주었다. 즉, 모든 인간이 동일한 법에 따라 지어졌다면, 그들은 사회적 질서와 학교에 대해서도 동일한 요구를 가지게 된다. 실제로 코메니우스에게서 벌써 일련의 자연법적인 양식들이 발견된다. 하나님 앞에서 모든 인간들의 동등성에서, 동등한 가능성들과 동등한 교육이 모든 아이들에게 요구된다는 결론이 나온다.346)

코메니우스시대의 교육개혁운동이 어디서 시작되었는지 말한다는 것은 어렵다. 모든 중요한 정신적인 조류들처럼, 그것은 비슷한 소리들이 혼합하는 방식으로, 그리고 그들이 발견하는 공통적인 공감대 속에서, 마찬가지로 여러 장소에서 동시에 새로운 소리로 표현하면서 시작을 알린다. 코메니우스 자신은 결코 창시자의 권리를 요구하지 않았다. 이러한 개혁운동의 첫 접촉은 헤어보른(Herborn)에서 알스테드(Alsted)와의 친분으로 시작되었다. 즉, 알스테드의 "모든 지식에 대한 백과사전"(Encyclopaedia scientiarum omnium, 1630)은 교육에 대한 장에서 일련의 코메니우스적인 요구들이 벌써 성취되었으며, 간략한 규칙으로 줄이기, 알려지지 않은 것에 알려진 것을 연결하기, 학습내용에 대한 제한, 언어의 병행과 경험의 우선, 그리고 교육적으로 힘든 것을 피할 것을 요구하였다.

346) 대교수학 5장 5; 33장 16.

또한 코메니우스는 이러한 운동의 가장 중요한 사람들 중의 한 사람의 근본 명제에 일찍이 이전부터 정통해 있었다. 즉, 그 사람은 바로 라트케(W. Ratke: Ratichius)인데, 그는 자신의 교수학적인 발견들이 밖으로 새어나갈까 두려워 단단히 지키면서, 언젠가 어느 선제후로부터 이러한 과제를 부탁받기를 소망하였다. 그럼에도 불구하고 그의 이전 동역자, 헬비히(Chr. Helwig)와 융기우스(J. Jungius)가 그의 체계의 간략한 설명을 다른 사람들에게 전하였는데, 이 설명을 코메니우스도 알게 되었다.[347] 말씀과 사물에 대한 지식의 밀접한 연결에 대한 요구가 라트케에게 특별히 엿보인다. "단어에 대한 지식을 먼저 알아야한다"[348]는 말을 에라스무스가 쓰고 있을 무렵에, 실물의 배움과 실제의 학습이 지금 "사물의 지식이 동시에 이루어지지 않고는 어떠한 단어에 대한 지식도 이루어질 수 없다"는 모토가 준비되고 있었다. 그러나 알스테드의 잘 알려진 원리들은 모두 라트케에 의하여 대변되었다. 즉, 수업의 원리들에 대한 주의와 모든 학습내용의 조화들을 모국어로부터 출발하자는 특별한 강조점들이다. 요한 발렌틴 안드레에(Johann Valentin Andreae)가 코메니우스에게 직접적으로 영향을 주었다.[349] 현대의 수학과 자연과학을 통해 인문주의적인 교육 과정의 확장은 결국 요한 발렌틴 안드레에게 그 기원을 두고 있는데, 그것은 그러한 영향자체보다는 코메니우스의 체계 안에 인문주의적인 교육과정의 확대가 더 철저히 뿌리를 내리고 있다. 코메니우스는 생각을 달리하는 동시대인들에게 그의 "독자를 향한 인사말"[350]에서 이렇게 이야기하고 있다. 그는 하나의 거대한 교육운동으로부터

347) Vgl. S. 243, Anm. 4 zu "Gruß an den Leser".
348) De ratio studii, Anfang (Clericus I, 521).
349) Vgl. S. 244, Anm.12 zu "Gruß an den leser".
350) Ebenda. Anm. 4-14 (S. 243 f.).

존재하며, 자신이 거기에 책임이 있다는 것을 느끼고 있다는 것이다. 그가 설사 이 그룹의 가장 근원적인 교육사상가로 간주되는 것이 그에게는 중요하지 않았다하더라도, 특별히 라트케와 그의 글들이 아직도 상응하는 인정을 얻지 못했다. 그럼에도 불구하고 그는 그의 범지혜적인 대작품과 아울러 그의 인간적인 증명과 활동에 있어서 그들 중의 가장 중요한 인물이 되었다. 그리고 실제로 저 모든 사상들은 그의 작품과 그의 인격으로부터 세계사적인 영향을 주었다. 당연히 저 시대의 교육학에 대한 논쟁은 항상 이러한 위대한 대표자들의 작품에 집중되고 있었다.

3. 코메니우스의 주요한 교육 작품들

몇 가지 근본적인 사상들의 영역이 코메니우스의 모든 교육적인 글들 속에서 나타나고 있다. 모든 배움과 앎을 접목하는 사상은 무엇보다도 세상의 질서와 관련되어 있다. 하나님은 그의 이성으로 창조된 모든 사물을 하나의 거대한 법칙의 건물로 질서화 하였으며, 인간에게 이러한 자신의 이성적인 힘의 일부분들을 인간의 이성에다 부여하여 주었다. 대우주와 소우주에 상응하는 플라톤의 가르침은 여기서 새롭게 되었고, 교육에 적용되었다. 아이에게 그의 믿음과 지식과 능력에 한하여 이러한 신적이며, 이성적인 관계를 소개해 주어야 한다. 그리고 사람들은 정확하고 분별력 있는 방법을 찾아내어, 아이가 일찍부터 우연에서 탈피하여 자신의 내면적이며, 외면적인 삶의 올바른 질서에로 향하도록 도와주어야 한다. 이러한 전제에서 교육적인 일의 완전하고 지적인 완성이 하나의 포괄적이며, 합리적인 교육이론이, 하나의 교육체계가 정신사적으로 가능하게 되었다.

이러한 체계는 교수학적인 방법을 위하여 시종일관 두 가지를

요구한다. 즉 세계의 언어적 - 사물적인 이해에 대한 끊임없는 공동
작용과 정신적인 백과사전의 환(環)모양으로 연결된 구조이다. 그
첫 번째 원리는, 진리를 인간 자신 안에서 발견해야 할 뿐만 아니
라, 하나님의 창조로도 읽어내야 하는 데 있다. 여기서 실재의 지
식과 세계의 지식이 받아들여지고, 언어철학과 삶의 철학이 서로
연결되며, 또한 수업에서 예시(豫示)와 표현(表現)과 모사(模寫)가
이루어지게 된다. 여기서 오늘까지 '견해'란 말이 문제시되었던 교
수학의 질문의 영역이 열려지게 된다. 그 두 번째 원리는, 한 나무
의 성장에서 나이테가 맺히는 것을 통하여 비유적으로 보여준다.
설사 아이의 정신이 하나의 소우주라 하더라도, 그 아이의 교육은
각 단계별로 포괄적으로 그리고 지식과 존재의 모든 영역을 이미
포함하고 있어야 한다. 정신적인 백과사전으로서 지식의 절대적인
질서는 코메니우스가 현대적인 수업과목의 수(數)로 확대한, 전승
된 '교양과목'(artes)으로 그 질서를 체계화하였다.351) 원리적으로
이미 아이의 첫 세상의 경험을 위하여 중요하며, 모든 것에서 완전
히 가시화되어야 한다. 해마다 모든 부분들이 실제로 새로운 것을
추가하는 것 없이(외국어들은 예외로 하고), 더 상세하게, 더 세분
화하여 덧붙여졌다.

　이미 「어머니학교의 소식」(Informatorium der Mutterschul)이
란 가장 낮은 연령그룹을 위한 교육지침에서 이러한 원리는 드러
난다. 이 작은 책자는 아이를 돌보고 아이를 교육시키기 위한 지침
에서부터 심지어 음식과 의복, 놀이와 작업 활동이론에 이르기까지
많은 것을 그 안에 포함하고 있다. 여기에 또한 아이들의 노래와
기도들도 담고 있으며, 언어교육의 문제들과 윤리와 신앙교육의 시
작에 대해 언급하고 있다. 1세에서 6세까지의 이러한 교육은 이미

351) S. bes. Kap. 30(S. 199f.).

학문질서의 일반적인 도식으로 틀이 잡혀져 있다. 거실(居室)에 대한 지식은 지리학의 전 단계로, 먹고 마시는 것은 자연과학으로 간주하고 있다. 첫 말하기 연습들은 문법과 수사학에 속하고, 아이들의 기도들은 시문학과 신학에 대한 준비에 속한다. 이성적이며, 과학적인 것에 대한 어린이의 사고의 내적인 다양함을 밝히고 있지는 않다.

이러한 정보들, 즉 교육자들을 위한 안내서를 코메니우스는 모두 네 단계의 연령그룹으로 나누었다. 다른 일들은 학생들 자신의 손에서 결정되었다. 그래서 특별히 코메니우스의 그 유명한 책「언어의 문」(Janua linguarum reserata)는 열두 개의 유럽언어와 몇몇 동양의 언어들로 수없이 출판되었다. 코메니우스는 이 제목과 자극들을 아이랜드 예수회의 베이튜스(W. Bateus)에게서 얻었고, 그 작품은 모든 중요한 라틴어 단어들을 1200개의 문장으로 표현하고 있다. 물론 그 문장들에는 그 의미와 교육적인 가치가 이따금 빈약하게 설명되었다.352) 코메니우스의 손에서는 완전히 새로운 것이 나온 것이다. 즉 지식과 세상에 대해 방향을 잡을 수 있도록 작은 백과사전이 아이들을 위하여 만들어졌던 것이다. 만약 학생이 이 책의 내용을 이해했다면, 그는 보편적인 교육을 받았다고 볼 수 있다. 그의 나이 단계에 상응하는 범위 안에서 다방면으로 보편적인 교육을 받은 것이다. 그러나 그것은 단지 그가 동시에 전체지식에 대하여 모국어와 라틴어로 표현하고 이해하는 것을 의미하지는 않는다. 100가지 사물의 영역들을 1000개의 문장으로, 그리고 8000개의 단어로, 전 세계의 질서를 그들의 본질적인 특징들을 훑

---

352) S. die Beispiele ODO I, 252, William Bathe S. J. war Rektor des irischen Kollegs in Salamanca, Verfasser Janua linguarum Latine et Hispanice, ubi sentantiarum XII centuriis comprehensa sunt, usitate Latinae linguae vocabula. 1611.

류하게 표현할 수 있어야 한다. 세상의 기원, 요소들, 암석들과, 생명체와 인간들의 창조의 기원으로 표현이 시작된다. 법질서와 직업과 일들, 놀이들이 뒤따른다. 즉, 하나님의 섭리, 부활, 신적인 창조의 의미들에 대한 암시들로 결론을 맺는다. 동시에 미래의 정돈된 구도의 변화가 또한 묘사되어 있다. 즉, 창조와 계시 사이에서 있는 모든 것이 성경적인 질서의 원리에 따라 정돈 정착되고, 인간 중심적인 것이 가미되는데, 예를 들면 식물들이 그들의 고유한 특성에 따라 분류되는 대신에 사람을 위하여 그들의 유용성에 따라 분류되었다. 왜냐하면 인간은 창조의 중심이자, 의미이기 때문이다. 그래서 교수학에서는 항상, 신학적인 인간이해에서 출발하여 18세기의 합리주의에로 다리를 놓게 된다.

그렇게 성공적인 「언어의 문」(Janua)은 두 방향 안에서 완성되었다. 한 방향은 코메니우스가 모든 소재를 「놀이로서의 학교」(Schola ludus)라는 그의 작은 책자 안에서 연극화한 것이었다. 교수학적인 목적을 위해 학생들이 연극을 상연하게 하는 것은 전혀 새로운 것이 아니었다. 인문주의적인 대화방식의 문헌이 바로 이 같은 목적을 가지고 있었다. 지금 지식의 전체성을 다시 삽입하고, 전체적인 백과사전, 창조행위, 자연, 도덕론과 학문들을 일상생활과 마찬가지로 무대 위로 가져오게 하는 시도는 새로운 것이었다. 코메니우스는 이러한 과제를 큰 무대 위에서 실현하였는데, 이 무대를 수공업자와 학식 있는 자들과 역사적인 인물들과 같은 상징적인 인물들과 의인화한 모습으로 드러내려고, 때때로 유창한 대화로, 때로는 건조한 학교 선생의 강연식으로 소개하고 대화하였다.

「언어의 문」 소재의 두 번째 방향에서는(그에 상응하는 언어의 문 '정원'(Vestiblum)과 함께, 이 책은 물론, 그러나 어머니 학교의 단계를 위해서는 별로 만족스럽지는 못한 것이었다), 「세계 도해」(Orbis sensualium pictus)가 생겨났다. 이 책은 유명했고, 여러 번 출판되었으며, 잘 손질된 그림책으로 세상의 다양함 속에서 그 아이들의 성장에 따라 여러 세대들이 사용하였고, 이 책의 그림들과 언어들의 풍부함과 감동적인 소박함은 오늘날의 현대적인 독자들에게도 깊은 인상을 주기에 손색이 없다. 그림 순서들 전체는 다시금 코메니우스적인 세계질서와 연결된다. 하늘은 성경적, 프톨레마이오스적(역자 주 : 천동설의 체계를 말함)으로 그 중심은 지구 주위를 돌게 하는 둥근 원판 모양으로 표현되었다. 동물들 가운데는 용과 유니콘과 도마뱀들이 이리저리 뛰어다니고 있다. 추상적인 개념들의 표현은 실물 교육 원칙에 상응하여 어떤 어려움도 초래하지 않았다. 즉, 영혼은 점선으로 나타낸 그림자로 묘사되고 있고, 기도하는 여인의 모습으로, 윤리는 좁은 길과 넓은 길의 갈림길에 서서 경고하고 있는 여인의 모습으로 표현되었다. 하나님의 섭리는 하나의 커다란 하늘의 눈의 모습으로 표현되었고, 마지막 날 심판의 장면은 우주의 진행이 끝이 남을 보여주고 있다.

「세계 도해]는 완성된 후 몇 년이 지난 1657년에 인쇄되었다. 같은 해에 코메니우스는 또한 이미 오래 전에 저술해 두었던 「대교수학」(didactica magna)을 출간하였다. 이 책은 그 제목이 표현하는 것 이상으로 일반 교육학적인 것을 포함하고 있다. 체코어판은 이미 1627년과 1632년에 생겨났었다. 최종 라틴어 본문의 첫 20장의 내용은 코메니우스가 라파엘 레스친스키 백작을 위하여 완성했던 이 체코어 원판의 번역과 거의 다르지 않다. 미완성되었던 이 원고는 코메니우스가 스웨덴의 수상 옥센스티에르나와의 협상에서 스웨덴으로 오는 것을 아직 결정하지는 못했지만, 그곳 학교 제도의 개혁을 위한 제안을 제시하기를 약속하던 당시까지, 오랜 기간 방치되어 있었다. 그 당시(1638) 수정된 부분은 더 이상 체코

어로 된 계획서를 정확하게 따르고 있지는 않다. 특별히 27장부터
는 거의 일치하고 있는 것을 발견할 수 없다. 암스테르담에서
(1657)인쇄를 위한 개정작업에서 아주 약간만 고쳤을 뿐이었다.

　다시 한 번 코메니우스는 그의 거대한 범지혜적인 작품의 테두
리 안에서 교육학을 서술하려고 또한 계획하였다. 그가 죽기 얼마
전에 그는 이 작업에 대하여 이렇게 기록하고 있다. "내가 나의 이
작업을 가망 없는 것으로 보고 포기한 줄 알고, 대부분의 사람들은
그것에 대하여 더 이상 전혀 질문하지도 않았다. 단지 몇몇 사람만
이 여전히 내가 이 작업을 행하기를 기대할 뿐이었다. 그러나 그들
의 희망이 헛되지 않을런지? 나는 '예'도, '아니요'도 말할 수 없
다. 내가 무덤 가까이 서 있는 이곳에서도 말할 수가 없다."353) 코
메니우스의 생존 기간과 사후 10년 안에 다만 이 책에 대한 예고
와 부분 인쇄만이 이루어졌다. 인쇄를 할 수 있도록 전체작품의 대
부분이 원고가 완성되었음에도 불구하고 이 작품은 알려지지 않은
채 머물렀고, 그에 대한 비판적인 출판을 하던 자들에 의해서도 이
작품은 역시 발견되지 않았었다. 그런데 비로소 최근에 디미트리히
취체브스키(Dmitrij Tschzewskij)가 그것을 발견하였고, 그의 교육
적인 부분인,「범교육학」(Pampaedia)을 지금 출판시켰다.354) 여기
에서 "교수학"의 토대 위에서 다시 한 번 하나의 포괄적인 교육체
계가 설계되었고, 범세계적인 학문의 구상(Idee)을 포괄하였다. 이
교육학은 모든 지식의 중심 부분으로, 어린이와 청소년들을 위해

---

353) Unum necessarium, hrsg. v. J. Seeger, S. 186.
354) Das Ms. zusammen mit Teilen des Werkes im begonnenen Druck
　　　fand D. Tschzewskij in der Hauptbibliothek des Franckeschen
　　　Waisenhauses in Halle. Die 'Pampaedia', die den mitttleren (IV.) Teil
　　　des pansophischen Werks (De rerum humanarum emendatione
　　　consultatio catholica) ausmacht, ist jetzt erschienen (s. o. S. 235).

고민했던 생각들이 이제 삶의 전 생애에로 확대되었다. 즉 인간의 모든 삶의 과정은 교육으로 이해되었고, 모든 교육은 영원을 향한 바른 준비로서 이해되었다.

4. 인물과 작품의 영향

코메니우스 모습의 초상화는 렘브란트의 제자, 유리안 오벤스 (Jurriaen Ovens)에 의해 그려졌다. 그의 정신적인 인격의 모습은 그의 작품들의 영향과 마찬가지로 역사가 진행되면서 여러 번 변화를 겪었다. 코메니우스가 죽을 무렵, 그의 명성은 구라파 전체에 알려졌다. 지역의 선제후들, 최고의 통치자들, 도시들과 의회들이 그의 계획에 관심을 가지고 몰두하였으며, 비록 그것들이 그 어디에서도 제대로 시행되지는 않았지만, 그것들을 부분적으로 수용하였다. 그는 그 시대의 위대한 정신적인 지도자들과 개인적으로 친분을 갖고 있었다. 데카르트와의 만남에 대해서는 이미 언급되었다. 물론 이 두 사람은 서로 상반되는 작품의 그들의 글 가운데서 서로 비판이 없었던 것 같지는 않다.[355] 라이프니츠(Leibniz)는 세계에 대한 총체적인 이해와 작업계획과 인간성교육을 위한 계획들에서 우리의 교육자, 코메니우스에 더 가까이 머물러 있었다. 개인적 – 자서전적인 실타래처럼 수많은 정신적인 실들이 이 사람에게서 저 사람에게로 전해졌다. 라이프니츠는 특별히 코메니우스가 죽을 당시 집중적으로 그의 글들에 몰두하였다. 감동적인 "장송가"(Epicidium)로 죽은 자를 찬양하고, 공동적 작업의 성공을 위한 그의 희망들을 다음과 같이 표현하였다. 코메니우스 당신을, 이 땅의 선한 모든 사람들이 존경하고, 당신의 사역과 목표를 찬양하는 그 때가 반드시 올 것이요.[356] 다음세대의 문헌 가운데서 코메니

---

355) Vgl. Mahnke, 22, 2(1932), S. 71ff.

우스에 대한 증거들이 수없이 나타났다. 특히 언어학습의 교재들과
「세계 도해」를 사용하는 것이 그것에 대한 수많은 증거들이다. 물
론 이러한 글들의 결합을 결정했던 '질서사상'(Ordo Gedanke)은
경건주의의 형식 안에서 오랫동안 유지되었는데 (물론 프랑케의 고
아원이 특별히 코메니우스의 인쇄물과 원고들의 가장 중요한 전집
들을 잘 간직하고 있었다), 그 질서(Ordo)사상은 합리주의의 두 번
째 단계에서 그 효력을 상실하였다. 즉 그 합리성 아래에서 지금
인간이 관여하는 보편적인 신적인 원리는 이해되지 않았으며, 오히
려 전 세계가 굴복하는 인간의 자율적인 이성으로 이해되었다. "세
계상의 시대"357)라는 객관화하는 것들에서의 사고는 창조 안에서
의 인간의 제기된 것들을 분리시켰다. 이러한 새로운 합리주의의
개념을 확고히 한, 그 원조 격이 되는 사람 중의 한 사람인 피러
바일(Pierre Bayle)은 그의 '대화집'(Dictionaire)에서 코메니우스
에 대한, 특히 그의 신학과 인식론에 대항하여 논증들과 기존의 평
가들을 함께 다루었다.358) 18세기에 싹트기 시작한 실업학교제도
(Real schulwesen)는 코메니우스의 작품에 나타난 그의 고유한
노력들이 이제 시작되었음을 보여준다. 요한 율리우스 헤커(J. J.
Hecker)는 '학문의 표준서'란 그의 잡지에서 항상 코메니우스를
언급했고, 첫 독일어 번역에서 대교수학의 일부분들을 발표하였다.
백과사전적인 교육의 이상은 물론 여기서 코메니우스와 유사한 의
미에서 삶과 연결된 수업, 자연의 관찰이 직업훈련으로 대체되었
다. 완전히 다른 면에서 헤어더(Herder)는 "인간성의 향상을 위한
편지들"이란 그의 글에서 코메니우스를 그의 실천적인 영향이 미

---

356) Überstztung von Mahnke 22, 2(1932), S. 71ff.
357) M. Heidegger, Holzwege S. 69ff.
358) Ditionnaire historiquae et kritiquae, Rotterdam 1697, Art. "Comenius".

래의 시대로 확대될 수 있는, 한 위대한 인문주의자이자, 평화주의자로 찬양하면서, 코메니우스에 대한 기억을 새롭게 하였다.[359] 또한 박애주의자 바세도브(Basedow)는 비록 코메니우스의 교육적인 제안들을 낡은 것으로 보기도 했고, 또한 코메니우스의 그림책(세계도해)을 자신의 「기초적인 작품」 책으로 대신하려고 했음에도 불구하고, 코메니우스를 자신의 교사로 불렀다. 괴테 역시 「세계 도해」를 읽으며 자랐고, 코메니우스의 인상 깊은 명료함을 바세도브의 "산산조각 낸" 작품보다 더 선호하였다.[360] 괴테는 게다가 코메니우스가 가까이 했거나 소속해 있었던 교육비밀단체들 중의 하나를 마카리(역자 주 : Makarie는 희랍어와 성경을 찬미하는 말)의 비가시적인 학술협회 안에서 재차 활기를 띠게 하려 하였다. 또한 페스탈로찌(Pestalozzi)주변의 스위스 교육학자들의 단체가 코메니우스의 진가를 인정하였다. 펠렌베르거(Fellenberg)와 니더러(Nierderer)는 코메니우스를 - 루소와 함께 - 새로운 교육학의 위대한 선구자로 보았다.[361] 1828년 괴팅겐의 철학자 크라우제(K.Chr.Fr. Krause)는 코메니우스의 작품들에 대한 자세한 예비연구서를 저술했으며, 이것으로 「어머니학교의 소식」에 대해 프뢰벨(Fröbel)이 주목하도록 이끌었다.[362]

19세기가 계속 경과되면서 새로이 등장하는 역사적 교육학의 연구는 코메니우스의 학문적 진가를 인정하고 돌보았다. 그는 이제

359) Erstdruck Riga 1795, 5. Sammlung (Suphan, Bd. 17, 276ff.).
360) Dichtung und Wahrheit, Bücher 1 und 14.
361) E. Fellenberg in den Pädagogischen Blättern von Hofwyl, H. I; vgl. K. Guggisberg, Ph. E. v. Fellenberg und sein Erzoehungsstaat, Bern 1953, I, 481ff.; Niederer in Pestalozzi Lenzburger Rede (Ges. WW. hrsg. v. E. Boshart u. a., Zürich 1947, S. 63 u. 589).
362) Vgl. Holfeld, Comenius und Krause, Monatshefte der Comenius-Gesellschaft I, 1, 1892.

대가(大家)로 높여졌으며, 그의 도움으로 교사양성과 교육적인 토론이 교육의 근본적인 물음들을 제기하게 되었고, 그의 연구는 하나의 거대한 코메니우스협회(Comnius-Gesellschaft)를 육성하게 되었다. 거기서 한 대가의 통상적인 운명이 그에게 주어졌다. 즉 말하자면 새로운 시대는 그들 자신의 전제들로 이해했던 것 이상으로 그의 글들에서 그들의 문제를 더 많이 해석해 내게 되었다. 그러한 잘못된 활동들에 비하여 역사적인 윤곽들을 더 분명히 나타나게 하고, 현대 교육론에 대한 유비적인 것들을 찾는 것과 마찬가지로 본문의 조직적인 해석에 의하여 뚜렷한 차이를 끌어내는 것은 현재적으로도 중요한 의미를 가진 일이라 할 것이다.

[참고 도서]

I. 원 문

Originalausgabe der Didaktik in: Opera didactica omnia, ab anno 1627 ad 1657 continuata, fol. Amsterdam 1657 (zit. ODO). Faksimile-Ausgabe in drei Baenden(Bd. III mod. krit. 'commentationes' latein. Sprache von Otokar Chlup u.a.), Prag 1957.

Kritische Ausgabe: Jana Amos Komenskeho Veskere Spisy